Babak Rafati
Ich pfeife auf den Tod

BABAK RAFATI

ICH PFEIFE AUF DEN TOD

Wie mich der Fußball
fast das Leben kostete

Kösel

Redaktion: Stefan Linde

Verlagsgruppe Random House FSC-DEU-0100
Das für dieses Buch verwendete FSC®-zertifizierte Papier *Munken Premium Cream* liefert Arctic Paper Munkedals AB, Schweden.

Copyright © 2013 Kösel-Verlag, München,
in der Verlagsgruppe Random House GmbH
Umschlaggestaltung: Weiss | Werkstatt | München
Umschlagmotiv: © picture-alliance/Mika
Druck und Bindung: GGP Media GmbH, Pößneck
Printed in Germany
ISBN 978-3-466-37074-0

www.koesel.de

INHALT

7   Endstation Sehnsucht

131   Höllenqualen

231   Mein Weg aus der Depression

277   Zurück ins Leben

297   Danksagung

299   Anhang

ENDSTATION SEHNSUCHT

»Wir alle sind dazu aufgerufen, liebe Trauergemeinde, unser Leben wieder zu gestalten, aber in ihm einen Sinn, nicht nur in überbordendem Ehrgeiz zu finden. Maß, Balance, Werte wie Fairplay und Respekt sind gefragt. In allen Bereichen des Systems Fußball. Bei den Funktionären, bei dem DFB, bei den Verbänden, den Clubs, bei mir, aber auch bei euch, liebe Fans. Ihr könnt unglaublich viel dazu tun, wenn ihr bereit seid, aufzustehen gegen Böses. Wenn ihr bereit seid, euch zu zeigen, wenn Unrecht geschieht. Wenn ihr bereit seid, das Kartell der Tabuisierer und Verschweiger einer Gesellschaft (...) zu brechen.

Ein Stück mehr Menschlichkeit, ein Stück mehr Zivilcourage, ein Stück mehr Bekenntnis zur Würde des Menschen, des Nächsten, des Anderen. Das wird Robert Enke gerecht. Ich bedanke mich für eure Aufmerksamkeit.«

DFB-Präsident Theo Zwanziger bei der Trauerfeier für Robert Enke am 15. November 2009

...

Es ist der Rausch, ein Stadion zu erleben, das von den Rufen der über 50.000 Fans zu vibrieren scheint. Die Pauken, die Fanfaren, die Schlachtgesänge der Fans. Eine Woge aus Farben, Lichtreflexen, Gerüchen und der Hitze von Körpern spült deinen Verstand in einen Trichter, der alles einsaugt und alles verschmilzt in pure Emotion. Du denkst nicht mehr. Du schreist. Hirnlos und berauscht von Adrenalin. Von diesem Jubel getragen schwebst du mit wie auf einer Wolke durch den Stadiongang in die Arena. Noch wenige Sekunden und du bist allein unter zehntausenden Menschen. Ich bin Schiedsrichter. Schon mit meinem Anpfiff setze ich eine Marke: Ist er zu kurz, kraftlos und ängstlich, habe ich verloren – ist er schneidend laut, alles durchdringend und entschlossen, habe ich schon mal allen klargemacht, ich will Respekt – alles hört auf mein Kommando. Unten am Mittelanstoß, in der Sekunde vor dem Anpfiff, spürst du in elektrischen Stößen die Spannung. Du bist ganz nah dran am Jetzt. 22 Spieler, die einem Ball hinterherjagen. Die mit allen Tricks und Finessen der Fußballprofis nur eines wollen: Tore schießen. Gewinnen. Dann mein Pfiff, die Entladung, die Erlösung. Wir alle sind süchtig nach diesem Rausch, wenn der Ball dem Tor entgegenfliegt – ein anschwellender Schrei aus zahllosen Menschenkehlen, wenn der Ball im Netz einschlägt. Dann weht ein Sturm den Namen des Siegers durchs Stadion, der Rhythmus von dumpfen Pauken reißt die Zuschauer hoch, Trainer und Spieler fliegen mit jubelnden Armen von den Ersatzbänken zum Spielfeldrand. Wir alle wissen, dass wir Süchtige sind, eine weltweite Bruderschaft, süchtig nach diesem Gefühl des Spiels in den großen Fußballarenen der Welt. Ich bin der Schiedsrichter inmitten dieser Tumulte mit ihren verbissen kämpfenden Akteuren. Ich habe sie alle erlebt, dicht neben mir gespürt, ihre schweißüberströmten Körper, ihren Schmerz, ihren Atem dampfen gesehen, sie ihren Hass herausschreien gehört, ihre Verzweiflung in der Niederlage. Ronaldo, Messi, Schweinsteiger, Podolski … Immer wieder sehe ich ihre Gesten des Triumphs. Das ist der Kern dieser Sucht – die Angst vor dem Spiel und die Erlösung, wenn du gesiegt hast. Ich muss ihnen nur in die Gesichter schauen, ihre Konzentration, das Vibrieren ihrer Muskeln und ihre Emotionen spüren, und ich weiß, dass sie meine Sucht teilen. Es ist eine gefährliche Sucht.

••• *19.11.2011, 2:30 Uhr* •••

»Fußball ist ein Geschäft, das Menschen verbrennt. Jeder darf einen Fehler machen – nur du nicht, Babak.« Wie ein endloser Fluch kreisen die Worte meines Schiedsrichterchefs in dieser Nacht durch meinen Kopf. Wieder und immer wieder brennt die Warnung wie eine Zündschnur über meine Haut. Legt Feuer in meine Seele und lässt mich vor Schmerz erschauern. Ich spüre, dass der Fluch Wahrheit wird, dass ich tatsächlich dabei bin zu verbrennen. Es ist halb drei Uhr morgens und ich stehe am Fenster meines Hotelzimmers und sehe in der Dunkelheit die Silhouette des Kölner Doms. Links davon der Rohbau eines Hochhauses, der wie ein schwarzer Obelisk in den Himmel sticht, umflort von den blinkenden Warnleuchten der Baukräne. Ich kann nicht schlafen. Ich bin erschöpft und doch hellwach. Ich habe Angst. Zum ersten Mal in meinem Leben panische, körperlich zermürbende Angst. Angst vor dem Spiel, das ich am Nachmittag um 15:30 Uhr anpfeifen soll. Die Angst kommt in Wellen, überschwemmt mich und droht mich zu ersticken. So ist das, wenn sich einem die Kehle zuschnürt.

Mir blieben noch 13 Stunden bis zum Anpfiff. 1. FC Köln gegen 1. FSV Mainz 05. 50.000 Menschen in der RheinEnergieArena. Millionen vor dem Fernseher, vor den Radios bei der Stadionschalte. Ein Spiel, in dem ich nur verlieren konnte. Es hatte sich alles bis zu diesem Punkt angestaut. Die persönlichen Verletzungen, die Angst vor der Zukunft, was mein Ansehen anbelangt, die Selbstzweifel, die seelische Verkrampfung und die Anspannung bis hin zur Ausweglosigkeit. Durch die Überflutung mit all den negativen Erlebnissen der letzten 18 Monate drohte ich zu ersticken. Wer in einer so existenziellen Krise ist, kann nicht mehr rational denken. Die Ereignisse in diesem zurückliegenden Zeitraum liefen wie ein Film durch meine Gedanken und ich verspürte dabei immer größeren seelischen Schmerz. Als ob jemand mir immer wieder am ganzen Körper Messerstiche versetzen würde. Ich wollte das abstellen, all die Gedanken, die Verzweiflung, diesen unfassbaren Schmerz. Ich flehte, dass es endlich aufhören möge. Aber es wurde immer mehr. Ich sah keinen anderen Ausweg, als mir das Leben zu nehmen. Am Abend vor dem Spiel geht unser Schiri-Team traditionell gemeinsam essen. Normalerweise ist das ein sehr entspannter Plausch über alles, was in der Liga so läuft, wir stimmen uns auf das Spiel ein, besprechen Problemzonen der Paarung, ihrer Spieler, Trainer und des ganzen Umfelds. Es wird kaum Alkohol getrunken, weil der Schiedsrichterjob ein Hochleistungssport ist, da muss jeder fit sein. Eigentlich bin ich als unterhaltsamer Mensch bekannt, der mit ein paar flotten Sprüchen jede noch so miese Stimmung in einer Runde innerhalb kürzester Zeit umdrehen kann. Diesmal war mir nach Späßchen nicht zumute. Ich war innerlich in Aufruhr und hatte anders als sonst keine Lust auf das gemeinsame Essen, aber ich versuchte, mir nichts anmerken zu lassen, denn was hätten die Kollegen sonst von mir denken sollen? Ich habe eine Führungsfunktion und muss Zuversicht und Stärke ausstrahlen. Für Fehlentscheidungen ist immer der Teamchef verantwortlich, auch wenn er von der Linie von seinen Assistenten die falschen Signale für eine Entscheidung bekommen hat. Durch Zweifel entstehen Unsicherheiten, die bei einem Bundesligaspiel nichts zu suchen haben. Schiedsrichter und Assistenten sind eine Einheit, sie müssen sich blind verstehen. So versuchte ich, meine Ängste und meinen ganzen Frust über die Situation zu überspielen, was nicht ganz gelang. Mein Team spürte die Anspannung, ich nahm an dem kargen Gespräch kaum Anteil.

Ich war innerlich so festgefahren in meinen negativen Gedanken, dass ich mich auf der Anreise nicht mal über das bevorstehende Spiel unterhalten konnte. Ich stand wie vor einer weißen Wand, unfähig, auch nur die Namen der Trainer und die Gesichter der Spieler beider Mannschaften abzurufen. Ich hätte mit meinen Teamkollegen reden können, aber nicht nur, dass mir die Kraft fehlte, ihnen zu sagen, wie es in meinem Innersten aussah – ich schämte mich davor, mein Gesicht völlig zu verlieren. Sie hatten meine zum Teil öffentliche Demontage nach meinen Spielen in den Medien und in den Schiedsrichtergremien beim DFB seit Monaten mitverfolgt. Das konnte nicht ohne Folgen für mein Ansehen beim Team geblieben sein. Sie mussten mich insgeheim schon abgeschrieben haben, auch sie würden denken, dass dieser Spieltag mein Endspiel sein könnte, wenn wir Fehler machen würden. Jeder schien irgendwie für das kommende Spiel nur auf meinen nächsten Fehler zu warten.

Ich hatte seit Monaten mit meinem Schicksal gehadert und meine Umgebung zunehmend als Bedrohung gesehen. Überall witterte ich Intrigen und Heckenschützen, Konkurrenten, die mir schaden oder mich ausbooten wollten. Hinter jedem sorglos dahingesagten Satz vermutete ich eine hintergründige Botschaft, über deren verborgenen Sinn ich stundenlang nachgrübeln konnte. Jedes Wort legte ich auf die Goldwaage.

Auch körperlich war ich massiv angeschlagen. Ich hatte unter der Woche das Training mehrfach abbrechen müssen, weil die vielen negativen Gedankenschleifen mich körperlich regelrecht lähmten. Du willst laufen, du sagst »lauf los!« – aber mein Körper spielte nicht mehr mit. Er weigerte sich einfach zu funktionieren. Krämpfe, Gefühllosigkeit in den Beinen, eine totale Laufblockade – das waren Alarmzeichen, auf die ich hätte achten müssen. Aber längst hatte ich vergessen, meinen Körper wie einen Freund zu behandeln. Ich war jemand, der ihn ständig nur forderte, ausbeutete, verschliss, ohne zu hören, was in mir vorging. Für meine Fitness lief ich jeden zweiten Tag 13 Kilometer auf Zeit. Plötzlich hatte ich keine Kondition mehr. Blieb stehen. Atemlos, unfähig, einen Schritt weiterzulaufen. »Halt ein! Komm zu dir! Was machst du mit dir?«, schienen mir Körper und Seele zuzurufen. Ich schrie nur vor Wut über mein Versagen.

Ein Schiedsrichter muss immer auf Höhe des Spielgeschehens sein. Und das bedeutet: Laufen. Spurten. Laufen. Nach sportmedizinischen Untersuchungen 10 bis 15 hochintensive Laufkilometer pro Spiel – mit bis zu 50 Sprints zwischendurch. Die Laufintensität hat sich im Spitzenfußball nach sportmedizinischen Untersuchungen in den vergangenen Jahren mehr als verdoppelt. Fußball ist sehr schnell geworden. War ich noch schnell genug? Für dieses Spiel, auch das machte mir Angst, würde ich nicht nur mental, sondern auch körperlich nicht die Leistung abrufen können, die einem in der Profiliga abverlangt wird. Was wäre, wenn ich – diesmal mitten auf dem Spielfeld – wieder diese Lähmungen spüren und nicht laufen könnte? Es ist etwas ganz Schlimmes, wenn man plötzlich dem eigenen Körper nicht mehr vertrauen kann. Statt ihn zu pflegen, nach den Ursachen zu suchen, war ich wütend, weil er nicht funktionierte, da ich hier eine zusätzliche Quelle für Fehler und Versagen befürchtete.

Gerade jetzt ließ er mich im Stich. Dass ich selbst es war, der nicht mehr funktionierte, kam mir nicht in den Sinn. Jeder muss in meinem Gesicht gesehen haben, wie extrem unruhig ich da schon innerlich war. Ich war wie erstarrt, so wert- und wortlos fühlte ich mich. Und trotzdem ahnte ich selbst in diesem Zustand nicht, was für eine höllische und qualvolle Nacht mir noch bevorstehen würde. Dabei schien aus heutiger Sicht alles auf diesen Punkt zuzulaufen. Die meiste Zeit aßen wir schweigend, leichten Grillfisch mit Salat oder Nudeln, nie Fastfood, und starrten vor uns hin. Mir ging es nicht gut, ich war missmutig. Aber ich hatte selbst zu diesem Zeitpunkt nicht im Geringsten etwas geplant oder auch nur ansatzweise daran gedacht, dass ich mir das antun würde, was dann kam. Allerdings entwickelte der Abend eine Eigendynamik mit einer so rasanten Beschleunigung, der ich nicht gewachsen sein sollte. Als wir am Vorabend in Köln angekommen waren, wäre mir nicht in meinen schlimmsten Träumen eingefallen, welche dramatische Entwicklung mein Leben in den kommenden Stunden nehmen würde.

Unser Schiri-Team reist zur Sicherheit immer schon am Vortag des Spiels an, damit am Spieltag alle pünktlich vor Ort sind. Noch nie hat es in der Bundesliga einen Spielausfall gegeben, weil ein Schiedsrichter fehlte. Schon als wir im ICE von Hannover nach Köln saßen, werden meine Schiedsrichterassistenten Holger Henschel und Patrick Ittrich wohl gespürt haben, dass ich angeschlagen war. Wir kennen uns von vielen Spielen, jeder weiß, wie der andere tickt. Unser vierter Mann an der Linie, Frank Willenborg, 38 Jahre alt und seit 2004 DFB-Schiedsrichter, mit 1,88 Metern und 82 Kilo nicht zu übersehen, würde uns am nächsten Tag in Köln erwarten. Patrick Ittrich ist 32, ein drahtiger Polizeibeamter aus Hamburg, 1,80 Meter groß. Mit Holger Henschel verbinden mich zehn Jahre Spielerfahrung, aus der eine Art Freundschaft gewachsen ist. Holger ist 38 Jahre alt, in Braunschweig Rechtsanwalt von Beruf, 1,84 Meter groß. Eine gewisse Körpergröße ist wichtig, wenn die Spieler auf einen zustürmen und protestieren. Seit 2000 ist er selbst DFB-Schiedsrichter, loyal, erfahren und hat im Fußball schon alles mitgemacht.

Zuletzt im Frühjahr, am 1. April, beim Spielabbruch im Skandalspiel St. Pauli gegen Schalke, konnte er wieder miterleben, wie schnell sich das Stadion in einen Hexenkessel verwandeln kann. Schiedsrichter Deniz Aytekin hatte das Spiel in der 88. Minute beim Stand von 0:2 abgebrochen, nachdem Fans einen vollen Bierbecher gegen Schiedsrichterassistent Thorsten Schiffner geschleudert hatten und der zu Boden gegangen war. Es war die sechste Niederlage in Folge für die Stanislawski-Elf von St. Pauli und entsprechend aufgeheizt war die Stimmung. Der Fall ging bis vor das DFB-Schiedsgericht und St. Pauli bekam eine empfindliche Strafe. Trainer der Königsblauen von Schalke 04 bei diesem Spiel war Ralf Rangnick, der nur fünf Monate später, im September 2011, wegen akutem Erschöpfungssyndrom von einem Tag auf den anderen aus der Öffentlichkeit verschwand. Noch an diesem Abend hätte ich mir nie träumen lassen, dass ich selbst auf dem Weg war, ein Opfer meiner Fußballleidenschaft zu werden. Jeder Arzt hätte die Symptome zu deuten gewusst, wenn ich nur Hilfe gesucht hätte. Aber ich tat es nicht. Ich weigerte mich zuzugeben, wie krank ich selbst schon war.

*** 19.11.2011, 2:50 Uhr ***

Während ich nach draußen auf die dunkle Stadt starrte, reflektierten im Fensterglas im Sekundentakt die blau aufleuchtenden Ziffern der Digitaluhr am Fernseher. Puls. Puls. Puls. Die ganze Nacht über hielt mich dieses Licht schon wach. Zehn vor drei Uhr. Ich konnte es nicht ausschalten, genauso wenig wie die gleichförmig wiederkehrenden Gedankenketten in meinem Kopf.

Für die Menschen da draußen versprach dieser 13. Spieltag der Bundesliga an diesem 19. November 2011 viel Spannung. Am Samstagabend erwartete im Topspiel des Tages der deutsche Rekordmeister FC Bayern München in der Allianz Arena den amtierenden Deutschen Meister Borussia Dortmund, für die Dortmunder eine Aufholjagd um den ersten Platz in der Tabelle und die erneute Meisterschaft. Viel Nervenkitzel versprach auch das Duell Borussia Mönchengladbach gegen Werder Bremen, die den Anschluss an den Tabellenführer halten wollten. Zwei Spiele mit den vier bestplatzierten Mannschaften. Schalke spekulierte auf einen Heimsieg in der VELTINS-Arena gegen Nürnberg, Freiburg spielte gegen Hertha BSC, Wolfsburg gegen Hannover 96. Für mich drohte der kommende Tag zu einer Katastrophe zu werden. Es waren nicht die anderen Spiele – es war das eine Spiel. Mein Spiel. Mein Endspiel.

Dieses Spiel wäre der Schlussakt, in dem mein ganzes Leben für den Fußball, meine Erfolge, meine Träume – und jetzt auch meine Angst – kondensiert würden auf 90 Minuten und eine Spielfläche von 105 mal 68 Meter im viereckigen Kasten des RheinEnergieStadions des Kölner FC.

Ausgerechnet hier in Köln hatte vor über sechs Jahren, am 6. August 2005, meine Karriere als Schiedsrichter in der 1. Bundesliga im deutschen Profifußball begonnen. 1. FC Köln gegen Mainz 05, mein erstes Spiel. Dieselbe Stadt, dasselbe Stadion, dieselben Mannschaften, derselbe Schiedsrichter. Ich würde wieder der Schiedsrichter sein.

Wochenlang hatte ich damals diesem Tag entgegengefiebert, trainiert, Videoanalysen der Spieler, ihrer Taktik und ihrer Tricks angeschaut. Ich war vorbereitet. Ich würde ein gutes Spiel abliefern. Ich weiß noch, wie sicher ich auf den Platz gelaufen bin. Meine Familie, die Kollegen, Freunde, Nachbarn – alle würden mich in der Sportschau sehen, würden sehen, dass ich wieder einen wichtigen Schritt auf dem Weg nach ganz oben geschafft hatte. Ich, Babak Rafati. Der Himmel über Köln schien offen und weit, ich würde weiter aufsteigen, erst die FIFA Champions League, die großen Finalspiele – am Ende vielleicht sogar die Weltmeisterschaft, der Traum eines jeden Schiedsrichters, die Krönung meiner

Karriere. Die Kölner hatten damals 1:0 gewonnen. Abends hatten wir Einstand gefeiert. Ich war erschöpft, aber glücklich gewesen. Ausgerechnet mit der Begegnung, mit der alles begann, sollte alles wieder enden? Dieses Glück war in dieser Nacht nur noch eine schemenhafte Erinnerung, die sich schnell verflüchtigte, immer wenn ich sie aufzurufen versuchte, um mich irgendwie noch zu motivieren für das Spiel, das jetzt immer bedrohlicher vor mir stand. Heute Nacht fühlte ich keine Freude – nur Angst vor meinem letzten Spiel. Ich könnte es schaffen, ich müsste mich nur zusammenreißen, es allen zeigen. Ich dürfte nur keine Sekunde unachtsam sein, müsste das Spielgeschehen im Griff behalten, souverän entscheiden und nur keinen Fehler machen. Und schon hing ich wieder in der Endlosschleife: »Jeder darf einen Fehler machen – nur du nicht, Babak. Fußball ist ein Geschäft, das Menschen verbrennt.« Ich kam aus dieser Fallgrube nicht mehr heraus, mir fehlte jede Kraft. Ich würde Fehler machen. Ich hatte aufgehört, an mich selbst zu glauben. Bei dem Spiel, das vor mir lag, stand der Verlierer schon fest – das würde ich sein. Ausgerechnet hier in Köln.

Ich weiß nicht, ob es eine Art Vorsehung war, die mir gerade in dieser Stadt besonders eindrucksvoll die Rote Karte zeigen, den letzten Tritt ins Abseits verpassen wollte – oder war es nur meine innere Stimme, die diesem Zufall solche Bedeutung gab? Einfach nur meine innere Stimme, die sich in dieser Nacht mit aller Gewalt Gehör verschaffte, so laut, dass ich sie diesmal nicht wieder überhören würde. Meine innere Stimme, die schon viel früher als der Schiedsrichter Babak Rafati wusste, dass endgültig Schluss sein musste, die mir immer wieder sagte: »Babak, das ist nicht mehr dein Spiel. Du wirst dieses Spiel nicht spielen, lass los, bevor es zu spät ist.« Doch ich war noch nicht so weit zu hören. Ich wollte nicht wahrhaben, dass ich das Ende erreicht hatte. Zu viele Jahre hatte ich Wochenende für Wochenende um meinen Aufstieg hart kämpfen müssen. Sollte ich das alles aus einer getrübten Stimmung heraus einfach so aufgeben, hinschmeißen, abhauen – was würden die anderen sagen? Wie würde ich dastehen vor all den Menschen, die ich liebte?

Ich versuchte seit Stunden zu schlafen, jedoch fiel mein Auge immer wieder auf diese Digitaluhr unterhalb des übergroßen TV-Flatscreen vor meinem Bett. Perfekt für Fußballübertragungen. Das Blinken der Uhr macht wahnsinnig, wenn man schlafen muss und nicht schlafen kann. Wenn man sich im Bett dreht, sich unruhig von Seite zu Seite wirft. Sich zur Ruhe zwingt und dadurch immer unruhiger und dann wütend wird, weil einen der Schlaf jetzt erst recht flieht. Das Licht scheint den ganzen Raum zu fluten. Es pulst durch das Kopfkissen, unter dem du deinen Kopf vergräbst. Durch das Handtuch, das du dir über die Augen legst. Und in meiner Verzweiflung über meine Schlaflosigkeit glaubte ich sogar, das Ticken zu hören – obwohl mein Verstand sagte, Babak, das ist eine Digitaluhr.

Diese Uhr, ihr blaues Licht würde in den kommenden Stunden meinen Wahnsinn beschleunigen. Das Pulsen dieser Uhr würde der Countdown in meinen Untergang sein. 2:55 Uhr. Es entwickelte sich ein extrem unerbittlicher Kampf mit dieser Uhr. Es war ein Wettrennen gegen die Zeit, denn ich rechnete immer wieder aus, wie viel Zeit bis zum Anpfiff blieb. Jede Sekunde ein Impuls, jedes Mal eine Sekunde, die mich weitertrieb Richtung Spielbeginn. 15:30 Uhr Anpfiff. Köln gegen Mainz. Hellmut Krug, nicht gerade einer meiner Förderer, würde im Stadion sitzen und seine Aufgabe wäre, auf einen Fehler von mir zu lauern. Es gibt kein Spiel ohne Fehler für einen Schiedsrichter, immer wieder verschwindet das Spiel im Graubereich. Niemand ist unfehlbar. »Fußball ist ein Geschäft, das Menschen verbrennt. Jeder darf einen Fehler machen – nur du nicht, Babak.« Herbert Fandel, von dem dieser Satz stammt und Vorsitzender der DFB-Schiedsrichterkommission, würde Krugs Fehlerliste aufgreifen und dann würde alles seinen Lauf nehmen. Wie sollte ich dieses Spiel so unausgeschlafen überstehen? Ich war an einem Punkt angelangt, wo es kein Zurück mehr zu geben schien.

Nach dem Abendessen waren wir ins Hotel zurückgefahren. Unten in der Hotellobby saß Malik Fathi von Mainz 05, weil die Mannschaft im selben Hotel untergebracht war. Ich wollte gut Wetter machen, nach meinen vier »verpfiffenen« Spielen, zum Teil mit Fehlentscheidungen gegen Mainz 05, und ging auf ihn zu. Immer wieder Mainz 05. Dieser Verein und ich hatten in dieser Vorsaison eine üble Vorgeschichte. HSV gegen Mainz 05. Mein »Wembley-Tor« in Hamburg, 6. März 2011. 1:0 gegen Mainz 05. Eine Fehlentscheidung! Der Aufruhr danach. Unvergessen. Und acht Monate später immer noch nicht bewältigt. Die Fans waren immer noch geladen. Ich wusste, dass morgen die ganze Bundesliga beim kleinsten Fehler von mir wieder Kopf stehen würde. So wollte ich Fathi ein versöhnliches Signal geben. Ich tippte ihm freundlich auf die Schulter, machte auf locker, machte ein bisschen Smalltalk, merkte aber schnell, wie die Blockade in meinem Kopf mich um jedes Wort ringen ließ und meine Fassade zu kollabieren drohte. Ich quälte mir noch ein paar aufmunternde Worte für das morgige Spiel raus und ging. Normal trinken wir noch kurz an der Hotelbar ein Abschlussbier, an diesem Abend aber standen wir alle unter dem Eindruck des bevorstehenden Spiels. Und nachdem wir uns schon beim Essen angeschwiegen hatten, ließ ich das letzte Bier an der Bar ausfallen, zumal ich keine Lust verspürte, einen weiteren Smalltalk führen zu müssen. Wir gingen alle viel früher als sonst auf unsere Zimmer. Und hier begann der Anfang vom Ende eines Albtraums. Der Punkt, auf den ich mich wie von unsichtbaren Fäden gezogen seit Monaten zubewegt hatte.

Als ich mein Zimmer betrat, spürte ich sofort, dass an diesem Abend alles anders werden sollte. Das Zimmer kam mir unwirklich, imaginär, wie gefüllt mit einem Nebel vor. Als ich eintrat, hatte ich das Gefühl, dass es mich mit einem Ruck einsaugte, mich eine treibende Kraft hinter die Tür dieses Hotelzimmers wuchtete. Die Tür flog hinter mir, wie von einem Sturm getrieben, sehr heftig zu, Luft heulte durch die Fugen hinaus und ließ mich zurück in einem Vakuum. Ich saß in meinem Kerker. Man hört immer, dass ein Mensch, kurz bevor er stirbt, sein ganzes Leben noch mal in Millisekunden in einer Art Zeitrafferfilm an sich vorüberziehen sieht. Bei mir dauerte dieser Film eine ganze Nacht. Schicht für Schicht, Stück für Stück würde ich die Bilder meiner Erinnerungen bis in alle Einzelteile zerlegen, bis ich den Kern wiederfinden würde, der mein Leben war und von dem ich annahm, dass ich es für immer verloren hatte. In dieser Nacht suchte ich den Punkt, wann es begonnen hatte schiefzulaufen. Und ich fragte mich, warum ich es nicht aufgehalten hatte. Warum ich nicht gesehen, nicht verstanden, nicht erkannt hatte, was dabei war, mich zu zerstören. Warum ich nicht rechtzeitig reagiert hatte, um mich zu retten. Warum ich es nicht geschafft hatte, mich abzuwenden und ein neues Leben zu beginnen. In dieser Nacht schien alles so logisch zu sein. Ich war schuld. Ich hätte selbst alles ändern können. Dieser Prozess des Erkennens, so scheint mir heute, ließ sich nur durch die enorme Gewalt der Verzweiflung freisetzen. Das hier ist die Geschichte meiner Zertrümmerung.

■■■

Katastrophen beginnen meist ganz unscheinbar. Bei mir begann der Riss, der mein Leben wie eine Eisscholle in Stücke sprengen sollte – mit einem Riss in meinem hinteren Oberschenkelmuskel. Er war nicht die Ursache, aber das Symptom, dass mein Leben dabei war, aus dem Gleichgewicht zu kippen. Es geschah in der 10. Minute beim Spiel Dynamo Tiflis gegen Banik Ostrau, dem damaligen FC Bayern Tschechiens, im Sommer 2010. Ein peitschendes Ziehen, das kalt brannte. Ich war gewohnt, körperlichen Schmerz zu ignorieren, und pfiff das Spiel bis zum Ende durch. In den folgenden Tagen hatte ich wegen meiner beruflichen Belastung keine Zeit gefunden, mich von einem Arzt behandeln zu lassen – oder anders ausgedrückt: Ich hatte mir die Zeit nicht genommen, auf meinen Körper zu achten.

Ich war nicht nur Schiedsrichter im Profifußball, sondern auch Filialleiter einer Bank und hatte doppelten Terminstress. Vor allem, wenn in der Vorwoche wegen des Trainings und der Spiele einiges im Büro liegen geblieben war. Zudem war ich sicher, dass es sich nur um eine leichte Blessur handelte, die ich wie gewohnt einfach so wegstecken würde. Vier Tage später fuhr ich auf den Sommerlehrgang der Schiedsrichter im idyllischen Altensteig-Wart bei Stuttgart, in Baden-Württemberg. Das Ziehen im Oberschenkel hatte nicht nachgelassen.

Dieser Lehrgang ist als »Schiri-TÜV« berüchtigt, weil bei den dort stattfindenden körperlichen Leistungsprüfungen die Fitness für die kommende Saison getestet wird. Unter anderem gibt es den Sprinttest (6 x 40 Meter in je maximal 6,2 Sekunden) und anschließend den Konditionstest (HIT-Test-Intervall, bei dem eine Strecke von 150 Meter in 30 Sekunden gelaufen und 50 Meter in 35 Sekunden gegangen werden). Dieser Belastung muss man sich 20 Mal hintereinander aussetzen. Das Prozedere ist bei den Mannschaften der Bundesliga in ihren Trainingslagern ähnlich und auch Bestandteil ihrer Saisonvorbereitung, die sehr kraftraubend ist. Wer im Urlaub während der Sommerpause nicht regelmäßig hart trainiert und auf die Gewichtsreduktion geachtet hat, muss bei schlechten Bewertungen um seine Aufstellung fürchten. Zu den Läufen über 13 Kilometer Distanz, die ich jeden zweiten Tag frühmorgens oder nach der Arbeit absolvierte, hatte ich mir zusätzliche Trainingseinheiten im Fitnessstudio auferlegt.

Als ich in Altensteig-Wart ankam, war ich in Sorge, ob ich wegen meiner Verletzung die Qualifikation für die kommende Saison meistern würde. Das Sommertrainingslager stand zudem unter den besonders ungünstigen Vorzeichen der Machtkämpfe und Intrigen zwischen DFB, Liga und der Schiedsrichterkommission. Es hatte Skandale gegeben. Da war der Wettskandal um die gekauften Bundesligaspiele um den Bundesligareferee der Zweiten Liga, Robert Hoyzer. Und die Geschichte um die angebliche homoerotische Beziehung zwischen dem ehemaligen Unparteiischen Manfred Amerell, bis kurz zuvor Sprecher des DFB-Schiedsrichterausschusses, und dem Bundesligareferee Michael Kempter, die dermaßen eskalierte, dass am Ende die Steuerfahndung bis in die Spitze der Schiedsrichterkommission gegen 70 Schiedsrichter wegen angeblich nicht versteuerter Honorare bei Auslandsspielen ermittelte.

Die damit einhergehenden Machtkämpfe im DFB hatten schließlich meinem Förderer im DFB, Volker Roth, nach 16 Jahren den Job als Schiedsrichterobmann gekostet. Der DFB warf Roth vor, im Fall Manfred Amerell seiner Informationspflicht nicht nachgekommen zu sein. Was Roth unter Hinweis auf die Statuten, seine Sorgfaltspflicht und seine Vertrauensposition gegenüber den ihm anvertrauten Schiedsrichtern immer energisch bestritten hatte. Vergeblich. In Wirklichkeit war es wohl so, dass im Intrigantenstadl DFB der eine oder andere Roth aus ganz anderen Gründen schnellstmöglich loswerden wollte und die Gelegenheit dafür günstig schien. Der machtbewusste Roth, in den fast 16 Jahren als Schiedsrichterobmann zu einer wehrhaften Institution herangewachsen, ließ sich von niemandem in seinen Bereich hineinreden. Damit wurde er vermutlich zum Problem. Den einen war er mit 68 Jahren zu alt und den anderen vor allem zu unbeugsam.

Einer seiner gefährlichsten Gegenspieler im DFB war Hellmut Krug, von Beruf Oberstudienrat. Der ehemalige FIFA-Schiedsrichter war Abteilungsleiter der DFB-Schiedsrichter und betrieb zunächst verdeckt und dann ganz offen die Entmachtung Roths, angeblich weil er Reformen durchsetzen wollte, die Roth verweigerte. Es hieß immer, es ginge ihm vor allem um die Modernisierung der Schiedsrichtergilde und deren Anpassung an die Erfordernisse des modernen Fußballs. Es ging ihm aber auch und vermutlich nicht zuletzt um die Macht. Nachdem der Putsch Krugs gegen seinen Vorgesetzten Roth jämmerlich gescheitert war, drehte Roth den Spieß um und betrieb konsequent den Rausschmiss seines alles andere als stets illoyalen Mitarbeiters. Krug musste im Spätsommer 2007 gehen. Für Hellmut Krug dürfte dies existenzielle Auswirkungen gehabt haben. Der einstige Gymnasiallehrer hatte mit Beginn seiner hauptberuflichen Tätigkeit für den DFB auch seinen Job als »Sportfachkraft der AOK in Gelsenkirchen« aufgegeben. Damit war der einst so siegesgewiss wirkende Hellmut Krug nach einem Monat Krieg gegen Roth plötzlich ohne Aufgabe und stand mit dem Rücken zur Wand. Das jedenfalls könnte erklären, wie erbittert die Auseinandersetzung im Weiteren geführt wurde. Roth war seinen Widersacher endlich los. Dachte er.

Der zweite große Gegenspieler Roths aber war die Deutsche Fußball Liga (DFL), der Zusammenschluss der deutschen Fußballvereine, die mehr Einfluss wollte, den sie gegen Roth aber nicht durchsetzen konnte. Und jetzt passierte Folgendes: Kurz nach seinem Ausscheiden beim DFB wechselte Krug wenige Wochen später die Seiten und heuerte am 1. Oktober 2007 bei der DFL als »Schiedsrichterberater« an, die ihn zum Entsetzen Volker Roths als DFL-Vertreter zurück in die Schiedsrichterkommission entsandte. Krug fuhr plötzlich in einer Mercedeslimousine als Dienstwagen beim DFB vor und hatte ein Gehalt, von dem er als »AOK-Sportfachkraft« vermutlich nur geträumt haben dürfte. Damit saßen sich Krug und Roth wieder unversöhnlich an einem Tisch gegenüber. Roth lehnte jedes Gespräch mit Krug ab. Er hatte seinen erklärten Gegner zurück, der jetzt, davon durfte man ausgehen, mit allen Mitteln und der Macht der DFL im Hintergrund auf Roths Abschied hinwirkte. Auf Beobachter wirkte es so, als sei ein Ziel Roths Eigenständigkeit zu brechen und den Einfluss der DFL und damit der Vereinsbosse auf die Schiedsrichter zu erhöhen.

Die Deutsche Fußball Liga vertritt die Interessen der deutschen Profifußballvereine gegenüber dem Deutschen Fußball-Bund (DFB). Die Schiedsrichter wiederum unterstehen dem DFB, weil sie unabhängig von den Interessen der Vereine die Spiele leiten sollen. Spiele, für deren Veranstaltung und Finanzierung wiederum die DFL zuständig ist. Dafür verkauft sie im Namen der Vereine die Übertragungsrechte für Fernsehen, Hörfunk und Internet und sitzt damit auf einem milliardenschweren Geldsack, aus dem die DFL mit ca. vier Millionen Euro im Jahr – und hier schließt sich der Kreis – den DFB mitfinanziert. 2012 vereinbarte die DFL für die Übertragungslizenzen der kommenden vier Spielzeiten eine Summe von über 2,2 Milliarden Euro. Als der Bezahlsender Sky im Frühjahr 2012 nach einem Bieterverfahren den Zuschlag erhielt, stieg die Aktie zeitweise um 22 Prozent.

Wer das Geld hat, hat das Sagen – das ist auch im deutschen Fußball so. Fußball ist ein Milliardengeschäft. Aus den traditionellen Fußballvereinen sind mittlerweile Wirtschaftsunternehmen geworden, die man gemessen an ihren Millionenumsätzen mit DAX- oder MDAX-Unternehmen vergleichen kann. Der FC Bayern hatte im Geschäftsjahr 2010 / 2011 einen Umsatz von 321 Millionen Euro bei einem Gewinn von 32 Millionen Euro. Der FCB lag damit an vierter Stelle der umsatzstärksten Fußballvereine Europas hinter Real Madrid mit 480 Millionen, dem FC Barcelona mit 450 Millionen und Manchester United mit 367 Millionen. Auch viele der anderen Bundesligavereine spielen ganz oben mit, Schalke 04 mit über 200 Millionen Umsatz oder der HSV mit 128 Millionen. Und damit man sieht, wie der sportliche Erfolg von BVB-Trainer Jürgen Klopp die Finanzen beeinflusst: Borussia Dortmund schaffte mit der Meisterschaft den Sprung von 33 Millionen Umsatz auf 138 Millionen Euro innerhalb eines Jahres. Somit hängen sehr viele wirtschaftliche Interessen an diesen Vereinen, die auch die Infrastruktur einer ganzen Region beeinflussen können. Was wiederum die Politik auf den Plan ruft. Den modernen Profifußball umgibt ein Machtgeschiebe, in dem der Sport in den Hintergrund zu treten scheint. Den Akteuren kommt eine immense Bedeutung zu. Entsprechend steigt auch der mediale Unterhaltungsfaktor für alle, die an diesem gigantischen Geschäft maßgeblich beteiligt sind. Und dazu gehören auch die Medien.

Der Druck auf die Schiedsrichter ist mit den schwindelerregenden Umsätzen in den vergangenen Jahren immens gestiegen. Denn eine Mannschaft, die wegen nachteiliger Schiedsrichterentscheidungen aus der Bundesliga oder den europäischen Wettbewerben fliegt, verliert zig Millionen Einnahmen durch eine fehlende Beteiligung an den Vermarktungs- und TV-Rechten. Fehlende Millionen bedeuten weniger Geld für Spielereinkäufe – und einen immer weiteren Abstand zur internationalen Spitze, denn dort wird von den Vereinen erst richtig Geld verdient. Zynisch gesprochen stellen also Schiedsrichter für jeden Vereinspräsidenten eine potenzielle Gefahr für den reibungslosen Ablauf ihrer Geschäfte dar, und dementsprechend emotional sind auch die Reaktionen der Vereine, ihrer Manager, Trainer und der Spieler auf dem Platz, wenn die Spiele nicht in ihrem Sinne laufen.

Um solche Gefahren für die Vereine schon im Vorfeld zu minimieren, so war die Befürchtung unter vielen Schiedsrichtern, sollte Hellmut

Krug jetzt Einfluss im Sinne der DFL, hin zu einer noch stärkeren Professionalisierung des Schiedsrichterwesens, nehmen. Daneben ergab sich für Krug mit dem Seitenwechsel zur mächtigen Liga die möglicherweise nich ganz unwillkommene Gelegenheit, seinem Erzrivalen Volker Roth weiter das Leben schwer zu machen und ihn womöglich so doch noch zur Demission zu veranlassen. Krug und Roth belauerten sich monatelang, wer von beiden zuerst den entscheidenden Fehler machen würde. Krug war nicht irgendwer, er hatte Kompetenz und Machtinstinkte und war mit der DFL im Rücken zu einem mächtigen Mann im deutschen Fußball geworden.

Krug begann 1984 im Alter von 28 Jahren seine DFB-Karriere als Schiedsrichter im Profifußball. Insgesamt leitete er über 240 Bundesligaspiele, ein DFB-Pokalfinale, als FIFA-Schiedsrichter 29 Länderspiele und 40 Europapokalspiele, darunter mehrere Finales, 1994 war er Schiedsrichter bei der Fußballweltmeisterschaft und dreimal wurde er zum Schiedsrichter des Jahres gewählt. Krug hatte alles erreicht, wovon ich träumte. Ich sage das ohne Neid, weil ich uneingeschränkt seine fachliche Kompetenz anerkenne. Nach seinem Ausscheiden als aktiver Schiedsrichter war er ab 2003 in der Schiedsrichterausbildung tätig. Krugs Machtspiele im DFB aber sind mir immer fremd geblieben. Volker Roth hatte mich immer gefördert, ich galt im Kollegenkreis als Anhänger Roths und zeigte Krug deshalb auch immer sehr deutlich, was ich von seinen Spielchen gegen Roth hielt. Und damit rutschte ich mit dem Machtwechsel und der jetzt fehlenden Deckung durch Roth automatisch in Hellmut Krugs Wahrnehmungsbereich.

Im Umfeld des Skandals um die Beziehung zwischen dem inzwischen verstorbenen Schiedsrichter Amerell und seinem Kollegen Kempter wurde Roth zu Unrecht vorgeworfen, er habe, als er von Amerells Neigungen erfuhr, nicht umgehend die DFB-Spitze informiert. Trotzdem wurde der Druck irgendwann zu stark und schließlich war die Stunde des Untergangs gekommen. Ich wäre nicht erstaunt, wenn bei der DFL daraufhin der eine oder andere Korken geknallt hätte. Kurz zuvor hatte sich DFL-Präsident Rauball bei der Präsidiums- und Vorstandssitzung des DFB mit dem Satz »Ich vertraue darauf, dass Herr Zwanziger ein Gespräch mit Herrn Roth sucht, ob es möglich ist, dass er sein Amt am 9. April an Herrn Fandel übergibt«, für eine Art Zwangsrücktritt von Roth ausgesprochen. Es war jedenfalls ein unwürdiger Abgang für diesen verdienten, fähigen und – für die, die ihn nicht besser kannten – als sperrig verschrienen Mann. Roth musste nach nicht nur meiner Einschätzung wohl auch deshalb gehen, weil er der DFL eben nicht gutwillig genug schien und seinen Schiedsrichterbereich gegen Einflussnahmen von außen durch meterdicke Betonmauern abschottete. Mauern, die so stark waren, dass Roth von Rauball vorgeworfen wurde, wir Schiedsrichter würden wie eine Art Geheimbund geführt – was doch eigentlich denen einfallen konnte, die gerne mehr Einfluss genommen hätten, Roth aber nicht umspielen konnten.

Roth war selbst erfolgreicher Unternehmer und trat den Vereinsbossen und den DFL-Managern gegenüber entsprechend selbstbewusst auf. Er hatte eine hohe Sozialkompetenz, trotz all des Leistungsdrucks, den er konsequent aufrecht erhielt. Er verstand es, einen Schiedsrichter per Klartext hart zu kritisieren – und ihn dennoch motiviert und einsichtig aus dem Gespräch zu verabschieden. Er baute seine Leute auf. Langfristig. Er gab einem Sicherheit. Was er sagte, war immer sachlich begründet. Harte Kritik gab's nur unter vier Augen und nie vor den anderen und danach reichte er einem immer wieder die Hand zur Versöhnung. Wenn einer mal ein Tief hatte und in den Medien durchgeprügelt wurde, machte er nicht viele Worte und wusste die normalen sportlichen Schwächeperioden seines Schiedsrichters mit geschickt defensiven Spielansetzungen national wie auch international zu überbrücken. Roths designierter Nachfolger war Herbert Fandel. Roth war ein Meister im Ansetzen und Fandel hatte als sein bester Schüler gelernt, wie man Schiedsrichter auf risikolose Spiele ansetzt und sie damit aus der Schusslinie der öffentlichen Aufmerksamkeit nimmt – weshalb ich mir sicher bin, dass keine meiner späteren Ansetzungen – vor allem die bei Mainz 05 – ein Zufall waren. Aber dazu später.

Roth ging mit seinen Schiedsrichtern durch dick und dünn. Es gab in meinen Anfängen einige Fälle, bei denen Schiedsrichter nicht ihre Leistung erbrachten und die Medien sie entsprechend hart kritisierten. Aber Roth entzog ihnen nicht das Vertrauen, sondern hielt über mehrere Jahre öffentlicher Kritik stets zu ihnen, was sich im Nachhinein immer bewährt hat. Diese Schiedsrichter sind ihm heute noch – wie ich weiß – dafür dankbar, denn sie haben sich in der Bundesliga und international zu absolut festen Größen entwickelt. Bei Roth konnte jeder sicher sein, der Chef steht hinter einem und bei Bedarf auch schützend davor.

Einmal schrieb ein Journalist im Internet, dass ich wegen meiner persischen Herkunft nur ein »Quoten-Schiedsrichter« sei und der DFB mich nur dulde, weil man auch einen Ausländer als Schiedsrichter präsentieren wolle. Das war nicht nur ausländerfeindlich – sondern schlicht falsch: Denn ich bin deutscher Staatsbürger. Und ich fühle mich als Deutscher. Ich träume sogar als Deutscher. Volker Roth reagierte sofort und unnachgiebig über den DFB und drohte mit der Staatsanwaltschaft, sodass der Artikel bald aus dem Netz entfernt wurde. Das war die Rückendeckung und Stärkung, die Volker Roth jedem seiner Schiedsrichter gab. Bei ihm war man keine Nummer. Sondern Mensch.

Als Roth ein anderes Mal bei einer Pressekonferenz gefragt wurde, was er denn dazu sage, dass ich zum dritten Mal zum schlechtesten Schiedsrichter gewählt worden sei, sagte Roth ganz einfach nur: »Nichts«. Auf die Nachfrage, dass er dazu doch eine Meinung haben müsse, sagte er nur: »Ein Schiedsrichter muss nicht beliebt sein, sondern autoritär. Diese Umfrage wird bei Spielern durchgeführt. Was soll denn da anderes herauskommen? Ich selbst sehe, was unsere Schiedsrichter können, und wir haben zudem intern Fachleute, die das bewerten.«

Roth schien druckresistent gegen jede Einflussnahme von außen. Er ließ jeden Schiedsrichter seine eigene Persönlichkeit auf dem Spielfeld frei entfalten. Hauptsache, man hatte eine – und war durchsetzungsstark. Er wusste durchaus, dass einige – wie auch ich – im Auftreten nicht beliebt waren und polarisierten, aber er störte sich nicht daran, denn er wollte keine durchgeklonten »Lieblinge« für die Bundesliga programmieren, sondern Persönlichkeiten als überragende Spielleiter. Roth sagte es nicht nur, sondern stand dazu und handelte danach, dass ein Schiedsrichter nicht unfehlbar sein könne – was ich später noch bitter vermissen sollte. Er schützte seine Schiedsrichter in der Öffentlichkeit, wenn sie zu Unrecht kritisiert wurden, und das machte uns stark.

Als ich am 26. August 2007 im Zweitligaspiel Alemannia Aachen – Kickers Offenbach von einem Reporter in einer Szene während der Livekonferenz kritisiert wurde, ließ Volker Roth noch während der laufenden Berichterstattung einen seiner Mitarbeiter in der Redaktion anrufen. Der Reporter solle sich bitte revidieren, da er die Regel völlig falsch und zu Lasten des Schiedsrichters ausgelegt hätte. Der Chefredakteur informierte seinen Reporter und in der anschließenden Zusammenfassung stellte dieser alles wieder klar. Das war kein Eingriff in die

23

redaktionelle Freiheit. Roth hatte eine nachweisbare Falschinformation zu meinen Lasten umgehend richtiggestellt. Ich erfuhr von dieser Geschichte erst Monate später, als der besagte Reporter mich wieder traf und mir diese Story erzählte und sich für seinen Irrtum entschuldigte. Auch das war Roth. Tue Gutes und sprich nicht darüber. Für ihn war das eine Selbstverständlichkeit.

Mit der gleichen Souveränität ignorierte er auch stets Beschwerdebriefe von Vereinsvorsitzenden gegen seine Spitzenschiris. Besonders heftige Beschwerden konterte Roth, indem er den kritisierten Schiedsrichter erst recht für die folgenden Topspiele des betreffenden Vereins ansetzte, womit er die Vereinsvorstände zur Verzweiflung trieb – ihm aber in der DFL nicht gerade Sympathien einbrachte – was sich noch rächen sollte. Selbst Krug genoss damals als aktiver Schiedsrichter unter Roth als Schiedsrichter-Boss diesen uneingeschränkten Schutz. Als Uli Hoeneß von Bayern München, den ich heute noch sehr schätze, einmal über Krug heftig schimpfte und diesen für zukünftige Spiele der Bayern ablehnte, pfiff Krug trotz dessen ein halbes Jahr später erneut ein Spiel der Bayern. Roth vertrat die klare Meinung, dass das System Schiedsrichter unabhängig sei und sich von niemandem reinreden lassen dürfe.

Das war Volker Roth in meiner Erinnerung. Und dieser Mann sollte jetzt gehen. Roth selbst vermutete wohl damals nicht zu Unrecht Heckenschützen weit oben aus dem Bereich der DFL, wo bekanntlich auch Roths Gegenspieler Hellmut Krug seine Strippen zog. Nur wenige Details dieser Intrigen sind in die Öffentlichkeit gelangt. In dieser Hinsicht führt die heutige Schiedsrichterkommission ihre Schiedsrichter tatsächlich wie einen Geheimbund. Roths Schiedsrichter haben zum Beispiel – was kaum bekannt ist – noch den Versuch unternommen, mit einer Petition an das DFB-Präsidium und Theo Zwanziger Roths Entlassung zu verhindern. Ich zitiere aus dieser Petition, weil sie so gut beschreibt, wie sehr die Arbeit Volker Roths – bis auf wenige Ausnahmen – von der Gesamtheit der Schiedsrichter geschätzt wurde:

»*Mit Bestürzung und Unverständnis haben wir die (medialen) Rücktrittsforderungen an den Vorsitzenden des DFB-Schiedsrichter-Ausschusses, Volker Roth, vernommen. Einstimmig bekennen wir uns hiermit zur hervorragenden Arbeit und zum Führungsstil von Volker Roth. Die hohe Wertschätzung der deutschen Schiedsrichter im Ausland – dokumentiert durch die Leitung mehrerer internationaler Endspiele in den vergangenen*

Jahren und nahezu wöchentlichen Anforderungen zu Spielleitungen in anderen nationalen Ligen – ist nicht zuletzt ein Verdienst des Wirkens von Volker Roth in den letzten eineinhalb Jahrzehnten. Wir fühlen uns von Volker Roth mit Weitsicht, hoher Fachkompetenz, respektvoll, tolerant und unabhängig geführt, vertreten und begleitet. Für Volker Roth steht immer die Sache im Vordergrund, nicht die eigene Person. Sein Ansinnen ist es immer, dem Fußball, den Vereinen und den unzähligen Fans, in der Spitze und in der Breite bestmöglich ausgebildete Schiedsrichter für die Leitung der Spiele zur Verfügung zu stellen. Dass wir Schiedsrichter als Sportler und Menschen dabei Situationen auf dem Spielfeld auch falsch wahrnehmen und einschätzen, liegt in der Natur der Sache. Volker Roths Bestreben ist es immer, die Qualität der Schiedsrichter zu verbessern, zu optimieren und eine einheitliche Regelauslegung zu erzielen. Unser einstimmiger Wunsch ist, dass wir durch Volker Roth bis zur geplanten Übergabe beim nächsten Bundestag weitergeführt werden.«

Diese Petition richtete sich nicht einmal gegen Fandel, sie setzte sich im Weiteren sogar für Fandel als Nachfolger Roths ein –, aber sie hat das DFB-Präsidium trotzdem nie erreicht. Ausgerechnet Roths designierter Nachfolger Herbert Fandel machte Druck und unterband das Ansinnen einer Petition mithilfe einiger seiner Getreuen. Roth sollte am Ende nicht einmal den regulären Übergang auf seinen bereits benannten Nachfolger Herbert Fandel abwarten dürfen und sofort gehen. Womit der zweite Hauptakteur meiner Geschichte, so wie ich sie erlebt habe, benannt wäre: Herbert Fandel.

Fandel studierte Klavier, war Sieger des Mendelssohn-Wettbewerbes in Köln 1988, spielte Rundfunkaufnahmen ein und gab Konzerte im In- und Ausland. Warum ein so talentierter Konzertpianist später hauptberuflich als Leiter der Kreismusikschule Bitburg-Prüm in der Provinz landete, weiß keiner. Auf die Frage, warum er Schiedsrichter geworden sei, sagt Fandel, der in seiner Eifler Mundart gefärbt spricht: »Ich wollte etwas darstellen und dem Fußball helfen. Ich wollte das Gefühl haben, etwas gelernt zu haben und zu können – wie ein Handwerker.« In Wahrheit hatte ihn sein Vater zum Fußball gebracht. Sein Erweckungserlebnis habe er als 13-Jähriger gehabt. »Hier, Herbert, du pfeifst«, habe ihm sein Vater gesagt, als bei einem Spiel seiner Jugendmannschaft der Schiedsrichter ausgefallen war, erinnert sich Fandel an diesen »wunderbaren Moment«. »Ich durfte Verantwortung tragen.«

Fandels Karriere gleicht meiner, 16 Jahre quälte er sich Wochenende für Wochenende durch sämtliche untere Klassen, bis er 1989 Bundesligaschiedsrichter unter Volker Roth wurde. Insgesamt leitete er über 50 Spiele in der zweiten und 247 Spiele in der ersten Bundesliga. Er wurde FIFA-Schiedsrichter, war wie ich damit unter den deutschen Top Ten. 2000 nahm er an den olympischen Spielen in Sydney und der Europameisterschaft 2008 in Österreich und der Schweiz teil. DFB-Pokal-Finale, UEFA-Pokal-Finale, Champions-League-Finale und viermal Schiedsrichter der Saison, dreimal zusammen mit Markus Merk. Fandel belegte – ebenso wie ich – zeitweise Platz 1 auf der Kicker-Liste der schlechtesten Schiedsrichter, zum Beispiel im Mai 2006, nicht zuletzt wegen seines rigorosen Auftretens und seiner arroganten Körpersprache auf dem Platz, die – wie bei mir – auch immer wieder kritisiert wurde.

Fandel ist wie Krug ein Toppprofi. Fandel war mit allen per Du. Aber wie ein richtiger Kumpel kam er mir nie vor. Er hatte in meinen Augen immer etwas Berechnendes, erschien mir wie ein großer Stratege, der Menschen mit seinem eleganten Charme einnimmt und bei dem ich es für möglich hielt, dass er sie dann gezielt für seine Zwecke manipuliert. Wenn Fandel sagt, der Einzelne müsse hinter dem Ganzen zurückstehen, ist allergrößte Vorsicht geboten, denn mit dem großen Ganzen meint er vermutlich nicht selten sich selbst, allein schon wegen seiner hünenhaften Körpergröße. Im Zuge der Bekanntmachung der »Manfred Amerell-Affäre« sprach sich Fandel zwar öffentlich gegen eine geforderte vorzeitige Abberufung Roths aus, unterstützte ihn aber nach meinem Eindruck intern nicht mit aller Kraft. Am 21. Mai 2010 war es soweit: Herbert Fandel wurde Nachfolger von Volker Roth als Vorsitzender der DFB-Schiedsrichterkommission. Ihr Verhältnis dürfte danach nicht völlig unbelastet gewesen sein. In einer Reportage über ihn sagte Fandel über sein Verständnis des Schiedsrichters: »Wir sind ja im Prinzip keine Teamsportler wie Fußballer – wir sind Einzelkämpfer.«

Fandel wäre nie Schiedsrichterobmann gegen den Willen von Krug geworden. Jetzt, wo Roth weg war, wurde Krug mit der DFL-Unterstützung im Rücken zum stärksten Mann im Schiedsrichterbereich, der mit Fandel nicht gerade einen kritischen Gegenspieler, sondern eher einen willfährigen »Sidekick« bekam. Krug moderierte Entscheidungen, Fandel führte aus, so der Eindruck vieler Beobachter. Beide waren allem Anschein nach über Jahre eng befreundet gewesen. Das schien sich nach dem ersten Putschversuch Krugs gegen Volker Roth geändert zu haben. Fandel, wie auch Krug, war von Roth jahrelang intensiv gefördert worden und hatte vermutlich gute Gründe, sich gegenüber Roth loyal zu zeigen und sich auf dessen Seite zu schlagen – was ihm nicht weiter schwergefallen sein dürfte, als schnell sichtbar wurde, dass Krug den Kürzeren ziehen würde. Er habe Krug die Freundschaft gekündigt, der Krug sei bei ihm unten durch, »mit dem nicht mehr«, hörte man in Schiedsrichterkreisen Fandel jetzt häufiger sagen. Das muss sich dann aber schlagartig mit der Bestellung Krugs zum mächtigen Berater für das Schiedsrichterwesen bei der DFL geändert haben, denn danach erweckten beide rasch wieder den Eindruck, keine Probleme miteinander zu haben und vielmehr persönlich gut miteinander auszukommen.

Eigentlich hatte Fandel nie wie jemand gewirkt, der vorhatte, Roths Nachfolger zu werden. Fandel sagte immer, er wolle den Job nicht, weil er zu schlecht bezahlt sei, er habe Familie, da müsse das Gehalt stimmen. Irgendetwas muss hier passiert sein, dass Fandel dann trotzdem den Job von Volker Roth übernahm. Plötzlich sah man Fandel und Krug wieder im vertraulichen Zwiegespräch. Und irgendwie schienen sie auch sonst wieder »ziemlich beste Freunde« zu sein, wobei der Krug den Fandel durch die Gegend schob. Wahrscheinlich hatten die beiden Karrierestrategen entdeckt, dass sie einander brauchen würden, um die Dinge im DFB nach ihren Vorstellungen zu verändern. Über Fandel konnte Krug nun, falls er das wollte, aus dem Hintergrund im bisher von Roth abgeschotteten Bereich der DFB-Schiedsrichter die Strippen im Sinne der Liga ziehen – und Fandel über Krug, was er letztlich auch erreichte, via DFL für die passenden Gehaltsstrukturen im gesamten Schiedsrichterwesen sorgen. Eigentlich sind derartige Einflussnahmen der Liga nicht vorgesehen, denn Deutschland unterliegt der UEFA-Konvention, die eine klare Trennung zwischen den Vereinen und der Schiedsrichterorganisation vorsieht. Diese Gewaltenteilung ist sinnvoll, denn schließlich sollen Schiedsrichter unabhängig und ohne Einflussnahme von außen das Spielgeschehen leiten. Würden die Schiedsrichter über die DFL direkt von den Vereinen angestellt und bezahlt, müssten sie vermutlich – sprichwörtlich – nach deren Pfeife tanzen. Genau deshalb sieht die UEFA-Konvention eine Trennung vor.

Unter diesem Gesichtspunkt erschien es vielen von uns seltsam, dass ein bei einem Unternehmen wie der Deutschen Fußball Liga GmbH angestellter »Berater« für das Schiedsrichterwesen wie Hellmut Krug gleichzeitig auch als Mitglied der DFB-Schiedsrichterkommission über das berufliche Schicksal der Schiedsrichter mitentscheiden durfte. Schon damals gab es den wiederholt von DFL-Vorsitzenden Christian Seifert geäußerten Wunsch, den Komplex der Schiedsrichter im Profifußball aus dem DFB zu lösen und in eine neu zu gründende Tochtergesellschaft unter je 50-prozentiger Leitung von DFL und DFB zu überführen – angeblich, um die Professionalisierung besser vorantreiben zu können. Die Notwendigkeit schien kaum jemandem plausibel, zumal das deutsche Schiedsrichterwesen ohnehin zu den weltweit modernsten gehört. Es sei denn, Geld und Einfluss würden eine genauso große Rolle spielen. Dazu kam es bis heute nicht, einerseits wegen der UEFA-Konvention, andererseits aber auch, weil es vielleicht gar nicht mehr notwendig ist, da mit Krug im Spitzengremium der Schiedsrichter und Fandel als Sidekick die Machtfrage im Sinne der DFL endlich gelöst scheint. Fandels und Krugs Machtübernahme war in meinen Augen der vorläufige Höhepunkt atemloser Indiskretionen, Intrigen und Machtspiele im DFB. Auch der wegen seines Krisenmanagements heftig kritisierte DFB-Präsident Theo Zwanziger wollte, dass endlich Ruhe einkehrte. Damals ahnte ich noch nicht, was Roths unwürdiger Abgang für mich bedeuten würde. Einerseits hatte ich mich mit Fandel immer gut verstanden. Jeder wusste aber, wie loyal ich Roth gegenüber eingestellt war. Ich spürte nunmehr das Misstrauen Fandels auf der einen und auf der anderen Seite, bei der Deutschen Fußball Liga, die von mir als solche empfundene unerbittliche Gegnerschaft Hellmut Krugs. Ich steckte plötzlich zwischen zwei gewaltigen Mühlsteinen.

...

In diesem Machtvakuum kamen nun alle Schiedsrichter zum ersten Mal nach dem Führungswechsel wieder im Sommerlager 2010 zusammen. Fandel stand im schwarzen Trainingsanzug vor uns und nahm als neuer Schiedsrichterobmann die Leistungsprüfung ab. Was mir sofort auffiel: Das Verhältnis von Fandel zu mir hatte sich abrupt geändert. Da war nichts Freundschaftliches mehr – sondern nur noch kühle Geschäftsmäßigkeit. Mein neuer Chef, den ich auf vielen Spielen begleitet hatte und mit dem mich ein freundschaftliches Verhältnis verband, schien mich nach Kräften links liegen zu lassen.

Die ersten fünf Sprints schaffte ich ohne Beschwerden, doch beim sechsten und letzten Sprint hatte ich, gerade ins Ziel gelaufen, zu schnell abgestoppt und verspürte wieder den kalten Schmerz an der lädierten Stelle, der diesmal so stark war, dass es mich zu Boden warf. Ich wusste, dass etwas Ernstes passiert war, und hatte vor Schmerz und Wut Tränen in den Augen. Fandel ging an mir vorbei und sagte nur beiläufig: »Och, was machste, Jung?« Und weg war er.

Diesmal musste ich sofort zum Arzt. Die Diagnose war niederschmetternd: mehrfacher Muskelfaserriss. Die Heilung würde Wochen dauern. Schlimmer war, dass ich für die ersten Spieltage in der Bundesliga schon angesetzt war und jetzt erfuhr, welche tollen Spiele mir entgehen würden. Es geht dabei nicht nur um Einkommensverluste – sondern vor allem um die Unsicherheit, wie lange man draußen ist. Ob man überhaupt wieder reinkommt, mitten in der Saison. Vor allem in der für mich entstandenen ungünstigen Machtkonstellation. Ich musste unter allen Umständen vermeiden, dass im Schiedsrichterkollegium angesichts meines Alters Diskussionen aufkamen, ob ich mit Anfang vierzig noch über ausreichend Fitness für diesen Leistungssport verfügen würde. Eine ganze Saison ohne Spiele kann bei dem irrsinnigen Konkurrenzdruck das völlige Aus bedeuten. In Deutschland gibt es knapp 80.000 Schiedsrichter im DFB – und nur 20 bis 25 kommen in den Spitzenkader. Ich war einer von ihnen – noch.

Ich war tief verunsichert, was nun geschehen würde. Die Verletzung bedeutete auch privat einen großen Verlust. Ich hatte auf meinen Sommerurlaub und viele Annehmlichkeiten verzichtet, um für diesen Test zu trainieren und mich für die kommende Bundesligasaison zu qualifizieren. Körperliche Fitness ist unabdingbar. Ein Schiedsrichter trainiert in einer Woche ohne Spielbelastung drei- bis viermal. Erst seit kurzer Zeit wird der Beruf Schiedsrichter als Hochleistungssport eingestuft. Das Training ist umfassend. Ausdauer ist nur die Grundvoraussetzung, sie alleine reicht aber längst nicht mehr aus, weil die Belastung des gesamten Bewegungsapparates extrem hoch ist. Wird zum Beispiel die Rumpfmuskulatur nicht ausreichend trainiert, gibt es schnell auch Probleme mit der Wirbelsäule oder der Achillesferse. Grundschnelligkeit ist gefragt, die Fähigkeit, mit den Spielern auf gleicher Höhe über das Feld zu spurten, ist wichtig, weil ein Schiedsrichter immer auf der Höhe des Spielgeschehens bleiben muss und Spielern hinterherläuft, die halb so alt, professionell trainiert und in allen sportlichen Belangen besser betreut sind. Das Alter und die Regenerationsfähigkeit gewinnen daher zunehmend an Bedeutung. Die nationale Altersgrenze liegt bei 47 Jahren, die aber nur noch selten erreicht wird.

Die wochenlangen Anstrengungen waren nunmehr umsonst gewesen. Nach der Heilung konnte ich von vorne anfangen und ich war entsprechend frustriert. Die zwei folgenden Tage stand ich bei den Sportübungen nutzlos am Trainingsplatz und sah zu, wie einer nach dem anderen seinen Test bestand. Auch den theoretischen Teilen konnte ich wegen der starken Schmerzen und meiner Enttäuschung nur halbherzig folgen.

Der einzige Lichtblick war, dass ich auf diesem Lehrgang Frieden schließen konnte mit dem Journalisten der BILD Christian Kitsch, mit dem ich schlechte Erfahrungen gemacht hatte. Kitsch war früher Amateurschiedsrichter gewesen und hatte dann die Seiten gewechselt, um seit 2006 als Experte bei der BILD über seine Bundesligakollegen zu berichten. Die Medien sind nach fehlender Fitness der zweite große Bedrohungsfaktor im kurzen Leben eines Schiedsrichters im Profifußball. Reporter haben viel Macht. Dank meines oft zu selbstbewussten Auftretens auf dem Platz, das mir Reporter wie Kitsch immer wieder gerne ankreideten, hatten wir uns beide zu »Lieblingsgegnern« auserkoren. Im Gegensatz zu Fandel und Krug hatte ich es nach der alten Schule von Volker Roth stets abgelehnt, mir in den Medien Allianzen zu schmieden. Im Gegenteil. Kitsch hatte mir mal unmittelbar nach einem Bundesligaspiel eine SMS mit der Aufforderung geschrieben, dass ich mich einem Interview »stellen« sollte. Darin teilte er mir mit, dass ich bei Erfüllung des Interviewwunsches die Note zwei in der BILD-Bewertung (analog Schulnoten) bekommen würde. Ohne meine Erläuterungen sehe er keine andere Möglichkeit, als mir die Note vier zu geben. Diese Schiedsrichterbewertungen in BILD und Kicker waren gefürchtet. Es drohte Imageverlust. Dreimal schon war ich im Kicker zum schlechtesten Schiedsrichter der Bundesliga gewählt worden.

Daher hätte ich die Kitsch-SMS als Einladung zum Gespräch verstehen müssen, aber damals empfand ich es irgendwie fast schon als Erpressung. So war ich. Stolz. Unbeugsam. Undiplomatisch. Andere würden sagen: pressetechnisch »nicht bundesligatauglich«. Völlig wütend und unnachahmlich in meiner dickköpfigen Art war ich nach der SMS aus der Kabine auf Kitsch zugestürmt und hatte ihm zugerufen, dass ich so nicht mit mir umspringen lassen würde. Er könne mir gerne jede Woche die Summe dieser beiden Noten – nämlich die Sechs – geben, wenn er es für richtig hielte. Kitsch hatte diesen Fehlpass dankend aufgenommen und verwandelt. In der Folgezeit, so mein Eindruck, würdigten er und seine Kollegen meine Reaktion in Form schlechter Noten und entsprechend kritischer Berichte über meine Arbeit. Ich war selbst schuld. Aber das war eben mein Gerechtigkeitsgefühl, über das ich noch häufiger stolpern sollte. Ich war immer völlig unwillens, mich irgendwelchen Machtspielchen zu beugen. Mit der heutigen Erfahrung und dem nötigen Abstand ist mir bewusst, dass ich sachlicher und souveräner hätte reagieren sollen. Mein Widerstand hatte Gegendruck erzeugt.

Nun ging ich also auf ihn zu und sagte: »Lass uns doch mal offen reden, ein paar Sachen aus der Welt schaffen!« Wir begannen ein Gespräch, in dem wir uns zunächst sehr offen die Meinung geigten und dann mehr und mehr auf eine menschliche Ebene kamen. Ich sagte zu ihm: »Ich weiß, dass ich auf dem Platz eine arrogante Ausstrahlung habe. Privat bin ich aber ein lockerer und umgänglicher Typ.« Das brach das Eis und ich erlebte einen anderen Kitsch. Und er mich, wie ich wirklich bin. Es ist immer so, wenn man vernünftig miteinander reden kann, entdeckt man den Menschen hinter den vielfach schroffen und verletzenden Reaktionen, die jeder erlebt, der in der Bundesliga an der Spitze steht, egal auf welcher Seite. Wir unterhielten uns volle zwei Stunden. Wir einigten uns, in Zukunft fair miteinander umzugehen. Es fühlte sich gut an, Frieden zu schließen. So nahm ich am Ende doch noch etwas Positives von diesem für mich insgesamt enttäuschenden Sommerlehrgang mit, der für mich mit einer so großen Beunruhigung endete. Die Verhältnisse sollten sich tatsächlich bald weiter zuspitzen.

■■■

Ich setzte mich in der folgenden Verletzungszeit ständig unter Druck. Einmal die Woche erstattete ich bei Fandel Bericht über den Fortschritt meiner Heilung. Er fragte nicht weiter nach meiner Befindlichkeit, sondern wollte nur ungeduldig wissen, wann ich endlich wieder fit sei, er müsse planen. Fandel hatte in seiner aktiven Zeit selbst viel mit Verletzungen zu tun gehabt. Er hatte deshalb vor Erreichen der Altersgrenze seine Tätigkeit als Schiedsrichter aufgeben müssen und war in die DFB-Schiedsrichterbetreuung gewechselt. Fandel wusste also genau, wie negativ Verletzungen auf die Psyche eines Leistungssportlers wirken. Vermutlich übertrug er seine eigenen schmerzlichen Erfahrungen auf mich und sah nur eine geringe Chance, dass ich mich schnell erholen würde. Zum ersten Mal in meinem Leben spürte ich das Gefühl, wie es sein muss, wenn man als schwach eingeschätzt und vielleicht irgendwann einmal als nutzlos abgeschrieben wird. Zu dem ganzen Stress, den ich mit der Verletzung, der Behandlung, meinem Arbeitgeber, den verpassten Bundesligaspielen hatte, kam jetzt auch noch die ernste Sorge, dass mich Fandel von seiner Liste streichen würde. Ich setzte mich selbst unter Druck, um den Anschluss in der Bundesliga nicht zu verpassen. Ich wollte so schnell wie möglich wieder fit werden, um den Trainingsrückstand aufzuholen. Der Spezialist, zu dem ich jetzt mehrfach in der Woche 180 Kilometer nach Hamburg fuhr, hatte mir keine Hoffnung machen können, dass meine Verletzung binnen weniger Tage auskuriert sein würde. Viel zu früh nahm ich mein Lauftraining wieder auf und zog mir erneut an der gleichen Stelle eine Zerrung zu. Völlig niedergeschlagen musste ich das Training abbrechen und mich weiteren Behandlungen unterziehen. Mittlerweile rollte der Ball in der Bundesliga wieder, und das machte das Warten auf die Heilung noch schwieriger und schmerzhafter. Ohne es zu merken, geriet ich in einen Stress, der meine bislang unerschöpflichen Energiereserven angriff.

Zu den Sorgen um meine Verletzung und meine Zukunft als Schiedsrichter unter den geänderten Machtverhältnissen addierte sich der Stress, da ich als Torrichter für internationale Spiele nominiert wurde und somit noch viel häufiger unterwegs sein würde. Zu den Wochenendspielen in der Bundesliga mit zwei Tagen kamen nun noch drei Tage in der Woche im Ausland hinzu. Deshalb war man berechtigterweise am folgenden Montag nicht begeistert, als ich mich wegen meiner Verletzung zusätzlich krank meldete. Ich setzte mich unter enormen Druck, denn ich wollte auf keinen Fall die Anforderungen und Erwartungen meiner Vorgesetzten enttäuschen. Die Kollegen und Vorgesetzten hatten mir ohnehin schon sehr viel Verständnis für meine Schiedsrichtertätigkeit entgegengebracht. Mit meinem Chef hatte ich eine sehr großzügige Vereinbarung getroffen, die half, die Doppelbelastung aus Arbeit und Sport zu koordinieren. Obwohl ich durchschnittlich nur 60 Prozent meiner Dienstzeit anwesend war, hatte ich als Filialleiter eine 100 prozentige Zielvereinbarung für ein definiertes Umsatzziel wie alle anderen Mitarbeiter auch, die Vollzeit arbeiteten. Bis zu diesem Zeitpunkt hatte ich die Leistungsziele trotz meiner Halbtagsarbeit in der Sparkasse immer überschritten. Ich war gut. Aber manchmal saß ich eben bis in den späten Abend am Schreibtisch, um meine Akten aufzuarbeiten. Auch in den wenigen freien Minuten am Wochenende.

Daher beschloss ich meine Arbeitszeit für zwei Jahre zu reduzieren, um mehr Zeit und Kraft in den Fußball investieren zu können. Mit meinen Vorgesetzten vereinbarte ich, dass ich vorläufig in eine Fachabteilung wechsele, damit ich den Anforderungen des Fußballs gerecht werde, und später wieder in meine alte Tätigkeit zurückkehren kann. Man hatte mir auch immer wieder in der Sparkasse signalisiert, dass man mich nach der sportlichen Karriere gerne in höheren Positionen sehen würde.

Die Doppelbelastung ist einer der größten Stressfaktoren im System Schiedsrichter. Schiedsrichter sollen und müssen ein zweites berufliches Standbein haben. Allein schon weil das Alter biologische Grenzen für die körperliche Leistungsfähigkeit setzt und bei einem verletzungsbedingten Ausscheiden Arbeitslosigkeit droht, darf man sein gesichertes Einkommen im erlernten Beruf nicht aufgeben. In den unteren Klassen ist der zeitliche Aufwand noch nebenbei an den Wochenenden zu bewältigen. In der Profiliga stellt sich das ganz anders dar. Das »Hobby« Schiedsrichter wird zum zweiten Beruf, der zunehmend in zeitliche Konkurrenz mit der bisher ausgeübten Arbeit tritt.

Das Private bleibt zuerst auf der Strecke. Wenn ich abends nach Beruf und Training oder einem Spiel nach Hause kam, war ich einfach alle. Ich hatte kaum noch Zeit für meine Freundin Rouja und für meine Familie. Auch Freunde sah ich immer seltener und schlimmer noch: Ich merkte zunächst gar nicht, dass es so war. Es ist ein Spagat, bei dem der Abstand zwischen den Füßen umso schneller breiter wird, je höher man aufsteigt. Die Erholungspausen für Körper und Seele werden immer kürzer. Der Körper muss funktionieren und wird gnadenlos ausgebeutet.

Selbst wenn ich schwer grippekrank war, ging ich zur Arbeit. Ich konnte die wenige Zeit, die ich wegen der Spielbefreiungen noch in der Filiale war, nicht auch noch fehlen. Als Filialleiter hatte ich eine Vorbildfunktion und wollte meine Glaubwürdigkeit bei meinen Arbeitskollegen nicht infrage stellen lassen. Es wäre einfach ganz schlecht angekommen, wenn sie mich nach meiner Krankmeldung unter der Woche schon tags darauf in der Samstags-Sportschau wieder übers Spielfeld hätten laufen sehen. Genauso wenig konnte ich am Montag nach dem Spiel fehlen, selbst wenn ich völlig ausgelaugt war nach den physischen Anstrengungen des Spiels mit seinen psychischen Belastungen und ich auch wegen der Reisestrapazen dringend Zeit zur Regenerierung benötigt hätte. Ich hatte keine Pausen mehr. Zeitmanagement wurde für mich zu einer Obsession. Der Kalender, meine Uhr und der ständige Drang zur Zeitoptimierung übernahmen die Regie über mein Leben. Jede Minute war verplant. Einfach mal richtig abhängen – oder wie man heute sagt »die Seele baumeln lassen« – war gestrichen, kam für mich nicht infrage. Jede Sekunde wurde auf Auslastung und Effizienz getrimmt.

Wie ich das alles zeitlich in den Griff bekam, kann ich selbst dann nicht mehr rekonstruieren, wenn ich meine alten Terminkalender anschaue. Termin auf Termin, überlappend, ohne Pause. Selbst in der Mittagspause organisierte ich meine Reisen zu den Spielen und erledigte andere administrative Aufgaben, während meine Arbeitskollegen sich gemütlich zum Essen oder einem Eis verabredeten. Ich erinnere mich, wie Freunde und Kollegen wiederholt fragten, wie ich diese Doppelbelastung zeitlich bewältigen würde. Die Antwort ist schlicht: gar nicht. Es blieb viel auf der Strecke, fiel einfach unter den Tisch. Warum ich trotzdem funktionierte? Weil ich als Treibmittel für dieses Turboleben sehr viel Anerkennung bekam, die mir Energie und unendliches Durchhaltevermögen zu verleihen schien. Ich brauchte kaum noch Schlaf. Dachte ich zumindest. Nach dem Adrenalin-Peak eines Bundesligaspiels kam ich sowieso ganz schwer zur Ruhe. Und war am nächsten Morgen nach ein, zwei unruhigen Stunden Schlaf trotzdem wieder fit. Ich war austrainiert. Kein Alkohol. Keine Zigaretten. Und jeden Tag Sport. Mein Körper schien unendlich belastbar. Es war wie ein Rausch, weiter, höher, schneller. Und abends sahen mich alle in der Sportschau oder bei den Spielen auf Sky. Ich wurde prominent.

Die Nachbarn, Arbeitskollegen und Freunde beneiden einen, dass man in großen Fußballstadien mit unseren Bundesligastars oder sogar unerreichbaren Fußballikonen wie zum Beispiel Messi, Ronaldo, Xavi ins Stadion läuft, sie hautnah beim Spielen erleben, sogar mit ihnen sprechen kann. Die Anstrengungen sieht niemand. Wenn ich wirklich mal Zeit fand, zwischen Lauftraining, Sportklamotten waschen, Kleidung wechseln und beruflichen Terminen abends zu Hause auf dem Sofa zu liegen, dann lief der Flatscreen und ich zog mir Videoanalysen oder aktuelle Fußballspiele und Sportsendungen rein. Es gab für mich nur Fußball, Training, die Bank und Fußball. Mir schien nichts zu fehlen.

Dass ich schleichend einsamer wurde, Freunde sich immer seltener meldeten oder bei Anrufen beleidigt sagten: »Ach, hört man auch mal wieder was von dir?«, löste bei mir Unverständnis aus. Ich spürte die mehr und mehr auftretenden Defizite ja gar nicht. Die vielen internationalen Begegnungen mit spannenden Menschen aller Nationalitäten, für die ich dem DFB heute noch dankbar bin, versetzten mich in eine Art Hochstimmung. Ich fühlte mich nie einsam, es war immer etwas los. Es ging beruflich und sportlich nur in eine Richtung: immer weiter bergauf und mit einer ungeheuren Dynamik. Ich war unterwegs. Auch geistig fühlte ich mich ständig gefordert und erfüllt von den vielen unterschiedlichen Eindrücken. Einer der stärksten davon ist und bleibt eben, in einem mit zehntausenden Menschen vollbesetzten Stadion zu stehen und ein Fußballspiel zu leiten. Ich war Schiedsrichter aus Leidenschaft für diesen Sport.

*** *19.11.2011, 3:00 Uhr* ***

Die Uhr pulste mir zu, dass es jetzt schon drei Uhr morgens war. Ich sah rechts von mir die großen Binnenfrachter über den Rhein flussabwärts Richtung Meer fahren und spürte die Sehnsucht nach einer langen Reise, raus aus diesem stickigen Zimmer, den Kopf wieder freibekommen. Endlich in Ruhe nachdenken. Lösungen finden. Wie glücklich war ich vor zwei Jahren noch gewesen! Wie sehr hatte ich diese Zeit genossen! Und jetzt dieser Absturz! Wie hatte das nur geschehen können? Ich starrte auf meine große schwarze Adidas-Sporttasche mit den DFB-Utensilien in der Mitte des Zimmers …

Meine Tasche war immer das Symbol meiner Reisen gewesen. In Hannover erkannten mich viele an meiner Tasche, wenn ich auf dem Weg zum Zug war. »Hallo, Herr Rafati, wo sehen wir Sie heute Abend im Fernsehen?« Das Packen war mein Ritual, es folgte immer derselben Liste: Zwei paar Fußballschuhe mit Stollen für einen nassen Rasen und Noppen für trockenen Rasen, für entsprechend guten Halt. Acht Trikots, vier kurzärmelige und vier langärmelige Hemden in verschiedenen Farben. Abhängig vom Wetter Lang- oder Kurzarm, in verschiedenen Farben, um sich von den Mannschaften farblich zu unterscheiden. Kurze Hose, ein paar Stutzen, Socken, Unterwäsche, Equipment für das Verständigen auf dem Platz, nämlich das Headset zum Kommunizieren via Sprechfunk und die Funkfahnen für die Assistenten (früher: Linienrichter) mit der Alarmmanschette, Ausweise, Schiedsrichterformulare, gelbe und rote Karten sowie meine Schiedsrichterpfeife Typ Fox 40 classic, die erste Pfeife ohne Kugel, 115 Dezibel, extrem schriller, stabil durchdringender Ton, ein Notizblock, eine Wählmarke zum Losen der Seite, Stoppuhr, mein DFB-Anzug, den wir zu den Spielen tragen müssen, der einheitlich für alle ist, ein Oberhemd mit dem Schriftzug des Werbeträgers, der DEKRA, auf dem Kragen und private Kleidung. Ich war ja immer sehr korrekt, sodass ich nach dem Packen noch einmal zwecks Kontrolle von den Fußspitzen bis zum Kopf alles imaginär durchging, um zu gewährleisten, dass ich nichts vergessen hatte. Immer dabei: ein Talisman an einer Kette aus Gold, den ich als Kind von meiner Mutter geschenkt bekommen hatte, um mich in schlechten Zeiten zu beschützen.

Ich zog die Kette unter meinem Kinn hervor und schaute auf meinen Talisman. In dieser Nacht und für das Spiel morgen konnte ich jeden Schutz noch gut brauchen. Das Trikot hatte ich schon herausgelegt. Ich starrte darauf wie auf etwas Fremdes. Ich würde es nicht mehr anziehen. Ich sah mich nicht mehr in der Lage, den Anspruch auszufüllen, den dieses Trikot symbolisierte, nämlich ein Bundesligaspiel zu leiten und Respekt von den Spielern einzufordern.

Jahrelang hatte ich jede Sekunde sehnsüchtig auf die großen Fußballspiele hingelebt und mich auf jedes Spiel gefreut. 84 Bundesligaspiele hatte ich geleitet, 2008 kam der Sprung in den internationalen Fußball, ich wurde FIFA-Schiedsrichter. Ich war einer von zehn. Top Ten. Ich war ganz oben. Mein Leben verging auf Flughäfen, in Flugzeugen, in Hotels, Bussen und ICEs und Limousinen des VIP-Fahrservices. Immer volles Tempo. Ich war Teil des Bundesliga-Jetsets. Morgens 6:00 Uhr Lauftraining, 8:00 Uhr ab zur Arbeit, direkt von der Arbeit zum Flughafen, abends Hotel, drei Tage andere Länder, andere Menschen, drei Tage andere Kulturen, andere Sprachen, Leistung abrufen und am Montag ohne Stopp zurück an meinen Schreibtisch in der Bank. Ich weiß nicht mehr, was ich in dieser Zeit gedacht, gefühlt oder geträumt habe. Es kamen laufend jede Menge neue Eindrücke, neue Reize, und ich hatte keine

Zeit, die alten zu verarbeiten und zu speichern. Es war nie so, dass ich unter meinem neuen Lebens gelitten hätte: Nein, ich war süchtig danach und konnte nicht genug davon bekommen, unterwegs zu sein. Ich führte das Leben eines Mr. Perfect. Wenn ich es genau überlege, habe ich mein ganzes Leben dem Ziel geopfert, an die Spitze zu kommen und genau hier, in diesem Zustand zu landen.

...

Mit zehn Jahren stand ich zum ersten Mal mit Trikot und Stollenschuhen auf dem Fußballplatz. Ein Schulfreund hatte mich gefragt, ob ich nicht mal zum Training mitkommen wollte. In meiner Familie war Fußball kein Thema. Und würde es nie werden. Meinen Vater interessiert Fußball bis heute nicht – selbst als ich meine ersten Spiele in der Bundesliga pfiff, machte er nicht einmal den Fernseher an. Fußball war fern seiner Lebenswelten. Ich hingegen hatte mit dem Fußball schnell etwas entdeckt, was mir viel Spaß machte und mir eine Chance bot, viele Freunde und Anerkennung zu erwerben. Der Fußballclub wurde meine neue Familie. In jeder freien Minute war ich dort und spielte. Und tatsächlich sollten sich bald Aufstiegschancen ergeben.

Über die Kreisliga stieg ich auf in die Bezirksliga, zunächst als Mittelstürmer, später als Manndecker. Ich war mit allen Wassern gewaschen und kannte bald alle Tricks, wie man einen Gegner ausschaltet, wenn der Schiedsrichter nicht hinguckt. Ich verrate hier keine Geheimnisse, wenn ich sage, dass jeder Spieler manchmal auch strategische Fouls einsetzt, um dem Gegner ein Zeichen zu setzen, nach dem Motto »Hey, mit mir nicht – ich bin hier der Stärkere«. Zum Beispiel ihn ganz harmlos am Trikot festhalten oder ihn einfach etwas fragen, irgendwo hindeuten, kurz bevor das Abspiel kommt. Banal und einfach – funktioniert aber wunderbar. Den Gegner abzulenken verhindert, dass er Spielzüge antizipieren kann. Zudem nutzt man selbst diesen Sekundenvorteil, um schneller an den Ball zu kommen.

Auf dem Platz hatte ich dieses Killergen und den unbedingten Willen zum Sieg, das habe ich aber immer auf dem Spielfeld zurückgelassen. Sobald der Schlusspfiff kam, war ich wieder voll im Harmoniemodus und konnte Streit nicht ertragen. Das eine war der sportliche Wettkampf, in den ich mit allen Mitteln reinging, die im Rahmen waren, wo ich zu gewinnen versuchte – das ist legitim und der Charakter des Spiels –, das andere aber war danach, da war der eigentliche Babak, süchtig nach Harmonie, immer einen flotten Spruch auf den Lippen, ein freundliches Lächeln. Probleme habe ich stets auf dem Platz gelöst oder dort gelassen und nie mit nach Hause genommen.

Ausländerfeindliche Sprüche habe ich während dieser ganzen Jahre nur sehr selten gehört. Ich war ein Beispiel für eine Mustermann-Integration, sprach perfekt und akzentfrei Deutsch, wie meine Mitschüler immer wieder sagten, und konnte auf jeden dummen Spruch einen draufsetzen, da war immer schnell Ruhe. Im Gegenteil, ich hatte zusätzlich sogar den Migrantenbonus bei Mannschaften, die hauptsächlich mit türkischstämmigen Jugendlichen besetzt waren, deren Erkan-und-Stefan-Slang ich gut draufhatte. Ich hatte denselben dunkleren Teint und ihre tiefschwarze Haarfarbe. Diesen Bonus habe ich als Vermittler erfolgreich einsetzen können, wenn die Spiele zu ruppig wurden und eine unschöne Richtung zu nehmen drohten.

Wir hatten mal ein sehr hartes Spiel gegen eine Mannschaft, die überwiegend mit Ausländern besetzt war. Nach mehreren gegenseitigen Fouls drohten sie unserem besten Stürmer Prügel an – und das war ernst zu nehmen. Plötzlich stand die Vorhut meiner Mannschaft zur Verstärkung der Nachhut nur noch hinten bei mir, mitten in der Verteidigung, und ich fragte den Stürmer, was er hier vorhabe, sein Platz wäre doch wohl vorne, vor dem gegnerischen Tor. Er sagte:»Nö, die haben mir Prügel angedroht – da habe ich keine Lust mehr.« Ich bin dann zum Kapitän der gegnerischen Mannschaft gegangen und habe ihn beiseite genommen und in ganz einfachen Worten gesagt: »Ey, Kollege, mach keinen Scheiß. Wir spielen hier Fußball. Auch hart. Um jeden Punkt. Aber geprügelt wird nicht. Lass uns wieder in die Augen schauen und Freunde sein.« Das Spiel über war dann Ruhe. Bis nach dem Spiel, da ging es weiter. Unser Stürmer wollte nicht in die Dusche, und ich habe gesagt, »Komm, das regeln wir schon.«. Ich bin dann vor und habe ein paar Späßchen gemacht, und gut war es. Ich versuche immer, das Spielerische im Vordergrund zu halten und Konflikte durch offene Ansprache im Keim zu ersticken, und meist geht das auch mit Offenheit und ein paar guten Worten. Ich hätte nicht gedacht, dass ich damit mal andere, schlechte Erfahrungen machen würde.

Fußball besteht nicht nur aus Ausdauer und spielerischer Virtuosität, sondern zu einem guten Stück auch aus der Fähigkeit, Menschen und ihre Reaktionen richtig einzuschätzen, um ihre Züge zu durchkreuzen. Die Spieler sind oft unbarmherzig und jede Schwäche, die du zeigst, wird sofort ausgenutzt. Es geht also immer darum, keine Schwäche zu verraten – und mehr noch, dem Gegner umgekehrt klarzumachen, dass er selbst in der schwächeren Mannschaft spielt. Das führt zu ganz seltsamen Verhaltensweisen. Das fängt schon beim Warmmachen an. Du läufst die Linie rauf und runter, ohne den Gegner eines Blickes zu würdigen. Kein freundliches Grüßen. Nichts – dieses Ignorieren soll zeigen, dass man von sich so überzeugt ist, dass man gar nicht gucken muss, was der Gegner macht. Wer auf den Gegner starrt, hat verloren. Denn wenn du beim Warmlaufen siehst, dass der Stürmer mit der Nummer 10 megamäßige Spurts hinlegt, dann bekommst du Angst, dass der dich beim Kampf um den Ball lässig abhängen wird. Angst ist aber ganz schlecht im Spiel, weil sie schwächt und unsicher macht – und nicht stark. »Schaut da nicht hin, das habt ihr gar nicht nötig!«, hat unser Trainer immer gesagt. Also haben wir nicht hingeschaut. Ich würde diese ganzen lächerlichen Allüren als Schiedsrichter wieder sehen. Bei meinen Chefs.

Fußball bot mir Lehrstunden in Psychologie und gab mir einen Einblick in menschliche Verhaltensweisen. Und wie man sie zu seinen Gunsten nutzt. In den vielen Spielen eignete ich mir ein ganzes Arsenal von Tricks an, um den Gegner zu demoralisieren. Ich wollte, dass mir meine Gegner auf Augenhöhe begegnen, mich respektieren auf dem Platz. Schneller und cleverer zu sein als die anderen Spieler – das war immer mein Ziel. Vor allem das Psychologische an dieser Aufgabe fand ich interessant, das Manipulieren des Gegners. Das hat wirklich Spaß gemacht, den Schiri und meine Gegenspieler im Rahmen des noch Zulässigen auszutricksen. Ein fieser Spieler war ich nicht, sondern auf Fairness bedacht. Jemanden den Ellenbogen in die Nieren zu rammen, wenn der Schiedsrichter nicht hinschaut, das wäre mir nie eingefallen. Aber ich kannte natürlich auch die schmutzigen Tricks, was mir später als Schiedsrichter noch bestens helfen würde. Aber leider nur auf dem Spielfeld.

In diesen vielen Spielen, an diesen langen Wochenenden auf regennassen, tief aufgeweichten oder hammerhart gefrorenen Plätzen, unter sengender Sommersonne, in Regen, Eis und Schnee, umgeben von wütend schreienden Trainern und völlig enthemmten Fans, habe ich kämpfen gelernt, gelernt, meinen Schmerz auszuschalten, Niederlagen zu überwinden, niemals ein Spiel verloren zu geben und meinem Körper auf Knopfdruck Leistung abzufordern. Mit dieser Fähigkeit, durch Willen Schmerz wegzudrücken und meine Leistungsgrenzen ständig neu zu definieren, würde ich die kommenden Jahre weit vorankommen.

Zum Stürmer reichte es bei mir nicht. Da erfuhr ich Grenzen. Ich war zwar der Kämpfer – aber technisch nur Mittelmaß. Stattdessen wurde ich in der Verteidigung eingesetzt und spielte Manndecker, der die Aufgabe hat, den Spielaufbau der gegnerischen Stürmer schon im Vorfeld zu zerstören. Das hat nicht das Filigrane des Stürmers, der ich gerne geworden wäre. Das bedeutet schwerer Säbel statt Florett. Reingrätschen, sich vor den Ball werfen, im Kopfballduell höher steigen als der Gegner, Gegner runterdrücken, keinen Ball verloren geben, nicht zulassen, dass sie Richtung Strafraum kommen. Höher, schneller, angriffsstärker, brutaler, wendiger und auch gerissener sein – das macht den guten Manndecker aus. Der war ich.

Trotz meiner von Mannschaft und Trainer anerkannt wichtigen Spielleistung für unsere Elf war klar, dass mein Traum, als Fußballer an die Spitze zu kommen, nie in Erfüllung gehen würde. Das war für mich keine Niederlage, die irgendwelche Spuren hinterließ. Ich sah jedes Wochenende die Spieler von Hannover 96 und wollte weiter, nach ganz oben. Mindestens Nationalmannschaft. Irgendwie. Damals sah ich immer nur Chancen, Herausforderungen – niemals Hindernisse. Hindernisse wurden umspielt und fast immer taten sich neue Möglichkeiten auf. Und die suchte ich jetzt.

...

Mit 16 Jahren sah ich im Vereinsheim dieses Plakat: eine Aktion der Fußballvereine zur Anwerbung von Schiedsrichtern. Geködert wurden wir Jugendlichen mit freiem Eintritt zu Bundesligaspielen. Jeder meiner Kumpel wollte damals zu Hannover 96 – da waren Freikarten etwas. Und so setzte ich mir andere Ziele. Ich entschied: Ich werde Schiedsrichter! Zu meinem Mannschaftstraining, den Fußballspielen am Wochenende als Manndecker kam jetzt noch das Büffeln der Regeln für die Schiedsrichterprüfung dazu. Der Schiedsrichterschein ist wie die Führerscheinprüfung. Kompliziert vom Regelwerk her, da gibt es viele, viele Kleinigkeiten, Finessen und Ausnahmeregelungen – aber mit Fleiß und logischem Denken gut zu schaffen. Der zeitliche Aufwand ist jedoch hoch und viele brechen ab. Ich nicht. Drei Tage Crashkurs – und dann die schriftliche und die mündliche Prüfung. Am 9. April 1986, ich weiß es noch wie heute, bestand ich mit 15 Jahren meine Schiedsrichterprüfung.

Schiedsrichter kann grundsätzlich zunächst jeder werden – eine charakterliche Qualifikation gibt es nicht. Das kommt später, wenn die Schiedsrichter in den Klassen aufsteigen, dann wird zunehmend auch die Persönlichkeit mit in die Bewertung einbezogen. Vorerst geht's nur um Spielregeln. Nicht gefragt war: Menschenführung. Null. Psychologie? Null. Wir wurden mit dem Regelwerk im Kopf einfach auf die Spieler losgelassen. Erfahrung kommt von selbst. Der Weg nach oben in die Bundesliga ist für einen Schiedsrichter lang, hart und voller Gefahren. Du fängst ganz unten in der F-Jugend mit Sechsjährigen an, in der Kreisklasse der Herren geht's weiter, zunächst vierte, dritte, zweite, dann erste Kreisklasse und dann die ersten Spiele in der Kreisliga. Jede Klasse ist eine Hürde für sich. Ein Sprung, der jedes Mal motiviert, wenn er gelingt. Dein Obmann ist das nächste Hindernis. Er allein bestimmt, ob deine Nase passt, ob du gut genug bist – und ob du weiterkommst. Nach der Kreisliga kommt der Bezirk, wieder mit drei oder vier Klassen, die zu durchlaufen sind, dann der Landesverband, dann kommt der Norddeutsche Verband – und dann, erst ganz am Schluss, kommt die Bundesliga. In Niedersachsen hatten wir damals die meisten Klassen bundesweit, insgesamt dreizehn, durch die sich jeder, der als Schiedsrichter in die Bundesliga will, über eine jahrelange Ochsentour Wochenende für Wochenende durchkämpfen muss. Dreizehn Level, jeder gespickt mit vielen Fallen, Neid, Konkurrenten und immer neuen Bewährungsproben, an denen du scheitern kannst. Dreizehnmal ein Filter der Auslese – eine unglaubliche Strecke, die kompromisslosen Einsatz erfordert und die nicht ohne Anpassung ans System zu meistern ist. Hier wird man rundgeschliffen, konditioniert, konfektioniert und passend gemacht – oder man steigt aus, bevor einen das System wieder ausspuckt.

Alle Schiedsrichter im Profifußball sind durch die harte Schule der Bolz- und Fußballplätze in den verschiedenen Ligen aufgestiegen und kennen daher die Spielerseite sehr genau, ihre Tricks, wie man Zeit schindet, im Strafraum die Schwalbe macht und mit verdeckten Fouls überlegene Spielzüge der gegnerischen Mannschaft zerstört. Fußball ist rau, ein Kampf um Überlegenheit, in dem Stärke sehr viel und der Verlierer wirklich nichts zählt. Die Härte des Sports hinterlässt ihre Spuren auf dem Weg nach oben – bei vielen leider auch im Charakter.

Die jahrelange Ochsentour und der damit verbundene Ausleseprozess durch die Ligen fördern Verhaltensmuster, die nicht immer zu einer ausgereiften Persönlichkeitsstruktur führen. Das Schwarz-Weiß-Denken, das nur Sieger oder Verlierer, Sieg oder Niederlage, stark oder schwach kennt, das Konkurrenzdenken und das Bestreben, immer den eigenen Vorteil zu suchen, um einem Gegner ja keine Chance zu geben, fehlendes Miteinander und fehlendes Teamdenken verankern in vielen im Spitzenbereich ein tiefes gegenseitiges Misstrauen und ein Denken in Revanchefouls. Freunde und Loyalität gibt es im System Schiedsrichter nur in vereinzelten Ausnahmen – aber dafür unzählige Intriganten, Gegner, die sich belauern, einem selbst schaden für einen geringen eigenen Vorteil, vor allem, wenn man zu viel von sich preisgibt und Schwächen verrät. Im System Schiedsrichter sind alle Konkurrenten, selbst die Topleute sagten das zuletzt. Wer nicht mithalten kann im Kampf um die ersten Plätze, wird gnadenlos weggedrängt. Ich habe noch nie so schnell so viele Feindschaften kommen und Freundschaften zerbrechen sehen wie im System Schiedsrichter. Das System Schiedsrichter hat offen einsehbare Strukturen – das sind die Regeln und Statuten – und es hat geheime, verwinkelte, verzwickte Codes, die nur die Eingeweihten kennen, die das System Bundesliga am Leben erhalten. Am Ende wirst du wie sie – oder du zerbrichst an dem Widerspruch, dass du nicht mehr so sein kannst, wie du sein musst, um im System Schiedsrichter an der Spitze zu bleiben.

Ich war 18 und gerade zwei Jahre dabei, als die Presse zum ersten Mal schrieb, ich hätte das Zeug zum Bundesligaschiedsrichter. Mann, das war vielleicht ein Gefühl, meinen Namen in der Zeitung zu lesen! Das gab ungeheuren Auftrieb. Alle, die ich kannte, sprachen mich darauf an. Klopften mir auf die Schulter. Nickten anerkennend. Manche aus ehrlicher Anerkennung – andere etwas halbherziger, weil sie selbst gerne ihren Namen dort gelesen hätten. Mit offener Konkurrenz konnte ich umgehen. Mit verdeckten Intrigen nicht, das lehnte ich ab. Mir war wichtiger: Meine Talente wurden gesehen, ich erfuhr eine nicht gekannte Wertschätzung. Das war genau, was ich brauchte – dass jemand an mich glaubte, was meinen Ehrgeiz steigerte, alle Anstrengungen zu verdoppeln. Ich war mir sicher, ich würde mein Traumziel Bundesliga erreichen können, wenn ich entsprechend konzentriert meine Spiele leiten würde.

Ab dieser Zeit war ich völlig fokussiert auf die Schiedsrichterei und hörte mit dem Vereinsfußball auf. Ich bekam den heute noch wirksamen Tunnelblick im Privaten, der sich erst auf dem Spielfeld wieder auf 360 Grad weitete. Auf dem Spielfeld sah ich alles, ahndete alles. Hart und rigoros. Protest gegen meine Entscheidung? Bam – die Gelbe. Noch mal mosern? Bam – die Rote! Ich wollte Respekt und bekam ihn. Ich war selbstsicher und strahlte das mit meiner körperlich straffen Vollstrecker-Haltung aus. Aber ich blieb fair und sah zu, dass die Erhaltung des Spielflusses im Vordergrund blieb. Privat war ich der andere Rafati. Ich ging auf alle Menschen mit offenen Armen zu und war immer enttäuscht, wenn das nicht erwidert wurde.

In den ersten Jahren meiner Laufbahn erfuhr ich nur Bestätigung und immer häufiger hörte ich bis hoch in den DFB Sätze wie: »Boah, das wird mal einer ... Ich habe den Rafati gesehen, der pfeift kometenhaft!« Man war auf mich aufmerksam geworden. Ich stieg immer weiter auf. Ende 2007 war ich schließlich wohl auf dem Höhepunkt: Ich wurde im Kicker zum Ende der Hinrunde nach acht Spielen mit einem Schnitt von 2,38 zum notenbesten Schiri ernannt, ohne einen einzigen Elfmeter gegeben zu haben. Ich war scharf auf jedes Spiel. Fußball war meine Berufung.

Aber zurück zu meinen Anfangszeiten. Am Ende des Monats war für die Schiris im Kreis immer Besprechung mit dem sogenannten Ansetzer, der die kommenden Spiele mit Schiedsrichtern besetzte. Bei uns war das damals eine der wenigen Frauen im System Schiedsrichter, Obfrau Elke Neubauer, eine freundliche Dame mit einer rauchigen Stimme. Die sagte dann: »Ich habe jetzt noch fünf Spiele offen. Wer Lust hat, kann nach vorne kommen.« Ich war immer der Erste, der aufsprang, und darauf wartete sie förmlich und lächelte: »Der Babak pfeift alles, was er kriegen kann.« Das war respektvoll gemeint und eine völlig richtige Einschätzung. Neues Spiel, neues Glück und eine neue Herausforderung. Ich habe lieber in der C-Jugend gepfiffen, wo die Schüler älter und größer waren als ich und ich mir den Respekt erst verdienen musste, als in der Pampers-Liga, wo die Fünfjährigen spielten, die leicht zu handhaben waren. Natürlich hatte ich auch Spiele, wo ich Fehler gemacht habe. Aber da war noch alles spielerisch leicht und jeder Fehler war die Einladung, besser zu werden. Und ich wurde besser von Spiel zu Spiel.

Elke Neubauer wusste: Den Babak kann ich auch nachts anrufen. Der kommt und pfeift. Wenn ich bei meiner Freundin übernachten wollte, gab ich meinem Vater vorher die strikte Anweisung, mich bei einem Anruf von Frau Neubauer umgehend und unter allen Umständen zu benachrichtigen. Damals gab es noch keine Handys, sondern grüne Telefone mit Wählscheibe! Manchmal war es für meinen Vater wirklich schwer, mich ausfindig zu machen, und er musste einige Male die Scheibe drehen, bis er mich dran hatte, was seine Fußballbegeisterung nicht eben gefördert hat.

Meine Begeisterung hingegen war nicht zu bremsen. Jedes Wochenende auf Tour. An manchen Wochenenden waren es zwei, sogar drei Spiele. Eines am Samstagnachmittag, eines am Sonntagvormittag und eines am Sonntagnachmittag. Bei Wind und Wetter, bei Regen, Hitze und Schnee. Pro Spiel gab es damals 10 D-Mark plus Fahrtkosten. Meine Sportsachen habe ich selbst gezahlt. Jede Saison ein neues Set, weil ich auf dem Platz gut aussehen und meine Wirkung verstärken wollte. Das war weniger Eitelkeit als die Erkenntnis, dass gute Kleider tatsächlich Leute machen und Respekt verschaffen. Ein Schiedsrichter soll eine Respektsperson sein und muss äußerst seriös wirken und sich deutlich von den Spielern absetzen. Wer also auf den Brilli im Ohr und die Elvistolle nicht verzichten will und gerne Knoblauch isst und rote Schuhe anzieht, wird es schwer haben, egal, wie gut er pfeift. Der Auslesedruck ist so hoch, dass man nie erleben wird, dass so ein bunter Vogel nach oben kommt. Ein frühes Bewusstsein für Außenwirkung ist wichtig. Man glaubt zum Beispiel gar nicht, wie viele Schiedsrichter Brillenträger sind – und trotzdem sieht man keinen mit Brille pfeifen. Hohn und Spott wären die Folge: »Schiri, biste blind? Setz doch mal die Brille richtigrum auf!« Aus diesem Grund tragen die Betroffenen auf dem Platz lieber Kontaktlinsen und jeder hofft, dass er nicht auffliegt.

Meiner Schiedsrichtertätigkeit damals habe ich sehr viel zu verdanken. Ich kam herum und hatte viele glückliche Stunden zusammen mit anderen Jugendlichen, alles wertvolle Erfahrungen, die meine Persönlichkeit formten. Ich lernte Sozialkompetenz, Gerechtigkeitssinn, Verantwortungsbewusstsein, Entscheidungsfreudigkeit, Kommunikationsfähigkeit, aber auch Dinge wie Selbstkritik und Selbstreflexion sowie Krisenmanagement. Ich erfuhr, wie wichtig ein grundlegendes Wertesystem ist, ein Gerechtigkeitssinn, der dir sagt, was richtig ist und was falsch – und: dass du die Regeln einhalten musst. Denn als Schiedsrichter ist man Schnellrichter und muss alle paar Sekunden Entscheidungen treffen, die nicht immer auf Zufriedenheit stoßen. Und vor allem: nicht immer fehlerfrei sind. Dein Tun muss transparent und nachvollziehbar sein. Daher benötigt man diese Attribute in der Gesamtheit. Solche Eigenschaften lernt man in dieser Komplexität auf keinem Seminar. Meine Schule war die harte Wirklichkeit des Fußballplatzes, die dich zwingt, dir diese Eigenschaften möglichst dynamisch und in einer sehr komprimierten Art und Weise anzueignen. Es waren Erfahrungen, die mein ganzes weiteres Leben bestimmen und mich auf meinem weiteren Weg unterstützen würden, mich jeder Herausforderung zu stellen.

■ ■ ■

Ein zweiter wichtiger Faktor in meinem Leben ist nach meiner Sehnsucht nach Anerkennung die Suche nach meinem Platz in der Gesellschaft. Nach oben zu kommen war kein Selbstzweck – ich wollte mein ganzes Leben immer wissen, wo ich hingehöre, zu wem ich gehöre. Ein Weg, beide Ziele gleichzeitig zu erreichen, schien mir damals ein guter Job und ein gesichertes Einkommen zu sein. Angesichts der Geldknappheit zu Hause verzichtete ich darauf, die Aufnahmeprüfung fürs Gymnasium zu machen. Die Zeit zwischen meinem Mittelschulabschluss und dem Beginn einer Ausbildung nutzte ich, um Geld zu verdienen. Über eine Zeitarbeitsfirma kam ich im Wirtschaftsministerium unter und durfte die Post austragen. Ein wunderbarer Job. Ich kam überall im Haus herum, selbst in die Ministeretage. Und kannte nach und nach nahezu alle wichtigen Leuten im Regierungssitz Hannover mit Gesicht und Namen, den Wirtschaftsminister, seine Staatssekretäre und Referenten, wichtige Persönlichkeiten aus der Wirtschaft, immer ernste, seriöse Männer in teuren Anzügen. Und bald dachte ich: Da willst du auch mal hin.

Das Geld, das ich verdient habe, wurde eisern gespart. Das Ziel war, die ersten 10.000 D-Mark vollzubekommen. Damals konnte man bei der Sparkasse ab 10.000 Mark Einlage in Termingeld anlegen, wofür es höhere Zinsen gab als auf dem langweiligen Sparkonto. Ich hatte keine großen Ausgaben und so war das Ziel bald erreicht. Ich habe jeden Pfennig – damals gab es noch keine Cents – beiseitegelegt. Golf GTI mit Spoiler, Party und einen auf dicke Hose machen, hatte mich nie interessiert. Mich interessierte meine Zukunft. Und ich wusste, Geld würde dabei eine wichtige Rolle spielen. Nachdem ich die 10.000 D-Mark erreicht hatte, setzte ich mir weitere Ziele. 20.000 D-Mark bedeuteten noch höhere Zinsen für das Termingeld, Ziele, die ich nach und nach erreichte. Ich wusste genau, wofür ich das ganze Geld benötigen würde. Da bei meinem Vater wegen seiner freiberuflichen Tätigkeit immer wieder mal das Geld so knapp war, dass uns der Vermieter schräg anschaute, nahm ich mir vor, selbst Hausbesitzer zu werden und nie wieder in meinem Leben Miete zu zahlen. Mit Jobben ging das nicht. Ich suchte ständig nach zusätzlichen Verdienstmöglichkeiten und entdeckte bald den Finanzsektor als Tätigkeitsfeld, nachdem ich gesehen hatte, wie viel Geld hier in kurzer Zeit verdient werden konnte.

Ich hatte mich für eine Banklehre in der Sparkasse Hannover entschieden, weil hier die anerkannt beste Ausbildung angeboten wurde. Auch die Karrierechancen nach der Ausbildung waren enorm. Die Chancen, eine Lehrstelle zu erhalten, waren dagegen denkbar schlecht, nur drei Prozent aus den über 2100 Bewerbern wurden genommen. Ich malte mir nur geringe Chancen aus, aber ich nahm mir vor, das Spiel noch zu drehen. Die Konkurrenz schien übermächtig.

Am Tag des Auswahlverfahrens saß ich fast nur zwischen Abiturienten, viele hatten einen Schnitt von 1,4 – ich hatte nur Realschulabschluss, allerdings mit einem sehr guten Durchschnitt. Durch den schriftlichen Test war ich einigermaßen durchgekommen, aber die Ergebnisse würden nicht so überragend sein, um die 2100 anderen Bewerber abzuhängen. Beim abschließenden Gespräch hakte einer aus der Auswahlkommission seinen Fragenkatalog ab: »… Na, und was machen Sie als Hobby?« Neben mir saßen drei Abiturientinnen, gefühlter Schnitt 1,0, akkurater Pferdeschwanz, Perlenkettchen über blauem Kaschmirrolli und die dazu passende Antwort. »Klavierspielen.« »Aha – und Sie?« »Pferdereiten.« »Interessant.« »Und Sie?« »Ballett.« »Hmh.« Die Kommission schien langsam in sich zusammenzusacken, vermutlich hatte ganz Hannover seine höheren Töchter hier vorbeigeschickt. Allem Anschein nach waren es heute nicht die ersten Mädchen, die sich mit Ballett und Pferdereiten als Hobby vorstellten.

Es ging auf die Mittagspause zu und einige der Kommissionsmitglieder rafften schon verstohlen ihre Unterlagen zusammen. Dann richteten sie ihre müden Blicke gerade noch auf mich: »Na – und Sie, junger Mann, was für ein Hobby haben Sie?« Ich sagte: »Schiedsrichter!« und mit einem Schlag waren alle hellwach. »Oh, Fußball. Normalerweise wollen ja alle Stürmer sein. Aber Schiedsrichter? Erzählen Sie mal.« Und da war ich in meinem Element und ich schilderte voll Begeisterung meine Aufgaben: wie man ein Spiel leitet, es nicht aus dem Ruder laufen lässt, wie man die Spieler im Griff behält, dass man schnell entscheiden, Verantwortung übernehmen und mit 22 verschiedenen Charakteren umgehen können muss und nicht den Überblick verlieren darf – und wie viel Spaß mir das alles mache. Das kam an. Ich hätte nie gedacht, dass ich mit Fußball in einer Bank punkten könnte. Ich hatte die Lehrstelle. Einer gegen 2100 Bewerber. Danke, Fußball! Danke, Sparkasse Hannover!

Mit 27 bin ich von zu Hause ausgezogen – in meine erste Eigentumswohnung. Auch dieses Ziel hatte ich erreicht: nie mehr Miete! Alles hatte ich bekommen, wovon ich geträumt hatte: Sicherer Job. Gutes Einkommen. Erfolge im Sport. Es ging bergauf. Damals federte ich jeden Morgen nach gutem Schlaf förmlich aus dem Bett und freute mich riesig auf jeden Tag mit seinen Herausforderungen.

■■■

Es waren Jahre des kontinuierlichen Aufstiegs. Was ich anfasste, funktionierte und wurde ein Erfolg. Irgendwann fing ich an, das als selbstverständlich anzusehen. Ich war tüchtig, clever – es stand mir zu, dachte ich. Dass auch das Glück des Tüchtigen äußerst flüchtig sein kann, ahnte ich damals noch nicht. Ich war geblendet vom Erfolg.

Als ich im Juli 2005 als Schiedsrichter in die Bundesliga aufstieg und das erste Spiel in Köln pfiff, hatte sich der nächste Jugendtraum für mich bewahrheitet, auf den ich über 19 Jahre hingearbeitet hatte. In die Bundesliga will jeder Schiedsrichter, aber du kannst noch so streben, machen und tun – wer am Ende tatsächlich in die Bundesliga aufsteigt, das entscheidet allein die Schiedsrichterkommission. Der Kandidat wird empfohlen. Das Urteil über den Kandidaten muss einvernehmlich fallen, und das war bisher auch immer so passiert. In die Gilde der Schiedsrichter wirst du also berufen. Die Berufung ist etwas ganz Besonderes, eine Auszeichnung, eine Ehre – wie ein Schwertschlag zum Ritter.

Der Vorstandsvorsitzende meines Arbeitgebers der Sparkasse Hannover, Herr Walter Kleine, rief mich damals persönlich an und gratulierte mir zu der Nominierung als Bundesligaschiedsrichter. Er richtete mir im Namen des Vorstandes aus, dass ich die volle Unterstützung habe, da ich nunmehr ab sofort ein Aushängeschild der Sparkasse Hannover sei. Man war stolz auf mich.

Ich war in einem Alter von 35 Jahren nunmehr im Elitekreis des deutschen Fußballs angelangt. Nun stand mir das Tor für eine internationale Karriere offen. FIFA, Champions League, Europameisterschaft, Weltmeisterschaft – warum nicht? Ich hatte neue Ziele.

*** 19.11.2011, 3:10 Uhr ***

Die Digitaluhr in meinem Zimmer blinkte immer noch im Sekundentakt wie der Countdown eines Zeitzünders. 3:10 Uhr – es waren gerade einmal zehn Minuten vergangen, in denen ich meine ganze Jugend durchflogen hatte, und ich war nach all diesen schönen Gefühlen entsprechend überrascht, dass ich plötzlich wieder an dieser kalten Fensterscheibe eines Kölner Hotels klebte und in die Dunkelheit hinausstarrte. Zehn Minuten nach drei und noch über zwölf Stunden bis zum Spiel. Wenn ich daran dachte, wie optimistisch und stark ich in meiner Jugend gewesen war, und wenn ich mich jetzt sah, wie labil und entscheidungsschwach ich in allem geworden war ... Einen so weiten Weg hatte ich zurückgelegt. So weit war ich gekommen. Sollten all die Mühen umsonst gewesen sein? Ich spüre, wie mir die Tränen in die Augen schossen. Mit dem heutigen Spiel lief ich Gefahr, wieder alles zu verlieren.

Ich war der erste Schiedsrichter mit Migrationshintergrund in der Bundesliga. Meine Eltern sind Perser – ich selbst habe als Kind viele Jahre in der Nähe von Teheran verbracht, bis Deutschland meine neue Heimat wurde. Meine Familie ist stolz darauf, wie weit ich es hier in Deutschland gebracht habe. Mein Onkel, ein Arbeiter in einer Autofabrik, hat seinen Kollegen in den Pausen immer die BILD-Zeitung gezeigt mit den Berichten über mich und die Spiele, die ich geleitet habe. Ich war wie ein Sohn für ihn. Selbst von fernen Bekannten aus Teheran kamen Anrufe, wenn sie mich über Satellit in einem Spiel gesehen hatten.

Ich war der Beweis, dass man seinen Platz in dieser Gesellschaft finden kann und Tüchtigkeit belohnt wird. Mensch, Babak, du hast doch so viel erreicht! Babak, du wirst dich doch jetzt nicht verrückt machen und dich aufgeben vor diesem Spiel? Du kannst es doch. Du weißt doch, wie es geht ...

... Nein, ich weiß es eben nicht mehr. Seit Monaten schon nicht mehr.

Ich weiß nicht einmal mehr, wer ich wirklich bin. Aus mir ist ein Schauspieler geworden, in einem fragwürdigen Stück, der nur noch das spielt, was andere von ihm erwarten. Ich stelle diesen Erfolgshelden Babak Rafati dar, einen freundlichen, heiteren Menschen, der vor einer glänzend schönen Kulisse die Träume spielt, die seine Umgebung in ihn hineinfantasiert. Nach der Vorstellung geht er hinter die Kulisse durch graue, baumlose Landschaften ohne Horizont und ohne Himmel. In diesem Niemandsland haust der eigentliche Rafati, abends, wenn er mit sich allein ist, wenn er nicht mehr seine Rolle spielen muss. Wenn er ehrlich mit sich sein darf, verletzt, voller Zweifel, orientierungslos und ohne jede Idee, wohin er sich wenden soll. Jeden Morgen aus diesem Elend nach vorne raus auf die Bühne zu gehen, sich strahlend zu präsentieren – und sich selbst weiter zu belügen –, dazu wird die Kraft mit jedem Tag schwächer. Und ich warte schon jeden Morgen voll panischer Angst, wann diese Kulisse umkippt und alle sehen, was dahintersteckt: ein Nichts. Ich kann nicht mehr.

Wo war mein Glück geblieben? Meine Kraft? Meine Zuversicht? War ich von ganz unten so erwartungsvoll gestartet, nur um jetzt in Köln wie eine Silvesterrakete mit einem bunten Knall am deutschen Medienhimmel zu explodieren? Morgen, beim Spiel Köln gegen Mainz 05? Ich sah schon die Schlagzeilen in BILD und Kicker vor mir: »DFB feuert Rafati nach Chaosspiel und Fanaufruhr«, »Rafatis Karriereaus in der 34. Minute – Fanrandale in der Südkurve«. Alle würden auf den nächsten Fehler von mir lauern, nicht nur Hellmut Krug. Gab es einen perfiden Plan, mich gerade hier in Köln gegen Mainz scheitern zu sehen? Falls ja, würde der Plan aufgehen. Es würde mein fünftes Spiel in dieser Saison sein, in dem die Mainzer Fankurve mich auspfiff. War diese Häufung der Ansetzung auf Mainzer Spiele wirklich nur Zufall? Wie auf einer Perlenschnur sah ich die Ereignisse, die Zurückweisungen und Verletzungen der vergangenen Monate vor mir, würde sich der Kreis jetzt schließen? Fandel und Krug. Ein ganzes Stadion. Die Medien mit ihren tausenden Reportern und Kommentatoren. Ich fühlte alle gegen mich. Der Druck in meinem Kopf pulste synchron zu den Sekunden der Uhr. 3:30 Uhr. Noch zwölf Stunden bis zum Anpfiff.

Ich hätte noch Zeit gehabt, diesen unendlichen Fall, in dem ich mich befand, zu stoppen. Ich hätte meine Kollegen wecken und ihnen sagen können, dass ich nicht mehr kann. Dass ich dieses Spiel nicht mehr pfeifen werde. Dass sie für Ersatz sorgen sollen. Für das alles wäre Zeit gewesen. Vor allem für einen würdevollen Abgang. Niemand hätte die wahren Hintergründe erfahren. Statt zu zaudern, statt der Katastrophe tatenlos entgegenzutreiben, wäre es eine Entscheidung gewesen. Eine sehr mutige und schützende Entscheidung. Meine Entscheidung. Und ich wäre nicht weiter zum Opfer der Ereignisse geworden, die in den nächsten Stunden und Tagen und Wochen über mich hereinbrechen würden, mit einer Gewalt, die das Ich eines jeden Menschen atomisiert. Ich hätte einfach gehen sollen. Aber ich tat es nicht. Zwischen dieser Nacht im Kölner Hotel und meinem ersten Spiel nach der Verletzungspause im Sommer 2010 lag jetzt über ein Jahr. Ein Jahr, in dem sich für mich alles verändert hatte.

...

Noch im September 2010 hatte alles wieder so gut ausgesehen. Mein Muskelfaserriss war nach zwei Monaten Zwangspause endlich verheilt. Ich hatte den Schiri-Test wiederholt und bestanden. Meine Irritationen anlässlich des Machtwechsels schienen sich als gegenstandslos zu erweisen. Nachdem ich mich bei Fandel dienstbereit gemeldet hatte, setzte er mich am 19. September 2010 zum Warmlaufen auf ein Spiel in der 2. Bundesliga an, vermeintlich fern jeder Brisanz, FC Erzgebirge Aue gegen MSV Duisburg. Einziger Haken: In diesem Spiel waren drei Spieler bereits frühzeitig mit einer Gelben Karte sanktioniert, was bei jedem Spieler sehr gefürchtet ist. Denn bei jedem zusätzlichen Foul mit Gelber Karte zieht der Schiri Gelb-Rot und der vorbelastete Spieler wird vom Platz gewiesen, während seine Mannschaft in der Unterzahl weiterspielen muss. Das Spiel war äußerst körperbetont. In diesem kleinen, idyllisch von Hügeln und Wald umgebenen Stadion wurde ab der 20. Minute gefoult, was das Zeug hielt. Jeder zaghaft sprießende Spielzug wurde beidseitig sehr hässlich todgegrätscht. Pfiffe auf den Rängen, sehr viel Unruhe im Stadion. Nach der zweiten Halbzeit wurde es dann farbenfroh: in der 65., gleich darauf in der 66. und ein drittes Mal in der 78. Spielminute jeweils dreimal Gelb plus dreimal Gelb – macht dreimal Gelb-Rot. Es waren sehr konsequente Entscheidungen von mir. Ich hätte es zwar bei ultimativen Ermahnungen belassen können, die angesichts eines angedrohten Platzverweises ihre Wirkung vielleicht nicht verfehlt hätten. Aber aus dem Spielgeschehen heraus schien mir der Körpereinsatz zu hart für eine Ermahnung, wo doch schon die Belastung mit der Gelben Karte zu keinerlei Einsicht geführt hatte. Also dreimal Gelb-Rot. Nicht optimal, aber absolut regelkonform und aus der Spielsituation heraus verständlich.

Am Sonntag nach jedem Spiel erstattet der Schiedsrichter seinem Obmann telefonisch Bericht. Volker Roth war unbestechlich in seiner Analyse und von keinerlei Sentimentalitäten geleitet. Was er aber sagte, war stets rein sachlich begründet und stellte nie die Persönlichkeit des Schiedsrichters infrage. Jetzt erlebte ich bei seinem Nachfolger Herbert Fandel eine völlig neue Qualität in der Berichterstattung: »Hallo, Babak«, begann er das Gespräch mit seltsam leerer, gesenkter Stimme. Früher, noch zu gemeinsamen Schiedsrichterzeiten, hatten Fandel und ich im Anschluss an unsere Spieleinsätze, zum Beispiel bei einem Diskothekenbesuch in Berlin, viel Spaß gehabt, unser Verhältnis war angenehm kollegial, fast schon freundschaftlich – wenn es auch keine echte Freundschaft war. Fandel hatte mir aber immer wieder gesagt, wie viel er von mir halten würde – als Mensch und insbesondere als Schiedsrichter. Ich dachte, das könnte so positiv weitergehen. Aber Fandels Ton war jetzt, nach der Übernahme des Vorsitzes der DFB-Schiedsrichterkommission, kalt und schneidend. Er kanzelte mich ab, wie ich es vorher nie erlebt hatte. Er sagte, dass ein FIFA-Schiedsrichter, wenn er eine Persönlichkeit habe, Probleme anders löse als ich mit drei Platzverweisen. Er verlange, dass Schiedsrichter in seinem Team professionell agierten. Ich verstand nicht. Meine Entscheidungen waren laut Regel völlig korrekt gewesen. Selbst der damalige Beobachter attestierte mir damals eine sehr gute Leistung. Fandel fragte mich, ob ich mich überhaupt in der Lage sehen würde, das anstehende Topspiel zwischen Bayern München und Mainz 05 ordentlich zu leiten, für das ich bereits angesetzt war. In dem Ton, wie er das sagte, gab er seine Antwort gleich mit. Irgendwie schien er nicht wirklich erfreut über meine Rückkehr aus der Verletzungspause zu sein. Ich war völlig verunsichert über die, wie mir schien, Aggressivität seines Vorgehens. Ich wusste erst nicht, was ich sagen sollte, und bat ihn, mich nicht umzubesetzen. Fandel ließ sich mühsam überreden und ließ mich abschließend wissen, dass er die betreffenden Szenen des Spiels nicht in die wöchentlichen Videoszenen nehmen würde, die alle Schiedsrichter nach dem Spieltag als Lehrmaterial bekamen. Er fügte schroff hinzu, dass das sicherlich eine Ausnahme bleiben müsse. Damit war das Gespräch beendet. Und mein Sonntag genauso.

Ich weiß noch, dass ich ungläubig in den Hörer geschaut und dem Nachhall des Amtszeichens gelauscht habe. Wie konnte er mich für regelkonforme Entscheidungen derart abmeiern? Zumal die drei Spieler bereits durch Foulspiel mit der Gelben Karte belastet waren. Dieses Telefonat war erst der Beginn einer Vielzahl von Unterredungen, die mir vorkamen wie Versuche, mir Unfähigkeit nachzuweisen. Der Vorwurf mit den drei Gelb-Roten Karten saß natürlich – aber richtig schmerzhaft war, wie wenig empathisch Fandel in diesem Gespräch mit mir umgegangen war. Denn Fandel kannte aus eigenem Erleben ganz genau die Belastung für einen Schiedsrichter, wenn ein ganzes Stadion mitsamt den Spielern außer Kontrolle zu geraten scheint.

Gleich zu Beginn seiner Karriere als Schiedsrichter, am 10. September 1999, elf Jahre zuvor, hatte Fandel nämlich Bundesligageschichte geschrieben – mit der doppelten Anzahl von Platzverweisen, und zwar gegen ein und dieselbe Mannschaft! Volker Roth hatte Fandel damals für ein Bundesligaspiel »vermeintlich fern jeder Brisanz« angesetzt: Hansa Rostock – SSV Ulm. Auch hier eskalierte das Spiel und Fandel machte Kleinholz, schickte vier Spieler des Bundesligaaufsteigers aus Ulm vom Platz – und zusätzlich den Trainer der Mannschaft, Martin Andermatt, und den Manager gleich mit, weil sie zu heftig gegen Fandels Entscheidungen protestiert hatten. Andermatt sagte später: »Ich habe den Linienrichter nach der ersten Roten Karte nur gefragt, was das gewesen sei. Er hat unter Zeugen zu mir gesagt: Halt die Fresse.« Eine mit Rot zu ahndende Tätlichkeit hatte Fandel in dem turbulenten Spiel sogar völlig übersehen. Es war eine ungewöhnliche Flut von ungewöhnlichen Strafen, bei der sich Fandel – wie von mir gefordert – ebenso die Frage nach seiner Mitschuld hätte stellen müssen. Nach dem Spiel sagte Fandel damals voller Überzeugung in die Fernsehkameras: »Es war ein Spiel mit ungewöhnlicher Härte, das muss ich zugeben, aber aus meiner Sicht, auch wo ich jetzt Zeit hatte, ein bisschen drüber nachzudenken, denke ich, dass die Platzverweise alle in Ordnung waren.« Das kann man sich heute noch auf Youtube anschauen. Großes Kino. In Wahrheit ging es ihm schlecht, wie er später einmal auf einer Schiedsrichtertagung erzählte: »Ich hatte das Gefühl, einen Skandal verursacht zu haben und nicht in die Bundesliga zu gehören, ich war fix und fertig.« Nur durch die Unterstützung Roths habe er sich damals »berappelt«. Genau diese Unterstützung, die er von seinem Obmann Roth bekommen hatte, fehlte mir jetzt. Fandel versagte sie mir nicht nur komplett. Er griff mich an. Ich fühlte mich ungerecht behandelt. Fandel beendete seine aktive Karriere laut Wikipedia, unter Bezugnahme auf www.weltfussball.de, mit einer Bilanz von 1041 Gelben Karten, 47 Mal Gelb-Rot und 26 Mal zog er die Rote Karte – vier davon gegen den SSV Ulm.

Nach solchen Druckgesprächen wie mit Fandel dürfte es jedem schwerfallen, ruhig zu bleiben. Ich war zudem völlig perplex. Fandel, der mich früher oft als souveränen Schiedsrichter mit einer stark ausgeprägten Persönlichkeit gelobt hatte, verhielt sich mir gegenüber plötzlich wie ein völlig anderer Mensch. Roth baute einen auf. Fandel ließ mich im Vergleich dazu fallen. Ohne jedes Mitgefühl, so mein Empfinden, und ohne jedes Verständnis. So wie beim Sommerlehrgang, als ich nach dem Muskelfaserriss auf dem Boden lag und er nur sagte: »Och, was machste, Jung?« und einfach weiterging. Ich wusste damals noch nicht, was sich seit dem Machtwechsel alles geändert hatte im System Schiedsrichter. Fandel hatte mir vor der Machtübernahme einmal angedeutet, ich hätte große Feinde im DFB – ohne Namen zu nennen. Aber ich hatte dem wenig Bedeutung beigemessen. Später erst würde ich begreifen, dass ich mit diesen drei Gelb-Roten Karten nicht nur die Liga gegen mich aufgebracht hatte, sondern offenbar auch deren Interessenvertreter Hellmut Krug. Mit dem Abgang von Volker Roth war die Betondecke über uns Schiedsrichtern plötzlich fort, die uns vor solchen Einflussnahmen immer geschützt hatte.

Nach einem Spieltag rufen sich die Schiris untereinander an, um von den Eindrücken ihrer Spiele und dem, was sie im Flurfunk gehört haben, zu berichten. Meistens »klopfte« mein Telefon mehrfach, während ich gerade mit einem anderen sprach, weil der nächste schon wieder auf der Leitung stand. Es war immer wie ein Bienenstock. Ich schilderte einigen, die natürlich nicht genannt werden wollen, irritiert mein Gespräch mit Fandel und hörte nur bitteres Lachen im Hintergrund. Fandel sei halt so. Er müsse erst mal drei Semester Sozialkompetenz studieren, sagten mir mehrere Topschiris. Entschuldigungen ließe er nicht gelten. Ein Fandel mache keine Fehler. Und wenn, sei er nicht schuld.

Bekannt war auch, wie emotionslos Fandel gegen alle ehemaligen Mitstreiter seines einstigen Ziehvaters Volker Roth vorging. Die gesamte

Schiedsrichterschaft erinnerte sich zu gut, wie Fandel sich kurz nach seiner Machtübernahme des einst so verdienten Schiedsrichters Dieter Pauly entledigt hatte. Pauly war eine Legende, aber das zählte alles nicht im System Fandel-Krug. Am 30. Mai 1981 war das berühmte »Sportfoto des Jahres 1981« entstanden, als Torwart Toni Schumacher im Dortmunder Westfalenstadion auf Pauly zugerannt war und die beiden sich bei einer Größe von annähernd zwei Metern Nase an Nase gegenüberstanden. Pauly hatte zwischen 1980 und 1990 exakt 100 Bundesliga- und 67 internationale Spiele bestritten und am 21. August 1990 als erster Schiri sein eigenes Abschiedsspiel auf dem Gladbacher Bökelberg gegen Ajax Amsterdam erhalten. Danach wurde er unter Roth weiter national wie auch international als Schiedsrichterbeobachter bei Spielen eingesetzt. Pauly galt als Volker-Roth-Mann und falls es eine solche gab, dürfte er nach dessen Entmachtung auf der roten Liste von Fandel und Krug gewesen sein. Bei einer internen Sitzung sagte Hellmut Krug sinngemäß, dass alles was mit Volker Roth zu tun hatte, ausgeräumt werden müsse. Zufall oder nicht: Pauly musste kurz danach von einem Tag auf den anderen gehen. Und das zu einem Zeitpunkt – wie Fandel und Krug nicht entgangen sein musste – der für Pauly aus menschlichen Gründen total ungünstig kam. Es hätte sie nichts gekostet, Pauly eine Zeitlang weiter zu beschäftigen und ihn nicht derartig würdelos fallen zu lassen, wie es dann geschah. Sie taten es einfach. Nach 50 Jahren für den Fußball. Auch bei Pauly hatten sie Fehler gesucht, die als Begründung herhalten mussten, um diesen so verdienten Mann einfach rauszuwerfen. In der Einleitung seines Abschiedsbriefes, der an alle Schiedsrichter der oberen Ligen herausging, schrieb Pauly an alle, die ihn über all die Jahre begleitet hatten:

»Liebe Schiedsrichter, liebe Freunde, sehr geehrte Damen und Herren, FIFA, UEFA und DFB haben als ihre wichtigste Eigenschaft Respekt *angemerkt. Nachfolgende Bemerkungen geben ein bemerkenswertes Bild dieser Vision ab.*

In diesem Monat habe ich 50 Jahre SR-Tätigkeit vollendet. Normalerweise ein besonderer Anlass, um mit Ehrennadel und Urkunde ausgezeichnet zu werden und auch die erworbenen Verdienste zu würdigen – aber vielleicht habe ich auch keine.

Der neue Vorsitzende der Kommission H. Fandel hat sich aber zu diesem Anlass etwas ganz Besonderes einfallen lassen, nämlich just zu diesem

Zeitpunkt meine Demission als DFB- und UEFA-Beobachter zu verkünden. Da er aber wohl zu feige war, mir das Ende meiner Tätigkeit persönlich mitzuteilen, beauftragte er [einen Dritten] damit, mich telefonisch zu informieren, da er mich angeblich nicht erreichen könne. Bei [dem Dritten] war das allerdings kein Problem, da mein Handy 24 Stunden geöffnet ist. Nebenbei bemerkt gibt es ja auch noch SMS oder E-Mail. Ich würde gerne mal sein Telefonverzeichnis sehen, wo ja alle Gespräche oder Versuche festgehalten werden. Dieser H. Fandel, der ja das Klavierspielen so ›großartig‹ beherrscht, verwechselte diesmal mehrfach die Tasten und die Misstöne kamen dann ganz von selbst. Er verstand es ja auch in seiner aktiven SR-Laufbahn oftmals ganz geschickt, seine Fehler zu kaschieren und auch vorgekommene Fehlentscheidungen als richtig zu verkaufen.

Respekt Herr Fandel,

als Gründe für meine künftige Nichtnominierung wurden 2 Punkte angegeben.

Ich würde keine oder nur wenig Bereitschaft zeigen auf Veränderungen einzugehen. Hierzu kann ich nur sagen, dass in den letzten neun Monaten niemand mit mir über Derartiges gesprochen hat. Lediglich bei einer Sitzung im vergangenen Jahr habe ich in einem Kommentar bezüglich einer Nachbearbeitung durch eine besonders produzierte DVD 3 Tage nach einem BL-Spiel zu Coachingzwecken davon abgeraten. Dieser Vorschlag wurde im übrigen von H. Krug gemacht, der entgegen den strengen Auflagen der UEFA Konvention inzwischen maßgeblichen Einfluss auf SR-Entwicklungen im DFB hat. Laut Konvention ist dies strengstens untersagt und es wird nicht gewünscht, dass Mitglieder der Liga – er ist ja dort als Angestellter tätig – sich aktiv im SR-Bereich betätigen. Aber man setzt sich einfach darüber weg und beschäftigt ihn sogar als Beobachter und Coach in der 1 u. 2 BL. (…) Die Unabhängigkeit ist durch die Installation und aktive Mitarbeit von Krug in größter Gefahr. Er wird von der Liga fürstlich entlohnt, also muss er doch dafür sorgen, dass deren Interessen entsprechend vertreten werden. Das Ergebnis kann sich jetzt schon jeder ausmalen. Noch ein Wort zum Coaching. Ich habe über vier Jahre im Auftrage der UEFA 4 internationale SR betreut und ausgebildet. Und auch hier in der BL habe ich in den letzten zwei Jahren Guido Winkmann, ich denke auch erfolgreich gecoacht und weitergebracht. Aber Krug hatte ja schon vor zwei oder drei Jahren im Kicker verkündet, Veteranen wie Pauly, Amerell oder Strigel müssten entfernt werden.

Respekt Herr Krug,
(...) Nachdem man Volker Roth schon übelst mitgespielt hat, war es letztlich nicht verwunderlich, dass ich als sein jederzeit loyaler Mitstreiter zum Wohle des SR-Wesens und auch sicherlich einer seiner besten Freunde eliminiert werden musste.
(...) Nicht mal der Versuch eines persönlichen Gespräches (H. Fandel) vor der Sitzung, um mit mir diese Dinge abzuklären, wurde unternommen. Es wäre mit Sicherheit zu einem für alle Beteiligten befriedigenden Kompromiss und versöhnlichen Ergebnis gekommen – zumindest von meiner Seite.
(...) Was bleibt, ist Bitterkeit und Enttäuschung über das verhängnisvolle Ende meines Lebenswerkes. Einem Toten erweist man zumindest die letzte Ehre. Ich bekam nur noch den berühmten Tritt. Ich denke an R. Enke und die Rede des Präsidenten, der Achtung und Respekt gefordert hat. (...)
Von Euch liebe Schiedsrichter möchte ich mich nun verabschieden und mich bedanken für einen immer offenen und ehrlichen Umgang miteinander. Ich möchte auch hiermit der Hoffnung Ausdruck verleihen, dass das alleine durch die enormen Verdienste von Volker Roth national wie international so anerkannte SR-Wesen zumindest was Euch, die Aktiven angeht, erhalten bleibt. Alles erdenklich Gute und Gott schütze Euch.
FIFA, UEFA und DFB weisen mit Nachdruck auf Respekt hin. Hier ist eine neue Dimension von Respekt erkennbar geworden. Ich bin gespannt darauf wie der Präsident des DFB, Herr Dr. Zwanziger, diese Definition erklären kann.
Alles erdenklich Gute
Dieter Pauly«

Verbittert und enttäuscht darüber, wie übel ihm mitgespielt worden war, verschwand Pauly aus Deutschland. Er ging nach Thailand auf die Touristeninsel Ko Samui und lebte dort in einem Haus 300 Meter vom Strand entfernt. Wie er zu seinem 70. Geburtstag seinen Freunden mitteilte, hatte er danach einige Zeit gebraucht, um die Entscheidung Fandels zu verarbeiten und sich wieder für Fußball zu interessieren: »Durch eure und Volkers Unterstützung ist es mir gelungen, immer mehr Abstand zu bekommen. Aber so ganz werde ich diese Missachtung der menschlichen Würde niemals vergessen.«

■ ■ ■

Das folgende Spitzenspiel FC Bayern gegen Mainz 05 lief völlig problemlos und ich wähnte mich gut im Rennen. Doch ich hatte mich getäuscht. Der Schiedsrichterbeobachter Lutz Wagner, mit 197 Bundesliga- und 74 Zweitligaeinsätzen einer der erfahrensten Schiedsrichter, kam nach dem Bayernspiel auf mich zu und teilte mir vertraulich mit, dass man es in der Kommission wohl gerne sehen würde, wenn ich meinen Platz als FIFA-Schiedsrichter freiwillig räumen würde. Damit wäre meine internationale Karriere beendet gewesen und ich hätte keine Chance gehabt, je eine Europameisterschaft, olympische Spiele oder gar eine Weltmeisterschaft zu pfeifen. Ich verstand die Welt nicht mehr. Mit mir hatte keiner geredet – aber das Gespräch hatte deutlich gemacht, dass hinter den Kulissen Planungen liefen, in denen ich keine Rolle mehr spielte.

Was Wagner gesagt hatte, konnten nicht bloß Gerüchte sein, schließlich saß er nach Beendigung seiner aktiven Karriere seit Mai 2010 mit Fandel und Krug zusammen in der neuen Schiedsrichterkommission. Was war passiert? Warum sprach Fandel nicht selbst mit mir? Ich konnte mir den Grund nicht erklären. Fandels seltsam abwertendes Verhalten mir gegenüber, die destruktiven Telefonate mit ihm, Lutz Wagners Andeutungen, meinen FIFA-Platz freiwillig niederzulegen, waren die Vorboten der Zertrümmerung und markierten den Beginn meiner Grübeleien, die mich fortan zersetzen würden. Ich sollte von diesem Zeitpunkt an nie wieder zur Ruhe kommen.

Ich hörte nach Wagners Andeutungen zunächst nichts Weiteres zu der FIFA-Geschichte und hatte sie fast schon wieder vergessen. Am 20. November 2010 war ich für die sehr interessante Begegnung zwischen Mönchengladbach und Mainz 05 angesetzt und das Spiel lief sehr gut für unser Team. Wir hatten nur eine knifflige Szene zu lösen. Ein Gladbacher Angreifer legte sich im Strafraum den Ball am Torwart von Mainz vorbei. Dabei nahm der Torhüter unorthodox das Bein heraus und brachte diesen zu Fall. Ich ließ weiterlaufen. Diesmal möglichst keine Gelbe und keine Rote Karte, dachte ich. Und das war richtig. Anhand von Fernsehbildern konnte man später sehr gut erkennen, dass der Stürmer den Ball nicht mehr erreicht hätte und den minimalen Kontakt dankend annahm, somit war Weiterspielen die einzige richtige Entscheidung. Selbst der Kicker schrieb, dass er nach mehrfacher Zeitlupenanalyse die Situation nicht anders auflösen konnte und daher die Szene nicht bewertete. Damit war die Sache eigentlich klar.

Am Sonntag früh rief ich Fandel beruhigt an, um zu berichten. Das Erste, was ich hörte, war Fandels enttäuschendes »Hallo, Babak«. Obwohl das Spiel doch gut gelaufen war, kritisierte Fandel, ich müsse meine Leistung und meine Körpersprache verbessern und nannte mir die Namen zweier Kollegen, an denen ich mich orientieren sollte, um endlich wieder auf die Spur zu kommen. Ich verstand nicht. Er stellte plötzlich infrage, was er früher selbst immer an mir gelobt hatte. War das noch Fandel, der da mit mir sprach? Früher hatte er mich gerade wegen meiner Körpersprache gelobt, weil sie ganz die seine sei. Einmal sagte er zu mir, ich sei »ein kleiner Fandel«. Das habe ich damals noch als Ehrung verstanden. Als ich in die Bundesliga aufstieg, meinte er, dass sich 70 Prozent der Schiedsrichter an meinem Auftreten und meiner Persönlichkeit etwas abgucken könnten. Kaum in neuer Funktion, fing er nun an, meine Körperhaltung massiv zu kritisieren.

Die Körperhaltung eines Menschen ist immer auch Ausdruck seiner Persönlichkeit. Es gibt kaum etwas, was einen Menschen schneller verunsichert, als wenn jemand infrage stellt, wie man sich bewegt, schaut oder spricht. Ein Schiedsrichter ist nur in dem Maße sicher in seinen Entscheidungen, wie er selbstsicher ist. Wenn er nachdenken muss, wie er sich bewegen, sprechen oder welche Gesten er einsetzen soll, hat er schon an Überzeugungs- und Durchsetzungskraft verloren. Fandel stellte damit nicht nur meine Professionalität infrage – sondern auch meine Persönlichkeit.

Zudem hatte er mir in der besagten Strafraumszene gesagt, dass er diese auch nicht mit Elfmeter geahndet hätte. Jedoch musste ich mich wundern, dass Krugs Meinung, wie ich später vom offiziellen Beobachter, Rainer Werthmann, erfuhr, Anwendung fand. Krug war der Meinung, dass diese Szene einen Elfmeter nach sich hätte ziehen müssen. Somit wurde mir das im Beobachtungsbogen angekreidet und in der Note entsprechend negativ angelastet. Wieder einmal war für mich die Frage, wer denn im Schiedsrichterbereich der Chef sei, der DFB-Schiedsrichterkommissions-Vorsitzende Fandel oder der DFL-Vertreter Krug, was auch immer wieder von den Schiedsrichtern in Frage gestellt wurde.

Immer wieder sagte Fandel, dass die Medien mich kritisierten. Dass es Klagen der Vereinsbosse wegen meines abweisenden, unzugänglichen, ja arroganten Auftretens gäbe. Ich war überrascht von der Vehemenz seiner Angriffe. Von irgendwoher schien er Druck bekommen zu haben, den er an mich weitergab. Ein Jahr vor seiner Amtsübernahme, als er vielleicht noch Verbündete suchte, um die Nachfolge Roths antreten zu können, hatte er mir versichert, dass er mich nicht nur für das nächste Jahr brauche, sondern für viele Jahre, da ich ein Unikum und Babak Rafati einfach einmalig in der ganzen Bundesliga sei. Jetzt kanzelte er mich nur noch barsch ab. Das Gespräch endete unfreundlich, wie es begonnen hatte.

Schon die ersten beiden Sonntagstelefonate mit Fandel waren verstörend, aber sie sollten von Mal zu Mal noch schlimmer werden. Fandel säte mit jedem Anruf negative Gefühle und hinterließ eine immer größere Brandspur aus Unzufriedenheit, Selbstzweifel und Sorge in meinem Leben. Es gab nur Kritik, Abwertung, Abkanzeln – niemals Bestätigung, ein Lob, das einen aufbaute, oder konstruktive Vorschläge, so wie bei Roth, wie Szenen effektiver zu lösen seien. Selbst wenn alles gut lief und es wirklich rein gar nichts zu kritisieren gab, sagte Fandel mahnend, dass ich jetzt aber auch dranbleiben müsse. Die Gespräche mit ihm waren einfach erniedrigend. So kam das bei mir an. So habe ich das empfunden. Fandel, so schien es, hatte sich in mir verbissen.

Auch die Warnungen Lutz Wagners, Fandel wolle mir meinen FIFA-Job nehmen, wurden schlagartig konkret. Auf der Halbzeittagung im Januar 2011, eine Woche vor meinem Spiel in Nürnberg, für das ich angesetzt war, berief Fandel die zehn FIFA-Schiedsrichter zu einer vertraulichen Gesprächsrunde in ein Nebenzimmer. Wie er einleitend sagte, ginge es darum, mit uns über die zukünftige Zuteilung der FIFA-Plätze zu sprechen. Er sagte, dass wir aus perspektivischer Sicht auf die Altersstruktur achten und konsequent Schiedsrichter austauschen müssten. Dabei gingen seine Blicke mehrmals scharf in meine Richtung, was mich sehr beunruhigte. Ich saß links neben ihm und konnte mich nicht verguckt haben, da Fandel sich stark nach links wenden musste, um mir ins Gesicht zu schauen. Und genau das tat er: Körpersprache wie auf dem Platz bei einer Roten Karte, unerbittlicher Blick, die gewölbten Augenbrauen in Richtung seines brikettschwarzen Blockhaarschnitts hochgezogen, die Lippen leicht geschürzt für die Fox 40 – es fehlte nur noch der ausgestreckte Zeigefinger, und ich hätte den Raum verlassen müssen.

Ich hätte nicht geglaubt, dass sich die Andeutungen auf mich bezogen, hätte Wagner vorher keine Hinweise gegeben. Allein schon das Argument mit der Altersstruktur war scheinheilig. Immerhin war ich der viertjüngste FIFA-Schiedsrichter und zeitlich gesehen als Vorletzter auf die FIFA-Liste gekommen, jünger ging also kaum noch. Meine FIFA-Kollegen hatten mir zudem gesagt, dass andere, die älter und länger dabei waren, bei einem Austausch zuerst dran wären. Was wollte Fandel? Warum ging er gerade mich an?

Es gab danach wieder kein klärendes Vier-Augen-Gespräch. Das war nicht Fandels Art. Die Transparenz, die Fandel als neue Politik zu Beginn seiner Amtsübernahme als Ziel gesetzt hatte, um sich von Vorgänger Roth abzusetzen, wollte er für sich selbst anscheinend nicht herstellen. Wenn er mir offen gesagt hätte, dass er mich als Schiedsrichter nicht mehr haben wolle, wäre ich allein schon aus Stolz zurückgetreten. Denn ich bleibe nirgendwo, wenn man mich nicht haben will. Wir hätten auch über einen vernünftigen Abgang sprechen können, über Perspektiven meiner Tätigkeit in der Bundesliga. So wusste ich nicht, woran ich war. Ich blieb ratlos stehen. Natürlich sprachen sich Fandels seltsame Andeutungen über den Flurfunk herum. Ab jetzt ging das Gerücht um, ich stünde auf Fandels Abschussliste. Ich war blamiert. Nichts anderes schien Fandel mit diesem Treffen bezweckt zu haben.

∎∎∎

Die folgenden Tage brachten keine Beruhigung. Im Gegenteil. Hatte ich in der Verletzungspause wichtige Entwicklungen verpasst? War der Stab schon über mich gebrochen? Wollte Fandel mich nicht mehr? Oder war das alles nur eine überspannte Fehlinterpretation? Ich telefonierte mit Kollegen, um mir Rat zu holen, wie ich am besten reagieren sollte. Einige versuchten zu beschwichtigen und forderten mich auf durchzuhalten, andere äußerten ihr Mitleid. Wieder andere hatten mich bereits abgeschrieben und reagierten distanziert. Ich verlor den Rückhalt in der Gruppe. Ich war massiv verunsichert und nach schlaflosen Nächten fuhr ich wenige Tage später, am 15. Januar 2011, mit meinem Team zum Spiel 1. FC Nürnberg – Borussia Mönchengladbach. Mit diesem Spiel begann endgültig mein Absturz.

Fandel hatte vor Unternehmern einmal über den »Schiedsrichter als Führungskraft« referiert und gesagt: »Die Balance des Spiels ist gefährdet, wenn der Schiedsrichter seine Zweifel nach außen trägt. Seine Körpersprache muss Sicherheit vermitteln.« Ich war unsicher, schon als ich auf den Platz lief. Mir unterliefen in diesem Spiel krasse Fehlentscheidungen, meine Spielleitung war in dem ausbrechenden Chaos im Stadion miserabel. In Zeitungen wie der BILD las man am nächsten Morgen: »Nürnberg tobt gegen den Schiedsrichter. Der Tabellenletzte Gladbach gewinnt in Nürnberg 1:0, muss sich aber bei Schiedsrichter Babak Rafati (Hannover) bedanken. Der verweigert den Nürnbergern erst zwei Elfmeter, erkennt ein reguläres Tor zum 1:1 nicht an. Den dritten fälligen Elfmeter vergibt Pinola (86.). 32. Minute. Nach einem Freistoß zieht Gladbachs Neuzugang Stranzl Nürnberg-Verteidiger Wollscheid im Strafraum am Trikot zu Boden. Kein Pfiff. 69. Minute. Idrissou grätscht, wieder fällt Wollscheid. Kein Elfmeter. 77. Minute. Mendler wird steil geschickt. Heimeroth kommt aus seinem Tor, kann den Ball aber nicht festhalten. Nach einem Zusammenprall schiebt der Nürnberger ein. Regulär, aber Rafati pfeift das Tor weg.« Trainer Hecking: »Mir hat Herr Rafati gesagt, dass Heimeroth den Ball sicher in den Händen hatte.« Falsch! Verteidiger Nilsson: »Fehlentscheidung des Jahres.« Gladbach jubelt! Mike Hanke: »Ein Drecksieg.« Es gab gellende Pfeifkonzerte. Ein wütender Nürnbergfan stürmte sogar wüst schimpfend aufs Feld in meine Richtung, wurde aber von Torwart Schäfer rechtzeitig abgefangen und »abgeführt«. Auch wurden beim Abgang aus dem Stadion von den Tribünen Gegenstände auf uns geworfen, sodass die Ordner uns mit aufgespannten Schirmen beschützen mussten.

Die Tumulte im Stadion, die unverhohlene Aggression, die mir hier entgegenschlug, lassen keinen Menschen unbeeindruckt. Ich will an diesem Spiel nichts schönreden. Für meine Fehler gibt es keine Entschuldigung. Ich hätte es besser machen müssen. In der Szene, in der ich den fälligen Elfmeter für Nürnberg nicht gab, war mir die Sicht im Strafraum versperrt, sodass ich keinen guten Blick hatte. Auch wenn später im Fernsehen der Reporter den Assistenten die Schuld gab, muss ich widersprechen. Er stand zu weit weg und ich hätte die Möglichkeit nutzen müssen, mich besser zu positionieren, um dann den möglichst besten Blickwinkel zum Geschehen zu haben und somit die richtige Entscheidung zu treffen. Auch andere Szenen im Spiel waren sehr unglücklich. Ich hatte diese Begegnung nicht im Griff gehabt und bekam dafür Prügel von allen Seiten. Die Schlagzeile »Fehlentscheidung des Jahres« würde mir wieder wochenlang anhaften.

Nach dem Spiel riefen enttäuschte Nürnbergfans die Facebook-Seite »Anti-Babak-Rafati« ins Leben, die innerhalb weniger Stunden eintausend »Like it«-Anhänger hatte. Dort waren so unglaubliche hasserfüllte Sachen zu lesen, das mich am folgenden Montag ein Redakteur vom Kicker anrief und fragte, ob ich schon Morddrohungen erhalten hätte. Es ging massiv unter die Gürtellinie. Im »Glubbforum« der Nürnberger las ich wüste Beschimpfungen gegen mich, ein neuer Wettskandal sei am Laufen und ich sei ein »Betrügerschwein«, das im Auftrag das »Lieblingskind des DFB«, die Gladbacher, in der Bundesliga halten solle, ferner gehöre ich wegen meiner Leistungen generell für die Bundesliga gesperrt. Andere konterten, das sei Blödsinn, weil ich sonst ja wohl nicht den Elfmeter für die Nürnberger, sondern für Gladbach gegeben hätte. Was besonders schmerzte: Auf den Fanseiten der Nürnberger gab es viele Beileidsbekundungen – ausgerechnet vonseiten der Gladbacher. Mit dem Tenor: »Wir hatten auch schon unter Rafati zu leiden!« Gladbachs Trainer Frontzeck sagte nach seinem 1:0-Sieg erleichtert: »Heute haben wir mal Glück gehabt.« Irgendwann entstand hier auch die Verballhornung meines Namens, die ich bald immer wieder hören sollte: »Babak Tomati« – weil ich angeblich Tomaten auf den Augen hatte. Eine Zeitung druckte wenig später großzügig ein entsprechendes Porträtfoto. Ich war die Pfeife der Nation. Ich war umstritten, ein Schiri, der polarisiert, und ich hatte mit diesem Spiel meinen sämtlichen Feinden Munition geliefert. Ein Fanbeitrag von einem »stc«, einem Nürnbergfan mit 3053 Einträgen, machte mich besonders nachdenklich. Ich las: »Der anfänglich als Vorzeigebeispiel einer neuen Schiedsrichtergeneration hochgelobte Rafati ist seit einiger Zeit nur noch ein Schatten seiner selbst.« Genauso war es. Nach diesem Spiel gerieten die Dinge für mich völlig außer Kontrolle.

...

Wir fuhren sehr still nach Hause. Wir wussten, dieses Spiel würde Folgen haben. Auf der Zugfahrt, die sechs Stunden dauerte, kam ich aus dem Grübeln und den Selbstvorwürfen nicht heraus. Mir ging durch den Kopf, wie ich es Fandel am nächsten Tag erklären sollte. Zu Hause angekommen, körperlich erschöpft und seelisch ausgebrannt, verspürte ich nur innere Leere, weil ich in meinem Zustand nur noch meine ganzen

Probleme sah und alle Gefühle an mir vorbeirauschten … Wieder und wieder erzählte ich meiner Freundin Rouja, was sich abgespielt hatte.

Wir sahen uns die Aufzeichnungen des Spiels gemeinsam an, um zu hören, wie die Kommentatoren die einzelnen Szenen bewerteten. Das Ergebnis war eindeutig. Ich hatte wegen weit geringerer Fehler schon derartig Druck von Fandel bekommen – ich konnte mir gar nicht vorstellen, wie er sich angesichts meiner jetzt tatsächlich vorliegenden Fehlentscheidungen noch steigern sollte. An Schlaf war nicht zu denken. Die ganze Nacht geißelte ich mich mit immer schrecklicheren Gedanken des Versagens.

Als ich morgens völlig erschöpft aus dem Bett stieg, sperrte ich mich in der Küche ein, legte mir die Worte zurecht, notierte Argumente, wie ich mit Fandel sprechen könnte. Denn unmittelbar während des Telefonats, das hatte ich jetzt mehrfach erlebt, wurde ich wegen seiner verletzenden Äußerungen sprach- und hilflos. Dann rief ich an und holte mir meine Abfuhr ab. Ich musste mich der sehr harten, aber berechtigten Kritik stellen. Ich suchte Hilfe angesichts der über mich hereingebrochenen Medienschelte. Ich fragte Fandel, wie er damals damit umgegangen sei, als er beim Kicker als schlechtester Schiedsrichter geführt worden sei. Fandel antwortete: »Im Gegensatz zu dir wurde ich von den Spielern wenigstens akzeptiert.« Trotzig bot ich meinen Rücktritt an. Was Fandel ablehnte: »Das sag ich dir, wenn es so weit ist!« Ich erwähnte Hilfe suchend, dass ich sehr verunsichert sei und nicht mehr wisse, wie ich nach diesem Spiel noch auf dem Platz auftreten solle. Die Antwort war auch hier leider sehr kurz, nicht analytisch und somit auch nicht hilfreich: »Ich weiß das nicht, du musst nur die Balance finden.«

Ich brauchte jemanden, der mich nach den psychologisch sehr beanspruchenden Szenen im Stadion aufbaute und stützte, denn eine psychologisch betreute Stressaufarbeitung nach dem Spiel fand damals nicht statt. Direkt im Anschluss treffen sich zwar alle vier Referees, also der Schiedsrichter, seine beiden Schiedsrichterassistenten und der vierte Mann, mit dem Schiedsrichterbeobachter – zumeist ein ehemaliger Bundesligaschiedsrichter wie zum Beispiel Wagner –, um die strittigsten Situationen der Partie anhand der Videoaufnahmen durchzugehen.

Aber das entstresst nicht. Vor allem wenn es derart massive Probleme gibt. Schon wenige Stunden nach dem Abpfiff ist ein Schiedsrichter mit sich und seinen Gedanken völlig alleine. Da geht einem natürlich jeder

Fehler noch zigmal durch den Kopf; auch dass ein gewaltbereiter Fan auf mich zugestürmt war, beschäftigte mich.

Fandel kannte auch diese lebensgefährliche Seite des Schiedsrichterberufes: Am 2. Juni 2007 leitete er die EM-Qualifikationspartie zwischen Dänemark und Schweden, als er nach der Vergabe einer Roten Karte gegen Markus Rosenberg von einem dänischen Fan körperlich angegriffen wurde. Fandel brach das Spiel beim Stand von 3:3 ab.

Fandel und Krug kannten sich auch mit Fehlentscheidungen gut aus, sie schrieben damit beide Bundesligageschichte. Krug, als er 2001 im Spiel des Hamburger SV gegen den 1. FC Kaiserslautern Sergej Barbarez, dem Torjäger des HSV, bereits in der 16. Spielminute die Rote Karte nach einem Kopfstoß zeigte – und damit den Falschen bestrafte. Nicht Barbarez hatte Michael Schjönberg – sondern Schjönberg hatte Barbarez einen Kopfstoß verpasst. Eine krasse Fehlentscheidung. Krug kam damals erst gegen 23.00 Uhr sehr verlegen aus seiner Kabine, weil der Stadionwart das Licht ausmachte und nachdem die wartenden Reporter schon gemutmaßt hatten, Krug sei durch einen Geheimausgang geflohen. Und Krug hatte vermutlich gehofft, die Reporter hätten sich vor Redaktionsschluss bereits auf den Rückweg gemacht. Krug hatte inzwischen die glasklaren TV-Bilder gesehen – und schob den Weltverband und seine Regeln vor: »Die FIFA steht auf dem Standpunkt: Tatsachenentscheidung ist Tatsachenentscheidung.« Würde heißen: Sperre Barbarez trotz Fehlurteil Krug. Es war ein Skandal damals. »Eine kuriosere Entscheidung habe ich noch nie erlebt. Mehr kann ich dazu nicht sagen«, meinte Trainer Frank Pagelsdorf damals. Deutlicher wurde Werner Hackmann: »Die Rote Karte hat uns um den Sieg gebracht«, schimpfte der Vorstandsvorsitzende. »Krug hat eindrucksvoll bewiesen, dass Schiedsrichter Spiele ganz allein entscheiden können. Wenn Barbarez gesperrt wird, würde ich an der Gerechtigkeit im Fußball zweifeln.«

Herbert Fandel hatte seine legendärste Fehlentscheidung sogar vor laufender Kamera zu verantworten. Damals hatte er Hasan Salihamidzic im prestigeträchtigen Bayernderby, FC Bayern München gegen 1860 München, wegen angeblichen Nachtretens vom Platz gestellt, nach einem »für mich glasklaren« Foul, so Fandel. ZDF-Reporter Töpperwien rollte ihm damals einen Monitor in die Kabine und führte die Szene vor. Der geschockte Fandel über diese Szene: »Totale Fehlentscheidung, Katastrophe, Blamage vor Millionenpublikum.« Vor der Presse gestand Fandel anschließend: »Ich habe Salihamidzic zu Unrecht des Feldes verwiesen.« Da Fandel seine Entscheidung im Spielbericht für falsch erklärte, war die Basis für einen Freispruch gegeben. Fandels Rote Karte wurde einkassiert. Das Sportgericht des DFB hatte auf Antrag des DFB-Kontrollausschusses die Einstellung des Verfahrens gegen den Bosnier und die Aufhebung der Vorsperre beschlossen. Der Weltverband FIFA hatte durch Zirkular Nummer 866 vom 24. September 2003 bei einem »offensichtlichen Fehlentscheid des Schiedsrichters« ein solches Vorgehen zugelassen. Auch Krugs Rote Karte wurde für nichtig erklärt: Am 10. Mai 2001 wurde der Hamburger Profi Sergej Barbarez vom DFB-Sportgericht freigesprochen. Es habe sich um einen »Wahrnehmungsirrtum« des Unparteiischen gehandelt, hieß es damals in der Urteilsbegründung. Eine Blamage sondergleichen. Fandel und Krug hatten damit die bis dahin einzigen Fälle ausgelöst, bei denen das DFB-Sportgericht eine Rote Karte für nichtig erklärte. Wegen einer Fehlentscheidung des Schiedsrichters. Das hatte es in den Jahrzehnten vorher noch nie gegeben.

Ich erzähle das hier nicht mit Häme, sondern damit klar ist: Jeder Schiedsrichter macht Fehler – und darf nach so einem Spiel wie in Nürnberg Unterstützung verlangen, vor allem wenn die zwei wichtigsten Ansprechpartner des betroffenen Schiedsrichters selbst solche äußerst niederschmetternden Situationen bereits durchlebt haben. Und wenn ich schon mal selbst so kleingemacht worden bin, dann hacke ich nicht auf einem Kollegen herum, dem dasselbe widerfährt, sondern versuche ihn wieder aufzubauen! Das ist etwas, was zu den Aufgaben von Führungspersonal auch im Fußball gehören sollte. Das Einzige, was ich verlangt hätte, wäre, bei aller berechtigten Kritik, auch Zuspruch und Solidarität gewesen. So brachte mich das von mir als solches empfundene Drucktelefonat mit Fandel völlig aus der Spur. Seitdem fand ich nie wieder meine eigene und persönliche »Linie« im Auftreten und wirkte nicht mehr so energisch und konsequent, wie es vorher der Fall gewesen war. Ich hatte endgültig verloren, was ich finden sollte: meine Balance. Das Gespräch war kurz und eiskalt, gab aber Aufschluss über einen weiteren Bedrohungsfaktor.

Fandel riet mir, ein klärendes Gespräch mit Hellmut Krug zu führen, was ich so verstand, dass offenbar Krug im Hintergrund aus allen Rohren gegen mich feuerte. Ich lehnte das ab und erklärte, dass Krug als DFL-Mitglied für mich als Schiedsrichter nicht zuständig sei. Ich sagte

Fandel, dass sich Krug zunehmend als der eigentliche Chef der Schiedsrichterkommission aufspielen würde und vielen das auffallen würde. Ich trug mein Herz auf der Zunge, was in diesem Moment nicht förderlich war. Eine Bockigkeit meinerseits, die sich rächen sollte. Aber was gab es da noch zu reden? Ich hatte nach dem Nürnbergspiel auch wenig entgegenzusetzen.

...

Krug schienen die Fragen der Gewaltentrennung zwischen DFB und DFL weniger zu kümmern und er übernahm aus dem Hintergrund durchaus spürbar mehr und mehr das Ruder. Als wir im Oktober 2011, fünf Wochen vor meinem Suizidversuch, beim Stützpunkt in Berlin waren, kam es während der Videoauswertung zum Eklat zwischen Krug und dem seit 13 Jahren beim DFB arbeitenden FIFA-Schiedsrichter Manuel Gräfe, einem Vollprofi, gleichwertig wie Krug. Gräfe widersprach einer ihn betreffenden Videoanalyse Krugs. Gräfe argumentierte sachlich, während Krug zunehmend ärgerlicher wurde über den Widerspruch. Das Ganze schaukelte sich hoch, als Krug merkte, dass es ihm nicht gelang, die anderen Anwesenden auf seine Seite zu ziehen. Gräfe ist ein ruhiger Typ, den auch auf dem Spielfeld nur wenig aus der Ruhe bringt. Als er Krug darum bat, er möge doch die kritisierte Sequenz noch einmal zurückspulen, damit er anhand der Bilder erläutern könne, warum er anderer Meinung sei als Krug, sprang dieser mit hochrotem Kopf auf und blaffte Gräfe wütend an: »Ich habe keine Lust, mit dir zu diskutieren.« Er veranstalte die Tagung, um die Schiedsrichter auf modernen Fußball einzustimmen, und alle, auch Gräfe, hätten zu akzeptieren, was er mitzuteilen habe. Niemand stand auf, um Gräfe zu unterstützen. Ich selbst war auch zu feige, weil meine Position dramatisch geschwächt war. Solidarität gab es im System Schiedsrichter selten, außer im vertraulichen Gespräch oder durch gut gemeinte Ratschläge – aber selten offen. Nach der kurzzeitig anberaumten Unterbrechung erschien Herbert Fandel im Raum. Krug musste ihm unmittelbar nach dem Eklat von Gräfes Widerspruch berichtet haben. Fandel forderte uns auf, aus den »reichen Erfahrungen Krugs« zu lernen. Es ginge um Professionalisierung im modernen Fußball. Die Diskussionsmethoden Krugs waren es nicht, weder modern noch kollegial, wie manche hinterher sagten – sondern oberlehrerhaft.

Immer häufiger wurde in unseren Schiri-Zirkeln diskutiert, wer wirklich das Sagen hatte – unser Schiedsrichterobmann Fandel und der DFB – oder aber etwa Krug als Vertreter der Deutschen Fußball Liga. Der DFL-Geschäftsführer Christian Seifert, der Fandel schon beim Amtsantritt die volle Unterstützung zugesagt hatte, zeigte sich damals sehr erfreut, dass viele Gedanken, die sich die DFL gemacht hatte, von Fandel mitgetragen würden.

Die bisher erfolgreiche Trennung von DFB und DFL in Fragen der Schiedsrichterschaft hat auch mit Gewaltenteilung zu tun. Das gilt auch für die Spielebeobachter. Der Spielebeobachter des DFB soll eine objektive Bewertung der Schiedsrichterleistung abgeben, die er auch benotet. Die Bewertung reicht von 0 bis 10 Punkten, wobei 10 eine Spitzenleistung bedeutet, die aber meines Wissens nie vergeben wurde. Eine sehr gute Leistung liegt bei 8,7 oder 8,8. Am Ende der Saison wird dann eine Leistungsbewertung anhand der Punkte vorgenommen, die mitentscheidend für weitere Einsätze ist, den Aufstieg in die FIFA – oder aber die Rückstufung in die zweite Liga.

Im Zuge der immer schärferen Fernsehbilder gingen die Beobachter dazu über, immer erst die Fernsehbilder und ihre Kommentierung abzuwarten, um dann ihre angeblich neutrale Einschätzung entsprechend deckungsgleich abzufassen. Damit machten sich die Beobachter abhängig von dem, was die Reporter und Kommentatoren in Radio und Fernsehen sagten und zeigten. Die Reporter und Kommentatoren wiederum holten sich bei kniffligen Fragen im Hintergrund gerne Rat bei Fachleuten. Und während der Liveübertragungen für die ARD war beispielsweise unter anderen auch Hellmut Krug ansprechbar und hatte somit die Möglichkeit, bei Entscheidungen im Graubereich entweder eine positive oder eine negative Einschätzung abzugeben und damit die Entscheidung der neutralen Beobachter zu beeinflussen. Tolles System!

Nicht nur ich war damals der Meinung, dass Krug als Vertreter der Liga mit seiner Deutungsmacht als (wie eigentlich genau entschädigter oder gar vergüteter?) TV-Experte ungerechtfertigt großen Einfluss auf die Schiedsrichterschaft nehmen könnte. Diese Farce um die Beeinflussung der Beobachter durch Fernsehbilder, sowie einen Experten mit Doppelfunktion, war ständig Thema bei uns Schiedsrichtern. Bei einer Tagung der Erst- und Zweitligaschiedsrichter hatten insbesondere die erfahrenen »Hasen« moniert, dass die Beobachter völlig verunsichert seien, sich angesichts der TV-Bilder durch Fehlbewertungen angreifbar zu machen, und deshalb keine eigene Meinung mehr hätten.

Obwohl Fandel zu Beginn seiner Amtszeit wie sein Vorgänger Volker Roth den Fernsehbildern nichts abgewinnen wollte, revidierte er sich nach kurzer Zeit und griff Krugs Argument auf: Es könne nicht angehen, dass der Schiedsrichter ein paar Meter neben der Szene stehe und nichts sehe, aber das Fernsehen eine Fehlentscheidung aufdecke und wir diese bei der Bewertung nicht berücksichtigten. Der Beobachter müsse zur Bewertung dieser Szene, die er von seinem Tribünenplatz nicht beurteilen könne, doch die Fernsehbilder heranziehen dürfen. Die Spitzenschiedsrichter antworteten auf solche Argumente, dass die Beobachter dann doch gleich zu Hause bleiben sollten, um das Spiel vorm Fernseher zu verfolgen und die Kommentare abzuschreiben, das würde Fahrt- und Hotelkosten sparen. Klar ist: Die Berücksichtigung der Fernsehbilder verunsicherte sowohl die Schiedsrichter als auch die Beobachter. Und eine Lösung des Konflikts war nicht in Sicht.

Es gab aber wohl noch eine zweite Variante, die Beobachtungsberichte zu beeinflussen, die weitaus effektiver gewesen sein soll: durch einen direkten Anruf beim Spielebeobachter durch Mitglieder der Schiedsrichterkommission. Bei mir geschah das nach dem Nürnbergspiel. Beobachter hier war Aron Schmidhuber, ein sehr erfahrener Schiedsrichter mit 143 Spielen in der Bundesliga und insgesamt 26 A-Länderspielen als FIFA-Schiedsrichter, dem man so leicht nichts vormachen konnte. Ich erfuhr wenig später von völlig überraschender Seite beim DFB, dass Fandel meinem Beobachter Aron Schmidhuber eine schlechte Benotung von 7,5 hatte vorgeben wollen, dieser sich aber wohl geweigert und mir trotzdem mit 7,9 eine Note gegeben hatte, die angemessen war.

Es war bekannt, dass Krug als Ligavertreter bei Fehlentscheidungen eine deutlich negative Bewertung erwartete. Die objektive Funktion des Beobachters wurde damit zu einem Machtinstrument, um Schiedsrichter wie mich zu schwächen und zu demontieren. Selbst in einigen Medien wurde später am 21.11.2011 folgendes berichtet: »Es wird spekuliert, dass der erfahrene Mann von der ersten in die 2. Bundesliga hätte relegiert werden müssen.« Diese Meldung wurde auch durch die Andeutungen eines DFB-Beobachters bestätigt, der mir damals sagte: »Die werden Dich irgendwann auch aus der Bundesliga abservieren.« Wie mir persönlich schien, waren Fandel und Krug nicht nur hinter meinem FIFA-

Posten her – mir kam es so vor, als wollten sie mich auch über die Punktevergabe reif machen für den Abstieg in die zweite Liga. Das alles zerrüttete mein Vertrauen, weil ich das Gefühl hatte, dass gegen mich intrigiert wurde.

Und es ging weiter: Zwei Tage nach dem Nürnbergspiel hatte ich es schwarz auf weiß, dass ich mich auf meinen Obmann nicht mehr verlassen konnte. Im Sportteil der Nürnberger Zeitung berichtete Nürnbergs Vereinsmanager Martin Bader mit stolzgeschwellter Brust von seinem Telefonat mit Herbert Fandel, dem Vorsitzenden der Schiedsrichterkommission des DFB, meinem Chef. Bader meldete gönnerhaft, Fandel habe nach diesem Spiel wohl schon mit seinem Anruf gerechnet. Zu deutlich seien die Fehlentscheidungen vom »indisponierten Referee« im Club-Heimspiel gewesen. »Man kann ja einmal danebenliegen, aber er lag ja konsequent daneben«, ärgerte sich Bader in der Zeitung: »Das Foul an Wollscheid habe ja sogar ich aus 40 Metern Entfernung aus dem Spielertunnel gesehen.« Fandel, der jahrelang selbst Spiele auf höchstem Niveau geleitet habe, hieß es in dem Artikel mit ironischem Unterton weiter, »konnte bei so eindeutiger TV-Beweislage nur geschwächt in den telefonischen Gedankenaustausch mit Bader gehen«. Bader sagte: »Es war ein sehr deutliches, sachliches und vernünftiges Telefonat. Ich gehe davon aus, dass unsere Sichtweise angekommen ist.« Und fügte hinzu, dass man Herrn Rafati in den nächsten Monaten vergeblich in Nürnberg suchen werde: »Das habe ich so herausgehört.« Bader hatte also durch seine Intervention über seinen Liga-Vertreter Krug bei Fandel erreicht, dass ich für Nürnbergspiele gesperrt war.

Mit mir hatte keiner darüber gesprochen. Bis heute nicht. Da ich nicht glauben konnte, was ich las, überprüfte ich unsere DFB-Datenbank, ob ich tatsächlich für Nürnberg gesperrt war. Hier fand ich im Terminkalender für meine Spielansetzungen einen neuen, ganz frischen Eintrag mit dem Hinweis: »Ausschluss. Problemverein 1. FC Nürnberg. Elfmeter / Tor.« Mein Chef Fandel war also eingeknickt und hatte Vereinbarungen mit einem Vereinsmanager getroffen, die mich betrafen, ohne mich vorher zu informieren, und ich musste das aus der Zeitung erfahren. Fandel hatte zugelassen, dass man einen seiner Leute verbrannte. Dieses Ausmaß an Illoyalität hatten wir Schiedsrichter bei Roth nie erlebt. Und die Reaktionen waren entsprechend. Wen würde Fandel als Nächstes fallen lassen? Meine Kollegen, die mich den ganzen Tag über anriefen, bewerteten Fandels Verhalten als eine Einladung an alle Vereine, missliebige Schiedsrichter künftig durch Anrufe beim DFB-Obmann auszuschalten. Es bedeutete eine Schwächung der gesamten Schiedsrichterschaft in ihrer Unabhängigkeit.

Bader hatte seinen Sieg natürlich gleich an die große Glocke gehängt, um den FCN-Fans zu zeigen, wo der Hammer hängt: bei ihm, den Vereinen und der DFL. Das wird ihm sicher gut getan haben. Für mich war es eine öffentliche Hinrichtung, die mich nicht nur in der gesamten Bundesliga, bei den Fans und in den Medien zusätzlich der Lächerlichkeit preisgab, sondern auch intern schwächte. Es gab weitere beunruhigende Nachrichten für mich. Mir wurde von verschiedenen Seiten zugetragen, dass sich Krug als Liga-Vertreter in den Telefonkonferenzen fortlaufend negativ über mich äußern würde. »Immer dieser Rafati«, höre man ihn schimpfen. Dieser Vorgang verletzte mich persönlich stark, aber ich fühlte mich zu schwach, um nach den Ereignissen in Nürnberg eine Aussprache zu suchen. Ich hatte nichts, was ich für mich in die Waagschale hätte werfen können. Ich war ein FIFA-Schiedsrichter von Fandels Gnaden und musste jetzt nur noch den nächsten Tritt abwarten, wie mir schien.

■ ■ ■

Mein nächstes Spiel, Koblenz gegen Kaiserslautern, zeigte mir, wie sehr »die Nürnberg-Geschichte« meinen Ruf geschädigt hatte. Als ich eine ganze Weile vor Spielbeginn aus dem Stadiontunnel zum Warmmachen ins Stadion lief, begannen die Fans aus Kaiserslautern mich auszupfeifen und starteten Schmähgesänge. Das hatte es bisher nicht gegeben, dass ein Schiri bereits beim Warmmachen ausgebuht wurde. Während des Spiels, kein Thema, völlig normal – aber jetzt lief ich gegen eine Wand der Ablehnung, bevor das Spiel überhaupt begonnen hatte. Pfeifkonzerte und Fangesänge haben eine unendliche Kraft zu zerstören. Ganze Spiele gingen schon verloren, Spielerlegenden wurden zerstört und Trainer entlassen durch die Macht der Fans. Was ich jetzt im Stadion erlebte, war kein kurzes Aufflackern – der ganze Fanblock stimmte mit ein, sie schaukelten sich gegenseitig hoch und hörten nicht auf, meinen Namen zu verhöhnen. Das Mobbing auf der Facebook-Seite und die vielen negativen Medienberichte hatten mich zu einem Feindbild gemacht, auf das sich jeder stürzen konnte.

Es ist schwer, in einer solchen Situation ruhig zu bleiben und vor allem nicht zu reagieren, zum Beispiel den Fans beruhigend zu winken oder – für Tapfere – ihnen eine Kusshand zuzuwerfen oder gar den Stinkefinger zu zeigen. Jede Antwort würde falsch verstanden und die Kurve zum Sieden bringen. Ich versuchte souverän zu bleiben, mich unbeeindruckt zu zeigen, aber jeder kann sich vorstellen, welche Wirkung es auf einen Menschen hat, wenn einem zehntausende Menschen ihre Ablehnung ins Gesicht und in die Seele brüllen. Du bist machtlos, allein gegen 20.000 Stimmen.

Fankurven sind wie Raubtiere, mit erbarmungslosen Killerinstinkten. Je größer, desto mehr Macht haben sie. In der Fankurve verschmelzen zehntausende Individuen zu einem einzigen homogenen Block mit enorm viel Dezibel. Fankurven sind aber auch – das zeigt sich immer wieder – wunderbar gefühlige, zu großer menschlicher Anteilnahme fähige Seismografen für die Stimmung im Stadion. Ich habe bis heute nicht verstanden, wie die Kommunikation zwischen so vielen unterschiedlichen Menschen so schnell laufen kann, dass sie binnen Sekunden zu einer so vitalen Einheit verschmelzen.

Diesmal passierte etwas Erstaunliches. Die Schmähgesänge der Kaiserslauternfans riefen ihre Gegner, die Koblenzer Fans, auf den Plan, die jetzt mit rhythmischem Händeklatschen mobil machten und meinen Namen skandierten: Klapp-Klapp-Klapp-Ba-Bak-Ra-Fa-tieeeh! Es schien, als ergriffen sie Partei für mich, um mich zu verteidigen – oder damit ich für ihre Mannschaft und nachteilig gegen Kaiserslautern pfiff. So war es aber nicht. Die wollten nur spielen und Stimmung gegen Kaiserslautern machen, um die Dezibelhoheit im Stadion zurückzugewinnen. Ich war das Objekt beim Warmlaufen der Fanblöcke, die Maus zwischen den Pranken zweier Raubtiere. Fußball brutal. Ich war zur Sensation der Bundesliga geworden: Rafati kommt! Und schon waren die Fankurven am Aufschäumen. Unter diesem Druck ein Spiel zu pfeifen, die Angst zu haben, wieder einen Fehler zu machen und gnadenlos ausgepfiffen unter dem Schutz von Regenschirmen ein Spielfeld verlassen zu müssen, übersteigt die Grenzen der psychischen Belastbarkeit.

Das Spiel jedoch lief diesmal reibungslos. Das Normalste der Welt war bei mir inzwischen zur Sensation geworden. Bei mir zählte nur noch die Negativbilanz, dass kein Fehler »passierte«. Mein Fall war inzwischen Chefsache beim DFB geworden, wie mir das anschließende Telefonat mit Herbert Fandel am Donnerstag nach dem Spiel zeigte. Vertraulich teilte er mir mit, dass er mit Zwanziger telefoniert hätte und wie sehr dieser mit mir mitgefiebert hätte. Mir lief es kalt den Rücken runter. Das hatte ich noch nie gehört, dass der DFB-Präsident zusätzlich zu den vielen sonstigen Problemen jetzt auch noch mit einem seiner Schiedsrichter zittern musste. Ein Zeichen, wie groß der über Krug herangetragene Druck aus der Liga auf den DFB inzwischen war. Ich wusste jetzt, dass weitere Fehler das endgültige Aus bedeuten würden.

*** 19.11.2011, 3:44 Uhr ***

Unheimlich stark saugt sich das Hotel Luft aus meinem Zimmer, die jaulend und pfeifend durch die Bodenschlitze der schweren Tür entweicht. Blaue, pulsende Zeit. 3:44 Uhr.

Wie viel Lebenszeit hatte ich verloren in den zehn Monaten voller Angst seit dem Nürnbergspiel, der Angst, weitere Fehler zu machen, Niederlagen zu erleiden! Angst vor meinen Sonntagstelefonaten mit Herbert Fandel, jeden Sonntagmorgen nach einem Spiel, zu erschöpft nach den Strapazen vom Vortag und einer durchwachten Nacht, zu leer, um mich vorzubereiten, seinen Vorwürfen entgegenzutreten, seinen von mir so empfundenen Ungerechtigkeiten. Die Gespräche liefen immer so ab, dass er zielsicher den einzigen negativen Punkt eines Spiels herauspickte und darauf herumritt. Was gut gelaufen war, spielte keine Rolle. Es ging schon lange nicht mehr um eine objektive, konstruktive Bewertung. Ich fühlte den Spott in seiner Stimme, regelrechte Schadenfreude. Und vor allem Kälte. Es ging, so mein Eindruck, nur darum mich kleinzumachen. Vor den Gesprächen lief ich in der Küche auf und ab, suchte nach Worten und Argumenten, wie ich am besten schlagfertig reagieren könnte – und fing dann an zu schwitzen, im Wissen, dass am Ende das Ergebnis klar sein würde: Babak Rafati hatte wieder nur Fehler gemacht. Die ganzen nächsten Tage über würde das Gespräch mit Fandel in meinem Inneren weiterlaufen, mich lähmen und alle Freude, jede Erholung verhindern. Und vor allem: Die Angst vor dem nächsten Spiel und dem nächsten Telefonat würde mein Selbstvertrauen zunehmend zerstören. Angst ist ein ganz schlechter Begleiter. Angst zerfrisst einen von innen. Erst langsam, dann immer schneller.

Auch jetzt spürte ich sie wieder in mir. Es war 3:50 Uhr und in 700

Minuten würde das Spiel beginnen. Seit dem Nürnbergspiel war ich angezählt. Und genauso wankend wie ein Boxer stand ich seither auf dem Spielfeld. Zehn Monate Angst, die mich in diesen Zustand gebracht hatten.

...

Im Spiel Hertha BSC Berlin – Fortuna Düsseldorf, eine Woche nach dem Spiel in Nürnberg, kam meine ganze Unsicherheit wieder voll zum Ausdruck. Ich war so am Ende, dass ich inzwischen sogar schon die Spieler um Hilfe anbettelte. Christian Lell von Hertha BSC Berlin, den ich aus seinen Bayern-Zeiten kannte, fragte ich im Kabinengang, ob er sich vorstellen könne, wie schwer ich es in der Vorwoche in Nürnberg gehabt hatte. Ich bat ihn, nicht zu meckern und auf seine Mannschaft entsprechend einzuwirken. Da ich mit ihm immer gut klargekommen war, sicherte er mir zu, für Ruhe zu sorgen, und zeigte Verständnis. Auch einen Spieler von Fortuna Düsseldorf, Sascha Rösler, der ein ständiger Unruheherd für jedes Spiel und den Schiedsrichter war, versuchte ich zu besänftigen, damit das Spiel ruhiger verlaufen würde. Umsonst. Das Spiel lief gegen mich, mein Durchsetzungsvermögen litt durch meine Selbstzweifel, die aggressiven Fangesänge und die Angst, hier Fehler zu machen – oder die Gelbe oder gar Rote Karte zu ziehen, was neuerliche Diskussionen auslösen würde.

Wenn man als Schiedsrichter unsicher ist, kippt das Spiel aus geringstem Anlass. Als die Stimmung auf dem Platz aggressiver wurde, hätte ich Präsenz zeigen müssen, eine eindeutige Körpersprache. Aber ich war gedanklich blockiert und ratlos, wie ich reagieren sollte. Ich durfte es nicht auf meine Art, denn wenn ich mich einsetzen würde wie gewohnt, käme wieder massive Kritik von Fandel, ich wirke zu arrogant, ich hätte keine Balance, meine Körpersprache müsse endlich besser werden. Wie Fandel es wollte, verstand ich nicht und zeigen konnte er es mir auch nicht. Ich wusste einfach nicht mehr, wie ich mich bewegen sollte. In diesen Selbstzweifeln verhaftet ließ ich drei klare Fouls ungestraft.

Fußballspieler haben eine gute Witterung für Schwäche. Sie wird ihnen von Kindesbeinen an auf den Fußballplätzen antrainiert. Die Schwäche des Gegners erhöht die eigene Chance zum Sieg. Vermutlich hatte sich zudem mein dummes Hilfsersuchen herumgesprochen. Wenn die

Spieler auf mich zustürmten, um zu protestieren, sprach ich sie nicht energisch an, um ihnen eine Grenze zu setzen, sondern ließ mir das einfach gefallen, wie sie mich umringten und bedrängten, wütende Grimassen zogen, schrien und mich dabei bespeichelten. Ich war in der Defensive, wich zurück, was weitere Spieler auf den Plan rief, dem Schiri endlich auch mal die Meinung zu sagen. »Kommt alle her, bei Rafati dürfen heute alle mal ungestraft Dampf ablassen!« Ich hatte meine Autorität verspielt. Es war wie eine Meute Hunde auf der Fuchsjagd. Das Gebelle und Gejaule nahm kein Ende. Die Fankurven beider Seiten tobten natürlich mit. Ich verlor den Überblick und merkte, dass ich plötzlich alles nur noch verschwommen sah. Es war ein Mix aus Versagen und Erniedrigung und vor allem aus Überforderung. Ich stand wie entrückt und schaute dem ausbrechenden Chaos atemlos zu. Mir fehlte selbst die Luft für meine Fox 40. Ich hatte nur noch ein Ziel: mich irgendwie über die 90 Minuten zu retten und dann an einen ruhigen Ort zu fliehen.

Der Trainer von Düsseldorf, Norbert Meier, schrie mich wütend an, ob ich jemals zuvor Fußball gespielt hätte, und protestierte nach dem Spiel. Später sagte ein Erstliga-Schiedsrichter zu meinem Assistenten, ich hätte jämmerlich ausgesehen, und fragte, warum ich mir das alles gefallen ließe. Ich hatte einen seelischen Zusammenbruch und war den Tränen nahe, was die Assistenten auch bemerkten. In der Kabine fragte mich der Beobachter, Lutz Michael Fröhlich, wie Wagner Mitglied der Schiedsrichterkommission, ob ich denn selbst mit meiner Spielleitung zufrieden sei. Ich ging auf das Spiel gar nicht ein und sagte ihm nur, dass ich völlig neben mir stünde, nicht mehr könne und dass ich mich von bestimmten Leuten unfair behandelt fühle, ohne dabei Namen zu nennen, wobei er gleich wusste, wen ich meinte. Er nickte nur schweigend. Geholfen hat mir das nicht.

In der Zeitung stand am Tag danach: »Nach Horrorleistung in Berlin – wer stoppt Schiri Babak ›Tomati‹? Letzte Woche hatte er sich den Zorn der Nürnberger zugezogen. Diesmal war Fortuna das Opfer, der 40-Jährige aus Hannover mutierte auch in Berlin wieder zu Babak ›Tomati‹«.

Fußball ist zu schnell, um jeden Spielzug dreimal zu hinterfragen. Man muss im Flow sein, alles auf einmal wahrnehmen, mit dem ganzen Bewusstsein im Spiel mitschwimmen und sicher entscheiden. Man ahnt im Voraus, was kommt, entwickelt eine hellseherische Sicherheit, hat alles im Griff. Es ist wie beim Skifahren: Wenn man gut fährt, legt sich der Körper instinktsicher in die richtige Position – wenn man zu lange nachdenken muss, ängstlich zögert, unsicher reagiert, liegt man im Schnee und bricht sich die Beine.

Seit Nürnberg trat ich bei Spielen bewusst defensiv, ja bisweilen zaghaft und ängstlich auf, weil ich vermeiden wollte, weiterhin aufzufallen. Meinen Assistenten blieb das nicht verborgen. Sie baten mich, zu meinem alten Stil zurückzufinden und wieder präsenter aufzutreten. Die verzagte Selbstkontrolle, so meinten sie, würde mich letztendlich nur zusätzlich verunsichern und daran hindern, wieder volle Leistung zu bringen. Sie hatten recht.

Die Tipps meiner Assistenten waren gut gemeint, aber sie bewirkten das Gegenteil. Aus Verunsicherung »eierte« ich nur noch mehr herum. Ich befürchtete, sie hielten mich bereits für zu schwach und ich hätte ihr Vertrauen und damit meine Führungsfunktion verloren. Ich wollte keine Rücksicht und kein falsches Mitleid, misstraute meinen und ihren Entscheidungen und fand nicht mehr in meinen Spielfluss. Der Mann, den ich in den Video-Aufzeichnungen sah, das war nicht mehr ich. Manchmal ertappte ich mich, wie ich den Bildschirm anschrie: »Mann, nun mach doch – ist doch ein klares Foul!« Um dann zu realisieren, dass ich selbst der Schiri auf dem Bildschirm war. Es war verrückt.

Auch privat nahmen viele Veränderungen an mir wahr: Meine gebeugte Körperhaltung und die Tatsache, dass ich den Blicken anderer Menschen auswich, die ich früher neugierig offen angelächelt hatte, war ein deutliches Zeichen für meine seelische Angegriffenheit. Auf der Homepage der Sparkasse Hannover hatte ich noch Wochen zuvor als Werbung für den Nachwuchs geschrieben: »Als Schiedsrichter hast Du die Möglichkeit, Dich persönlich weiterzuentwickeln, denn das Pfeifen fordert und fördert Deine Stressbeständigkeit – in schwierigen Situationen gilt es cool zu bleiben – und Dein Selbstbewusstsein.« Genau dieser Stress hatte mein Selbstbewusstsein zerstört. Meine innere Stimme rief mir immer wieder zu, einen Schlussstrich zu ziehen und angesichts der neuen Bedingungen mein Amt als Schiedsrichter niederzulegen. Aber ich tat es nicht.

...

Der Druck aus der Öffentlichkeit und den Medien gegen mich war ungeheuer. Ich war das Synonym für alles, was schieflief in der Schiedsrichterschaft in der Nachfolge von Volker Roth. Während andere in meinem Windschatten völlig unbeachtet und ungestraft, wie es schien, ihre Fehlentscheidungen abfeiern durften, war ich für Herbert Fandel längst zu einer Belastung geworden, für den ganzen DFB, der endlich Ruhe haben wollte in der Bundesliga nach all den Skandalen. Zu Hause sagte Rouja, ich solle mich doch nicht dermaßen verunsichern lassen, denn sie bemerkte, dass ich mich von allem zurückzog, nicht mehr ausging, mit keinem Kollegen telefonieren, geschweige denn Fußball sehen wollte. Ich verlor den Kontakt und die Wertschätzung zu meinem Selbst.

Morgens vor den Gesprächen mit Fandel sperrte ich mich in der Küche ein, schließlich wollte ich nicht, dass Rouja mitbekam, wie schwach ich Fandel gegenüber auftrat. Mit Herzrasen rief ich ihn an. Oft wählte ich seine Nummer mehrmals und unterbrach, weil ich schluchzte und mich erst wieder fangen musste. Das Ergebnis dieser Telefonate war immer dasselbe: kein Zuspruch, keine Wertschätzung. Immer nur massive Kritik, die teilweise ins Persönliche ging. Ich müsse anders auftreten, ich müsse mich von der Volker-Roth-Ära distanzieren, ich als FIFA-Schiedsrichter sei es wohl nicht gewohnt, kritisiert zu werden, ich müsse an mir arbeiten usw. Niemals wurde mir die Hand gereicht. Diese Drucksituation begleitete mich immer tagelang nach den Telefonaten.

Diesmal war Fandel seltsam ruhig, er meinte, dass ich wohl den Kopf nicht frei hätte und dabei natürlich Fehler passierten. Ich sackte in mich zusammen. Die im Fernsehen übertragenen Ereignisse während des Spiels, die Bilder der entfesselten Spieler und ihrer Fans, die Schilderungen Fröhlichs über meinen Zusammenbruch in der Kabine, mein verzweifelter Ausbruch ihm gegenüber mussten auch Fandel erreicht haben. In der Schiedsrichterkommission musste inzwischen bekannt gewesen sein, in welch kritischem Zustand ich mich befand. Man nahm mich aus der Schusslinie. Ich bekam sechs Wochen Schutzsperre für die erste Bundesliga. Ich war inzwischen leider schon so weit und so misstrauisch, dass ich darin keinen »Schutz« sah – sondern eben eine »Sperre«, um mich weiter aus der Bundesliga zu drängen.

*** *19.11.2011, 4:20 Uhr* ***

Vor dem Hotel unten hielt ein Taxi. Ein Geschäftsmann, dem hinten das Hemd aus der Hose hing, tastete suchend nach seinem Portemonnaie, während eine gackernde Frau mit schwarzen Haaren in einem schwarzen Kleid auf schwarzen Schuhen mit hohen Absätzen im Hoteleingang verschwebte. Drüben vor dem Haus stand ein Wachmann, der wie ich die Szene beobachtete und tief an einer Zigarette zog. Wir waren die Einsamen dieser Nacht – die anderen lebten ihr Leben. Wir unseres nicht. Wir warteten. Worauf wartete ich? 4:20 pulste die Digitaluhr. Was wäre gewesen, wenn ich rechtzeitig ausgestiegen wäre? Ich säße nicht in diesem Hotel. Ich wäre bei Rouja und morgen nach den Wochenendeinkäufen würden wir sicher im Schlosspark spazieren gehen und abends vielleicht ein Konzert besuchen, ein stressfreies, erholsames Wochenende für die Erholung nutzen. Was tat ich mir an, was machte ich in diesem Hotel, warum war ich unfähig, mich von diesen Menschen zu lösen, für die ich nur noch Misstrauen spürte?

Ich hatte den Fernseher angeschaltet, um mich abzulenken. Auf NTV lief eine Doku über den Zweiten Weltkrieg. Panzer fuhren von links nach rechts durch brennende Kornfelder, Bomber warfen ihre tödliche Last auf wehrlose Städte. Menschen liefen verzweifelt durch die rußgeschwärzten Ruinen ihrer Häuser.

Ich hatte seit meinem siebten Lebensjahr gelernt, immer eigenverantwortlich zu handeln, denn mein alleinerziehender Vater war berufstätig und konnte sich nicht immer um mich kümmern. Auf meinen Charakter hatte das bestimmt den Einfluss, dass ich mir einen gewissen Druck aufbaute, immer alles richtig machen zu müssen. Diese hohen Ansprüche an die eigene Person, an einen unbedingten Leistungswillen mit der Neigung zum Perfektionismus sollten meinen weiteren Lebensweg prägen. Dieser Perfektionsanspruch war es auch, warum ich mich nicht lösen konnte. Ich wollte meinen Ruf als Schiedsrichter zunächst wieder in Ordnung bringen und nichts Zerstörtes, Unfertiges hinterlassen und mit einem Makel behaftet den Traumberuf meines Lebens verlieren. Ich suchte einen Ausgang und Tür auf Tür warfen Fandel und Krug vor mir ins Schloss. Und dann war da noch etwas anderes, was ich nicht verstand. Von meinem Vater hatte ich seine Menschlichkeit, Herzlichkeit, den Respekt vor anderen, eine tiefe Moral und Aufrichtigkeit, die Sehnsucht nach Harmonie und vor allem seinen starken Gerechtigkeitssinn mitbekommen. Seine Nächstenliebe hatte mich immer fasziniert. Er war schlicht ein Menschenfreund. Seine Werte hatte ich übernommen. In dem, was ich jetzt erlebt hatte, wurde alles infrage gestellt, woran ich glaubte. Ich konnte nicht begreifen, wie mir geschah.

Auf NTV war jetzt wieder dieser seltsam aufgeblasene Freak an der Reihe. Obwohl der Ton aus war, erkannte ich seine Rede. Diese Gestik. Sportpalast. Marschkolonnen. Totaler Krieg. Diese Bilder wurden nachts oft wiederholt. Ich hatte sie in vielen meiner schlaflosen Nächte gesehen. Jetzt würden gleich die Panzer in die andere Richtung fahren, von rechts nach links – diesmal von Russland nach Deutschland. Bilder der zerstörten Reichskanzlei folgten, das Hissen der Sowjetflagge auf dem Reichstag, dann Luftaufnahmen vom zerbombten Berlin. Warum dieses Gegeneinander? Ich fragte mich, was ein Leben noch wert wäre, in dem nur Stärke und die Fähigkeit zur Intrige etwas zählen. Warum dieser ewige Druck? Warum strebten wir nur nach Materiellem? Geld, Macht, Erfolg? Und nicht nach bleibenden, menschlichen Werten? Warum erhielten Menschen, die sich so feindschaftlich über alles ausbreiteten, so viel Einfluss in unserer Gesellschaft? Und warum ließ ich es zu, dass jemand so viel Macht über meine Gedanken, meinen Schlaf, mein ganzes Leben gewonnen hatte? Wenn es geschieht, sind wir selbst schuld. Wir können Widerstand leisten, indem wir aufstehen und gehen und sie alleine ihre Spielchen treiben lassen. Sie würden bald ihren Spaß verlieren und ganz einsam dastehen. Denn um zu herrschen, braucht man auch Menschen, die sich beherrschen lassen. Ich hätte gehen sollen, und wenn ich mir eines nicht verzeihen kann, dann, dass ich nicht gegangen bin. Die Schutzsperre wäre eine gute Gelegenheit gewesen, zur Besinnung zu kommen. Ich habe sie nicht genutzt. Die Digitaluhr pulst ihren Countdown. 4:30 – noch elf Stunden bis zum Spiel.

■■■

Nach sechs Wochen »Schutzsperre« und Spielen in der zweiten und dritten Liga, die im Fernsehen längst nicht so viel Aufmerksamkeit bekamen, durfte ich endlich wieder in der 1. Bundesliga »ran«. Ich hatte Abstand gewonnen und mich scheinbar von meinen Niederlagen so erholt, dass ich zum ersten Mal seit langer Zeit wieder einem Spiel entgegenfieberte. Ich durfte endlich meine »Ersatzbank« wieder verlassen. Es machte mir Spaß, zu Hause die Sporttasche zu packen, ich wollte mir und allen anderen beweisen, dass Nürnberg und Berlin nur Ausrutscher gewesen waren. Am 6. März 2011 ging es zum Spiel Hamburger SV gegen Mainz 05, wieder Mainz 05, aber das würde ich schon hinkriegen – ein wichtiges Spiel im Kampf um die Europapokalplätze.

Als wir an diesem Sonntagabend mit den Mannschaften auf dem Rasen der Arena aufliefen, fühlte es sich großartig an, endlich durfte ich wieder Bundesligaluft schnuppern. Das Spiel lief gut und ich fühlte mich auch gut, es war traumhaft, ich fühlte meine alte Form und Selbstsicherheit zurückkommen ... bis zur 18. Spielminute. Ein Torschuss des HSV-Spielers Marcell Jansen aus ca. 16 Metern prallte von der Unterkante der Latte zurück auf den Boden. Aus meiner Position, die diesmal richtig gewählt war, hatte ich keine Chance zu bewerten, ob der Ball über der Linie gewesen war und ein Tor vorlag. Da die Entscheidung einer Torerzielung dem Assistenten an der Seitenlinie obliegt, übernahm ich seine sofortige und unnachgiebige Entscheidung und erkannte einen Treffer für den HSV zum 1:0 an. Nachdem der anschließende Anstoß ausgeführt worden war, bemerkte ich, wie ein lautes Raunen, fast wie ein kollektiver Schmerzensschrei, durch das Stadion ging. Hinter meinem Rücken war die Torszene auf der großen Stadionleinwand eingespielt worden. Und schlimmer noch: Auf den Bildern war zu sehen, dass es ganz klar kein Tor gewesen war, wie man dem jetzt anschwellenden Pfeifkonzert entnehmen konnte. Wieder ein Torfehler. Und wieder war Mainz betroffen. Und wieder war ich verantwortlich. Nein, das durfte einfach nicht wahr sein! Doch ich sah die Reaktionen auf der Mainzer Bank, wie Ersatzspieler und Trainer auf den vierten Offiziellen zuliefen, ihn anschrien, gestikulierten und heftig auf mich deuteten.

Das um mich weiter tobende Spiel war in dieser Sekunde für mich bedeutungslos geworden. Ich sah nur noch die Folgen. Egal, wie das Spiel ausging – für mich war es gelaufen, es ging wieder alles von vorne los, nach sechs Wochen Schutzsperre und nur achtzehn Minuten Spieldauer. Es ist sehr einsam da unten auf dem Rasen in so einer Situation. Die Fehlentscheidung allein war schon schlimm genug – mit meiner Vorgeschichte wirkte sie wie ein Torpedo, der in einen Gastanker einschlägt. Man versucht ruhig zu bleiben, sich auf das Spiel zu konzentrieren, was in diesem Moment völlig vergeblich war. Verdammt, es waren noch 72 Minuten zu spielen. Wie sollte ich das in diesem Hexenkessel überstehen? Das Stadion brannte förmlich. Ich hatte sechs Wochen auf diese Chance für einen Neuanfang gewartet und jetzt ein »Wembley-Tor«. Im Gegensatz zum WM-Endspiel England – Deutschland 1966 im Wembley-Stadion (Endstand 4:2), in dem bis heute selbst mithilfe von Fernsehbildern nicht eindeutig geklärt werden konnte, ob der von dem Engländer Geoff Hurst abgegebene Schuss tatsächlich in vollem Umfang hinter der Torlinie landete, nachdem er von der Lattenunterkante abgeprallt war, war in meinem Spiel hingegen die Sachlage völlig klar. Es gab keine zwei Meinungen. Die hochauflösenden Kameras ließen keinen Zweifel – der Ball war noch vor der Torlinie aufgesprungen, ja, er hatte sie noch nicht einmal berührt.

Ich sah übers Spielfeld zum Assistenten Christoph Bornhorst und erkannte Entsetzen in seinem Gesicht. Nicht nur wegen der sportlichen Ungerechtigkeit zu Lasten der Mainzer, sondern weil er sich vorstellen konnte, was jetzt gerade bei Fandel und Krug und Millionen Zuschauern vor den Bildschirmen und Radiogeräten passierte. »Wieder der Rafati!«, dachte auch ich in derselben Sekunde. Nur 18 Minuten zurück in der Bundesliga – und schon Schlagzeilenthema. Das war rekordverdächtig. Ich konnte mein Pech nicht fassen. Das war doch alles nicht mehr normal! Meine Beine wollten nicht mehr laufen. Ich versuchte, in Betrieb zu bleiben und mich nicht vor Wut und Enttäuschung auf den Rasen zu werfen. Jeder von uns kämpfte sich durch die letzten Minuten bis zur Halbzeitpause. Beim Verlassen des Spielfelds bedrängten uns die Mainzer Spieler aggressiv, die Reaktionen der Fans waren entsprechend. Wieder Mainz 05! Dann ging es in die Kabinen.

Christoph Bornhorst saß auf dem Kachelboden im Duschraum und zog mit leerem Blick so heftig an der Zigarette, dass nur Glut zu sehen war. Ich ging zu ihm und tröstete ihn. Hierbei fielen überhaupt keine Worte der Kritik. Er hatte diese Entscheidung mit bestem Gewissen getroffen und Fehler sind menschlich. Ich redete auf ihn ein und investierte meine gesamte Kraft, um ihm zu zeigen, dass ich ihm die Entscheidung nicht persönlich übelnahm. Fandel war berüchtigt dafür, dass er bei Fehlern – angeblichen oder tatsächlichen – kein gutes Haar an seinen Assistenten ließ, sie sofort zur Rechenschaft zog und sie auswechselte. In unseren Telefonaten hatte er folgerichtig immer wieder Härte gegen meine Assistenten gefordert. Ich aber wollte Größe zeigen und es nicht wie Fandel machen. Ich ging in den Mannschaftstunnel, um mich den Vereinsverantwortlichen zu stellen. Die Reaktionen von Spott bis Wut ließen nichts Gutes erwarten. »Wieder der Rafati!« Als ich die Mannschaften aus den Kabinen holte, sagte ich zu den Mainzer Spielern, dass ich gehört hätte, das Tor sei eine Fehlentscheidung gewesen. Dass sie aber bitte meinen Assistenten in Ruhe lassen sollten, da er deswegen selbst am Boden zerstört sei. Eisiges Schweigen.

In der zweiten Halbzeit war die Unruhe dramatisch zu spüren. Hier hatte ich ein ganzes Stadion gegen mich. Wie in Nürnberg. Die aggressiven, verachtenden oder spöttischen Blicke der Spieler, das gellende Pfeifkonzert, die Schmähgesänge, wenn du den Stadiontunnel verlässt. Als Schiedsrichter bist du unten durch. So etwas geht an niemandem spurlos vorbei.

Nach dem Spiel war überall in den Medien das »Wembley-Tor« Thema. Über jeden Bildschirm flimmerten Bilder, die so eindeutig zeigten, dass es kein Tor gewesen war, so sonnenklar, dass sich jeder fragen musste, wie blind man sein musste, um das nicht zu sehen. In der Pressekonferenz stellte ich mich den Journalisten, um unseren Fehler zuzugeben, und gab eine Analyse der Ursache, wie es zu solch einer falschen Wahrnehmung kommen kann. Das menschliche Auge ist keine Kamera, hat keinen Zoom und kein Replay. Eine Millisekunde am falschen Platz oder nur ein bisschen abgelenkt – und schon rutscht dir die Szene durch. So wird es auch bei Christoph Bornhorst gewesen sein, der sich das selbst alles nicht erklären konnte. Als verantwortlicher Spielleiter aber war ich jetzt wieder der Idiot der Nation, ohne etwas dafür zu können. Ich sah schon die hungrigen Wölfe, die mich zerfleischen wollten … Bornhorst war nach dem Spiel sichtbar angeschlagen und ich fragte mich besorgt, ob er mit dem Auto nach Hause fahren sollte. Die Heimfahrt mit meinem anderen Assistenten nach Hannover war schweigsam und voller Anspannung verlaufen, erst um 2 Uhr morgens kam ich zu Hause an. Ich weiß noch, wie ich die Tür zu meiner Wohnung aufschloss, die ich am Vortag so gut gelaunt und voller Hoffnung verlassen hatte. Als ich meine Sporttasche auspackte, stellte ich mir vor, es wäre noch vor dem Spiel, ich würde alles einpacken und hätte noch die Chance, dass alles gut verlaufen würde. Auf meinem Handy surrte die SMS von Christoph Bornhorst auf, dass er total fertig sei – aber heil zu Hause angekommen sei. Ich ging um vier Uhr früh ins Bett. Um sieben würde der Wecker Alarm schlagen und ich würde wie jeden Montag nach einem seelisch sehr belastenden Spiel in die Arbeit gehen. Wieder wäre ich Gesprächsthema. Jeder würde im Sportkanal gesehen haben, was geschehen war oder es im Sportteil der Montagszeitungen gelesen haben und mich ansprechen. Ich hatte wieder einen Spießrutenlauf vor mir, ich müsste wieder den starken, unerschütterbaren Rafati mimen, obwohl es drinnen in mir so düster aussah.

Ich bekam in den folgenden drei Stunden bis zum Weckerklingeln kein Auge zu. Wir haben eine Digitaluhr, die die Zeit in rotem Licht an die Wand unseres Schlafzimmers beamt. Ich sah, wie die Sekunden und Minuten verrannen. Warum musste ich so viel Pech haben? Die Wirkung der sechswöchigen Schutzsperre war verloren. Die ganze Diskussion um meine Schiedsrichterleistung würde erneut losbrechen, obwohl ich für diese »Wembley«-Fehlentscheidung wenig konnte. Ich dachte über meine Zukunft nach und hörte den Atem von Rouja, die unruhig neben mir schlief. Am liebsten wäre ich gar nicht wieder aufgestanden. Montag früh lag ein Marathontag vor mir. In der Bank stapelten sich die Vorlagen auf meinem Schreibtisch, mein Terminkalender war randvoll und dann stand auch noch das Gespräch mit Herbert Fandel an, das mich – da war ich sicher nach dem Wembley-Tor – an den Rand des Erträglichen bringen würde. Damit nicht genug, ich hatte jetzt schon zig SMS und Mails mit Interviewanfragen diverser Sportjournalisten. Der Tag verhieß nichts Gutes.

Am nächsten Morgen entdeckte ich noch etwas. Der Spielebeobachter der Begegnung war erneut ein Mitglied der DFB-Schiedsrichterkommission, Lutz Michael Fröhlich, gewesen. Ich hatte nach dem Spiel in unserem System nachgeschaut, welche Note er mir gegeben hatte – sie war dem Anlass entsprechend und musste akzeptiert werden. Als ich kurze Zeit später noch einmal nachschaute, fand ich meine Note deutlich nach unten verschlechtert vor. Ich bat Fröhlich um eine Erklärung und sagte, dass Krug ihn wohl angewiesen habe, eine schlechtere Note einzutragen. Fröhlich ließ das unkommentiert und antwortete, er sei überrascht, dass seine Benotung schon im System gewesen sei. Was bedeutet: Sie wurde nachträglich zu meinem Nachteil nach unten korrigiert. Das konnten nur Fandel und Krug veranlasst haben. Die Unabhängigkeit der Spielebeobachter war für mich endgültig infrage gestellt und ihr Missbrauch als Machtinstrument gegen mich seit Nürnberg immer wahrscheinlicher.

Ich musste noch Fandel anrufen. Und dieses Gespräch konnte ich unmöglich in Gegenwart meiner Kollegen führen. So machte ich mich auf die Suche nach einer ungestörten Ecke im großen Hauptgebäude der Sparkasse Hannover. Im dritten Obergeschoss in der Nähe der Kantine fand ich einen Seminarraum, in dem ich mich verbarrikadierte, um ungestört sprechen zu können. Ich stand zwischen Türmen aus Stühlen, als ich Fandel anrief. Das Gespräch begann wie immer im Tonfall seiner enttäuscht wirkenden Begrüßung, deren Wirkung durch seine gesenkte, tonlose Stimme noch verstärkt wurde: «Hallo, Babak.« Pause. Mehr nicht. Das Gespräch mit unserem Schiedsrichterobmann war kurz, aber sehr vielsagend. Der Ton war wie immer eiskalt und abweisend. Mit den Spielen in Nürnberg und Hamburg, so Fandel, würde mein Name immer im Fokus der Öffentlichkeit bleiben und die Schiedsrichterschaft belasten, mich selbst eingeschlossen. Er machte mir wenig Hoffnung, wieder aus meinem Tief zu kommen.

Seine Einschätzung der Lage hatte bei mir die Wirkung einer Enddiagnose zwischen Arzt und Krebspatient. Es sei halt so, »Fußball ist ein Geschäft, das Menschen verbrennt, Babak«. Mir lief es panikartig erst eiskalt, dann ganz heiß den Rücken herunter. War das die Kündigung? Ich sagte, dass Nürnberg ein Ausrutscher gewesen sei, dass jeder mal einen Fehler mache und dass ich doch für das Hamburgtor überhaupt nichts könne. Ich dachte auch an die Roten Karten von Krug und Fandel und wie sie durch das Sportgericht revidiert worden waren und dass die beiden dafür noch ganz schön weit gekommen waren auf ihrer eigenen Karriereleiter. Aber Fandel fuhr eiskalt fort. Das sei egal, es würde in den Medien, den Vereinen, bei Spielern und Fans immer nur heißen »… und wieder der Rafati!« und, setzte er hinzu: »Wir müssen in der Schiedsrichterkommission gucken, was wir mit dir machen.«

Und dann fiel der Satz, den ich leider so unermesslich persönlich nahm und der mich schon die ganze Nacht in diesem Kölner Hotel so vernichtend beschäftigt hatte: »Alle Schiedsrichter dürfen Fehler machen, nur du nicht mehr, Babak.« Das kam ohne jedes Mitgefühl. Fast hämisch, wie mir schien. Mein Eindruck war: Da urteilte einer über mich und ließ mich seine Verachtung spüren. Erbarmungslos. Es war für mich ein tiefer, ehrverletzender Schlag, der nicht mehr aus meinem Gedächtnis weichen sollte. Diese emotionslos vorgetragene Aussage fühlte sich für mich in meiner offenkundigen Ausnahmesituation an wie das Setzen einer Giftspritze mit Langzeitwirkung. Es war weniger der Gehalt dessen, was Fandel sagte – ich stand ja tatsächlich unter Dauerbeschuss, ich hatte wirklich ein massives Problem und ich verstand auch den Druck, der ihn aus der Liga und vom DFB erreichte. Entscheidend war, wie er es sagte, dass ich keinerlei Mitgefühl spürte und kein Bemühen, mich in dieser an sich schon schwierigen Situation in irgendeiner für mich sichtbaren Form zu unterstützen. Ich hätte mir gewünscht, dass unsere interne Abteilung in den Medien zumindest eine kurze Klarstellung vornahm, dass ich als Schiedsrichter für diese Fehlentscheidung nichts könne, nur eine fachliche und sachliche Darstellung dessen, was passiert war, mit den entsprechenden Handlungsspielräumen und Kompetenzen. Mehr hatte ich doch gar nicht erwartet. Ich verspürte wieder keine Rückendeckung unserer Führung, so wie sie Krug und Fandel damals von Volker Roth erhalten hatten. Sie ließen mich alleine im Regen stehen, und wenig hätte gefehlt, dann hätte ich das Gefühl gehabt, dass sie womöglich noch Gefallen daran fanden. Fandel, so kam es mir damals vor, trat mir Ertrinkendem die Finger von der Reling des Rettungsbootes, in das er mich mit etwas mehr Mitgefühl leicht hätte ziehen können. So habe ich das damals empfunden. Meine Gehirnstrukturen waren nicht in der Lage, das anders zu verarbeiten. Niemals vorher hatte jemand so gefühllos mit mir gesprochen. Ich habe selbst eine jahrelange Erfahrung als Filialleiter einer Bank und war verantwortlich für zehn Angestellte, Männer wie Frauen. Wann jemals wäre ich selbst bei kritischen Vorgängen in so gefühlsloser Weise mit den mir zugeordneten Kollegen umgegangen? Nie. Mein Führungsstil war immer kooperativ, auf Augenhöhe, mein Vorstand schätzte meine bekannt ausgleichende Art. Ich hätte mir nie träumen lassen, dass mich ein Mensch, mit dem ich mich einst auch noch kameradschaftlich verbunden gefühlt hatte, so behandeln würde. Das war zu allem Schmerz auch noch eine große menschliche Enttäuschung. Wer solche »Freunde« als Chef bekommt, braucht keine Feinde mehr. Für mich jedenfalls war die Welt zusammengebrochen.

Natürlich bekamen die Schiedsrichterkollegen sukzessive mit, wie sich die Gefühlswelt des Babak Rafati veränderte. Aus dem lustigen Kerl war eine Trauerweide geworden. Jeder wusste inzwischen, wie sehr ich am Eiern war.

Einige der wichtigen Schiedsrichter, denen ich mein Herz geöffnet hatte, versprachen, auf Fandel einzuwirken. Aber es kam nichts.

Es wäre vermessen gewesen, von meinen Schiri-Freunden zu erwarten, dass sie wirklich etwas unternehmen würden. Im System Schiedsrichter bist du Einzelkämpfer. Gefühle zeigen gilt nach wie vor als Zeichen von Schwäche in diesem Club der Männer. Fandel selbst hatte mal auf einer Schiedsrichtertagung gesagt, dieser Job sei nichts für Weicheier. Oder um mit Markus Babbel in einem seiner besonders feinfühligen »Permanent-Merk-es-dir-Tattoo« zu sprechen: »Wer das auf dem Platz nicht aushält: Es gilt ja freie Berufswahl.« Angesichts dieses Umfeldes versuchte auch ich den »Harten« zu spielen und keine Gefühle zu zeigen, auch wenn ich in Selbstmitleid verfiel, sobald ich mich unbeobachtet glaubte.

Nur einmal habe ich deutlich über meinen zerrütteten Zustand gesprochen, als mich ein befreundeter DFB-Funktionär anrief. Ich sagte, dass ich den Druck und die Missachtung durch Krug und Fandel gesundheitlich nicht mehr ertragen könne. Er gab mir den Tipp, ich solle Fandel nicht als Feind betrachten, er meine es wirklich nicht so, wie es ankommen würde bei mir, denn seine sehr schwach ausgeprägte Sozialkompetenz sei bekannt. Ich sollte Fandel verstehen – seinen Mangel an Sozialkompetenz? Dabei war ich es, der Verständnis brauchte, dringender denn je. In meinem zerrütteten Zustand hätte ich jedes Zeichen der Zuwendung und Unterstützung durch Fandel dankend angenommen. Aber es kam nicht. Der Anrufer riet mir weiter, ich solle mich auf meine Stärken zurückbesinnen. Ich sei ein herausragender Schiedsrichter und würde diese Krise sicher überwinden. Ich sagte, dass ich das gesundheitlich nicht mehr schaffen würde. Antwort: Ich dürfe jetzt nur keine Schwäche gegenüber unserem Schiedsrichterobmann zeigen, denn das würde die komplexe Sachlage nur verschlimmern.

Von einer hochgestellten Person im DFB-Umfeld, dem Fandel ebenfalls zugesetzt hatte, bekam ich eine SMS, dass ich diese »beiden Leute«, Fandel und Krug, schon »überleben« würde, wenn ich mich nur auf meine Fähigkeiten besinnen und meine Selbstsicherheit zurückgewinnen würde: »Hi, Babak, will dich nicht nerven, ich verfolge deine Spiele mit Interesse und denke dabei parallel zurück. Mir fällt auf, unabhängig von der Pechserie mit deinen SRA (Schiedsrichterassistenten), dass wir beide alles auch schon so hatten. Immer wenn du keinen Lauf bei den Spielen hattest, versuchtest du, alles Weitere im Spiel fehlerfrei zu machen. Das gelingt nicht, du setzt dich unter Druck. Deine besten Spiele hast du geleitet, wenn du »ohne Ziel« reingehst und alles so machst, wie dein Aufstieg war! Cool und mit der Meinung »ich kann das«, ohne dabei immer nachzudenken, ob der Pfiff richtig war. Wer denkt, macht den nächsten Fehler, sagte ich dir oft! Du bist erfahren und gut, lass alles auf dich zukommen, dann nach der Wahrnehmung der Entscheid. Das klappt, ich wünsche es dir von Herzen. Denke nicht an HF (Herbert Fandel) und HK (Hellmut Krug), auch die kann man überleben, an sich selbst glauben.«

Nach dieser Aufmunterung, die mir damals sehr geholfen hat, nahm ich mir vor, keine Gefühle mehr zu zeigen, denn Gefühle zeugen von Schwäche. Die SMS nährte meine Hoffnung, dass ich nur in einer temporären Krise sei und ich Fandel bei entsprechenden Leistungen von meinen Qualitäten noch überzeugen könnte. Das war ein Irrtum, ich sollte es nicht schaffen und ich weiß nicht, ob ich überhaupt noch eine Chance gehabt hatte.

••• *19.11.2011, 4:35 Uhr* •••

Jetzt saß ich schlaflos in diesem Kölner Hotel fest, lauschte, wie die Klimaanlage mehr und mehr Luft aus meinem Zimmer sog und wartete auf mein Endspiel. Warum war ich noch nach Köln gefahren? Es war doch ohnehin sinnlos. Sie würden mich in die zweite Liga relegieren – und damit in die Bedeutungslosigkeit. Ich frage mich so oft, warum ich mich nicht gewehrt habe? Warum ich mich so in die Enge treiben ließ? Jetzt strampelte ich wie eine Fliege im Netz. Die danach folgenden Wochen würden zeigen, wie sinnlos jeder Versuch sein würde, sich aus diesen Verstrickungen zu befreien.

Ich hätte wissen müssen, dass mit der Machtübernahme durch Krug und Fandel das Bundesligageschäft nicht mehr auf mich zugeschnitten war und ich mich durch das Klammern an diesen geliebten Beruf in Gefahr begab. Vielleicht war ich es ja, der komplett auf dem Holzweg war? Und nicht Fandel. Vielleicht war ich inzwischen wirklich zu schwach und knapp über 40 altersbedingt schon zu ausgelaugt für die ständig größer werdenden Anforderungen im Leistungssport Schiedsrichter? Ich fragte mich allerdings auch, warum ich in der Bundesliga so viele Probleme hatte – während international alles gut lief.

Heute Nachmittag bei meinem Schicksalsspiel, da war ich sicher, würde wieder irgendetwas passieren. Mainz 05 war wieder dabei und beim kleinsten Anlass würde ich das Stadion gegen mich haben. Wollte ich da wirklich auf das Spielfeld rausgehen und mich wieder zum Gespött der Leute machen lassen? Würde ich eine weitere Fehlentscheidung und die Wut von tausenden Fans noch einmal überstehen? Maß ich nicht dem Fußball eine viel zu große Rolle in meinem Leben zu? Meinen Wunsch nach Anerkennung hatte ich doch in meinen anderen Lebensbereichen erfüllt bekommen. Privat, beruflich, menschlich. Warum müssen wir immer erst schwere Schicksalsschläge einstecken, über Monate Erniedrigungen erleiden, bis wir aufwachen und uns der richtige Weg geebnet wird? Warum stieg ich nicht einfach in den Zug nach Hannover und reichte morgen früh meinen Rücktritt ein? Das wäre ein starker, entschlossener Abgang, hörte ich die eine Stimme in mir. Die andere sagte, der weit stärkere Abgang wäre, es heute allen, auch und vor allem Krug, zu zeigen, wie ich ein perfektes Spiel leiten und alle Lügen strafen würde, die mich schon abgeschrieben hatten. Hier in Köln noch einmal erfolgreich zu bestehen, sich mit der Mainzer Mannschaft und ihren Fans zu versöhnen durch eine perfekte Spielleitung, das erschien mir plötzlich der einzig sinnvolle Karriereabschluss. Hier hatte alles begonnen. Nach einem Erfolg könnte ich hier in Köln den Bogen schließen. Das Spiel hatte für mich persönlich auch einen viel zu großen Symbolgehalt, um einfach abzuhauen. Ich dachte auch an die Häme von Krug, der im Stadion auf meine Fehler wartete, wenn ich vor diesem Spiel kneifen würde. Und ich dachte, dass es besser wäre, ihm zu zeigen, dass er und nicht ich diesen Kampf verlieren würde. Ich steigerte mich immer mehr in dieses Szenario hinein. Mit Haltung das Spiel machen. Dann aufhören. Für immer.

Krug und Fandel schienen ähnlich zu denken. Für sie schien, wenn auch aus anderen Motiven, das Kölnspiel den Schlusspunkt zu setzen. In meinem Kalender sah ich für die kommenden Wochen keine Ansetzung mehr für irgendein weiteres Spiel.

...

Das Ausdünnen bei den Ansetzungen hatte System. Eine Woche nach dem Spiel in Hamburg wurde ich nur noch als vierter Mann im Bundesligaspiel St. Pauli – VfB Stuttgart eingeteilt. Der vierte Mann hat rein administrative Aufgaben. Er steht nicht auf dem Feld, sondern zwischen den Ersatzbänken der beiden Mannschaften. Er überwacht die

Auswechslung von Spielern, muss die Nachspielzeit anzeigen, deeskalierend auf die Offiziellen auf den Bänken einwirken. Er leitet das Spiel nicht, sondern arbeitet dem Schiedsrichter zu. In der Bundesliga wurde der vierte Offizielle, seit seiner Einführung vor knapp zehn Jahren, deshalb nie mit einem FIFA-Schiedsrichter besetzt. Jedenfalls bis Dezember 2012 nicht – 20 Monate nach meiner Ansetzung. Das wäre so, ohne überheblich zu wirken, als würde man einen Bundesligatrainer als Balljungen einsetzen. Bei mir geschah dies zum allerersten Mal. Ich war FIFA-Schiedsrichter und nach allem, was vorgefallen war, verstand ich diese Ansetzung nicht als Versuch, mich aus der Schusslinie zu nehmen – sondern als für alle via Fernsehen bundesweit sichtbares Zeichen der Herabsetzung. Fandel selbst hatte einmal auf einem Lehrgang voller Empörung erzählt, dass er in seiner aktiven Zeit selbst einmal bei einem von der FIFA angesetzten internationalen Turnier nur als vierter Mann vorgesehen war, während sein Konkurrent Dr. Markus Merk, die Nummer eins damals in Deutschland, als Schiedsrichter eingesetzt wurde. Für Fandel offenbar eine persönliche Schmach. Im Verlauf dieser Schilderung hatte sich Fandel sehr emotional über die Herabwürdigung seiner Person beschwert und geschworen, das nicht noch einmal mit sich machen zu lassen. Jetzt tat er es mit mir.

Dass es als Herabsetzung zu verstehen war, wurde nicht nur von mir so wahrgenommen. Die Reaktionen der Kollegen, die mich anriefen, sprachen einhellig von einer weiteren Degradierung, was einer neuerlichen Schwächung meiner Position in der Schiedsrichtergilde gleichkam. Und wieder hatte niemand mit mir geredet. Als ich diese Ansetzung bekam, war ich in einem Hotel und bereitete mich auf ein Spiel in der zweiten Liga vor. Ich war dermaßen enttäuscht, dass meine innere Stimme mir sagte, meine Schiedsrichterkarriere sofort zu beenden und das anstehende Abendspiel zurückzugeben und somit nicht mehr zu leiten. Und vielleicht, so dachte ich, war es genau das, was Fandel mit dieser Ansetzung bezwecken wollte: mich zum Aufgeben zwingen. Ich schwor mir, nicht aufzugeben.

Ein Schiedsrichter-Kollege hatte mir auch dazu eine Mail geschickt: »Ich bin sehr geschockt darüber, wie mit Dir umgegangen wird. Das hätte es bei Volker (Volker Roth) nicht gegeben ... Ich kann mir ziemlich genau vorstellen, wie Deine Gefühlslage aussieht, aber da musst Du durch. Eine fiese Zeit: keine Rückendeckung, kein Kontakt, kein Vertrauen. Aber aufgeben kann jeder! Ich hoffe, Du hast die Kraft, noch weiter durchzuhalten. Solch einem Umgang darf unter keinen Umständen klein beigegeben werden. So hart es sein mag, der Weg ist das Ziel.«

Vor dem Spiel St. Pauli – VfB Stuttgart begrüßte mich der Schiedsrichterbetreuer mit der Frage, ob ich für das Wembley-Tor der Vorwoche nun strafversetzt wäre, was mich sehr beschämte. In meiner Verunsicherung konnte ich nicht mehr einschätzen, ob es aufmunterndes Bedauern war – oder blanker Hohn. Ich bildete mir ein, dass alle Menschen im Kabinengang mich spöttisch ansahen und mit dem Zeigefinger auf mich zeigten. Ich wich den Blicken aus und senkte den Kopf wie ein Delinquent. Unmittelbar vor dem Anstoß machte mich der Schiedsrichter zum Laufburschen und ließ mich etwas aus der Kabine holen. Ich war misstrauisch. War das ein Test? Ob ich hinschmeißen würde? Ich sah die Verantwortlichen der beiden Vereine miteinander tuscheln. Sie riefen zu mir herüber: »Was denn, Herr Rafati, Sie hier als vierter Mann?« Hatten sie bei Krug interveniert und freuten sich jetzt über ihren Erfolg, dass ich nicht auf dem Spielfeld war? Alle schienen genüsslich in meiner so deutlich sichtbaren Wunde zu bohren. Die Scham darüber belastete mich sehr, sodass ich das Gefühl hatte zu ersticken, so groß war meine Atemnot. Dazu kam eine nie gekannte Reizüberflutung an schmerzhaften Gefühlen. Ich hörte das Blut in meinen Ohren rauschen, dachte an eine Art Hörsturz und sah alles nur noch verschwommen. Die negativen Signale, die ich zu verarbeiten hatte, waren zu stark.

Während des Spiels kam die nächste Erniedrigung, kaum dass ich mich einigermaßen gefasst hatte. Nach einem Lattenschuss, bei dem der Ball wie bei meinem Wembley-Tor wieder kurz vor der Torlinie auf den Boden ploppte, sprang der gesamte Fanblock von St. Pauli hinter mir auf und rief im Chor: »Rafati – Du-Arsch-Loch! Rafati – Du-Arsch-Loch!« Ich starrte nach vorn. Fixierte irgendeinen Punkt auf dem Rasen. Mir war in derselben Sekunde klar, dass die Bilder dieser öffentlichen Verhöhnung in ganz Deutschland übertragen wurden und auch auf dem Flatscreen von Fandel und Krug landen würden. Die Reservespieler und offiziellen Vereinsvertreter beider Mannschaften sahen meinen verzweifelten und hilflosen Blick, was mich noch mehr verunsicherte. In dieser Sekunde schrie alles in mir: »Babak, raus aus diesem Stadion, geh endlich – mach Schluss!«

»Rafati – Du-Arsch-Loch!«, hallte die ganzen nächsten Tage genauso laut durch meinen Kopf wie Herbert Fandel: »Hallo, Babak. Fußball ist ein Geschäft, das Menschen verbrennt.« Ich brannte lichterloh. Am Montag würde der Spießrutenlauf weitergehen, denn auch meine Nachbarn, Freunde und Kollegen würden die Gesänge gesehen und gehört haben. »Rafati – Du Arschloch!« Ich würde wieder spielen müssen. Nicht auf dem Feld – sondern meine Rolle als starker, unbeeindruckbarer Rafati, der alle Beleidigungen weglächelte, an denen er in Wirklichkeit zu zerbrechen drohte. Spätestens nach dem Hamburgspiel hätte ich zurücktreten müssen.

Eine Woche später, am 19. März 2011, hatte ich ein brisantes Spiel in der dritten Liga zu leiten, das erwartet heiß umkämpfte traditionelle Thüringenderby zwischen Carl-Zeiss Jena und Rot-Weiß Erfurt. Diese Begegnungen waren auch für einen Bundesligaschiedsrichter immer ein Highlight, denn hier wurde vor atemberaubender Kulisse alles geboten: Kampf, Rasse, Klasse – alles, was wundervollen Fußball ausmacht.

Es passte abermals zu meiner sportlichen Situation, dass der Assistent eine folgenschwere Fehlentscheidung traf und damit vermutlich der Spielausgang beeinflusst wurde. Auch hier kann man dem Assistenten keinen Vorwurf machen, denn er hatte einen Wahrnehmungsfehler und den letzten Pass und die entscheidende Berührung zum abseitsstehenden Mitspieler übersehen und somit nicht bewertet. Der Ärger der Mannschaft und der Fans war verständlich, da beide Vereine jede Saison den besonders ehrgeizigen Anspruch haben, gerade dieses Spiel zu gewinnen, um von einem erfolgreichen Saisonverlauf sprechen zu können. Von allen Seiten hörte ich: »Wieder der Rafati!« und dass bei mir nunmehr selbst Spiele der dritten Liga nicht mehr ordnungsgemäß abliefen. Ich war wieder im Fokus. Das Ziel von Hohn und Spott.

Die Strafe kam prompt. Nach den Ereignissen in Jena legte Krug in der Sportbild nach. In einem Interview teilte Krug mit, dass in der heißen Endphase der Bundesliga nur noch erfahrene Schiedsrichter eingesetzt würden, um beim Kampf um die Meisterschaft und den Klassenerhalt für Ruhe zu sorgen. Im Nachsatz las ich dann, dass dagegen »umstrittene Unparteiische wie Babak Rafati gar nicht zum Einsatz kommen« würden. Wer, wenn nicht Krug, sollte das der Sportbild gesagt haben? Der war aber als Liga-Vertreter doch gar nicht für mich zuständig? Der für mich zuständige Obmann Fandel dagegen hatte mir nichts gesagt. Zum zweiten Mal erfuhr ich mich betreffende Personalentscheidungen aus der Zeitung. Es riefen in Folge zahlreiche Topschiedsrichter – auch aus der FIFA – an und sagten, es sei eine Unverschämtheit, dass sich der DFL-Angestellte Hellmut Krug derartig in die Belange der Ansetzung von Schiedsrichtern einmische und Zeitungsinterviews gebe. Es war nur ein weiterer Beleg, dass sich Krug längst als der eigentliche Chef der Schiedsrichterkommission verstand.

Über diesen Artikel wollte ich am liebsten Stillschweigen breiten, was bei der Auflagenstärke der Sportbild natürlich reines Wunschdenken war. Jeder hatte es gelesen. Der tiefe Fall des FIFA-Schiedsrichters Rafati war überall Thema. Selbst während meiner Auslandsspiele und in der dritten Liga wurde ich von Schiedsrichterkollegen angesprochen, ob ich nicht auch langsam das Gefühl hätte, dass jemand gezielt gegen mich »Politik« betreibe und ich irgendwelchen Intrigen ausgesetzt sei. Viele trösteten mich mit dem Hinweis, dass mich Fandel und Krug gar nicht aus der Bundesliga mobben könnten, solange ich doch FIFA-Schiedsrichter sei. Das Regelwerk ließ FIFA-Schiedsrichter ohne Bundesligatätigkeit nicht zu. Nach den Regeln mussten Fandel und Krug vor dem Rausschmiss zunächst mal meine FIFA-Tätigkeit beenden. Dann erst könnten sie mich auch als Bundesligaschiedsrichter von der DFB-Liste streichen. Mir lief es kalt den Rücken runter, denn jetzt hatte ich für mich eine Erklärung, warum die beiden so scharf darauf waren, mich ab der kommenden Saison nicht mehr für die FIFA zu nominieren.

■ ■ ■

Es waren nicht nur die Zuschriften, Drohbriefe, die Hassaufrufe im Internet, die vielen anonymen Anrufer und die Anfragen der Medienvertreter. Mittlerweile häuften sich die unangenehmen Fragen auch in meinem privaten Umfeld. Es war aufgefallen, dass ich nicht mehr nominiert wurde. Morgens beim Verlassen des Hauses die Nachbarn, beim Tanken, danach beim Bäcker, auf dem Arbeitsweg, in der Bank … überall Fragen: »Sagen Sie mal, Herr Rafati …?« Mein – wirklich liebenswerter – Nachbar fragte immer, wann ich endlich wieder Bundesliga pfeifen würde: »Mensch, Herr Rafati, was wollen die denn immer von Ihnen, ich finde, Sie sind gradlinig und unbeirrbar.« Ein Bahnmitarbeiter in der VIP-Lounge sagte, dass er mich sehr konsequent und somit gut fände. Ich hätte sie umarmen müssen, meine letzten Fans. Aber ich wandte mich nur noch verlegen ab. In den Mittagspausen ging ich ziellos in der Fußgängerzone umher, um nicht mit den Kollegen in die Kantine gehen und über Fußball sprechen zu müssen. Ich hoffte, nicht erkannt zu werden. Aber ich wurde erkannt und angesprochen. Die meisten machten mir Mut, sagten, ich sei kein schlechter Schiedsrichter, ich sei gradlinig und unbeirrt in meinen Spielleitungen, nur halt total unbeliebt. Wollten mich diese Menschen aufbauen oder mich angesichts der Vorfälle auf den Arm nehmen? Ich konnte es nicht mehr richtig einschätzen. Manchmal schaute ich mir einen Zeitungsartikel an, den mir ein Schiedsrichterkollege gegeben hatte, aus dem hervorging, dass ich nicht der schlechteste, lediglich der unbeliebteste Schiedsrichter sei. Selbst Christian Heidel, Manager bei meinem Schicksalsclub Mainz 05, betonte, als er zur Kicker-Umfrage befragt wurde, dass ich nur deshalb zum schlechtesten Schiedsrichter gewählt würde, weil ich immer so arrogant rüberkäme, obwohl dies nicht zuträfe, wenn man mich näher kennen würde. Jeden Zuspruch, den ich von Schiedsrichterkollegen per SMS bekam, las ich hastig, las nochmal, um die SMS anschließend wütend zu löschen. Im System Schiedsrichter ist Mitleid von Kollegen tödlich, weil es bedeutet, dass man schon abgeschrieben wird.

Ich schämte mich und hasste den Zwang, andauernd meine angespannte Situation überspielen zu müssen. Ich erfand ständig neue Ausreden, die teilweise scheinheilig bis abenteuerlich waren, und begab mich weiter in die Rolle eines Schauspielers – und Lügners. Ich sagte, ich sei doch ständig für die FIFA auf Auslandseinsätzen – und da müssten mal die anderen Kollegen ran. Alles war nur noch Schein statt Sein. Ich hatte mich inzwischen sehr weit zurückgezogen und sozial stark isoliert, um wegen der peinlichen Fragen nicht ständig lügen zu müssen. Ich fühlte mich ausgelaugt, leer, wertlos, verachtet, verletzt und mein Leben schien durch und durch sinnlos. Meine Gesprächsbereitschaft mit all meinen Mitmenschen nahm stark ab.Ich merkte zeitgleich, dass ich nicht mehr ehrlich zu mir selbst und nicht mehr mit meiner Seele im Einklang war. Es war keine Sorge vor finanziellen Einbußen, sondern der persönliche Schmerz und meine Eitelkeit, dass mich Fandel und Krug an meiner verwundbarsten Stelle erwischt hatten – meinem Sehnen nach Anerkennung und einem Platz in der Gesellschaft.

■■■

Nach weiteren qualvollen acht Wochen Pause seit meinem Wembley-Tor in Hamburg bekam ich am vorletzten Bundesligaspieltag noch das Spiel Schalke 04 – Mainz 05 übertragen. Wieder Mainz 05! Es war schon ein seltsamer Zufall, dass mich Fandel immer ausgerechnet für die Spiele der Mainzer ansetzte. Entweder er war nicht nur Musiker, sondern auch Humorist – was nicht anzunehmen war – oder er hielt es für eine gute Idee, die Mainzer Fans und mich regelmäßig gemeinsam in ein Stadion zu stecken. Mainz 05 schien mein Schicksal zu sein – schon bei meiner ersten Bundesligapartie am 6. August 2005 hatte ich 1. FC Köln gegen Mainz 05 gepfiffen. Und in der 88. Minute einen umstrittenen Elfmeter gepfiffen, der spielentscheidend war. So begann meine »Freundschaft« mit Mainz 05. Und Fandels Ansetzungspraxis sorgte stets dafür, dass mein inniges Verhältnis zu den Mainzern durch ständige Neuauflagen seine Grundwärme behielt. Bei den Fans gab es digitale Freudenfeuer im Internet, auf der Anti-Rafati-facebook-Seite glühte der »like it«-Button und in den Blogs versprachen sich die Fans wieder überraschende Spielentwicklungen durch Fehlentscheidungen à la Rafati. Ich wurde »sehnsüchtigst« erwartet. Von den Fans, von den Spielern – vom ganzen Verein. Und von Herbert Fandel und Hellmut Krug zumindest interessiert beäugt, die mich immer absichtlich oder zufällig wieder in diese Hölle schickten.

Ich habe sie alle nicht enttäuscht. Es war wie ein Fluch. Wieder hatten die Assistenten jeweils eine unglückliche Entscheidung mit Torerzielung und Toraberkennung getroffen. In der 12. Minute wurde ein erzieltes Tor von Mainz fälschlicherweise wegen Abseits aberkannt, es wäre das 1:0 für Mainz gewesen, und in der 53.Minute wurde ein Tor für Mainz zum 1:1 anerkannt, obwohl der Mainzer Spieler vorher im Abseits stand. Gleich zwei falsche Torentscheidungen in einem unwichtigen Spiel – Mainz war nach einer sehr guten Saison vorzeitig für die Europa League qualifiziert und Schalke hatte den Klassenerhalt bereits gesichert –, bei dem es vordergründig nur noch um die »goldene Ananas« ging – hintergründig aber wohl um meine Ablösung aus der Bundesliga. Bei Mainz 05 gingen die Wogen wieder hoch. Was manche vielleicht erhofft hatten, war eingetroffen.

Am nächsten Morgen gegen 11 Uhr, rief ich Fandel an zur Berichterstattung. Wir waren bei meinen Schwiegereltern zum Frühstücken eingeladen und ich ging nach draußen in mein Auto, damit ich ungestört war. Fandel gab sich am Telefon auf einmal ganz anders, nämlich fast schon beängstigend verständnisvoll. Ich hätte in dieser Saison »halt die Scheiße am Hacken«, meinte er großzügig. Dass ich keine Schuld an diesen Fehlentscheidungen hatte, sagte er allerdings nicht. Ich musste mir auch zum wiederholten Male anhören, dass dieses Geschäft Leute »verbrennt«, womit er recht behalten hatte. Ich wollte von Fandel Klarheit über meine Situation und fragte ihn, wie es für mich weitergehe. Fandel wich aus und sagte nur: »Fahr erst einmal in Urlaub, dann sehen wir schon.« Vielleicht war das sogar verständnisvoll gemeint, einem Menschen die Wahrheit zu sagen, tut einmal weh – einen Menschen in meiner emotionalen Ausnahmesituation aber im Unklaren zu lassen, ist aus dessen siche wie eine Folter.

■ ■ ■

Dass Fandel mir einer Aussprache über meine Zukunft ausgewichen war, sollte sich als eine Art Zeitbombe erweisen. Warum meine Freundin Rouja und ich einen Urlaub in Dubai buchten, wo das Klima während der Sommermonate besonders heiß und schwül ist, kann ich mir heute nur so erklären, dass ich genau diese Wärme suchte, weil mir innerlich kalt war. Erst später kam ich darauf, dass auf der Dubai gegenüberliegenden Seite des Persischen Golf die zweite starke Wurzel meines Lebens liegt: der Iran. Vielleicht war es so, dass ich mich gerade jetzt instinktiv zurücksehnte, wo ich meine deutsche Heimat zu verlieren drohte. Man hatte mir immer deutlicher zu verstehen gegeben, dass mich der deutsche Fußball nicht mehr wollte und seine Funktionäre und Fans, die Medien, die ganze Gesellschaft mich ablehnten. Ich bin deutscher Staatsbürger, ich fühle und ich träume als Deutscher, aber vielleicht war meine Sehnsucht, von der Gesellschaft auch als ein Deutscher angenommen zu werden, doch nur ein Trugbild gewesen.

Ich mobilisierte trotzdem noch einmal die verbliebenen Kräfte, um für die kommende Saison einen Neuanfang zu starten. Ich stellte ein hartes Trainingsprogramm zusammen. Ich ging abends früh ins Bett und stand sehr früh am Morgen wieder auf und trainierte. Die großen Hotels boten mit ihren großzügig klimatisierten und ausgestatteten Spas mit modernsten Geräten perfekte Trainingsmöglichkeiten. Durch richtige Ernährung erreichte ich eine erwünschte Gewichtsreduktion von etwa zehn Kilo. Ich merkte, wie meine Stärke und mein Selbstbewusstsein zurückkamen. Rouja unterstützte meinen Wahnsinn sehr großzügig, weil sie wusste, welche Bedeutung die Schiedsrichtertätigkeit für mich hatte. Eine andere Beziehung wäre unter diesen Verhältnissen sicher in die Brüche gegangen. Sie stand zu mir, obwohl ich längst nicht mehr der glänzende Promi Rafati war. Das war eine der wichtigsten Erkenntnisse dieser Krisenmonate, dass jemand zu mir hielt, weil sie mich als Mensch liebte – und nicht mein Ansehen, mein Haus, meine Yacht, mein Auto. Rouja war mein Sechser im Lotto mit Zusatzzahl. Ich beschloss, ihr meine aufrichtige Liebe und Dankbarkeit zu zeigen für all das, was sie wegen mir auf sich genommen hatte.

Am letzten Abend unseres Urlaubs lud ich Rouja in das Restaurant im obersten Stock des Sechs-Sterne-Luxushotels Burj Al Arab ein. Als wir nach einem wunderschönen Essen oben im Abendwind auf der Terrasse standen, bestellte ich eine Flasche Champagner. Den Korken ließen wir weit in den sternenklaren Nachthimmel fliegen. Dann umarmte ich sie und gab ihr mit einem Kuss und mit einer roten Rose in der Hand das Versprechen, sie zu heiraten. Weil ich ihre genaue Ringgröße schlecht einschätzen konnte, hatte ich keine goldenen Verlobungsringe besorgen können, sondern zog die Verschlussringe zweier Colabüchsen aus der Tasche. Alu statt Gold. Rouja war sehr berührt. Unter Tränen umarmten wir uns und gaben uns das Versprechen, alle Höhen und Tiefen im Leben gemeinsam zu meistern. Wir standen noch lange an diesem Abend an diesem wundervollen Ort und blickten in den Sternenhimmel über dem Persischen Golf. Es war der schönste Moment meines Lebens. Dieser Neuanfang in Dubai, so war unser Wunsch, sollte alles negativ Erfahrene im Schiedsrichtergeschäft wieder einrenken und die positive Energie unserer Liebe zur Wende beitragen. Wir beschlossen auch, dass ich den Job als Schiedsrichter im Profifußball spätestens in zwei Jahren an den Nagel hängen wollte. In dieser guten Stimmung flogen wir zurück. Es schien, als hätten sich meine seelischen Verhärtungen gelöst. Ich hatte hart trainiert, war auf den Punkt fit und konnte es kaum abwarten, sportlich meine Qualität unter Beweis zu stellen und alle internen Zweifel beim DFB auszuräumen.

...

Als ich Anfang Juli gestärkt zum Schiedsrichter-Sommerlehrgang ging hatten sich Fandel und Krug einen besonders herzlichen Willkommensgruß für mich ausgedacht. Ich kam extrem motiviert in unserem Tagungshotel an, begrüßte alle sehr herzlich und ging auf mein Zimmer, um die Sachen zu verstauen, nachdem mir am Empfang der übliche DIN-A4-Umschlag mit Programmablauf für den dreitägigen Lehrgang ausgehändigt worden war. Die Schiedsrichter werden bei Lehrgängen traditionell in drei Gruppen mit unterschiedlichen Leistungsprofilen eingeteilt: Zweitligaschiedsrichter, Bundesligaschiedsrichter und FIFA-Schiedsrichter. Ich war FIFA-Schiedsrichter und die Regelung der internationalen Instanz (UEFA) besagt, dass die FIFA-Zugehörigkeit immer vom 1. Januar bis zum 31. Dezember geht, und wir hatten erst Juli 2011. Als ich oben in meinem Zimmer den Briefumschlag öffnete, traute ich meinen Augen nicht: Ich stand nicht mehr auf der Teilnehmerliste der FIFA-Gruppe. Fandel und Krug hatten mich in die reine Bundesliga-Schiedsrichterliste abgestuft. Es ging ohne Vorwarnung gleich wieder los. Aus meiner Sicht war das, als ob sie ein eindeutiges Zeichen setzen wollten: Du bist nicht mehr erwünscht. Auf mich wirkte das wie eine würdelose Deklassierung. Mir zog es die Beine weg und ich sank auf dem Bett zusammen.

Als ich in den Besprechungsraum kam, beobachteten meine Kollegen mich gespannt wie Schmetterlingssammler, bevor sie ein besonders schönes Exemplar in den Kescher ziehen. Alle hatten das Programm gelesen – und wussten, wo ich jetzt stand. Mich sprach in der Folgezeit mindestens die Hälfte der ca. 40 anwesenden Schiedsrichter auf die Rückstufung an. Alle sagten, dass sie Fandels Vorgehensweise nicht nachvollziehen könnten. Aber keiner von ihnen sprang mir zur Seite und kritisierte das Vorgehen offen in der Gruppe. Wir waren Einzelkämpfer, keiner für alle – jeder für sich. Es wurde während der ganzen Tagung seitens der Verantwortlichen kein Wort darüber verloren. Alle warteten darauf, dass ich explodieren würde, weil Fandel und Krug einfach so zur Tagesordnung übergingen, als sei nichts geschehen. Aber ich war zu stolz und zu gekränkt, um nachzufragen. Ich fühlte mich ausgestoßen, ich gehörte nicht mehr dazu.

Damit nicht genug, setzte Fandel ohne Zögern zu weiteren Schlägen an. Natürlich war ich umso wachsamer, als die Rede in puncto Saisonverlauf von unserem Obmann anstand, denn ich erhoffte mir, Rückschlüsse auf meine aktuelle und zukünftige Situation ziehen zu können. Auf der Leinwand wurde die Anzahl der geleiteten Spiele der einzelnen Schiedsrichter in der abgelaufenen Saison aufgezeigt. Fandel kommentierte meine Werte mit den Worten, dass ich als einziger erfahrener Schiedsrichter, gemessen an der Anzahl der geleiteten Spiele, in die Gruppe der sogenannten »Anfänger« zurückgefallen sei. Innerlich brodelte es, ich wollte weglaufen, aber was wäre das für eine Botschaft gewesen? Fandel sagte weiter dem Sinn nach – und ich fühlte, wie sich seine Blicke auf mich richteten –, dass angesichts der jetzt anstehenden Reformen für modernen Fußball nicht das Schicksal des Einzelnen, sondern nur noch das System in der Gesamtheit relevant sei. Sein System. Zum Schluss erinnerte Fandel die Zweitligaschiedsrichter daran, dass sie selbst die Wahl hätten, durch gute Leistungen in die Bundesliga aufzusteigen und weiter zur FIFA. Der Konkurrenzkampf sei hiermit eröffnet, wobei er ein gefühlloses Lachen hinterherschob. Dass damit der Teamgedanke verloren ging, schien im egal. Es war ein verheerendes Zeichen, das er da setzte.

Bei Roth war absolute Loyalität das oberste Prinzip gewesen. Der Schiedsrichter sollte sich auf seine Assistenten blind verlassen können. Wenn ein Assistent auch nur im Ansatz fehlende Loyalität signalisiert hätte, wäre er von Roth umgehend aus dem Verkehr gezogen worden. Konkurrenzdenken im Team war ein absolutes No-Go. Entsprechend diszipliniert hatten sich die Assistenten verhalten und die vorgegebene Hierarchie loyal akzeptiert. Das fiel umso leichter, weil Roth hervorragende Leistungen und Loyalität anerkannte und diese Haltung mit späterem Aufstieg belohnte.

Über Fandels Äußerung wurde diskutiert – allerdings nur auf dem Flur. Kollegen der zweiten Bundesliga sagten selbst, dass sie nun automatisch von jedem unserer Fehler profitieren würden, wenn sie bei Erstligaschiedsrichtern als Assistenten mitfahren würden. Eine weitere Vereinzelung der Schiedsrichter und die Entsolidarisierung des Teams war damit von der Teamleitung hinzunehmen, wenn nicht sogar zum Geschäftsziel erklärt worden.

Ich schwieg die ganze Zeit über und fraß meine Gefühle in mich hinein. Am letzten Abend nahm ich allen Mut zusammen und ging auf meinen Hauptgegner Hellmut Krug zu und sagte ihm ganz direkt, ich hätte gehört, dass er nicht nur in der Schiedsrichterkommission Stimmung gegen mich machen würde, sondern auch über seine Kontakte zu Medienvertretern. Ich konfrontierte ihn gleich mit allem. Er tat dabei wie immer sehr unwissend, gab mit verschränkten Armen den Zuhörer, machte »mmh-mmh«, ohne sich dabei konkret zu meinen Vorwürfen zu äußern. Bedauerlicherweise ergab das Gespräch nichts Aufschlussreiches, da sich Krug aus meiner Sicht nicht sehr konstruktiv verhielt. Er wehrte alles ab und ließ mich ins Leere laufen. Ich versuchte, eine Ebene mit ihm zu finden. Aber er ließ es nicht zu. Am Schluss machte ich den im Nachhinein größten Fehler und schlug Krug vor, er solle doch mal zu mir ins Stadion kommen, um mich zu beobachten. Als erfahrener Schiedsrichter sei ich selbstverständlich bereit, meine Leistung und mein Auftreten zu optimieren. Er sei fachlich ein so guter Analytiker – wozu ich auch heute noch stehe – und mit seiner Hilfe könnte ich an mir arbeiten. Er sagte, dass er sich vordringlich um die Neulinge kümmere und schauen müsse, ob er das zeitlich einrichten könne. Wie konnte ich ahnen, dass ich mich knapp vier Monate später schlaflos in einem Hotelzimmer an diesen Abend zurückerinnern und Krug am nächsten Tag tatsächlich als Beobachter im Stadion sitzen und, so kam mir das jedenfalls vor und in gewisser Weise war da auch seine Aufgabe, wie ein Jäger auf der Pirsch auf meine Fehler lauern würde. Das Spiel Köln gegen Mainz war zu meinem Entscheidungsspiel geworden – mein Endspiel.

Das Verrückte an meiner Situation: Während in der Bundesliga alles gegen mich zu laufen schien, hatte ich international eine gute Zeit, was meinen kaum begreiflichen Durchhaltewillen angesichts der vielen Anfeindungen zu Hause vielleicht besser erklärt. Das Spiel am 14. Juli 2011 in Belgrad gegen eine Mannschaft aus Griechenland lief sehr gut, sodass ich von der UEFA 14 Tage später für ein weiteres Spiel nominiert wurde, was mich wirklich freute. Hier auf internationaler Ebene erfuhr ich die Anerkennung, die mir national verweigert wurde. Es war Balsam für meine Seele.

Eine Woche später kam national die Ernüchterung, denn ich leitete zum Auftakt das Südderby in der zweiten Bundesliga, 1860 München gegen den Karlsruher SC. In diesem Spiel kam es zu einem Zweikampf vor dem Strafraum, der mehrere Entscheidungen zuließ: Weiterspielen, Stürmerfoul oder Foulspiel des Verteidigers und eine Rote Karte wegen der Notbremsenregelung. Wenn es dermaßen undurchsichtig ist, hieß die kluge Devise in der Praxis immer, das Spiel weiterlaufen zu lassen.

Doch diese Entscheidung wurde mir von den Kommentatoren als Fehlentscheidung angekreidet. Meine Gegner würde das freuen, denn ein internationaler FIFA-Schiedsrichter, der in der nationalen Bundesliga kein Spiel ohne Fehlentscheidung pfeifen kann, ist nicht tragbar. Wieder riefen alle an, entweder um Fandels Reaktionen zu erfragen oder um mich zu motivieren. Ich las ihre SMS und hörte ihre Stimmen auf dem Anrufbeantworter ab, aber ich ging mittlerweile schon nicht mehr ans Telefon, denn ich hatte von dritter Seite gehört, dass es mehrere Anrufe der Kommission bei dem unabhängigen Beobachter gegeben hatte, um meine Benotung zu drücken.

Es war ein Wechselbad der Gefühle zwischen meinen nationalen Einsätzen unter Fandel und meinen internationalen für die FIFA. Vier Tage später hatte ich ein tolles Spiel bekommen im Fußball-Mutterland England: Stoke City gegen Roter Stern Belgrad. Stoke hatte sich nach knapp 40-jähriger Abstinenz im internationalen Wettbewerb wieder für die europäische Bühne qualifiziert und das Stadion war restlos ausverkauft. Das Publikum war als eines der unfairsten gegenüber den Schiedsrichtern berüchtigt. Roter Stern Belgrad war bekannt für seine emotionalen Fans. Das Spiel lief hervorragend, sodass unser vierter Offizieller, ein sehr erfahrener Schiedsrichter in der Bundesliga, anerkennend sagte, dass ich nach der sehr guten Leistung weitere Spielansetzungen bekommen würde. Ich hatte in diesem Spiel nur eine Gelbe Karte ausgesprochen. Auch der offizielle Beobachter aus der Slowakei und die Schiedsrichterbetreuer aus England, die sich als ehemalige FIFA-Schiedsrichter im Geschäft gut auskannten, sagten nach dem Spiel anerkennend, dass sie mich wohl bald in der Champions League bewundern dürften. Mensch, was tat das gut! Ich merkte, wie süchtig ich plötzlich war nach Lob und Anerkennung. Im Ausland fühlte ich mich irgendwie immer wohl und meine Art der Spielleitung kam besser zur Geltung als in der Bundesliga. Lag das daran, dass ich im Ausland weniger auffiel? Denn da sah ja keiner »einheimisch« aus und man war es gewohnt, dass ausländische Schiedsrichter amtierten, die zudem noch hoch angesehen waren, wie in England zum Beispiel. Was ich nicht wusste: Dieses Spiel würde mein letztes sein als Schiedsrichter auf internationaler Ebene.

...

Erfolge im Ausland und unklare Verhältnisse sowie das Gefühl, zu Hause nicht gewollt und abgeschrieben zu sein, das sind sehr zerstörerische Gefühle. Ich wusste langsam nicht mehr, was ich wie einordnen sollte. Nach zwei gelungenen, völlig fehlerfreien Spielen zum Saisonauftakt, Bayern München gegen Borussia Mönchengladbach und TSG Hoffenheim gegen Werder Bremen, hatten viele den Eindruck, meine Krise sei überwunden und meine Karriere nehme langsam wieder Fahrt auf. Auch in den Medien war es ruhig geblieben. Das war sehr wichtig, denn Fandel und Krug hatten sich von der Meinung der Medien abhängig gemacht. Falls Fandel und Krug auf Fehler von mir zum Saisonauftakt gewartet oder gehofft hatten, dann war ihr »Plan«, wie ich es damals sah, nicht aufgegangen. Falls es so war, dann muss das die beiden beunruhigt haben. Schon bald verstzten sie mir den nächsten Schlag.

Am 5. September war ich gerade auf dem Weg nach Moskau zum EM-Qualifikationsspiel Russland – Irland, als vierter Mann, Schiedsrichter war Dr. Felix Brych, als ich beim Check-in einen Anruf von Herbert Fandel bekam. Fandel dürfte gewusst haben, wo ich gerade war, die Flugpläne der DFB-Schiedsrichter waren für ihn kein Geheimnis. Fast schien mir, als wollte er mir so kurz vor dem Abflug noch etwas zum Nachdenken mit auf die Reise nach Moskau geben. Ohne große Einleitung teilte er mir trocken mit, dass ich aufgrund des Verjüngungsprozesses der internationalen Schiedsrichter der FIFA einer der Kandidaten sei, der nicht mehr für ein weiteres Jahr vorgesehen sei. Somit würde meine internationale Karriere am 1. Januar 2012 beendet sein.

Ich hörte wie aus weiter Ferne die Frau am Counter fragen, ob ich Gang oder Fenster haben wolle. Ich ließ Ausweis und Ticket einfach liegen und wandte mich ab, völlig fassungslos, wie unbeteiligt Fandel mir per Telefon mitten auf dem Flughafen mein Karriereende mitteilte. Die Seitenblicke Fandels, die ich damals beim Winterlehrgang im Januar 2011 auf mir gespürte hatte, waren also tatsächlich keine Einbildung gewesen. Auch die Zurückstufung im Programmheft auf dem Sommerlehrgang im Juli 2011 hatte einen konkreten Hintergrund. Mein subjektives Empfinden, dass womöglich alles von langer Hand geplant war, erhielt eine weitere Bestätigung. Ich bekam für einen Moment keine Luft mehr, ich, ein Mensch, der jeden zweiten Tag Strecken über 13 Kilometer lief. So ist das, wenn es heißt, »mir stockte der Atem«. Ich sagte zu Fandel, dass ich momentan froh sei, dass die Spiele in der Bundesliga einwandfrei liefen, dass die Kritiker momentan nicht viel auszusetzen hätten. Ich erwartete, dass Fandel mir ein persönliches Vier-Augen-Gespräch anbieten würde, eine Perspektive für die Zukunft. Keine Antwort. Ich sagte – unterbrochen von Ausrufen für meinen Flug nach Moskau –, dass er mir die Chance geben solle, zumindest zur Europameisterschaft 2012 in der Ukraine und Polen zu fahren, damit ich meine internationale Karriere mit einem großen Turnier würdevoll abschließen könne. Ich hatte immer noch ein paar Prozent Hoffnung im Hinterkopf. Dabei hoffte ich, dass ich dann zumindest als Torrichter nominiert würde, wie bisher in diversen Champions-League-Spielen.

Bei den Spielen im Ausland waren von den sechs Schiedsrichtern, die als Torrichter für diesen Pool berücksichtigt waren, vier reine Bundesligaschiedsrichter und zwei FIFA-Schiedsrichter. Ich könnte somit als »reiner« Bundesligaschiedsrichter selbst ohne FIFA-Zugehörigkeit trotzdem zum Einsatz kommen. Fandel hätte hier die Möglichkeit gehabt, mir generös einen ehrenvollen Abgang zu verschaffen, denn zu diesem Zeitpunkt war noch offen, welche Schiedsrichter als Torrichter für dieses Event in Frage kamen. Die nationalen Verbände wie der DFB mit seiner Schiedsrichterkommission haben das Vorschlagsrecht für die Nominierung. Die UEFA stimmt den Vorschlägen in der Regel widerspruchslos zu. Doch ich hörte am Ende der Leitung nur Schweigen. Das Gespräch dauerte keine zwei Minuten. Mein Rausschmiss würde sich in Windeseile herumsprechen. Das war gar nicht zu verhindern, dafür würden Insider schon sorgen, während ich weitab vom Schuss in Moskau keine Gelegenheit hätte, in den Flurfunk einzugreifen und meine Sicht der Dinge einzubringen – oder gar Fürsprecher zu mobilisieren. Genauso hatte Fandel damals nach meiner FIFA-Absetzung auf Nachfrage in einem Interview unkommentiert gelassen und geschwiegen, dass das Argument »altersbedingte Umstrukturierung« bei mir nicht zutreffen würde, da noch fünf weitere Schiedsrichter älter wären als ich.

Ich stand da in völliger innerer Leere – meine Tasche war auf den Boden gesunken, meine Arme mit dem Handy hingen herunter, ich hatte Tränen der Verzweiflung in den Augen. Wieder die metallene Durchsage: »Letzter Aufruf Lufthansaflug …« Ich raffte mein Ticket und den Ausweis zusammen und wollte loslaufen, aber es war wie in einem Albtraum: Meine Beine versagten den Dienst. Der Kopf befahl »lauf!« – aber die Nervenbahnen gaben den Befehl »nicht mehr weiter!«. Meine Atemlosigkeit, die Tränen der Wut in meinen Augen, die Enttäuschung über diese menschliche Sauerei ließen mir das Herz eng werden. Zu all dem Entsetzen über Fandels Anruf kam noch Angst über das Versagen meines Körpers.

Ich lief so schwer, als müsste ich eine Betonmauer vor mir herschieben. Ich bekam den Anschlussflug gerade noch. Ich saß zwischen meinen Leuten – aber ich war nicht in diesem Flugzeug. Ich resümierte, wie meine wichtigsten Lebensziele innerhalb kürzester Zeit seit dem Machtwechsel von Roth auf Krug und Fandel zertrümmert worden waren. Und ich sah immer deutlicher, wie planvoll das ganze in der Rückschau wirkte.

14 Tage nach meinem Flughafentelefonat wurde Mitte September 2011 meine Demission als FIFA-Schiedsrichter veröffentlicht. Nie wieder Herausforderungen, wie das Champions-League Halbfinale zwischen Real Madrid und FC Barcelona mit Wolfgang Stark und seinem Team, das berühmte »Classico«. Damals stand ich neben den mehrfach zu Weltfußballern gewählten Spielern wie Lionel Messi und Cristiano Ronaldo und durfte mitwirken. Oder 2008, als ich beim Länderspiel zwischen Schottland und Argentinien mit Dr. Felix Brych und seinem Team der 4. Mann war und ich auf Armeslänge Entfernung mit Diego Maradona einen der größten Fußballer aller Zeiten als Trainer der argentinischen Mannschaft erleben durfte. Vereine wie Liverpool, Manchester United, Manchester City mit ihren unglaublichen Fankulissen, diesen atemberaubenden Fangesängen, Benfica Lissabon, SSC Neapel, Ajax Amsterdam, Inter und AC Mailand, Spartak Moskau, AEK Athen, Galatasaray Istanbul, Fenerbahce Istanbul, Valencia, Glasgow Rangers oder Liga-Spiele in Katar, waren Geschichte für mich. Mein Herz pochte und meine Seele weinte. Die offizielle Pressemitteilung, die bald über den Sport-Informations-Dienst und andere Presseagenturen sämtliche Redaktionen erreichte, kam ausgerechnet am Tag der Sportgala der BILD-Zeitung Hannover, zu der ich eingeladen war. Ein sehr wichtiger Event, zu dem alles kommt, was Rang und Namen hat – auch im Fußball. Was sollte ich davon halten? Der Termin stand wegen der Einladungen seit Monaten fest. Dass die Meldung über meine Demission punktgenau zur Gala kam, konnte nur wieder einer dieser seltsamen Mainz-05-Fandel-Zufälle sein. Dass es aber auch Ausdruck eines besonderen Vergnügens war, mich in der Öffentlichkeit bloßzustellen, wollte ich mir lieber nicht ausmalen.

Die anwesenden Journalisten sprachen mich, wie zu erwarten war, offensiv an, fragten mich, ob mit der Rückstufung meine Fehlentscheidungen in der Bundesliga abgestraft würden. Jeder muss mir angesehen haben, wie es in mir brodelte. Sie versuchten, meine Wut herauszukitzeln, damit ich etwas Schlagzeilenträchtiges Richtung Fandel und Krug abschoss. Aber ich spielte den Selbstsicheren, den das alles nicht berührte, lächelte, gab Statements »Alles halb so schlimm. War an der Zeit. Alles gut.« und fühlte mich wie bei Star Trek, wenn der Abwehrschirm unter dem Beschuss der Klingonen immer weiter an Energie verliert. Innerlich war ich völlig demoralisiert. Ich sah das glänzende Buffet, die vielen gut gekleideten Menschen, die sich angeregt unterhielten. Ich wandelte durch die Gesprächsgruppen an den Stehtischen wie ein Untoter, den es aus dem Jenseits hierher verschlagen hatte, zum Ausgang. Ich gehörte nicht mehr dazu. Hier war kein Platz mehr für mich. So war das offizielle Ende meiner FIFA-Laufbahn. Stillos. Ohne Danke. Ohne Würdigung. Würdelos.

...

Die folgenden Tage verliefen sehr ruhelos. Mit dem Spiel BVB Dortmund gegen FC Augsburg am 1. Oktober 2011 trieb ich dem Finale meiner endgültigen Zertrümmerung entgegen. Das Spiel mit dem späteren Deutschen Meister lief sehr gut. Wir hatten alles gut im Griff. Bis zur 80. Spielminute. Ein Augsburger Spieler foulte einen Dortmunder auf Höhe der Mittellinie an den Ersatzbänken. Ich konnte die Dynamik dieses Fouls nicht komplett übersehen, da ich weiter weg stand – aber mein Assistent und der vierte Mann, die fünf Meter vom »Tatort« entfernt waren, vier Augen, die direkt auf die Szene vor ihnen sahen, brüllten mir gleichzeitig ins Headset: »Gelb! Gelb! Gelb!« Ich selbst hatte, wie der zweite Assistent und der vierte Mann auch nur Gelb und keine Rote Karte gesehen – sodass drei Schiedsrichter gleicher Meinung waren – und so zeigte ich dem Augsburger Spieler die Gelbe Karte. In der Kabine besprachen wir diese Szene mit dem offiziellen Beobachter im Videoscreening und sahen anhand der Fernsehbilder ein, dass diese Szene eine Rote Karte nach sich hätte ziehen müssen. Wir alle hatten uns im schnellen und realen Ablauf der Spieldynamik getäuscht. Für den Spielverlauf völlig unerheblich, weil der BVB das Spiel ganz klar 4:0 gewonnen hatte.

Für uns trotzdem äußerst ärgerlich, da diese eine Fehlentscheidung die gute Gesamtleistung des Teams während der restlichen 89 Minuten Spieldauer zunichtemachte.

Als ich hörte, dass der Fernsehreporter die besagte Szene ironisch kommentierte, der Schiedsrichter habe wohl »seine Rote Karte im Hotelzimmer vergessen«, bildete ich mir plötzlich ein, die Stimme Fandels zu hören. Zufall oder nicht, das war genau seine übliche Wortwahl im Schiedsrichterkreis. Möglich, dass die Redaktion wieder einen ihrer »TV-Berater« im Hintergrund um Rat gefragt hatte, wie die Situation aus Profisicht zu sehen war: Gelb oder Rot? Mein Eindruck aber war: Es war jedes Mal dasselbe Scheißspiel. Ich ertrug dieses vermutete Hintenherum nicht mehr. Ich bildete mir mittlerweile ein, ich konnte pfeifen, was ich wollte, irgendwann käme immer eine umstrittene Entscheidung im Graubereich und sie würden mich wieder schlachten. Erst den Fernsehmoderator volltexten, so mein Verdacht, und dann Tatsachen schaffen. Bei der folgenden Benotung den Beobachter einschüchtern, dann mich in der Gruppe und der Öffentlichkeit blamieren und zum krönenden Abschluss am Telefon eiskalt abkanzeln und nervlich vernichten. Krug und Fandel hatten in der Vergangenheit wenig getan, diese Befürchtung zu zerstreuen. Auch hier, so meine Sorge, würde es wieder so kommen.

Und so war es auch. Der offizielle Beobachter schrieb zunächst eine glänzende Bewertung auf meinem DFB-Spiel-Bewertungsbogen: »Genau mit dem richtigen Feeling für Situation und Vergehen ging Babak Rafati diese Spielleitung an ... Stets fand er den richtigen Eingriffspunkt. Das war ein Spiel eigentlich wie gemalt. Mit seinen rechtzeitigen Kontaktgesprächen, mit seiner ruhigen, sachlichen u. vermittelnden Art sorgte er für ein prima Betriebsklima. Die Spieler folgten ihm bedingungslos, hohe Akzeptanz und Wertschätzung seitens der Akteure zeichneten das Verhältnis zwischen Spielern und Schiedsrichtern aus. Mit sparsamer, aber wirkungsvoller Gestik, einem freundlichen Lächeln regelte Babak Rafati viele Dinge im Vorfeld. Auch seine Körpersprache vermittelte zu jeder Zeit absolute Kompetenz, Sicherheit und Souveränität ... Ein Spiel, das für Babak Rafati bis zur 80. Minute wie am Schnürchen lief, nahm am Ende doch einen schlechten Ausgang. Eine einzige Szene führte zu einer nicht mehr im guten Bereich anzusiedelnden Bewertung. Ein gravierender Fehler, eine fehlende Rote Karte gegen den Spieler Hosagai, dessen brutale Spielweise auch von keinem anderen im

Team richtig eingeschätzt wurde. Dies führte letztendlich dazu, dass der Schiedsrichter mit einer Note vom Platz geht, die seiner eigentlichen Leistung über die restliche Spielzeit gesehen überhaupt nicht angemessen erscheint.«

Am Sonntag wieder Einschluss in der Küche. Das Druckgespräch mit Fandel. Üble Vorahnungen, was kommen würde. Nervöse Notizen. Die offiziellen Reaktionen in den Medien waren moderat gewesen, da das Spiel mit 4:0 ganz klar für Dortmund entschieden worden war. Im Normalfall bei einem guten, kollegialen, durch Wertschätzung bestimmten Vertrauensverhältnis analysiert man konstruktiv die Fehler und geht zur Tagesordnung über. Nicht so bei mir.

Anruf bei Fandel. Die Depri-Begrüßung mit trauerumflorter Stimme: »Hallo, Babak.« Das Gespräch kam mir erniedrigend vor. Fandel kaprizierte sich allein auf die Gelbe Karte, die hätte Rot sein müssen. Der Gesprächston war abwertend und kalt. Ich hätte meine Assistenten nicht im Griff, ich müsste sie mehr in die Verantwortung nehmen, die Medien würden uns das nur mit Gelb geahndete Foul von Hosagai die gesamte Halbserie über vorspielen, das sei die »klarste« Rote Karte in der Saison gewesen. Klar, hatte ich im Hotel vergessen. Als wollte Fandel nochmal alle Zweifel beseitigen, was er von meiner Arbeit hielt, fasste er seine vernichtende Kritik zum Abschluss zusammen: »Ein Spiel so zu begleiten, wie du es getan hast, Babak, dass können auch 500 andere Schiedsrichter in Deutschland.« Den Satz habe ich mir nach dem Telefonat damals aufgeschrieben, weil ich es – auch angesichts der sonst positiven Beurteilung im Bewertungsbogen – nicht glauben konnte: Fandel musste ein ganz anderes Spiel gesehen haben als sein eigener Beobachter aus der Schiedsrichterkommission. Vielleicht hatte Fandel – vermutlich auf Druck von Krug – auch gleich dafür gesorgt, dass meine Bewertung nach unten auf 7,9 gesenkt wurde, also unbefriedigend. Ich wusste, das war der Auftakt, um mich als Schiedsrichter endgültig in die 2. Bundesliga zu treten. Die Voraussetzungen dafür waren da, nachdem mich Krug und Fandel aus dem FIFA-Team gefeuert hatten.

Es waren die Ungerechtigkeiten, dieses einseitige Zusetzen, das mich so aus der Fassung brachte. Beim Spiel Dortmund gegen den HSV am 9. April 2011, einen Monat nach meinem »Wembley-Tor«, hatte Schiedsrichter Peter Gagelmann nach einer Notbremse des Dortmunders Mats Hummels im Strafraum kein Rot gegeben, was nach der Doktrin von

Krug und Fandel und der Notbremsenregelung zwingend erforderlich und vermutlich spielentscheidend gewesen wäre. Gagelmann gab im Gegensatz zu mir nicht einmal Gelb. Auf die Frage des HSV-Fan-Blogs, ob Gagelmann nach dieser Fehlentscheidung nun gesperrt werde, sagte Fandel: »Keine Frage, es hätte Rot für den Dortmunder Hummels geben müssen, das haben wir Herrn Gagelmann auch gesagt. (Aber) die Vereine nehmen doch auch keinen Mittelstürmer vom Platz, wenn er aus fünf Metern das leere Tor nicht getroffen hat. Nein, nein, trotz des einen Fehlers, den Peter Gagelmann gemacht hat, brauchen wir einen so guten Schiedsrichter wie ihn in der Schlussphase der Meisterschaft, wir brauchen ihn sogar dringend.« Und, Herr Fandel, könnte der HSV eventuell Protest einlegen, weil es die Rote Karte nun nicht gegeben hat? Herbert Fandel wieder lachend (halbwegs jedenfalls): »Ich glaube, es geht los ... Natürlich nicht.«

So eine Rückendeckung in der Öffentlichkeit hätte ich mir auch gewünscht zumal ich, wie der Spielbereich beweist ansonsten eine gute Leistung geboten hatte.

In einem anderen Fall spielte am 9. September 2011 der FC Augsburg gegen Bayer-Leverkusen. Dabei foulte der Spieler Schwaab von Bayer Leverkusen seinen Gegenspieler Mölders an der Strafraumgrenze und verhinderte dadurch eine klare Torchance. Schiedsrichter Felix Zwayer zeigte dem Verteidiger zum Unmut der Augsburger Spieler und Fans jedoch nur die Gelbe Karte. Auch hier wurde wie im Fall Gagelmann eine klare Rote Karte nicht ausgesprochen und damit spielentscheidend Einfluss genommen. Und auch hier zog das keine Sanktionen nach sich, weil Zwayer von Fandel als Nachrücker für mich in die FIFA vorgesehen war. Meine Entscheidung beim Spiel in Dortmund war dagegen bei einem Endergebnis von 4:0 in keiner Weise spielentscheidend.

Mit dem Endergebnis, dass ich gesperrt wurde – und die anderen beiden weiter pfeifen durften und das mit Spitzenspielen wie Bayern München – Schalke 04 oder VfB Stuttgart – Hamburger SV. Aus diesen zwei und vielen anderen hier nicht erwähnten Fällen konnte ich immer wieder sehen, dass bei mir mit zweierlei Maß gemessen wurde.

Und richtig, in den nächsten Tagen setzte Fandel nach. Ich war vorgesehen für das Pokalspiel Bayern München gegen FC Ingolstadt. Die Ansetzungsbögen mit meinem Namen als Schiedsrichter waren schon rausgegangen. Doch im System tauchte die Ansetzung plötzlich nicht mehr auf. Natürlich war meine Pokalabsetzung erneut das Gesprächsthema unter den Schiedsrichtern. Ich griff aus Verzweiflung zu meiner Statistik sämtlicher Fehlentscheidungen, die ich vor der Saison angefertigt und fortführend gepflegt hatte, und konnte nicht glauben, dass andere Kollegen mit weit mehr Fehlern völlig unbeschadet weitermachen durften, während ich bei jedem sich bietenden Anlass sanktioniert wurde. Das hatte sogar Lutz Wagner, der mich in Dortmund beobachtet hatte und Kommissionsmitglied ist, nicht erwartet, dass ich für dieses Spiel abgesetzt werden würde. Er hatte nach dem Spiel in Dortmund immer wieder beteuert, dass Fandel mir niemals wegen so einer Szene mein Pokalspiel wegnehmen würde. So unterschiedlich können Menschen denken.

Beim folgenden Stützpunkttreffen in Berlin am 11. Oktober 2011 griff mich Fandel erneut vor Deutschlands versammelter Schiedsrichterelite an und erklärte mich für »unprofessionell« angesichts der Foulszene im Spiel Borussia Dortmund – FC Augsburg, die er, wie mir vorkam, genüsslich vorführte. Damit erneuerte er sein Urteil von damals nach dem Nürnbergspiel, ich sei »nicht bundesligatauglich«. Fandel ließ mich nach der Sitzung einfach stehen.

Das Urteil »nicht bundesligatauglich« kannte ich von Fandel. Auf einem anderen Lehrgang hatte er, auch beim Videoscreening, über einen Bundesligaschiedsrichter, der krankheitsbedingt nicht anwesend war, gesagt: »Der ist ja nicht hier, deshalb kann ich das sagen. Der ist unabhängig von einer Entscheidung von seiner Persönlichkeit nicht bundesligatauglich.« Solche Nachrichten verbreiteten sich dann natürlich immer recht schnell bis zu den Betroffenen. Vielleicht war es Kalkül. Den auf diese Weise auch in gewisser Weise in seiner Persönlichkeit herabgewürdigten Schiedsrichter ließ er danach in die zweite Liga absteigen. Und da war dann noch ein anderer Kollege, den hatte Fandel bereits aus der Bundesliga in die zweite Liga befördert. Offenbar wollte er ihn ganz weghaben. Beim Schiri-TÜV schien Fandel nur darauf zu lauern, ob der Schiedsrichter bei den Läufen die Zeitvorgaben erfüllte. Wenn der lief, stand Fandel prompt neben den Zeitstoppern und kontrollierte scharf. Jeder der wollte, durchschaute, was lief. Als Fandel nicht locker ließ, brach der Kollege den Test wortlos ab und ging, ohne Fandel auch nur eines Blickes zu würdigen – und kehrte nicht mehr zurück. Fandel rief ihm wütend über den ganzen Sportplatz hinterher, er solle doch erst mal sein Leben in den Griff kriegen. Als ich das hörte, sagte ich zu den Kollegen, hoffentlich tut der sich auf dem Nachhauseweg nichts an und begeht keinen Selbstmord. Im Nachhinein sehr makaber, vielleicht spiegelte sich aber bereits hier meine Gedankenwelt, wie ich selbst reagieren könnte. Der Kollege hatte fertig mit dem System Fandel. Er hätte laut Regel den Test wiederholen können. Aber er hat sein Schiedsrichtertrikot bis heute nie wieder aus dem Schrank geholt.

Und jetzt, so mein Gefühl, war ich dran. Auf der Rückfahrt starrte ich nur dunkel aus dem Zugfenster. Die Atmosphäre im Abteil war zum Schneiden. Florian Meyer, der mich als fröhlichen, immer umgänglichen Kollegen schätzte, fragte sorgenvoll: »Mensch, Babak, alles okay mit dir?« Ein anderer ergänzte: »Du sagst heute ja gar nichts!« Ich konterte wütend, dass es auch besser sei, wenn ich nichts sagen würde, sonst würde eine Bombe platzen. Ich muss sie alle so wütend angeschaut haben, dass mein Kollege Michael Weiner den Satz ausstieß: »Mensch, der ist ja suizidgefährdet!« Boff, das saß. Wie eine Wolke hing dieser Satz über uns im Abteil. Jeder wusste, Weiner hatte die Wahrheit gesagt. Den Rest der Fahrt haben wir uns nur angeschwiegen.

Ich habe 25 Jahre Fußballplatz hinter mir, das ist kein Streichelzoo. Und war unter die Top Ten der deutschen Schiedsrichter aufgestiegen. Bis dahin kommt man nicht auf Wattebällchen schwebend, das ist »kein Job für jedermann« und ich bin auch kein »Weichei«, wie Fandel mal die Anforderungen des Schiedsrichterjobs beschrieben hatte. Es ging mir nie darum, dass mich niemand hätte kritisieren dürfen. Wolfgang Mierswa, der Schiri-Boss aus Niedersachsen sagte einmal über mich in einem Zeitungsinterview, Babak Rafati sei ein Schiedsrichter, der »mit dem, was er auf dem Platz leistet, immer sehr selbstkritisch umzugehen pflegt«.

Kaum einer ging härter mit sich ins Gericht als ich selbst. Es war die Art, wie das auf mich wirkte, dieses Perfide, dieses Hintenrum, dieses Manipuliertwerden, die Ungerechtigkeit und immer, immer wieder das entwürdigende Herabsetzen vor der Gruppe, anscheinend mit dem Nebenaspekt oder sogar dem Ziel, mich auszugrenzen.

Weiners Satz, ich sei wohl suizidgefährdet, hallte die nächsten Tage in Wiederholungsschleifen durch meinen Kopf. Ich wollte es zunächst nicht wahrhaben, aber immer häufiger hörte ich mich innerlich sagen »Ja, du bist gefährdet« und »Pass auf dich auf!«. Es war, als würde jemand mit einem Schneidbrenner in meinem Kopf sitzen und alles abwracken, was ich bisher in meinem Leben für erstrebenswert und wertvoll gehalten hatte. Und dazu gehörte zweifellos Liebe, Freundschaft und die Freude daran, auf alle Menschen mit offenen Armen zuzugehen. Damit war es jetzt vorbei. Zuerst schloss ich mich in meiner Wohnung ein. Dann verschloss sich mein Herz.

...

Ich merkte in diesem Prozess, wie sich meine Wahrnehmung und mein Gefühlshaushalt veränderte. Die Lage eskalierte. Im Spiel Hoffenheim gegen Stuttgart hatte ich einen Totalausfall, als in der 19. Spielminute bei einem Laufduell eines Stuttgarter Angreifers und eines Hoffenheimer Verteidigers, ungefähr 35 Meter vor dem Hoffenheimer Tor, einer der Spieler zu Fall kam. Wenn es ein Foulspiel gewesen wäre, hätte ich aufgrund des Regelwerks auf Freistoß für Stuttgart und wegen der Notbremsenregelung auf eine Rote Karte gegen den Hoffenheimer Verteidiger entscheiden müssen. Da ich kein regelwidriges Verhalten gesehen hatte, ließ ich weiterspielen, und das Spielgeschehen verlagerte sich auf die andere Spielfeldhälfte. Die Bilder des Protests an der Ersatzbank konnte ich nicht richtig zuordnen. Ich sah es, ich hörte es – aber ich war unfähig, eine Verbindung zum Spielgeschehen herzustellen.

In der Halbzeit kam mein Assistent zu mir und fragte aufgeregt, warum ich nicht auf seinen Zuruf über das Headset in der besagten Szene reagiert hätte, er hätte mehrmals »Foul, Foul!« gerufen. Ich verstand erst nicht. Fassungslos hantierte ich am Gerät herum. Jeder hatte Empfang. Am Gerät schien es nicht zu liegen. Es lag an mir! Ich war so von meinen negativen Gedanken abgelenkt, dass ich dem Spielverlauf nicht mehr folgen konnte und selbst auf Rufe des Assistenten nicht hörte. Wenn jetzt wieder ein Fehler vorliegen würde, durfte ich noch 45 Minuten pfeifen und der Schlusspfiff des Spiels stünde auch für das Ende meiner Karriere.

In der zweiten Halbzeit kurz vor Schluss eine zweite kritische Entscheidung im Hoffenheimer Strafraum und mein nächster Aussetzer. Ich hatte es gesehen und gepfiffen, konnte aber nicht entscheiden, wie das Foul in den Spielzusammenhang einzuordnen war. In meinen Gedanken war ich völlig damit blockiert, wie mich Fandel wegen der missglückten Entscheidung in der ersten Halbzeit wieder abkanzeln würde. Was sollte ich jetzt tun? Die Spieler, meine Assistenten – ein ganzes Stadion hatte die Blicke auf mich gerichtet. Ich setzte wie beim Roulette auf »Rouge« oder »Noir« und entschied auf Strafstoß bzw. Elfmeter. Es war reines Raten. Und reines Glück, dass ich richtig lag. Ich war nicht mehr bei mir, unfähig, die mich schädigenden Gedanken abzuschalten und mich auf das Spiel zu konzentrieren. Ich lief auf Autopilot völlig blind durch ein Bundesligaspiel. Jetzt war es tatsächlich so weit. Wahnsinn! Ich gehörte nicht mehr in den Profifußball, in diesem Zustand hätte ich selbst in der Pampers-Liga nichts mehr zu suchen gehabt. Auf der Fahrt zum Bahnhof sagte ich zu meinen Assistenten, dass dieses Spiel mein letztes Bundesligaspiel gewesen sei und wir uns dann wohl nicht mehr sehen würden.

••• 19.11.2011, 4:40 Uhr •••

So war alles gekommen. Der Kreis hatte sich geschlossen. Man hatte mich kleingekriegt. Und sie dünnten mich weiter aus. Mittlerweile musste ich nicht mehr die Tage, sondern den ganzen Monat »durchblättern«, um Ansetzungen zu finden: eine Woche frei, danach dritte Liga, dann wieder frei und dann – erst volle fünf Wochen später – zum ersten Mal wieder ein Spiel in der Bundesliga. 19. November 2011 – 1. FC Köln gegen Mainz 05. Wieder Mainz 05! Mein Schicksalsspiel, vor dem ich jetzt in einem Hotelzimmer in die schwarze Silhouette Kölns starrte, würde den Anfang und das Ende setzen. Dieselbe Paarung, mit der ich sechs Jahre zuvor meine Karriere begonnen hatte. Und Hellmut Krug hatte sich als Beobachter angesagt, um es vermutlich zu meinem letzten Spiel zu machen. Sollte das alles Zufall sein? Ich schaute auf weitere Ansetzungen für mich in der Folgezeit nach diesem Spiel: Der Kalender nach dem 20.11.2011 war leer. Ich hatte das Gefühl, als sei eine Falle zugeschnappt. Krug und Fandel, so dachte ich in meinen zunehmend schneller werdenden Gedanken, wollten mir mein Endspiel bereiten. 4:40 Uhr.

Ich warf mich wieder ins Bett zurück und rechnete die verbleibende Restzeit bis zum Anstoß aus. 650 Minuten. Macht 39.000 Sekunden. Schon in der Schule war ich Klassenbester im Kopfrechnen, es funktionierte noch, obwohl das Pulsen und dieses bleierne Band um meinen Kopf immer schmerzhafter wurden. Ich könnte noch bis um 12 Uhr schlafen. Ich müsste nur endlich über den Punkt und diese verdammte Digitaluhr rüberkommen.

Ich versuchte mich abzulenken. Ich versuchte an Rouja zu denken und wie gut es wäre, wenn sie jetzt bei mir wäre. Gegen Mitternacht hatte sie mir noch eine SMS geschickt, um mir Mut zu machen: Ich solle mich nicht einschüchtern lassen, mich auf meine Fähigkeiten besinnen und an ihre Liebe zu mir denken, sie endete: »Babak, ich liebe Dich, jetzt schlaf gut und versuch Dir keine Sorgen zu machen!« Ich hatte immer einen Talisman von ihr dabei, der mir Kraft geben und mich beschützen sollte. Ich drückte ihn fest an mich. Es half nichts. Es wurde schlimmer. Wie stand ich vor ihr da in meiner ganzen Schwäche? Hatte ich eine Frau wie Rouja noch verdient? War ich noch ehrlich zu ihr? Ich verbarg den Zustand meiner inneren Zerrüttung, wollte keine Schwäche zeigen. Natürlich bekam Rouja mit, dass es Probleme gab. Unsere Küche, früher ein Ort guter Gespräche und schöner Abendessen, war zu meinem Krisenzentrum geworden. Ich spürte meine Wut hochkommen und meine Verzweiflung über diese verlorenen Sonntage. Ich wollte nicht, dass sie mich in meinem Zustand sah, und schloss mich in der Küche ein nach den Telefonaten mit Fandel, aufgelöst, durchgeschwitzt, fahrig und blass.

Wieder Fandel. Wieder die Digitaluhr, die mit ihrem Licht das ganze Zimmer zu fluten schien. Ich knipste die Deckenleuchte wieder an. Ich zappte ziellos durchs Fernsehprogramm. Ich blieb bei einem Verkaufskanal hängen und starrte minutenlang auf die Bewegungen eines Mannes, der Tapetenroller präsentierte. Körpersprache. Fandel. Ich warf die Fernbedienung aus dem Bett und warf mich in die Kissen. Kaum war das Licht aus, hing mein Blick auf den Leuchtziffern der Uhr und ich zählte mit. Es entwickelte sich in dieser Nacht ein extrem unerbittlicher Kampf mit dieser Uhr. Wie magisch zog mich das blaue Licht an. Ich beobachtete jedes Umspringen der digitalen Ziffern und errechnete zwanghaft jede Minute, wie viel Zeit bis zur Abfahrt in die Arena und bis zum Anpfiff bleiben würde. Die Rechenoperationen hemmten meine negativen Gedanken, aber sie verhinderten genauso, dass ich einschlief. Der Schmerz und die Verzweiflung in meinem Kopf wurden immer stärker. Einerseits realisierte ich genau, wie zwanghaft mein Verhalten war, dass ich dabei war, die Kontrolle zu verlieren – andererseits konnte ich dieses Schadprogramm nicht mehr abstellen. Es nahm im Gegenteil immer mehr Beschleunigung auf. Und das machte mir Angst.

Ich stand wieder am Fenster, sah das Blinken der Uhr dahinter, draußen in der Silhouette der dunklen Stadt den schwarzen Obelisken. In der Spiegelung der Scheibe verschmolz mein Gesicht mit dem Blinken der Uhr und dem schwarzen Obelisken. Und zum ersten Mal drängte der Gedanke nach oben, diesen unüberbrückbaren Kurzschlüssen in meinem Kopf ein Ende zu bereiten. Wie wäre es, dort oben zu stehen, die Arme auszubreiten und einfach in die dunkle Stadt zu stürzen? Die Ruhe, die ich erwartete, schien mir von unendlicher Verlockung. Eine Lösung schien sich aufzutun. Ich spielte den Sturz bis zum Aufschlag gedanklich durch. Das war der Punkt, wo ich wieder zur Besinnung kam. Der Aufschlag. Der Gedanke an mein Ende löste einen Schock in mir aus. Ich war tief berührt und hatte Tränen in den Augen. Sollte ich wegen der Probleme die ich hatte, mein Leben einfach wegwerfen? Waren die Menschen, die mir das angetan hatten, das wert? Zweimal Nein. Und für einen Moment schien alles so nebensächlich, idiotisch überzogen. Ich hatte mich nur in etwas hineingesteigert. Für einen kurzen Moment entstand eine seltsame Ruhe. Ich hatte keine Lösung. Aber dieser irrsinnige Gedankenstrom in meinem Kopf war erloschen. Vielleicht, weil ich jetzt völlig erschöpft war. Ich legte mich zurück ins Bett. Die stete Überforderung der vielen nicht zu bewältigenden Eindrücke, die sich ständig in meine Wahrnehmung pressten und nicht abzuschalten waren, und die Schlaflosigkeit hatten mich Kraft gekostet. Ich merkte, ich war leer. Ich fühlte mich so allein und hätte mir nichts sehnlicher gewünscht, als dass mich jemand aufhob. Ich atmete tief aus, ich spürte, dass ich dabei war einzuschlafen. Ich dämmerte langsam weg und fiel ganz tief durch viele Schichten meiner Erinnerung zurück in meine Kindheit. Ich träumte von meinem Vater.

■■■

Eine staubige Sandstraße, irgendwo bei Teheran. Ein Auto fährt weg. Ein kleiner Junge weint. Niemand winkt. Nur ich. Der Junge bin ich. Tränen machen mich fast blind. Das Auto nimmt Fahrt auf und wirbelt zum Abschied eine Staubfahne auf. Der Abstand wird größer. Größer. Und ich will nicht, was da passiert. Aus einem Impuls heraus laufe ich dem Auto hinterher, denn es bedeutet mir in diesem Augenblick alles, was ich an Hoffnung habe. Und jetzt fährt die Hoffnung fort. Und ich kann es nicht aufhalten. Erschöpft bleibe ich stehen. Ich spüre diesen Schmerz bis heute noch, den Schmerz, etwas sehr Wichtiges zu verlieren. Ich rufe, ich schreie meine ganze Verzweiflung heraus: »Nimm mich mit. Bitte, nimm mich mit nach Deutschland!! Lass mich nicht hier!« In dem Auto sitzt mein Vater. Das Auto verschwindet im Staub. Als ich mich umdrehe, sehe ich meine Mutter ausdruckslos dastehen. Etwas in mir ist zerbrochen, ich würde es gerne zusammenfügen. Ich würde mich entscheiden müssen, sonst würde ich immer zwischen den beiden im Nirgendwo stehen. Ein Nirgendwo zwischen Deutschland und dem Iran.

Mein Vater Djalal war 22, als er 1959 nach Deutschland kam und sein Sprachstudium aufnahm. Auf seinen vielen Reisen zurück in die Heimat hatte er irgendwann meine Mutter kennengelernt. Die Ehe wurde klassisch durch die beiden Familien angebahnt. Die Mütter sprachen sich ab und man brachte die heiratsfähigen Kinder zusammen in der Hoffnung, dass sie sich verliebten. So war das damals – und ein bisschen ist das heute noch so. Noch vor dem Sturz des Schahs und den Revolutionszeiten zogen die beiden nach Deutschland. Und hier in Deutschland beginnt meine Geschichte. Es ist auch eine Geschichte vom Leben zwischen zwei Kulturen, zwei Lebenswelten zwischen Vater und Mutter, zwischen Deutschland und dem Iran und meiner Suche nach einer Heimat, in der ich einen Platz finden kann.

Ich war sechs Jahre alt, als meine heile Welt zum ersten Mal in zwei Teile zerbrach. Es war mit unendlich viel Schmerz verbunden und ich konnte nicht wissen, dass ich noch ein weiteres Mal in meinem Leben an dem Versuch scheitern würde, die Kluft zu überwinden und die zerbrochenen Teile wieder zusammenzufügen. Warum sich meine Eltern scheiden ließen, weiß ich nicht. Ich habe sie bis heute nie gefragt: »Warum habt ihr das getan?« Ich hatte nie wirklichen Streit zwischen meinen Eltern erlebt. Aber ich kenne natürlich meinen Vater und ich kenne meine Mutter, und wenn man die beiden zusammen sieht, dann weiß man, dass sie unterschiedlicher nicht sein können.

Mein Vater arbeitet als sehr anerkannter und wegen seiner Korrektheit beliebter Berufsdolmetscher für Perser in Behörden und bei Gerichtsverfahren. Er ist ein offener, unglaublich kommunikativer Mensch, der ohne erkennbare Organisation in den Tag hineinzuleben scheint, die Dinge mit seltsamer Ruhe auf sich zukommen lässt und einfach im Moment zu leben scheint, nicht im Morgen oder Gestern. Bei meinem Vater stand die Tür immer offen, wenn überraschend Besuch kam, war er immer erfreut und sagte: »Kommt rein – soll ich einen Tee machen?« Er tat alles, damit sich der Besuch wohlfühlte, war heiter, gelassen, interessiert, aufgeräumt – meine Mutter dagegen war immer sauer, bei ihr musste sich jeder Besuch möglichst vier Wochen im Voraus ankündigen.

Mein Vater ist im besten Sinne ein Lebenskünstler, ausgestattet mit einer Riesenportion Sozialkompetenz, ruhig und ausgeglichen. Um Äußerlichkeiten kümmert er sich wenig, sie bedeuten ihm einfach nichts. Nie würde es ihn stören, wenn er mit einer farbigen und einer schwarzen Socke vor Gericht erscheinen würde. Er nimmt, was er gerade in die Hände bekommt. Bei meiner Mutter muss immer alles sitzen: das Hemd, der Kragen, pikobello, das sind nicht verhandelbare Stilfragen. Zwei Menschen – zwei verschiedene Welten.

Geld, Sparen, Reichtümer anhäufen hat im Leben meines Vaters nie eine besondere Rolle gespielt, seine Honorare richten sich heute noch nach dem, was seine Klienten entbehren können – und das ist immer weniger, als was ihm aufgrund seiner guten Arbeit zustehen würde. Ich habe bis heute nicht verstanden, wie das funktioniert. Mein Vater wird von seinen Landsleuten in Hannover vergöttert. Als ich noch bei ihm wohnte und schon in der Bank arbeitete, wo es um Rendite, Profit und Zinsen auf zehn Stellen hinter dem Komma ging, habe ich immer wieder zu ihm gesagt: »Mensch, du musst doch mal sehen, dass du deine Miete, Strom, Telefon, das Geld für einen neuen PC und was du sonst so für die Arbeit brauchst auch mal verdienst! Du kannst nicht den Leuten immer sagen: Zahl mir einfach, was du entbehren kannst!« Er hat mich dann immer freundlich angelächelt: »Mein Sohn, du bist hier in Deutschland in einer Gesellschaft aufgewachsen, wo alles streng nach Regeln geht. Du arbeitest sogar in einer Bank, wo es ausschließlich um Geld und Regeln geht. Ich bin so: Bei mir kann jeder ein- und ausgehen. Und was am Ende bleibt, wird reichen.« Und vielleicht erklärt das auch den steten Zustrom von Kunden, ohne dass er jemals in seinem Leben irgendeine Form von Werbung gemacht hätte. Beklagt hat er sich nie. Vielleicht ist es auch unglaublich klug, wenn man nicht mehr verlangt, als seine Kunden geben wollen. Das war seine Philosophie, mit der ich damals überhaupt nichts anfangen konnte. Denn bei uns war immer alles knapp. Aber sein System funktionierte, wenn auch nicht immer ganz stressfrei. Er war zufrieden mit dem, was er hatte.

Ich hätte mir damals mehr Sicherheit gewünscht. Perspektive. Und ab und an auch mal ein bisschen Luxus. Wir lebten in einer kleinen Drei-Zimmer-Wohnung. In einem Zimmer war sein Büro – überhaupt war die ganze Wohnung Besuchsraum, vor allem die Küche, wo fortlaufend Tee zubereitet wurde und Klienten warteten. Ich hatte ein kleines eigenes Zimmer und es gab Zeiten, wo ich mit meinem Vater zusammen in einem Bett geschlafen habe – was einerseits die Beengtheit der Verhältnisse, andererseits aber auch mein inniges Verhältnis zu ihm zeigt. Trotzdem, ich wollte da raus. Ausreichend Geld verdienen. Ich wollte meinen Platz in der Gesellschaft – und das möglichst weit oben.

Ich war Deutscher mit Migrationshintergrund und ich wusste, ich würde dreimal mehr Gas geben müssen, um das zu schaffen. Und ich gab Gas. Diesen unbedingten Leistungswillen, es in der Gesellschaft zu etwas zu bringen, Respekt und Anerkennung zu erwerben, meine Strukturiertheit, mein effektives Zeitmanagement und das Verständnis für Zahlen – das alles hatte ich von meiner Mutter, die mir das glatte Gegenprogramm zu den bohemienhaften Lebensweisheiten meines Vaters von Kindesbeinen an einimpfte. Meine Mutter war preußischer als die meisten Deutschen, erfüllt von einem unglaublichen Pflichtbewusstsein, Ordnung, Genauigkeit, Disziplin, Haltung und Zielstrebigkeit. Und jeder Verstoß gegen diese Regeln wurde von ihr sofort abgepfiffen. Wo mein Vater mich einfach in den Arm nahm, bekam ich von meiner Mutter Anweisungen, Anforderungen, Zielvorstellungen. War mein Vater ein warmherziger, aber keineswegs respekteinflößender Mensch, so ging von meiner Mutter stets eine Strenge aus, die ich als Distanziertheit und zu meinem bis heute anhaltenden Leidwesen oft auch als Kälte empfunden habe.

Meine Mutter teilte mir schon ganz früh ihre Erwartung mit, dass ich mindestens Chefmediziner eines Krankenhauses werden müsse, da habe man eine Stellung in der Gesellschaft, sei geachtet und verdiene gut. Mein Vater hat nie Ansprüche an mich gestellt. Ihm reichte es aus, dass ich da war. Nie hätte er mir gesagt, was ich tun und was ich lassen soll. Er hat keine Grenzen gesetzt – aber er hat auch keine Ziele vorgegeben. Ich habe in frühester Jugend gelernt, mich selbst zu organisieren, mir Ziele zu setzen und für mich selbst verantwortlich zu sein.

Zwischen den Kalt- und Warmpolen dieser höchst unterschiedlichen Menschen bin ich groß geworden. Und so habe ich von beiden etwas:

Den Perfektionismus, die Disziplin und die Leistungsbereitschaft, die Vorliebe für Stil und hochwertiges Design habe ich von meiner Mutter. Die Großzügigkeit in allen Lebensbereichen, die Fähigkeit, offen und herzlich auf Menschen zugehen und sie umarmen zu können, Streit zu schlichten, die Sehnsucht nach Harmonie von meinem Vater. Die Ehe meiner Eltern zerbrach an diesen beiden so gegensätzlichen Lebenseinstellungen.

In meiner Persönlichkeit bin ich immer wieder mal mehr mein Vater und mal mehr meine Mutter. Meine Mutter sprach hauptsächlich Persisch mit mir – mein Vater gerne Deutsch. Ich glaube nicht, dass ich dadurch einen Schaden davongetragen habe – im Gegenteil. Ich bin weltoffen und meine ganze Wahrnehmung und Auffassungsgabe wurde durch die vielfältigen Anreize schon in früher Kindheit geschult. Allerdings finde ich in meiner Kindheit auch die Quelle für den Anpassungsdruck, es allen jeweils recht machen zu müssen. Zu den höchst unterschiedlichen Charakteren meiner Eltern, mit denen ich als Kind klarkommen musste, kam der stete Wechsel zwischen zwei Kulturen. Mehrfach im Jahr unternahmen wir die lange Reise nach Persien und verbrachten Wochen bei den Verwandten in einer völlig anderen Welt, Aufenthalte, die kein wirklicher Urlaub waren und immer unter einer seltsamen Anspannung lagen, die nichts Gutes versprach.

Ich war sechs, als mein Vater aus meinem Leben verschwand. Eines Tages fuhr mein Vater alleine die lange Strecke mit dem Auto nach Deutschland. Mich und meine Mutter ließ er zurück. Es war schon häufiger passiert, dass er während unserer Aufenthalte im Iran auf Reisen ging. Nur – diesmal kam er nicht wieder. Erst Monate später sollte ich ihn wiedersehen. Dass die Trennung meiner Eltern der Grund für die lange Abwesenheit war, hatten mir beide nicht erklärt, was mich bis heute noch schmerzt. Sie hielten mich vermutlich für zu klein, um das zu verstehen, vielleicht wollten sie mich auch nicht beunruhigen. Für mich – aber das sollte ich erst später in vollem Umfang erkennen – war es ein Vertrauensbruch. So blieb ich im Iran.

Wir wohnten in einer Villa bei den Eltern meiner Mutter. Ich habe nur noch schemenhafte Erinnerungen an dieses große, würdevolle Haus mit seinem Garten, in dem große Bäume Schutz gaben vor der Sonne und den heißen Abendwinden. Von meinem Großvater erinnere ich nur noch, wie dieser gut gekleidete Mann jeden Abend, wenn er von der Arbeit kam, in seinem über alles geliebten Garten stand und wie in grünes Licht getaucht gedankenverloren die Bäume, Blumen und Beete gründlich wässerte. Es war eine Art Gottesdienst. Ich habe wenige Erinnerungen an diese Zeit – meine Großmutter kümmerte sich um mich. Meine Mutter arbeitete tagsüber als Hebamme in einem nahen Krankenhaus. Sie musste hart arbeiten und kam abends erschöpft zurück. Ich hatte immer das Gefühl, sie wusste nicht so recht etwas mit mir anzufangen. Ich fühlte mich oft allein.

Mit der Einschulung fand ich dann endlich die Aufmerksamkeit, nach der ich mich sehnte, Ansprache und Anerkennung. Ich hatte viele Freunde und war einer der Besten meines Jahrgangs. Ich hatte besondere mathematische Fähigkeiten, ein ausgeprägtes Gefühl für Zahlen, das mir bei meiner späteren Banktätigkeit noch gute Dienste leisten würde.

In Persien gab es damals die sogenannten »blauen Briefe« für besonders gute Leistungen. Später würde ich in Deutschland lernen, dass der »blaue Brief« sehr negativ besetzt ist und für eine gefährdete Versetzung steht. In Persien aber stand hundertmal »Prima« drauf. Den bekamen nur Ausnahmeschüler. Eine Auszeichnung also. Blau hat in Persien eine besondere, sehr tiefe Bedeutung. Blau, besonders Ultramarinblau, wird aus dem Halbedelstein Lapislazuli hergestellt, der seinen natürlichen Ursprung in Persien und im Hindukusch hat. Entsprechend wertvoll ist diese Farbe, auch für den Bau zahlreicher gleichnamiger Moscheen. Blau ist zudem die fünfte im Regenbogen wahrnehmbare Farbe, in Indien symbolisiert sie das fünfte Energie-Chakra. Und das Betrachten eines blauen Edelsteins bei Kerzenlicht soll einen ruhigen Schlaf ohne Albträume schenken.

Ich schreckte kurz hoch, im Halbschlaf sah ich digital blaue Ziffern, die mir sagten, dass nur wenige Minuten dieser endlosen Nacht vergangen waren, obwohl ich Jahre meiner Kindheit durchlebt hatte.

Als Nächstes sah ich mich, wie ich meiner Mutter voller Stolz meinen ersten blauen Brief reichte. Sie nahm ihn, ohne darauf zu schauen. Ich brachte regelmäßig blaue Briefe mit nach Hause, ohne von meiner Mutter besondere Anerkennung zu erhalten. Für sie war es selbstverständlich, dass es nicht anders war.

Meinen Vater habe ich in dieser Zeit sehr vermisst, zumal seine Abwesenheit mir immer länger und länger erschien. Eine Antwort auf meine Fragen nach seinem Verbleib bekam ich, als ich eines Tages auf der Veranda der Villa ungewollt meine Mutter überraschte, wie sie einen mir völlig fremden Mann küsste. In diesem Moment war meine Kindheit vorbei. Da war ich sieben Jahre alt. Mein Verhältnis zu meiner Mutter hat damals einen Riss bekommen.

Meine Eltern hatten mir nichts gesagt von der Trennung. Sie war hinter meinem Rücken vollzogen worden. Sie hatten mich – sicher um mich zu schützen – nicht an ihren Entscheidungen teilhaben lassen. Ich fühlte mich ausgeschlossen. So traf mich alles unvorbereitet und noch heute fühle ich mich tief verletzt, wenn Menschen wie Fandel und Krug mich ausgrenzen und hinter meinem Rücken Entscheidungen fällen, die alles betreffen, was ich liebe und in Ehren halte. Als meine Mutter später nach Deutschland kam, hat sie immer wieder versucht, alles gutzumachen und die verlorene Zeit aufzuholen. Es wird immer ein Rest von Distanz bleiben.

Als mein Vater wenige Wochen später zu einem seiner turnusmäßigen Besuche in den Iran kam, habe ich ihm alles gesagt. Hier, im Iran, würde ich nach den Geschehnissen keine Heimat mehr finden. Und ich sagte meinem Vater künftig bei jedem Telefonat, bei jedem seiner Besuche und bei jedem seiner Abschiede: »Ich will zurück mit dir nach Deutschland!« Er schaute mich besorgt an, fuhr dann aber wieder ohne mich nach Deutschland zurück. Ich weiß nicht, ob er mich damals im Rückspiegel gesehen hat, wie verzweifelt ich durch die aufgewirbelten Staubwolken seinem Auto hinterhergelaufen bin. Vielleicht.

Von den besorgten Gesprächen zwischen ihm und meiner Mutter habe ich nie etwas mitbekommen. Eines Tages war er da. Er hat einfach gesagt: «Babak, ich nehme dich mit.« Und ich kehrte mit ihm nach Deutschland zurück. Das habe ich ihm nie vergessen. Deshalb haben wir bis heute auch so ein inniges Verhältnis. Das war eine mutige Entscheidung meines Vaters. Da er berufstätig war, hatte er eigentlich kaum Zeit für mich. Ich bin mir trotzdem sicher, dass er keine Sekunde darüber nachgedacht hat, ob er an der Aufgabe, seinen Sohn ausreichend finanziell zu versorgen und zu erziehen, scheitern könnte. Nicht aus Fahrlässigkeit. Sondern aus seiner unergründlichen Zuversicht. In den Iran bin ich seither nie wieder zurückgekehrt – obwohl ich manchmal von der großen Villa und dem schattigen Garten in den heißen Sommern träume und davon, noch einmal dorthin zu reisen und einen Teil meiner Kindheit wiederzufinden. Das sind die Wurzeln meiner kurzen Kindheit im

Iran, die mich stark geprägt haben – obwohl ich doch in Deutschland geboren wurde und seit 35 Jahren hier lebe.

Ich fand ganz schnell in die deutsche Sprache zurück. Ich war auch heiß drauf, mir möglichst rasch alles wieder anzueignen, denn mir war klar, dass ich zurück müsste, wenn ich in der Schule Probleme haben würde. Aber ich hatte keine. Ich war jetzt Deutscher. Wenn ich mich zurückerinnere, sehe ich einen kleinen, glücklichen Jungen, der endlich angekommen war und entschlossen war, aus dieser Chance etwas zu machen und niemanden zu enttäuschen. Seinen Vater nicht, der ihn mitgenommen hatte – und seine Mutter nicht, die ihm eingeimpft hatte, dass er etwas werden müsse und seinen Platz in der Gesellschaft, Anerkennung und Wohlstand nur durch Ehrgeiz, Fleiß und Pünktlichkeit erreichen könne.

Mit einem Ruck schoss ich nach oben. Das letzte Bild war meine Mutter, wie sie eindringlich auf mich einredete: »Du musst etwas werden, wenigstens Chefarzt in einem Krankenhaus!« Sie schrie das fast raus wie einen Befehl und mit dem Schrei wachte ich auf.

••• *19.11.2011, 5:00 Uhr*•••

Das Erste, was ich im Dunkeln sah, war das pulsende Blau der Digitalanzeige. 5:00 Uhr. Ich war vollkommen durchgeschwitzt, das Kissen, die Daunendecke, das Laken – ich schien wie in einem Salztank zu schwimmen. Ich war wieder im Hotel, an dem Ort, von dem ich so gerne geflohen wäre. Als Nächstes holten mich sofort all die negativen Gedankenketten wieder ein, denen ich durch den Schlaf zu entkommen gehofft hatte. Der Albtraum war nicht zu Ende. Er fing erst an. Schlaf ist ein trügerischer Bruder. Unser Unterbewusstsein schläft nie. Dort kocht und brodelt es weiter, in einer viel größeren Intensität als im Wachzustand, ablenkungslos sind wir auf uns zurückgeworfen. Während wir in unserer wirklichen Welt für ein paar Stunden den kleinen Tod sterben, übernimmt das Unterbewusstsein unser Leben, walkt es durch, zerlegt es in seine Einzelteile, speichert sie ab als Erinnerung, verdichtet und kombiniert die Mosaiksteine der Erlebnisse zu Erfahrungen und baut in diesem Prozess die Albträume, die uns quälen – umso mehr, wenn schon im Wachzustand Chaos herrscht im Kopf.

Seit meinem erschöpften Wegdämmern waren gerade mal ein paar

Minuten vergangen. Das reicht nicht, um das seelische Gleichgewicht wiederherzustellen und Dinge zu ordnen, die über Jahre ihre Unwucht bekommen haben. 5:10 Uhr morgens, knapp etwas über zehn Stunden bis zum Spiel. »Babak, jeder darf einen Fehler machen – nur du nicht!« Ich sprang panisch auf, rannte ins Bad, schlug mit beiden Händen Wasser in mein Gesicht, über die verklebten Augen, die vor Trockenheit rissigen Lippen und trank gierig. Als ich in den großen Hotelzimmerspiegel aufschaute, sah ich etwas, was ich nie wieder vergessen werde. Aus dem Spiegel glotzte die Grimasse eines Fremden, blutunterlaufene Pupillen fixierten mich, die aus einem schwarzen Loch tiefschwarzer Augenringe zu fallen drohten. Ich blickte in die Augen eines Wahnsinnigen und zuckte zurück, um im selben Moment zu erkennen, dass dieser zombiehafte Untote ich selbst war. Meine Gesichtszüge hatten sich völlig gewandelt. Alles Leben, alle Freude war aus diesem Gesicht gewichen, das ich jetzt 41 Jahre kannte. Das war ich nicht mehr. Alles an mir schien wie abgestorben. Das konnte, das wollte ich nicht sein. So also sah das Ich aus, das ich in den vergangenen Monaten vor die Kulisse geschickt hatte, um die Rolle des starken, männlichen, erfolgreichen, strahlenden Alleskönners Babak zu spielen. Jetzt war die Kulisse zusammengebrochen. Von dem, was mein Selbstwertgefühl und meinen Stolz ausgemacht hatte, war nichts mehr da. Meine Maske war gefallen.

Aus einem Impuls heraus nahm ich das Telefon und wählte eine seit meiner Kindheit fest in mein Gedächtnis eingravierte Nummer in Hannover. Es war ein einziger Hilferuf, der Wunsch, er würde mich vielleicht wieder abholen, mich mitnehmen und mich retten. Ich wusste, er würde jetzt in der Küche stehen und seinen Tee aufbereiten. Mein Vater ist, seit ich mich erinnern kann, Frühaufsteher und erledigt in der Ruhe des Morgens seine Schreibarbeiten. Er war nicht mal erstaunt, dass ich um diese Zeit anrief. Allerdings musste ihm klar sein, dass etwas Außergewöhnliches los war, wenn ich um diese Uhrzeit bei ihm anrief. Er war einfach da und hörte mir zu. Ich nahm alle Kraft zusammen, um ruhig zu sprechen, und erzählte ihm, dass ich nicht schlafen könne und mich unwohl fühle, dass ich den Druck vor dem Spiel nicht länger aushalten würde. Ich sparte alle Details über die zurückliegenden Stunden aus. Mein Vater hatte nicht ansatzweise eine Ahnung dessen, was in mir in den letzten Monaten vorgegangen war. Aufgrund der Doppelbelastung, Bankkaufmann und Fußballschiedsrichter, sah ich ihn vielleicht nur noch einmal monatlich. Somit blieb nicht viel Zeit, über meine Probleme zu sprechen. Wenn wir uns trafen, unterhielten wir uns über allgemeine Dinge. Außerdem wollte ich doch immer Stärke demonstrieren und niemandem meine Gefühle offenbaren, das passte nicht zum Bild des Erfolgsmenschen Babak Rafati, der stolz und unbezwingbar war. Ich wollte meinen Vater auch nicht beunruhigen und vor allem wollte ich, dass er stolz auf mich war.

Er schlug mir vor, mit dem nächsten Zug nach Hannover zu fahren, er werde mich dort am Bahnhof abholen. Er sagte auch, wenn es mir gesundheitlich nicht gut gehen würde, sollte ich das Bundesligaspiel nicht pfeifen und meinen »Chef« informieren. Ich versprach ihm, das zu tun. Das schien die Lösung zu sein. Nach Hause. Dort würde ich bei einer Tasse Tee wieder zu mir kommen und ich würde eine Lösung finden. Ich wollte nur noch ganz schnell weg aus diesem Kerker mit seiner blauen Digitaluhr.

Ohne groß zu überlegen, checkte ich im Hotel kurz nach halb sechs Uhr morgens aus und fuhr mit dem Taxi zum Bahnhof. Es war eine Flucht. Ich war nervös, aber wie erlöst, denn ich musste nicht mehr pfeifen. Aber wollte ich das? War das wirklich die richtige Entscheidung? Das Taxi fuhr los. Auf dem Weg zum Bahnhof, mit jedem Meter Abstand zum Hotel, setzte der Verstand immer stärker wieder ein. Ich überlegte, meine Flucht würde definitiv das Ende meiner Karriere als Schiedsrichter einleiten. Was sollte ich allen anderen erzählen, warum ich weggefahren war? Und wie würde mich die Öffentlichkeit bewerten? Die Fans, die Spieler, die Sportreporter? Das hatte es doch noch nie gegeben, dass ein Schiedsrichter so kurz vor einem Spiel die Heimreise antrat. Auch die Uhrzeit meiner Abfahrt würde Fragen aufwerfen. 6:00 morgens! Während der Fahrt dachte ich, dass ich gleich unseren Obmann informieren müsste, um mich gegen Spekulationen abzusichern, ich wollte erklären, dass ich krank sei, vielleicht vom Essen am Vorabend, und nicht pfeifen könne. Aber plötzlich schien es mir, egal, was ich sagen würde, ich wäre unglaubwürdig. Es hätte so ausgesehen wie das, was es war: eine Flucht aus Angst vor dem Spiel. Meine Handlungen waren so unlogisch, unstrukturiert und unüberlegt. Der Kopf pulsierte, mein Verstand rief meine Gefühle zur Ordnung, jedoch bekam ich keine Struktur in das Für und Wider der Argumente, die in meinem Gehirn kreisten. Ich war außerstande, eine Entscheidung zu treffen.

Wir waren am Bahnhof angekommen und der Fahrer raunzte: »11,50 - Quittung?« Ich war in dem Moment völlig überfordert und sagte, er solle zwei Minuten warten. Ich sei unschlüssig und müsse überlegen. Ich merkte, wie ausgelaugt ich war und dass ich zur Ruhe kommen musste, um das Für und Wider meiner Flucht abzuwägen - was mir aber natürlich nicht gelang. Es wurden 10 Minuten, in denen ich alles hin und her wendete. Der Fahrer wurde entsprechend unruhig und schaute immer öfter in den Rückspiegel, und sicher würde es nur noch kurze Zeit dauern, bis er in diesem übernächtigten, zerstörten Gesicht seines Fahrgastes den Schiedsrichter Babak Rafati erkennen würde, der das Bundesligaspiel der Kölner pfeifen sollte. Das panische Gefühl gewann wieder die Oberhand, sofort ins Hotel zurückzufahren, um mir die Möglichkeit einer weiteren Bedenkzeit zu geben, wie ich die Katastrophe doch noch irgendwie aufhalten könnte. Wäre ich jetzt aus dem Taxi in den Zug nach Hannover gestiegen, hätte ich eine irreversible Entscheidung getroffen. Doch es war mir unmöglich, meine Mission »durchzuziehen« und zu meinem Vater zu fliehen. Ich selbst hätte mir diese Schwäche nicht verziehen.

Vielleicht aber wäre es die einzig richtige Entscheidung gewesen in dieser furchtbaren Nacht. Abstand gewinnen von sich selbst. Diesem Hotelzimmer entfliehen. Der Uhr. Sich beruhigen. Nähe finden bei einem Menschen, der einen vorbehaltlos liebt und unterstützt. Mit dem nächsten Zug wäre ich gegen halb zehn in Hannover gewesen. Eine halbe Stunde vor dem geplanten Frühstück meiner Teamkollegen. Ich hätte sie anrufen, ihnen meine Situation erklären können. Die Zeit hätte noch gereicht, einen Ersatzschiedsrichter zu alarmieren. Doch ich tat es nicht. In meinem Zustand gab ich mich der verzweifelten Illusion hin, dass ich es bis zur Abfahrt doch noch schaffen würde, irgendwie auf die Spur zu kommen, meinen desolaten Zustand zu verbergen und das Spiel mit Anstand über die Runden zu bringen. Danach, so dachte ich, könnte ich weitersehen und in Ruhe meine Entscheidung treffen - weitermachen oder meinen Rücktritt erklären, aber eben selbst die Initiative behalten. Und nicht von den Medien, den Fans und meinen Vorgesetzten ins Aus getrieben werden.

Kurze Zeit später checkte ich wieder im Hotel ein. Faselte irgendwelche fadenscheinigen und sicher peinlichen Erklärungen an der Rezeption. Mein nächster großer Fehler dieser Nacht war, dass ich nicht auf ein anderes Zimmer bestand. Wieder saugte mich das Zimmer mit demselben schaurigen Effekt ein wie Stunden zuvor, wieder schien mir der Raum wie von einem Nebel erfüllt und erneut fühlte ich mich von einer treibenden Kraft in dieses Zimmer hineingewuchtet. Ich ließ die Tasche mitten im Raum fallen, sank erschöpft auf das Sofa. Das Erste, was mir ins Auge fiel, war die blaue Uhr am Fernseher, und ich hatte nicht nur das Gefühl, dass ich genau dort weitermachte, wo ich zuletzt aufgehört hatte. Es war genauso.

••• *19.11.2011, 6:15 Uhr* •••

Wieder das Zählen und Berechnen der Stunden und Minuten und Sekunden jeder digitalen Stelle bis zum Anpfiff und die aufschäumende Angst in der Erkenntnis, in diesem Zustand würde ich nicht zum Spiel antreten können. Schon äußerlich würde jeder sehen, wie es in meiner Seele aussah. 6:15 Uhr, seit gestern früh um sechs war ich nun ohne jeden Schlaf. Über vierundzwanzig Stunden. Ich wirkte wie ein niedergekämpfter Boxer, der über zwölf Runden unendlich viele Schläge wehrlos hinnehmen musste, ohne auch nur einen einzigen Gegenschlag zu erzielen. Der bekannte Film meiner Obsessionen spielte sich wieder, nunmehr in einer nicht erfassbaren Geschwindigkeit in meinem Gehirn ab. Als hätte ich niemals zuvor dieses Zimmer verlassen. Eine unglaubliche Wut erfasste mich, ich wollte am liebsten die Zimmertür aufreißen und mir all das von der Seele schreien, was mich in den vergangenen Monaten so tief verletzt hatte. Ich hatte Gewaltfantasien. Ich würde es allen zeigen und … Aber ich sackte nur auf dem Bett zusammen, mir fehlte alle Kraft, meine Kehle war trocken. Ich wusste einfach nicht, was mich noch retten könnte, ich war hilflos und handlungsunfähig, ich hatte kapituliert.

Nach diesem letzten Aufbäumen ergriff der ganze Verfolgungswahn mit dem dazugehörigen Film völlig die Gewalt über mich, wieder und wieder durchlebte ich die vielen verletzenden Aussagen, die Schmähgesänge der Fans, »Rafati – Du Arschloch!«, die Flucht aus dem Stadion unter Regenschirmen zum Schutz vor Wurfgeschossen und vollen Bierbechern, die wutverzerrten Gesichter der Spieler und Trainer, die auf mich einschrien, Journalisten, die mir hohnlachend ihre Bewertungen in den Kabinengang hinunterriefen – das alles schoss mir immer schneller in einer endlosen Kette von Bildern und Wortfetzen durch den Kopf. »Fußball ist ein Geschäft, das Menschen verbrennt. Jeder darf einen Fehler machen – nur du nicht, Babak.« Immer wieder derselbe Satz. Er ging mir nicht aus meinem immer heftiger brummenden Schädel. Die ganze Ungerechtigkeit schnürte mir die Kehle zu, würgte mich bis zur Atemlosigkeit, wie einen Hofhund, der an seiner Kette reißt. Ich wollte weg – aber ich konnte nicht. Ich riss und zog, aber ich kam nicht davon los.

Ich hatte diese ganzen Erniedrigungen, die in diesem einen Satz gipfelten, niemals verarbeitet und überwunden. Ich hatte über Monate alles geschluckt, versucht zu verdrängen. Jetzt brach auf einmal alles in mir hoch. Diesem gewaltigen Druck war ich nach dieser schlaflosen Nacht nicht mehr gewachsen. Und bald gab ich jeden Widerstand auf, so sehr war ich diesem Unwetter der Gefühle ausgeliefert. Meine Stimmungen schwankten im Sekundentakt, ein Wechselspiel zwischen Hilflosigkeit, Selbstmitleid, Trauer, unbändiger Wut, Bitterkeit, Schmerz, Verzweiflung, Ohnmacht, Überwältigung und wieder unbändiger Aggression gegen meine Unterdrückung spielte sich zwischen diesen verdammten vier Wänden ab. Unfähig, etwas zu tun. Ich war in völliger Auflösung, denn die Bilderflut meines unbändbaren Kopfkinos brachte mich langsam um meinen Verstand. Und sein nächster Spruch hallte durch meinen Kopf: »Fünfhundert andere Schiedsrichter hätten dieses Spiel so begleiten können!« Ich war also nur noch Mittelmaß, einer von fünfhundert. Dann meine gefühlte Giftspritze: »Jeder darf einen Fehler machen, nur du nicht, Babak.« Und der Film begann von Neuem. Ich durfte heute beim Spiel nicht wieder einen Fehler machen, von der FIFA-Liste war ich schon eliminiert, und jetzt auch von der Bundesligaliste? Und jetzt mein Finale in Köln, hier, wo meine Bundesligakarriere begonnen hatte. Ich fühlte mich verachtet und verstoßen. Ich fühlte mich respekt- und hemmungslos misshandelt.

«••• *19.11.2011, 6:20 Uhr* •••»

Mein Schädel brummt lauter und pocht immer mehr. Der Blick geht wieder zur Uhr – 6:20 – und pulst mich wieder in den anderen Zustand zurück: Angst!

Ich kann mich nicht befreien. Ich starre weiter, fokussiere immer stärker einen Punkt, das magische Blinken der Uhr und komme in eine

Trance, die mich handlungsunfähig macht und mich den Bildern und Kurzschlüssen in meinem Kopf völlig ausliefert. Ich drehe mich immer schneller im Kreis. Verschwommen und teilweise nicht erkennbar in seinen Handlungen und trotzdem einfach unbeschreiblich realistisch, unerträglich in einer nicht gekannten Intensität läuft dieser Film immer schneller ab. Der Fernseher springt an und ich sehe einen Zusammenschnitt von Spielszenen meiner größten Niederlagen, ich entdecke mich auf dem Feld, wie ich die Gelbe Karte ziehe, und höre den Kommentator immer wieder sagen: »Tja, da hat der Schiedsrichter wohl die Rote Karte im Hotel vergessen!« Ich spüre den Schmerz, der absoluten Lächerlichkeit preisgegeben zu sein. Bin im Schiedsrichterlehrgang und versuche den Kollegen zu erklären, warum ich das Foul nicht sehen konnte und keiner in diesem Moment etwas hätte sehen können. Ich drücke die Zeitlupe, ich zoome – während die anderen über mich lachen, höre ich seine Stimme: »So ein Spiel können fünfhundert andere Schiedsrichter auch begleiten!« »Begleiten«, ha, statt führen und leiten. Ich bin kein Begleiter, ich bin Schiedsrichter aus Leidenschaft, ich ... Plötzlich in meinem Rücken ein empörtes Raunen aus der Fankurve, ich stehe jetzt ohne Trikot mitten auf dem Spielfeld, völlig nass geschwitzt. Ich suche nach meiner Roten Karte, ich finde sie nicht. Ich muss sie im Hotel vergessen haben. »Jeder darf einen Fehler machen, nur du nicht, Babak!« Die Hitze in der Arena lässt sich nicht regulieren. Die Klimaanlage steht auf Kühlen, aber ich schwitze, es läuft aus allen Poren, über mein Gesicht, vermischt mit Tränen meiner Angst, meiner Wut und meiner Trauer. Die Sprechchöre in der Arena werden immer lauter, sie rufen, so scheint es, meinen Namen. Dann höre ich es genau, aus 50.000 Kehlen: »Babak Tomati! Arschloch Rafati!«

Das Fernsehbild erlischt. Es spuckt mich aus, ich lande wieder im Zimmer. Sitze immer noch auf der Couch, immer noch in Mantel und Schuhen. Wie viel Zeit bleibt mir noch? Magisch angezogen blicke ich immer wieder zur Uhr. Verdammt, warum trete ich diesen Fernseher und diese blaue Uhr nicht einfach kaputt? Vielleicht gelänge es mir, diesen Zauber zu durchbrechen, meinen Schmerz abzureagieren, um mich nicht weiter in diese Ekstase der Verzweiflung zu puschen? In einem letzten Kraftakt versuche ich mich zu konzentrieren, um einen schnellen Ausweg zu finden, meine Hilflosigkeit und Handlungsunfähigkeit unter Kontrolle zu kriegen. Der Impuls ist: Flucht. Zu meinem Vater. Zu Rouja.

Mit allem einfach Schluss machen und unauffällig in ein neues, besseres Leben gleiten. Ein Leben ohne Fußball. Ich werde unmöglich noch einmal in der Bundesliga meinen Mann stehen können. Panikartig schaue ich im Handy auf die nächste Zugverbindung nach Hannover, um einen zweiten Versuch zu starten. Kurz vor 8 Uhr fährt planmäßig der nächste Zug. Ich stocke, als ich aufstehen will. Ich bin auf dem Haken einer neuen, für mich unentwirrbaren Problemschleife. Was, wenn ich in der Lobby unten zufällig auf einen von der Mainzer Mannschaft oder meine Teamkollegen treffe, sie mich ansprechen und fragen, wohin ich denn wolle? Wie soll ich meinen Zustand erklären? Sie werden mir ansehen, wie ausgelaugt ich aussehe, meine völlig durchgeschwitzten Haare, die schweren Ringe unter den Augen, mein kalkweißes Gesicht. Sie werden augenblicklich wissen, dass irgendetwas mit mir nicht stimmt.

Dieser kurze, erlösende Gedanke einer neuen Flucht hat sich damit zerschlagen. Augenblicklich fühle ich meinen Puls ansteigen, das Pochen in den Schläfen, das Adrenalin, das in meine Adern spült und meine Unruhe weiter verstärkt, eine Unruhe, die nach einem Ausweg sucht, aber keinen findet. Dabei renne ich wie ein eingesperrter Löwe mit unsortierten Gedanken im Zimmer auf und ab, schaue immer wieder auf die Uhr und aus dem Fenster in den heraufdämmernden Tag. Dort sehe ich wieder den Rohbau des Hochhauses, in ca. fünf Kilometern Entfernung. Auf der rechten Seite der Rhein, der in dem qualligen Schwarz seines Wassers die Schiffe vor sich herschiebt. Ertrinken oder stürzen? Ich stocke. Gehe wieder hektisch hin und her. Stocke erneut und schaue nach draußen. Vor dem Gebäude gegenüber steht ein Mann und raucht eine Zigarette, er muss meine hektischen Bewegungen bemerkt haben und starrt zu mir hoch. Ahnt der Mann da unten, was mich umtreibt? Dass ich beginne, darüber nachzudenken, wie ich meinem Leben als letztem Ausweg am besten ein Ende bereiten kann? Ich reiße die Vorhänge zu, was mein Verhalten noch auffälliger machen muss. Ich sinke auf dem Sofa wieder in mich zusammen. Ich weiß jetzt, dass ich nicht mehr wagen werde, das Zimmer zu verlassen. Ich bin endgültig gefangen.

Plötzlich fällt mein Blick auf die Minibar und ich greife aus einem spontanen Impuls, sehr entschlossen nach zwei kleinen Flaschen, hochprozentigem Alkohol, die ich hintereinander einfach in mich hineinschütte, um den Brechreiz zu unterdrücken. Ich trinke nur selten und tatsächlich setzt wie erhofft die benebelnde Wirkung ein. Ich werde endlich ruhiger, kann wieder denken. Nun habe ich wohl einen Ausweg gefunden. Dann geht alles sehr schnell. Ich will nicht mehr und ich kann nicht mehr. Ich habe in diesem Moment den Entschluss gefasst, ich will das beenden. Ich schnappe aus meiner Sporttasche meine Notizen, die ich immer unmittelbar vor dem Spiel zur Vorbereitung einstudiere. Sie sollen mir helfen, kritische Situationen zu verinnerlichen, wie zum Beispiel Handspiele im Strafraum, Ellenbogenschläge, Foulspiele, worauf ich bei meiner Körpersprache achten muss, mein Auftreten gegenüber den Spielern – deutliches Unterstreichen meiner Entscheidungen durch Gesten für die Fans oben auf den Rängen. Ich überfliege meine Leitsprüche, die ich in den letzten schlaflosen Nächten vor dem Spiel zur Selbstmotivation aufgeschrieben habe, um mich stark zu machen für die Prüfung des Spiels. »Du bist FIFA-Schiedsrichter!« und »Du musst Dich vor niemandem verstecken!« »Zeig es Dir – Beweis allen, was Du kannst!« »Brust raus, Arsch zusammenkneifen und dann raus!« »Du bist der Chef im Ring – lass Dich nicht kleinmachen!« Ich will diese Aufzeichnungen entsorgen. Eigentlich kann es mir egal sein, aber wieder schießt mir durch den Kopf, was die Leute von mir denken, wenn man mich findet und diese sehr persönlichen Notizen in die Öffentlichkeit geraten. Hatte Rafati Minderwertigkeitskomplexe? War er gar geistig verwirrt? Was die Leute denken, beschäftigt mich mehr als mein eigener Tod. Ich habe weniger Angst vor meinem Tod als vor der Berichterstattung in den Medien. Ich will nicht, dass man auch noch nach meinem Tod über mich redet, spekuliert, Halbwahrheiten verbreitet. Ich muss die Aufzeichnungen entsorgen, aber im Papierkorb meines Zimmers ist das nicht möglich, denn hier würden sie entdeckt. Die Möglichkeit der Entdeckung versetzt mich wieder so in Panik, dass ich – unter der dumpfen Wirkung des Alkohols – plötzlich einfach so aus meinem Kerker taumle, im Hotelflur nach Papierkörben suche, keine finde und auf der weiteren Suche bis hinunter in die Hotellobby gerate – die ich vorher noch aus Angst vor Entdeckung unter allen Umständen gemieden habe. Ich durchquere die Lobby in fieberhafter Angst vor einer Begegnung. Die Überwachungskameras zeigen bei der Auswertung durch die Polizei später einen nicht besonders auffälligen, bei näherem Hinsehen aber irritiert wirkenden Mann mit leicht wirrem Haar, der – sich dauernd umblickend – etwas hektisch, scheinbar ziellos die Lobby nach etwas Verlorenem absucht.

Erst außerhalb des Hotels, seitlich vom Haupteingang, finde ich endlich einen Papierkorb, in den ich meine eng beschriebenen DIN-A4-Seiten stopfe. Jetzt wären es nur wenige Schritte zu den wartenden Taxis gewesen, der Ausweg, die Fluchtmöglichkeit zum Bahnhof, zum Zug nach Hannover. Ich sehe die Taxis – aber ich komme nicht darauf. Meine Gedanken kreisen nur noch um diese fixe Idee, die mich in Besitz genommen hat, eine Idee, wie dieser unaufhörlich weiterkreisende Film in meinem Kopf zu stoppen ist. Wie unlogisch und dumm mein Handeln eigentlich ist, nehme ich nur noch durch einen Schleier wahr. Ich gehe freiwillig zurück in meinen Kerker, denn ich bin wie von einem Fluch getrieben.

Ich habe unbemerkt die absolut letzte Eskalationsstufe erreicht. Ich knie vor der Minibar und trinke sehr hektisch und hintereinander die restlichen Flaschen hochprozentigen Alkohols aus, sodass ich exzessiv betrunken bin. Ich lasse parallel Badewasser einlaufen. Mit dem Alkohol spüle ich die hundert Baldriantabletten herunter, die ich mir gestern am Bahnhof gekauft habe, weil ich wieder eine weitere unruhige Nacht vor dem Spiel befürchtete. Gleichzeitig krakle ich alkoholzittrige Notizen auf einen Hotelblock, verabschiede mich von meiner Familie, von Rouja, ritze lautlos meine Schreie, meine Angst mit tiefen Kerben ins Papier. Ich schütte nach. Die nächsten zwei Flaschen. Mein Lebenswille kommt zurück, ich merke, dass es gar nicht darum geht, sterben zu wollen – sondern nur darum, endlich diese Kernschmelze in meinem Kopf zum Abklingen zu bringen. Ich will erlöst und befreit sein davon. Die nächsten zwei Flaschen. Ich habe einen Blackout. Als ich wieder zu mir komme, ist mein Film wieder angelaufen. In einem kurzen, lichten Moment merke ich noch, wie ungeheuerlich anklagend und ungerecht das alles ist. Ich zerreiße die Blätter und spüle sie in der Toilette herunter und drehe das Badewasser ab. Ich schreibe weiter, später wird man diese Zettel finden, hilfloses, schon entrückt wirkendes Gestammel eines Wahnsinnigen. Wörter wie Peitschenhiebe. Zerstörerisch. Unbegreiflich und doch so tief aus meinem Inneren entflohen. Ich reiße mir intuitiv die Kleider vom Leib, um in die Badewanne steigen zu können. Jetzt. Mein Adrenalin steigt bis ins Unermessliche an und ich spüre eine Riesenflamme in meinem Körper aufsteigen, die durch nichts mehr zu löschen ist. Ich werde verbrennen. Ich will nicht mehr existent sein. Ich spüre diese Aussagen wie in Schlagzeilen final über meiner zerbrochenen, verwundeten und verletzlichen Gefühlswelt stehen. Mein ganzer Körper wird immer schwerer, ich fühle mich körperlich wie auch seelisch gelähmt. Keine Gedanken, nur noch schweben und absolut nichts fühlen, alles wie im Flug, befreit von allen Verletzungen der letzten Monate. Der Entschluss, es zu tun, ist für mich die Befreiung, endlich bin ich Handelnder und nicht mehr Leidender. Ich komme in einen euphorischen Zustand, ein unbeschreiblich fantastisches Gefühl, aber gleichzeitig tut es auch verdammt weh. Doch ich habe die Grenze des für mich Erträglichen in den letzten Stunden vollständig überschritten und habe jetzt seit Stunden zum ersten Mal endlich reagiert und eine eigene Entscheidung getroffen. Ich werde mich selbst erlösen, diesem miesen Film, der in meinem Kopf tobt, ein Ende setzen. Ich muss weinen, vielleicht weil ich mich sterben sehe. Von nun an leidet nur noch mein Körper und ich muss mich mehrmals hastig übergeben.

Der Rest ist wie ein Film, bei dem ich Zuschauer bin, ich sehe von oben in dieses Badezimmer wie in eine Puppenstube, auf einen Fremden, der ein Sektglas an der Badewannenkante zerschlägt, in einer irrsinnigen Wut beginnt, sich die Unterarme aufzuschneiden. Ein bedingungsloser Kampf, wie es scheint, gegen einen Unsichtbaren, ich sehe seinen Körper, der sich aufbäumt, windet und leben will, während seine Hände versuchen, ihn zu töten, manchmal hastig, manchmal im Zeitlupentempo. Sehe, wie er nach so einer Raserei wieder verzweifelt zusammensackt, während das Blut aus den zahlreichen Wunden, die er sich zufügt, sich stetig mit dem warmen Wasser mischt. Auch Glasscherben, die auf den Grund der Badewanne gesunken sind, fügen seinem Körper tiefe Schnitte zu, ich sehe, wie er sich dreht und windet. Er spürt keinen Schmerz. Nur die Wut, dass es nicht gelingen will, den Film zu stoppen. Er nimmt seinen Schal und versucht, sich zusätzlich den stärksten Lebensimpuls zu zerstören, seinen Atem. Sein Körper kämpft. Zuletzt dreht er sich in der Badewanne, mit dem Rücken zur Decke, drückt sein Gesicht unter Wasser und will sich ertränken, aber irgendetwas hält ihn im letzten Moment immer wieder ab. Kurz vor dem Ersticken, kurz bevor er nach Luft schnappen und Wasser einatmen wird, zieht er seinen Kopf aus dem blutroten Wasser. Er greift nach der leeren Bierflasche neben der Wanne und schlägt sie wütend über seinen Kopf, um sein Ende zu beschleunigen, immer wieder, damit er sich nicht länger wehren kann gegen das, was beschlossen ist. Doch seine Schläge sind zu kraftlos, um das Bewusstsein zu verlieren, sorgen nur für weitere Wunden auf seinem Kopf, durch die immer mehr Leben aus seinem Körper in die Wanne strömt. Jetzt erst werden seine Bewegungen langsamer, eine Schwere legt sich über alles.

Ich sehe mich dort in der Badewanne und verschmelze wieder mit dem Bild, fühle mich nur noch schweben, spüre erlöst die Leere und die Stille in Geist und Körper, so wie ich mir das aufs Sehnlichste gewünscht habe, absolut keine Gedanken mehr. Der Ton ist abgedreht. Der Film in meinem Kopf endlich gerissen. Ich habe von meinem Leiden losgelassen, sinke ins Wasser und bin nun in Frieden mit mir, für immer und ewig befreit von diesen unendlich schmerzvollen und qualvollen Gedanken. Jetzt hätte ich nur noch sagen wollen:

»Das bin ich.« Doch ich falle nur noch lautlos in die Dunkelheit.

HÖLLENQUALEN

Im Hotel nehmen die Dinge ihren Lauf. Wenn ich geglaubt hatte, meinen Film nun endgültig gestoppt zu haben, dann ist das ein Irrtum. Er fängt erst an. Die Ereignisse der nächsten Stunden überschlagen sich und meine Tat wird das Leben von mir und meiner Familie, von vielen Freunden und auch von 40.000 angereisten Fußballfans verändern, die, statt ein spannendes Spiel zu sehen, wieder zurück nach Hause fahren müssen. Wenn ich damals auch nur annähernd geahnt hätte, was ich damit auslöste und was ich anderen Menschen antat: Ich hätte alles ertragen, um zu verhindern, was dann geschah. Nur: Das setzt rationales Denken voraus – und ich ahnte nicht, wie krank ich zu diesem Zeitpunkt schon war, wie tief gefangen unter dieser Glocke der Selbstzerstörung.

9:00 Uhr: Meine zwei Assistenten Patrick Ittrich und Holger Henschel treffen sich zum Frühstück. Ich nehme nicht teil, kein ungewöhnlicher Vorgang. Mein Team weiß, dass ich kein Frühstückstyp bin. Sie sind gewohnt, dass ich bis zur Abfahrt gerne auf dem Zimmer bleibe, um mich allein auf das Spiel einzustimmen. Mein Fehlen weckt zunächst keinerlei Argwohn, nur bei Rouja, deren Anrufe ins Leere gehen, weil ich um diese Zeit schon auf dem Weg bin, mich von dieser Welt zu verabschieden.

13:30 Uhr: Inzwischen ist auch der vierte Mann, Frank Willenborg, in der Hotellobby eingetroffen. Termin für die Abfahrt zur Schiedsrichterbesprechung im Stadion. Dort gehen wir die Besonderheiten des Stadions, der Spieler, der Trainer, des ganzen Umfeldes durch, damit es keine Überraschungen gibt. Das Team schwört sich noch einmal ein, reine Routine. Spätestens 90 Minuten vor Spielbeginn (15:30 Uhr) ist das Schiedsrichterteam immer im Stadion. Zum einen, um Verspätungen durch Staus und Ähnliches auszuschließen – zum anderen, weil wir noch mal den Platz, die Linien und den Rasen kontrollieren. Ich bin bekannt dafür, dass ich penibel darauf achte, dass jeder auf die Sekunde pünktlich ist. Ich bin noch nie zu spät gewesen und noch nie ist diese

Besprechung bei mir ausgefallen. Doch diesmal komme ich nicht. Bei meinen drei Teamkollegen macht sich jetzt zum ersten Mal Unruhe bemerkbar. Sie rufen über mein Handy an, wählen meine Zimmernummer. Keiner hebt ab. Sie fahren hoch in den fünften Stock und klopfen zunächst zaghaft an die Zimmertür, dann hämmern sie mit den Fäusten laut dagegen. Keine Antwort. Vom heftigen Klopfen und Rufen alarmiert kommt eine Hotelangestellte und öffnet die Zimmertür. Das Refereegespann findet mich mit aufgeschnittenen Pulsadern in der Badewanne auf.

Wie die Zeitungen später berichten werden, geht es dann Schlag auf Schlag.

13:40 Uhr: Notärzte und Polizei fahren mit Blaulicht in die Auffahrt des Hyatt-Hotels. Rafati hat viel Blut verloren und ist nicht bei Bewusstsein. Nach der Erstversorgung wird er umgehend ins Holweide Krankenhaus im Stadtteil Köln-Mühlheim gebracht. Bei Spielern und Verantwortlichen von Mainz 05, die ebenfalls im Hyatt-Hotel übernachtet haben und jetzt in der Lobby auf den Mannschaftsbus warten, der sie zum RheinEnergieStadion bringen soll, herrscht Aufregung über das große Polizeiaufgebot. Schnell ahnt man, dass etwas Ungewöhnliches vorgefallen ist. Christian Heidel, Manager von Mainz 05, hat die Situation kurz vor der Abfahrt ins Stadion beobachtet und vermutet einen Unfall: »Da ist irgendwas passiert. Bei der Abfahrt haben wir gesehen, dass einer aus dem Schiedsrichtergespann fehlte«, sagt Heidel bei der Ankunft im Stadion zu seinem Kölner Kollegen, FC-Geschäftsführer Volker Finke. Um wen es bei dem Einsatz der Helfer geht, ahnen die Spieler zu diesem Zeitpunkt nicht. Erst als die Spielabsage kommt, werden sie über die Hintergründe informiert.

13:45 Uhr: Vom Hotel aus alarmieren die Schiedsrichter ihren Chef, Herbert Fandel, den Vorsitzenden der DFB-Schiedsrichterkommission. Sie sind aufgewühlt von dem, was sie eben im Hotelzimmer erlebt haben. Als Fandel endlich begreift, was geschehen ist, hackt er die Geheimnummer von DFB-Präsident Theo Zwanziger in seine Handytastatur. Sein kurzer Kommentar: »Es ist etwas ganz Schlimmes passiert.« Zwei Minuten nach Fandels Hiobsbotschaft jagt Zwanzigers Fahrer den Dienstmercedes bereits mit durchgetretenem Gaspedal über die Autobahn Richtung Köln. Den geplanten Besuch des Frauenländerspiels der deutschen Mannschaft gegen Kasachstan in Wiesbaden bricht Zwanziger ab.

Zwanziger ist aufgebracht. Gerade dachte er, es würde wieder Ruhe einkehren beim DFB. Die Querelen um die Vertragsverlängerung von Jogi Löw und Oliver Bierhoff, die Schiedsrichterskandale um Wettbetrug und Steuerhinterziehung sowie die Schlammschlacht zwischen den Schiedsrichtern Manfred Amerell und Michael Kempter wegen sexueller Belästigung haben Zwanziger bereits fast das Amt gekostet. Ihm wird mangelhaftes Krisenmanagement vorgeworfen. Und das alles im Umfeld der Fußballweltmeisterschaft im Sommer 2010. Das Medienecho ist verheerend. Die Vorgänge ziehen Kreise bis in den Sportausschuss des Deutschen Bundestages. Die ZEIT schreibt:»So offen und liberal Theo Zwanziger den Verband machen wollte, so geschlossen und hierarchisch wirkt der DFB im März 2010. Aus dem Sympathieträger Theo Zwanziger ist ein Präsident zum Fürchten geworden.« In der Folge gibt es Rücktritte und Rücktrittsforderungen – Zwanziger bleibt. In einer Vertrauensabstimmung stimmen alle 47 Mitglieder des DFB-Vorstandes für ihn. Zum wiederholten Male erklärt der DFB die sogenannte Schiedsrichter-Affäre für beendet. Dabei weiß Zwanziger, dass in seinem Schiedsrichterteam nach dem Rücktritt des Schiedsrichterobmanns Volker Roth im Nachklang der Affäre immer noch große Unruhe herrscht. Die Bemühungen von Roths Nachfolger, Herbert Fandel, das System Schiedsrichter im DFB zu reformieren und einen Neuanfang zu setzen, stoßen auf Widerstand. Zwanziger müssen Gerüchte zu Ohren gekommen sein, Fandels Führungseigenschaften seien nicht unumstritten. Er hört von Intrigen, gezielten Informationen über Interna, die über die Presse lanciert werden. Zwanziger weiß auch um das gespannte Verhältnis zwischen Fandel, Krug und Rafati. Es gab Zurücksetzungen. In den Medien und Fanforen – vereinzelt auch von den Vereinen – war Rafati wegen einiger umstrittener Entscheidungen massiv angegriffen worden. War der öffentliche Druck, der auf ihm lastete, zu hoch? Hatten die Verantwortlichen im DFB Rafati zu wenig den Rücken gestärkt?

Ohne die genauen Hintergründe zu kennen, weiß Zwanziger, dass dem DFB jetzt die nächste große Belastungsprobe droht. Die seit Wochen emotional geführte Diskussion um den mörderischen Erfolgsdruck in der Liga könnte erneut aufbrechen. Ende September erst hatte der DFB den Schalke-Schock zu verkraften, als Trainer Ralf Rangnick wegen akutem Burnout die Notbremse gezogen und wie aus heiterem Himmel seinen Rücktritt erklärt hatte. Vorausgegangen war eine wochenlange

Zermürbung des Trainers, die durch Stress allein nicht zu erklären ist. Ein Paukenschlag. Ein weiteres Signal, dass etwas nicht stimmt in der Bundesliga. Nur drei Wochen zuvor hatte sich Hannovers Ersatzkeeper Markus Miller (30) wegen eines akuten Burnout-Syndroms in stationäre Behandlung begeben. Und jetzt Babak Rafati? Warum? Was war sein Motiv? Sicher, er stand unter hohem öffentlichen Druck. Aber reicht das aus, sich das Leben nehmen zu wollen? Ja, es reicht aus, wenn man die Details kennt. Zwanziger denkt in diesen Minuten wieder an Robert Enke, der sich fast auf den Tag genau zwei Jahre zuvor das Leben genommen hatte. Depression. Erschöpfung. Energieverlust. Zwanziger denkt an die Schockwellen, den dieser Suizid auslöste, an die bewegenden Trauerreden beim Abschied im Stadion, den Abschiedsbrief der Nationalmannschaft. Und nun schon wieder?

Während der Fahrt nach Köln laufen schon die ersten Eilmeldungen über die Nachrichtenticker: »Verzweiflungstat eines Schiedsrichters«, »Drama um Rafati – Bundesliga unter Schock«. Die gefährliche Medienmaschine ist angelaufen. Jetzt gilt es, die Ereignisse nicht in die falsche Richtung laufen zu lassen. Im Auto telefoniert Zwanziger ununterbrochen, gibt Anweisungen – wirft seinen gesamten Terminplan über den Haufen. Heute wird es nur noch ein Thema geben: Babak Rafati. »Zwanziger wird sich in Köln persönlich ein Bild über die Hintergründe machen«, sagt Ralf Köttker, Mediendirektor des Deutschen Fußball-Bundes auf die ersten Presseanfragen.

14:45 Uhr: Auch die Polizei Köln wird mit Reporterfragen bombardiert. Der Kölner Polizeisprecher Carsten Möllers bestätigt lediglich einen Einsatz im Hyatt-Hotel, teilt aber nichts Näheres zu den Umständen und keinen Namen des Opfers mit: »Es gab um 13:45 Uhr einen Einsatz im Hotel wegen einer verletzten Person.« Die Beamten halten sich bedeckt, denn ihre Kollegen im Lagezentrum der Polizeidirektion Hannover suchen immer noch nach Rouja, der Lebensgefährtin von Babak. Keiner weiß, wo sie sich aufhält. Babaks Vater haben die Beamten inzwischen erreicht und informiert. Djalal Rafati erholt sich zu Hause von einer schweren Augenoperation. Er kann nicht fassen, was geschehen ist. Auch er weiß nicht, wo Rouja zu erreichen ist. Kurze Zeit vorher hatten sie sich noch gesehen, sie sei sehr unruhig gewesen, weil Babak sich nicht bei ihr gemeldet hatte. Ihr Handy ist wie tot, stundenlang läuft nur die Mailbox. Gibt es etwa ein zweites Opfer? Hat sie sich was angetan? Alles scheint möglich in diesen Minuten. In jedem Fall will die Polizei verhindern, dass Rouja erst aus den Nachrichten erfährt, was in Köln geschehen ist. Ein Kriseninterventionsteam steht bereit.

...

Rouja erzählte mir später, sie habe zu diesem Zeitpunkt noch nicht gewusst, was geschehen sei. In der vergangenen Nacht kurz vor elf hatte sie mir noch eine SMS geschickt: »Ich liebe Dich, schlaf gut und versuch Dir keine Sorgen zu machen.« Immer wenn ich zu einem Fußballspiel unterwegs war, schlief Rouja auf der Couch im Wohnzimmer, weil sie es in unserem Schlafzimmer allein nicht aushielt. Ihre Mutter übernachtete dann manchmal bei uns, um ihrer Tochter beizustehen, die dem Spiel mindestens genauso entgegenfieberte wie ich.

Sie wählte am Morgen meine Handynummer, aber ich hob nicht ab. Sie überlegte, ob sie die Rezeption im Kölner Hotel anrufen und fragen sollte, wo ich erreichbar sei. Sie verwarf den Gedanken. Damals waren wir noch nicht verheiratet und sie war unsicher, was das Personal denken würde, wenn eine Frau mit anderem Namen beim Schiedsrichter Rafati anrufen würde. Sie wollte keine Spekulationen aufkommen lassen, weil ich ihr auch immer wieder eingeschärft hatte, dass ein Schiedsrichter einen für alle unzweifelhaft untadeligen Lebenswandel haben müsse. Sich unter falschem Namen zu melden, kam für sie nicht infrage. Das ist nicht unsere Art. Wenn man einen Migrationshintergrund hat, versucht man sich viel stärker anzupassen, sichtbare und unsichtbare Grenzen zu respektieren und unter keinen Umständen aufzufallen oder anzuecken. Du kannst seit Jahrzehnten in diesem Land leben und dich wie ich noch so sehr als Deutscher fühlen, ganz tief im Inneren bleibt immer ein Rest Furcht bestehen, man könnte durch ein ungewollt fehlerhaftes Verhalten abgelehnt werden. Achtung mir gegenüber durch die Öffentlichkeit hatte ich als unbedingt anzustrebenden Wert immer in den Mittelpunkt meines Lebens gestellt. Umso schlimmer traf uns, was dann mit uns in der Öffentlichkeit geschah.

Gegen 8:30 Uhr hatte Rouja noch mehrmals versucht, mich anzurufen. Wir telefonierten sonst jeden Morgen vor dem Spiel. Sie wünschte mir Glück und gab mir einen Kuss durchs Telefon. Das war eiserne Gewohnheit. An diesem Morgen kam nichts mehr. Sie rief meinen Vater

Djalal an, der sie beruhigte, er hätte in der Früh mit seinem Sohn gesprochen. Er sagte, dass ich mich belastet gefühlt hätte vor dem Spiel und so gut wie nicht geschlafen hätte. Dass er mir geraten hätte, ich solle das Spiel abgeben und nach Hannover zurückfahren. Allein der Gedanke, das Spiel nicht zu pfeifen, hätte mich wieder auf den Boden gebracht, und jetzt sei wohl alles wieder in Ordnung. Mein Vater meinte, ich würde sicher nur schlafen, um Kraft für das Spiel zu tanken. Das schien für Rouja einleuchtend und beruhigend.

Rouja wusste um meine Nervosität, die zermürbende Schlaflosigkeit schon Tage vor dem Spiel, unter der ich seit Monaten litt und die für uns beide immer belastender wurde. Sie hatte miterlebt, wie hart ich trainierte, um aus meinem Formtief zu kommen, wie akribisch ich Spiele auswertete, kritische Spielsituationen analysierte, um Fehler zu vermeiden, und sicher wird sie auch die Zettel mit meinen Leitsätzen gesehen haben, die ich zu meiner Selbstmotivation aufgeschrieben hatte. Rouja kannte mein extrem angespanntes Verhältnis zu Herbert Fandel und Hellmut Krug bis ins Detail. Sie wusste, wie sehr mich die Zurücksetzungen und das angekündigte Ende meiner Tätigkeit als FIFA-Schiedsrichter verletzt hatten – und sie erlebte die vielen Telefonate und SMS meiner anderen Schiedsrichterkollegen mit, die mich freundschaftlich zu motivieren versuchten – oder die mit brandheißen Gerüchten aus der DFB-Zentrale meine Person betreffend zusätzlich für Unruhe sorgten. Sie schwieg, wenn ich mich nachts schlaflos im Bett hin und her wälzte, und versuchte mich wie eine Mutter zu beruhigen. Sie spürte, wie angespannt ich war, wenn ich im Wohnzimmer auf und ab lief – aber sie konnte nicht ahnen, wie desolat meine Lage damals innerlich schon war. Nicht nur ihr, auch meiner Familie gegenüber spielte ich die Rolle des Unverwundbaren, des starken Babak, der mit allen Problemen selbst fertig wird. Ich war sicher, ich würde es schon alleine schaffen, diese Durststrecke zu überwinden. Niemand sollte sehen, wie verletzt und labil ich wirklich war. Vor allem Rouja nicht, die Frau, die ich liebte.

Nach dem Telefonat mit meinem Vater wählte sie erneut meine Nummer. Zu diesem Zeitpunkt war ich nicht mehr fähig, mit der Welt zu sprechen. Die Welt draußen und alle Menschen, die ich liebte, waren auf einen winzigen, nicht mehr sichtbaren Punkt verdichtet, der in meinem Inneren keine Rolle mehr spielte. Ich strudelte bereits tiefer und tiefer in diesen Trichter, in dem alles immer schneller nur um mich selbst kreiste.

Trotz ihrer Unruhe beschloss Rouja abzuwarten, bis ich mich vielleicht gegen Mittag doch bei ihr melden würde. Wir hatten die eiserne Regel, dass ich am Spieltag spätestens vor der Abfahrt ins Stadion bei ihr anrief. Niemals hatte ich diesen Anruf ausfallen lassen. Sie fuhr mit ihrer Mutter in die Innenstadt von Hannover. Anschließend wollten sie sich beide gemeinsam das Fußballspiel auf Sky anschauen, was sie häufiger taten, um mir zu berichten, wie kommentiert und meine Leistung bewertet wurde. Doch mein Anruf kam nicht. Von unterwegs telefonierte sie erneut mit meinem Vater, sie verabredeten sich auf einen Tee und beratschlagten bei meinem Vater in der Küche, was sie unternehmen sollten. Rouja war aufgelöst. Dass ihr Freund in ein Spiel ging, ohne noch einmal mit ihr telefoniert zu haben, hatte es noch nie gegeben. Rouja schlug vor, jetzt doch im Hotel anzurufen. Doch mein Vater war nicht zu überzeugen, er wollte jedes Aufsehen vermeiden und keine unvorhersehbaren Unannehmlichkeiten bereiten: »Was sollen die Leute denken, wenn wir da anrufen?« Außerdem habe das Gespräch am Morgen ja ergeben, dass alles in Ordnung sei. Die Diskussion über das Für und Wider eines Anrufs im Hotel ging noch eine Weile ergebnislos hin und her.

Rouja beschloss aufzubrechen. Sie wollte pünktlich zu Hause sein, um sich das Spiel im Fernsehen anzuschauen. Denn, so ihr logischer Schluss, spätestens kurz vor Abfahrt ins Stadion durch meinen obligatorischen Anruf oder beim Anpfiff würde sie ja sehen, dass ihre Befürchtungen gegenstandslos waren, wenn ich auf dem Spielfeld zu sehen wäre. Rouja und ihre Mutter hatten meinen Vater kaum verlassen, als dort die Nachricht über die Ereignisse in Köln eintraf. Doch Rouja war nicht mehr zu erreichen, ihr Handyakku war wegen der vielen Telefonate leer. Ein Umstand, der in der Einsatzzentrale in Hannover für Unruhe sorgte. Es würde noch über eine Stunde dauern, bis auch Rouja die Ereignisse einholten.

...

50 Minuten vor dem Anpfiff, um 14:40 Uhr, erreichten Rouja und ihre Mutter unsere Wohnung und sahen schon beim Einparken, dass etwas nicht stimmte. Aus einem Wagen, der quer zur Einfahrt stand, sprangen zwei Männer und eilten auf sie zu. Die Männer wiesen sich mit ihrer Dienstmarke als Zivilbeamte der Kripo aus und fragten Rouja, ob sie die

Lebensgefährtin von Babak Rafati sei, sie hätten ihr etwas mitzuteilen. Draußen vor der Haustür wollte man ihr jedoch keine Information geben. Rouja wusste sofort, dass etwas Fürchterliches passiert sein musste, und verlor im selben Moment den Boden unter den Füßen. Auf die Schultern der Mutter gestützt wurde Rouja in die Wohnung gebracht. Dort erfuhr sie die Wahrheit. »Ihr Mann hat versucht, sich das Leben zu nehmen.«

Rouja erzählte später, dass das der schlimmste Moment ihres Lebens war, als die Kripobeamten ihr diese schreckliche Nachricht überbrachten und sie zusammenbrach. Noch heute kann die Erinnerung bei ihr Angst- und traumatische Zustände verursachen, vor allem, wenn plötzlich unbekannte Menschen an unserer Haustür klingeln. Es sind Erinnerungen, die sie bis in den Schlaf verfolgen. Dann hat sie Albträume, aus denen ich sie sanft wecken muss.

Vorausgegangen war eine hektische Suche nach Rouja. Wegen ihres leeren Handyakkus hatten die Beamten vergeblich angerufen und jetzt warteten sie schon die ganze Zeit vor unserer Haustür. Zu Hause öffnete niemand, sodass die Einsatzzentrale schon überlegte, mithilfe der Feuerwehr in die Wohnung einzudringen. Die Polizei ging davon aus, dass Rouja die Nachricht durch die Medien erfahren haben könnte, vor Schreck vielleicht ohnmächtig sei und hilflos in der Wohnung liege – oder schlimmer noch: sich etwas antun könnte. Dass sie noch weit Schlimmeres in Erwägung zogen, sagten sie ihr nicht.

Wenn ein Schiedsrichter sich so spektakulär vor einem Spiel das Leben zu nehmen versucht, dann scheint als Motiv so einer Verzweiflungstat alles möglich zu sein. Die Beamten fragten Rouja, ob es Anzeichen gegeben habe, ob sie etwas geahnt habe. Sie schüttelte nur den Kopf. Sie war in einem Zustand der Fassungslosigkeit, wo sie absolut nichts aufnehmen und nicht mehr sprechen konnte. Sie konnte nicht verstehen, was geschehen war. Jeder Erklärungsversuch lief ins Leere. Meine Tat kam für sie tatsächlich aus heiterem Himmel. Ich hatte meine Rolle gut gespielt und vor ihr verborgen gehalten, wie groß meine Selbstzweifel inzwischen geworden waren. Ich wusste zudem ja selbst bis zu jener Nacht nicht, wie schnell mich dieser Zustand in Lebensgefahr bringen würde. Rouja machte mir in diesen Sekunden keine Vorwürfe, nur später sich selbst: »Warum habe ich das nicht verhindern bzw. bemerken können? Was habe ich falsch gemacht?«

Rouja hörte zwar, was die Beamten noch berichteten – aber es drang nichts mehr zu ihr. Später erzählte sie, sie sei in diesem Moment völlig leer und verzweifelt gewesen. Ihre einzige Sorge war: »Lebt er?« Zu diesem Zeitpunkt konnten ihr die Beamten noch nicht einmal sagen, in welchem Zustand ich war, sie wussten nur, dass ich auf der Intensivstation eines Kölner Krankenhauses lag. Erst zehn lange Minuten später kam der erlösende Anruf aus dem Lagezentrum, dass ich außer Lebensgefahr sei. Rouja begann hemmungslos zu weinen. Ihre dringendste Frage war beantwortet worden. Ich war am Leben.

...

Rouja sprang auf und wollte so schnell wie möglich zu mir nach Köln ins Krankenhaus. Die Beamten rieten dringend ab, in ihrem Schockzustand sei es absolut verboten, mit dem Auto zu fahren, und baten Roujas Mutter, sie keine Sekunde aus den Augen zu lassen. Die Beamten boten an, sie zum Bahnhof zu fahren. Rouja wusste aber, dass es mit dem Zug Ewigkeiten dauern würde und dass sie mit dem Auto viel schneller sein würden. Als die Beamten gingen schaute sie dem Wagen aus dem Küchenfenster nach, um sich im nächsten Augenblick den Autoschlüssel zu schnappen. Sie fürchtete, die Beamten hätten vielleicht meinen Zustand bewusst verharmlost, damit sie sich keine Sorgen machte. Sie wollte sofort nach Köln. Ihre Mutter versuchte sie abzuhalten, da sie voller Sorge war, dass es Rouja in ihrem aufgelösten Zustand nicht schaffen würde, die 300 Kilometer nach Köln zu fahren, was zum ersten Mal seit Jahren zu einem heftigen Streit zwischen Mutter und Tochter führte. Ihre Mutter bestand darauf, sie zu begleiten. Als sie in den Wagen einstiegen, bat sie ihre Tochter, kurz innezuhalten, sich erst zu beruhigen, denn beide waren am Weinen wegen der großen Ungewissheit. Rouja atmete durch. Dann drehte sie den Zündschlüssel um und sie fuhren los. Doch sie kamen nicht weit.

Als sie um die Ecke in die Hauptstraße biegen wollten, blockierte der Polizeiwagen ihren Weg. Natürlich hatten die Beamten den Braten gerochen und rieten den beiden Frauen nochmals fürsorglich, wenn überhaupt, dann bitte nur mit dem Zug nach Köln zu fahren. Rouja versuchte die Beamten zu überzeugen, dass sie den ersten Schock bereits überwunden habe, und versprach, das Auto nur bis zum Bahnhof zu fahren und dort zu parken. Das war glatt gelogen, wie sie viel später erzählte: »Ob die Beamten wussten, dass ich sie in diesem Moment angeschwindelt habe, weiß ich nicht – sie wussten aber ganz sicher, sie würden mich nicht aufhalten können.«

Rouja fuhr nicht Richtung Innenstadt, sondern in die entgegengesetzte Richtung. Zehn Minuten später war sie auf der Autobahn von Hannover Richtung Köln. Sie sei wie in Trance gefahren, sagte sie später, in Gedanken immer schon bei mir und den unfassbaren Ereignissen. An die Fahrt hat sie keinerlei Erinnerung, nur daran, dass ihre Mutter fortlaufend mit meinem Vater telefonierte. Von ihm kam die Nachricht, er habe wenige Minuten zuvor mit seinem Sohn im Krankenhaus telefonieren können, es gehe ihm den Umständen entsprechend gut. Rouja glaubte kein Wort, sie dachte, mein Vater wolle sie nur beruhigen – vielleicht, so mutmaßte sie, standen die Polizeibeamten sogar neben ihm, damit er sie zur Umkehr überredete. Während die Dörfer, Städte, die Ausfahrten und Entfernungstafeln nach Köln an ihr vorbeirauschten, dachte sie an das Schlimmste, dass sich mein Zustand vielleicht verschlimmert hätte, dass ich ernste Schäden davongetragen hätte und vielleicht sogar im Koma läge und es ihr nur keiner sagen wollte. Sie musste so schnell es ging nach Köln, um endlich Gewissheit zu haben, dass ich lebte. Sonst ist meine Frau eine sehr vorsichtige und defensive Autofahrerin, aber so schnell, wie sie fuhr, hatte sie an diesem Tag wohl einen Schutzengel.

Auf der Fahrt erzählte Rouja ihrer Mutter, dass sie niemals im Leben damit gerechnet hätte, das sich ihr Mann irgendetwas antun würde. Immer sei ich ihr als sehr fröhlich, offen, ausgeglichen, fürsorglich und stark erschienen. In den letzten Monaten hätte sie zwar bemerkt, wie mir die Sorgen viel von dieser Stärke und Unbekümmertheit genommen hätten – aber dass ich versuchen würde, mich umzubringen, war fern jeder Vorstellung. Sie sah meine Probleme als kleine, vorüberziehende Krise, aber nicht als lebensbedrohlich an, so wie sie sich jetzt darstellten. Sie hatte nie auch nur die kleinste Andeutung wahrgenommen, dass ich den Stress nicht mehr aushalten und nicht mehr leben wollte. Die Querelen im DFB um meine Person hatte sie bisher nicht als lebensgefährliche Bedrohung empfunden. Immer wieder hatte sie mir Mut gemacht, sofort aufzuhören, falls die Belastungen zu groß für mich würden. Wir seien beide finanziell gut abgesichert, hätten beide einen festen Job und verdienten sehr gut. Auch unsere Partnerschaft sei immer harmonisch und liebevoll gewesen. Durch den Verzicht auf Fußball hätten wir endlich viel mehr Zeit füreinander gehabt. Es wäre uns gut, vielleicht sogar sehr viel besser gegangen ohne die Intrigen und den Stress der Bundesliga. Und jetzt das!

Während der Fahrt machte Rouja sich immer wieder Mut. In ihr keimte so etwas wie Hoffnung auf. Vielleicht war hier der Schlusspunkt, über den sie manchmal mit mir gesprochen hatte: der Ausstieg aus der Karriere als Schiedsrichter, von dem aus wir einen Neuanfang starten könnten. Entscheidend war für sie jetzt allein, ob und wie ich überleben würde, dann würde es schon irgendwie weitergehen.

...

14:40 Uhr: Auch Theo Zwanziger ist unterwegs auf der Autobahn nach Köln. Er sitzt wie gefangen in seinem Dienstwagen und versucht sich in die Telefonkonferenz mit den Verantwortlichen in Köln einzuwählen. Während sich das RheinEnergieStadion stetig mit Zuschauern füllt, herrscht in den Katakomben unter den Tribünen Chaos und Durcheinander. Überall in Deutschland läuten die Telefone in den Vereinen. Wird man noch rechtzeitig einen Ersatzschiedsrichter beschaffen? Für das Spiel gibt es nicht mal mehr einen Assistenten. Patrick Ittrich, Holger Henschel und Frank Willenborg sehen sich nach den aufwühlenden Ereignissen nicht mehr in der Lage, das Spiel zu leiten. Sie werden von einem Kriseninterventionsteam psychologisch betreut. Ist der Anpfiff damit gefährdet? Muss man das Spiel jetzt absagen? Was sagt man den Fans? Wie reagieren die zehntausenden Fans, die zum Teil von weit angereist sind? Was, wenn die Enttäuschung über ein abgesagtes Spiel in Wut umschlägt? Tausende sind noch auf den Straßen und in den U-Bahnen unterwegs. Wird es Ausschreitungen geben? Panik? Verletzte? Die Kölner setzen sich mit den Verantwortlichen bei der DFL und dem DFB in Verbindung, um doch noch einen Ersatz zu organisieren. Aber: Darf man nach so einem Vorfall überhaupt weiterspielen, als wäre nichts geschehen? Wie werden die Medien reagieren? Zumal die Motive Rafatis und sein Zustand noch ungeklärt sind. Am Ende bleibt kein Entscheidungsspielraum: Ein komplettes Schiriteam ist so kurzfristig nicht aufzutreiben. Ein Gespann Unparteiischer aus dem Westen kommt wegen der DFB-Regeln nicht infrage, für Schiedsrichter aus dem Norden und Süden ist die Zeit wegen des Anreisewegs inzwischen zu knapp.

14:45 Uhr: Nach einer Telefonkonferenz zwischen Fandel, Zwanziger, DFB-Generalsekretär Wolfgang Niersbach und DFL-Geschäftsführer Holger Hieronymus wird entschieden, dass das Bundesligaspiel zwischen dem 1. FC Köln und Mainz 05 abgesagt wird. Zum ersten Mal in der Geschichte der Deutschen Bundesliga fällt ein Spiel aus, weil der Schiedsrichter nicht gekommen ist. So einfach wird auch die Begründung lauten.

14:50 Uhr: Kölns Geschäftsführer Claus Horstmann teilt allen Verantwortlichen und den anwesenden Sportreportern mit: »Das Spiel fällt aus. Ursache ist, dass der leitende Schiedsrichter ausfällt. Nach Absprache mit der DFL und dem DFB wurde das Spiel abgesagt.«

14:52 Uhr: FC-Geschäftsführer Volker Finke und Köln-Trainer Stale Solbakken stehen erschüttert vor der Mannschaftskabine. Sie geben sich einen Ruck und informieren ihre Spieler. Diese nehmen die Nachricht seltsam ruhig auf, ziehen sich um, packen ihre Taschen. Nach und nach begeben sich die Akteure auf die Heimreise. Die Mainzer Mannschaft wird auf der Rückfahrt im Bus über die Ereignisse der vergangenen Stunde informiert.

14:57 Uhr: Knapp dreißig Minuten bis zum geplanten Anpfiff. Das Stadion ist zu diesem Zeitpunkt etwa zur Hälfte gefüllt, die Veranstalter rechnen mit 46.000 bis 48.000 Besuchern. Kölns Stadionsprecher Michael Trippel geht mit seinem Mikro in die Mitte des Spielfelds und gibt bekannt: »Das habe ich in 50 Jahren auch noch nicht erlebt. Leider ist der Schiedsrichter des heutigen Spiels kurzfristig ausgefallen. Da es nicht möglich ist, kurzfristig Ersatz zu finden, muss das Spiel leider abgesagt werden.« Die Fans quittieren die Nachricht mit einem gellenden Pfeifkonzert und Buhrufen. »Wir hätten gern ein schönes Fußballfest gefeiert«, versucht Trippel zu beruhigen. Auf der Anzeigetafel im Stadion erscheint gleichzeitig folgender Text: »Liebe Fans – Aus wichtigen Gründen muss die Partie leider abgesagt werden. Wir bitten um Ihr Verständnis.«

Die Zuschauer machen sich unterdessen auf den Heimweg. Ausschreitungen bleiben aus. Die Kölner informieren über den Spielausfall auf ihrer Homepage. Der Zustrom der Fußballfans in der Innenstadt und im öffentlichen Verkehr zu dieser ungewöhnlichen Uhrzeit fällt auf. Ein

Fan postet: »Interessant. Ich hatte mich schon gefragt, warum ich eben so viele Kölnfans habe nach Hause fahren sehen ...«

15:30 Uhr: Die Spurensicherung der Polizei trifft im Hotel Hyatt ein. Die Ermittler wollen wissen, ob Rafati einem Gewaltverbrechen zum Opfer gefallen ist. Der Tatort wird fotografiert, Blutproben und Glassplitter gesichert, Fingerabdrücke gezogen. Die Beamten finden Zettel mit handschriftlichen Notizen Rafatis, vernehmen seine Assistenten und Hotelangestellte.

15:44 Uhr: DFB-Boss Zwanziger fährt vor dem Kölner Hyatt-Hotel vor. Reporter lichten ihn ab. Er sitzt auf dem Beifahrersitz des Wagens und hält sich die Hände vors Gesicht, um nicht erkannt zu werden.

16:00 Uhr: Die Polizei Hannover bestätigt am Nachmittag offiziell unter Berufung auf ihre Kölner Kollegen gegenüber der Deutschen Presse-Agentur, dass Schiedsrichter Babak Rafati einen Suizidversuch unternommen habe. Der TV-Sender Sky hatte zuvor unter Berufung auf gut unterrichtete Quellen berichtet, dass Rafati mit aufgeschnittenen Pulsadern gefunden worden sei. Die wichtigste Nachricht kommt wieder offiziell von der Kölner Polizei: Rafati sei außer Lebensgefahr.

16:01 Uhr: Kölns Geschäftsführer Claus Horstmann gibt auf einer kurzfristig anberaumten Pressekonferenz im Medienzentrum des Stadions den Spielausfall offiziell bekannt. Der Kölner Sportdirektor Volker Finke und der Mainzer Manager Christian Heidel sprechen von einem Unfall im Hyatt-Hotel: »Wir haben zwischen 14:00 und 14:15 Uhr die Nachricht bekommen, dass es einen Unfall des leitenden Schiedsrichters gab. Wir haben in dieser Situation natürlich sofort mit den verantwortlichen Stellen beim DFB und der DFL kommuniziert. Die Situation wurde somit schnell mit mehreren Personen betrachtet. Das Ergebnis ist, dass das Spiel nicht stattfindet.« FC-Pressesprecher Tobias Schmidt: »In der Kürze der Zeit konnte kein Ersatzmann kommen.« Finke ergänzt: »Die Absage des Spiels ist keine Entscheidung, die vom FC Köln oder von Mainz 05 getroffen wurde, sondern von der spielführenden Instanz über uns. Ich kann keine weiteren Details sagen.« Fragen nach Rafatis Zustand könne man nicht beantworten: »Ich weiß nur, dass er lebt«, sagt Horstmann. Finke wehrt weitere Reporterfragen ab: »Dass das Spiel nicht stattfinden kann, ist der Situation angemessen und richtig, ebenso dass wir nicht in Details rumstochern. Alles Weitere übernimmt die Presseabteilung des DFB und der DFL.« Die abgesagte Partie zwischen den »Geißböcken« und der Tuchel-Elf werde noch in diesem Jahr an einem Wochentagstermin nachgeholt. Ein Nachholtermin stehe bisher nicht fest, eine kurzfristige Neuansetzung in der laufenden Woche werde es nicht geben. Denn bereits am Freitag würden die Geißböcke im Westderby bei Borussia Mönchengladbach spielen. »Das Schwierigste wird sein, einen Termin zu finden, zumal die Mainzer noch im Pokal sind«, sagt FC-Geschäftsführer Claus Horstmann. »Der Stellvertretende Geschäftsführer der DFL, Holger Hieronymus, hat uns mitgeteilt, dass das Spiel in dieser Woche aus dem Spielkalender herausgenommen wurde«, sagt Finke. Und noch eine bittere Nachricht: Die Sperren für Martin Lanig (5. Gelbe Karte) und Henrique Sereno (Platzverweis in Bremen) gelten nun im Derby im Freitagsspiel gegen Mönchengladbach. Die Eintrittskarten behalten ihre Gültigkeit. Die Bundesliga steht nach dem Drama um den Spielabbruch in Köln unter Schock, doch der Ball rollt trotzdem.

16:15 Uhr: Erst in der Halbzeitpause hat sich das Drama in Köln auch in den Spielerkabinen der Bundesliga herumgesprochen und ist das beherrschende Thema. Bei den anderen am Nachmittag zeitgleich um 15:30 Uhr begonnenen Spielen liefen die meisten Profis ahnungslos auf. In den ersten Reaktionen zeigen sich alle Akteure erschüttert. »Ich habe es unmittelbar nach dem Spiel erfahren. Mir fehlen dafür die Worte. Ich bin schockiert«, sagt Wolfsburgs Torhüter Diego Benaglio.

Der Schalker Spieler Lewis Holtby spielt an diesem Tag gegen Nürnberg: »Ich habe es gehört, als ich vom Platz gekommen bin, und habe eine Gänsehaut bekommen. Auch im Fußball sollte die Menschlichkeit im Vordergrund stehen. Schiedsrichter sind keine Maschinen. Sie sind auch nur Menschen. Es herrscht ein enormer Druck, wenn sie vor 60.000 oder 80.000 Zuschauern pfeifen.« Horst Heldt, Manager von Schalke 04: »Ich habe es erst kurz vor Spielbeginn erfahren und den Trainer informiert. Wir haben es aber nicht an die Mannschaft weitergegeben. Wir sind alle sehr geschockt und bestürzt. Das Wichtigste ist, dass er sich wieder stabilisiert hat. Jetzt gilt es, ihm zu helfen.« Schalkes Trainer Huub Stevens kommentiert die Spielabsage in Köln: »Die Gesundheit ist immer das Allerwichtigste. Da ist Fußball nur Nebensache. Ich kann mir vorstellen, dass nach solch einer Nachricht niemand spielen will.« Die Begegnung in Gelsenkirchen jedoch findet planmäßig statt. Fredi Bobic, Sportdirektor des VfB Stuttgart: »Das war erst mal ein

Schock. Es ist unbegreiflich, dass so etwas passieren kann. Ich will mir jetzt dazu aber keine Meinung anmaßen, wenn so vieles noch unklar ist. Das Gute ist, dass Babak Rafati außer Lebensgefahr ist.«

Lukas Podolski, Stürmer beim 1. FC Köln, in Anspielung auf den zwei Jahre zurückliegenden Suizid von Robert Enke: »Es ist schon erstaunlich, in welcher Häufigkeit das alles passiert. Aber man muss immer aufpassen, dass man nicht alle Themen in Zusammenhang mit dem Fußball stellt. Man weiß ja nicht, was dahintersteckt.« Podolski kritisiert im Kölner Express die »Schweiger«, die nur dann mitreden, wenn etwas Dramatisches geschehen ist: »Man muss auch dann appellieren, wenn gerade einmal nichts passiert. Im Tagesgeschäft. Ich verstehe nicht, dass immer alle diskutieren, auf der Lauer liegen und mitreden, wenn so etwas Schlimmes passiert, und ansonsten nicht.« Der Druck im Profifußballgeschäft sei für alle Beteiligten in den vergangenen Jahren gestiegen, meint Podolski. »Ich erinnere mich an meine Anfangsjahre, 2004 war das noch besser und angenehmer, ruhiger als 2011. Man steht heute immer mehr im Fokus, wird immer mehr beobachtet. Der Druck wächst auf die Verantwortlichen.« Rafati und seiner Familie wünscht der Kölner Profi alles Gute: »Ich bin froh, dass es ihm besser geht. Ich habe ihn immer als guten Menschen und Schiri gekannt, mit dem man sich auch mal im Kabinentrakt unterhalten konnte. Er war immer nett und angenehm.« Felix Magath sagte dazu später: »Ich finde, dass Babak Rafati ein guter Schiedsrichter ist und außerdem ist er mir als Mensch sehr sympathisch.«

Borussia Dortmunds Trainer Jürgen Klopp steht am Abend in München vor einem wichtigen Aufholspiel gegen den FC Bayern und versucht, wieder Ruhe in seine Mannschaft zu bringen, um sich auf das Spiel zu konzentrieren: »Wir haben das vor der Mannschaftssitzung erfahren und das kurz besprochen, als die Jungs was gegessen haben, so um drei, halb vier. In der Sitzung war das kein Thema mehr. Aber wir waren schockiert, wie jeder Mensch, der das hört.« Sein Gegenspieler Jupp Heynckes: »Das ist ein Ereignis, das zu denken gibt. Da sieht man auch, dass Menschen allgemein, und besonders Schiedsrichter, unter ungeheurem Druck stehen. Das sind Dinge, die einen zum Nachdenken bringen.«

Spitzenfunktionäre wie Karl-Heinz Rummenigge und Reinhard Rauball fordern ein neues Miteinander mit den Spitzenreferees im deutschen Fußball, auch wenn ein Motiv für den Suizidversuch von Babak Rafati im privaten Bereich liegen könne. Ungeachtet der Beweggründe Rafatis bittet Rauball alle Zuschauer zu überdenken, ob gewisse Reaktionen gegenüber Unparteiischen erforderlich seien oder nicht. »Manchmal ist man ungerecht gegenüber Schiedsrichtern. Wenn man sich nachher die Zeitlupe anschaut, ist man erstaunt darüber, wie häufig der Schiedsrichter recht hat.« Zumal der Fußball in der Bundesliga in den vergangenen Jahren an Tempo ordentlich zugelegt habe und der Medienhype – auch um die Spielleiter – noch größer geworden sei. »Man muss ständig über dieses Thema reden. Ich werbe sehr dafür, dass man seine Einstellung überdenkt«, erklärt Rauball, Ligapräsident und Clubchef von Borussia Dortmund: »Ich habe nicht geglaubt, dass so etwas möglich ist in einem so nahen Umfeld zu einem Bundesligaspiel. Ich wünsche ihm, dass er diese Krankheit, die er im Moment akut hat, überwindet, dann aber auch die Ursachen beseitigen kann, die ihn dazu veranlassen mussten, eine solche Tat zu begehen.«

Niedersachsens Refereechef und Vorsitzender des niedersächsischen Verbands-Schiedsrichterausschusses, Wolfgang Mierswa, der Rafati seit fast 30 Jahren kennt, verlangt ebenfalls mehr Unterstützung für die Spielleiter. Künftig sei es umso mehr Aufgabe der DFB-Schiedsrichterkommission und der Verbandsausschüsse, »dafür zu sorgen, dass unsere Schiedsrichter von uns gestärkt werden, wenn sie von der Öffentlichkeit respektlos behandelt werden«. Zudem nennt der frühere Erstliga-Schiedsrichter Rafatis Suizidversuch »ein Alarmzeichen sondergleichen« und hofft, »dass diesmal nicht, wie nach dem Tod von Robert Enke, wieder zur Tagesordnung übergegangen wird«. Auch den Umgang mit Schiedsrichterfehlern in der Öffentlichkeit kritisiert Mierswa. In den Medien und von den Fans werde viel zu wenig wahrgenommen, »wie sehr einem Schiedsrichter ein Fehler schon auf dem Platz unter die Haut geht«. »Es gibt keinen Schiedsrichter, der nicht immer sein Bestes geben würde, und keiner von uns macht doch absichtlich etwas falsch. Wir sind eben auch nur Menschen.«

Der schwedische FIFA-Schiedsrichter Jonas Eriksson fordert die Fußballwelt anlässlich des Selbsttötungsversuchs von Bundesligareferee Babak Rafati zu mehr Achtsamkeit im Umgang mit den Unparteiischen auf und spricht von einer »unendlichen Tragödie für den Menschen Rafati«. »Man sollte sich der Tatsache bewusst sein, was man anrichten kann, wenn man dem Schiedsrichter die Schuld gibt. Der Druck ist mitunter fast unerträglich und Kritik unser täglich Brot. Ich ermahne alle, mehr nachzudenken.«

Schiedsrichter Markus Merk, dreimal Weltschiedsrichter des Jahres, mit damals über 242 Partien Rekordschiedsrichter der Bundesliga, widerspricht dem Lamento in den Medien über eine angebliche Belastung der Schiedsrichter vehement. Die Branche brauche die Schiedsrichter nicht »in Watte (zu) packen«, sagt er in einem Interview. »Es ist ein Privileg, Bundesliga zu pfeifen. Wer es nach da oben geschafft hat, braucht kein Mitleid.« Die Debatte darüber nennt Merk einen »Aktionismus, der äußerst bedenklich ist«.

Auch für den Vertrauensmann der Schiedsrichter im DFB, Rainer Domberg aus Heidenheim, ist der öffentliche Druck kein entscheidendes Problem der Spitzenreferees. »Es gab bisher noch niemanden, der sich über den Druck oder den Stress beklagt hat«, sagt er der Deutschen Presse-Agentur. »Es gibt nicht so viele Probleme bei Schiedsrichtern, wie es im Moment nach außen den Anschein hat.«

Der 38-jährige FIFA-Schiri Manuel Gräfe, 130 Ligaeinsätze, einer der wenigen Schiedsrichter, der den Mut hat, öffentlich Kritik zu äußern, klagt später zum Beginn der Bundesliga-Winterpause im Fußballmagazin »11 Freunde«: »So eine extreme Hinrunde wie diese habe ich in den 13 Jahren meiner DFB-Tätigkeit noch nicht erlebt. Viele von uns sind am Limit der Belastbarkeit – sowohl physisch als auch psychisch. Die Schiedsrichter sind bis zum Vorfall mit Babak Rafati von verschiedenen Klubs permanent medial angegangen worden, wie es das in den letzten Jahren in der Form nicht gegeben hat. Das Verhalten mancher Trainer und Funktionäre und ihre Aussagen in Interviews waren absolut inakzeptabel. Ich selbst hatte durchaus erwartet, dass etwas Außergewöhnliches passieren könnte, wenn auch nicht in dieser Form.«

Danach hört man kritische Stimmen aus dem System Schiedsrichter offiziell nicht mehr. Inzwischen gibt es DFB-intern eine Absprache zwischen den im Verband für die Belange der Bundesliga-Schiedsrichter zuständigen Personen, dass sich nur noch einer in der Öffentlichkeit zu diesem Thema äußern darf: Herbert Fandel. »Erst wollen wir abwarten, bis wir mehr über die Gründe wissen und es Babak besser geht. Dann werden wir uns zu gegebener Zeit äußern.« Danach wurde es schlagartig ruhig. Fandel wusste, dass es mir die letzten Wochen und Monate alles andere als gutgegangen war und ihm musste bewusst gewesen sein, dass er daran nicht völlig unschuldig war. Somit hatte er aus meiner Sicht allen Grund, die Dinge selbst zu regeln. Jede Kritik im Schiedsrichterwesen war damit verstummt.

■■■

Meine Rückkehr ins Leben ist weiß. Ich sehe nur weiß. In grelles Licht getauchtes Weiß, das mich so blendet, dass ich es nicht schaffe, meine verklebten Augen weiter als einen Spalt zu öffnen. Ich kann mich nicht aufrichten, fühle keine Kontrolle über meinen Körper, es ist, als habe man mich gefesselt. Immer wieder fallen mir vor Erschöpfung die Augen zu, aber ich realisiere langsam, dass ich in einer Klinik bin. Hände legen sich auf meine Schultern, versuchen mich zu beruhigen. Warum liege ich in einem Krankenbett? Was ist passiert, wer sind diese vielen Menschen um mich herum, die mich versorgen und mir das Kissen unter den Kopf schieben? Warum unterhalten sich die Schwestern so heimlich miteinander? Was wollen sie vor mir verbergen? Bin ich denn nichts wert? Oder warum spricht niemand mit mir? Sie müssen doch sehen, dass ich aufgewacht bin. Ist das hier wirklich oder träume ich das alles nur? Der Schmerz ist kein Traum. Der Schmerz ist der Feind aller Träume. Mein Blick fällt auf meine Arme, die wie bei einer Mumie mit weißen Verbänden umwickelt sind. Ich denke, so werde ich niemals das Spiel anpfeifen können, was werden die Spieler sagen, und versuche, die Arme unter der Decke zu verstecken. Die abrupte Bewegung löst Wellen des Schmerzes in mir aus und gleichzeitig spüre ich mit grausamer Macht ganz langsam etwas in mir zurückkommen, das mich in noch größere Ängste versetzt. Die Erinnerung.

Ich war noch wie benebelt, drehte mich sehr langsam und wollte aus diesem Bett heraus, weg von den aufleuchtenden Erinnerungsfetzen, den Filmstreifen, die erneut zu laufen begannen und immer wieder abbrachen. Aber meine fehlende Kraft und die Hände der Pflegerinnen, die mich sanft auf das Bett zurückdrückten, verhinderten diesen Drang. Ich spürte jetzt Schwäche im ganzen Körper, im Brustbereich spürte ich ein dumpfes Ziehen am Herzen. Als mein herumirrender Blick auf der großen Wanduhr hängen blieb, war es 16:30 Uhr. Mir fiel auf, dass ich doch jetzt zur zweiten Halbzeit im Stadion anpfeifen müsste. Oh mein Gott, es war ein Schock, fürchterlich und beschämend zugleich! Das Spiel musste längst begonnen haben. Ohne mich. Was mache ich noch hier? »Verdammt, kann irgendjemand diese Uhr entfernen, ich kann keine Uhren mehr sehen, nehmt bitte endlich die Uhr weg!« Ich weiß heute nicht mehr, ob ich das laut gerufen habe – oder ob es nur ein Aufschrei meiner Seele war.

Mit den ersten Erinnerungen kam auch die Erkenntnis, dass etwas Furchtbares geschehen sein musste. Warum stand ein Polizeibeamter draußen auf dem Gang? Was hatte ich verbrochen? Ich hatte keinerlei Erinnerung, was in diesem unheimlichen Hotelzimmer geschehen war – zunehmend panisch versuchte ich herauszufinden, warum ich hier war, verletzt, bewegungsunfähig – und nicht im Spurt auf der Diagonallinie im Stadion, das Spiel leitend. Stück für Stück begriff ich, dass sich etwas Schwerwiegendes ereignet hatte. Ich kann den panischen Schrecken, der mich erfasste, nicht grausam genug ausmalen ...

Es war dasselbe dumpfe seelische Stechen, das mir in der Nacht schon den Verstand geraubt hatte. Dann leuchteten immer mehr Details auf, fügten sich in ein großes Mosaik der Erinnerung. Es war das Bild meines Absturzes ins Nichts. Ich stand vor dem unbegreiflichen Rätsel einer Tat, die ich nicht mehr ungeschehen machen konnte, obwohl ich der felsenfesten Überzeugung war, dass nicht ich das gewesen war – sondern ein Fremder, mein Geist, mein Albtraum – aber nicht ich, Babak Rafati. Ich hatte keine Erklärung, so unwirklich erschien mir das ganze Geschehen der vergangenen Nacht, das sich mit immer rasenderen Bildern in mein Bewusstsein drängte. Ich erkannte mich in all dem nicht wieder, konnte es nicht fassen. Ich erfand Ausflüchte, Ausreden, Lügen, ich wehrte mich mit allen Fasern dagegen, es wahrzuhaben – und kam am Ende meiner verzweifelten Überlegungen jedoch immer wieder an denselben Punkt: Es war geschehen.

Ich selbst hatte es getan. Ich hatte mich schuldig gemacht. Mit einem Schlag wurden mir die ganzen Konsequenzen deutlich. Das Spiel lief ohne mich. Ich war endgültig draußen. Nicht nur für das nächste Spiel, nicht nur für diese Saison, nein FÜR DIE EWIGKEIT! Ich konnte mir ausmalen, was für einen Aufruhr mein Fehlen ausgelöst hatte. Noch nie hatte ein Schiedsrichter so kurz vor einem Spiel so derartig versagt. Ich spürte, wie heiße Scham jeden weiteren Gedanken überblendete. Die Bundesliga, die Zuschauer, die Medien und die Fanforen – ganz Deutschland würde sich in der Berichterstattung überschlagen. Mein Karriereaus war sicher.

Und viel schlimmer noch: das Bild des Versagens, das ich in der Öffentlichkeit abgeben würde, die Schande, die ich über meine Familie und Rouja gebracht hatte. Wie sollte ich ihnen je wieder unter die Augen treten? Ich fürchtete am meisten, meine Familie würde mich verstoßen. Überhaupt, wie sollte ich das meinen Freunden, meinen Nachbarn und den Menschen auf der Straße, die mich mein Leben lang darauf ansprechen würden, erklären? Was würden meine Chefs in der Bank, die Arbeitskollegen, meine Kunden und Geschäftspartner, die ganze deutsche Gesellschaft von mir denken? Ich würde mich nie wieder irgendwo blicken lassen können.

Ich hatte bemerkt, dass ganz viel Personal um mich herumstand – obwohl ich der einzige Patient in diesem Teil der Intensivstation zu sein schien. Dazu der Polizeibeamte vor der Tür. Ich versuchte, den Gesprächen der im Raum anwesenden Menschen Informationen über das Geschehen abzulauschen, um mehr über meine unheimliche Situation zu erfahren. Ein Arzt sagte zu den Schwestern, dass niemand Zutritt zu meinem Zimmer haben dürfe. Es würden sehr viele Journalisten »oben« warten und einige könnten versuchen, in die Klinik hereinzukommen, die Schwestern dürften aber auf keinen Fall Auskunft über meinen Zustand geben und auch nicht verraten, in welchem Zimmer ich untergebracht sei. Alles, was ich aufschnappen konnte, machte mir Angst. Meine schlimmsten Befürchtungen waren bereits übertroffen. Ich wurde gejagt, die ganze Öffentlichkeit würde an jedem kleinsten Detail meiner Niederlage interessiert sein. In immer weiteren Schockwellen zog meine Erkenntnis Kreise, was ich da angerichtet hatte.

Jetzt war es tatsächlich geschehen: »Dieser Sport verbrennt Menschen!« Fandels so leicht dahingesagter Spruch, der wie zu einem Fluch für mich geworden war, hatte sich erfüllt: Ich war auf immer und ewig verbrannt. Ich hatte mein Gesicht verloren. Bittere Scham durchströmte in heißen Wellen jede Faser meines Körpers. Die sich aufbäumende Verzweiflung schnürte mir komplett die Kehle zu. Ich schnappte nach Luft. Hätte ich die Kraft gehabt, ich wäre in diesem Moment ohne zu zögern aus dem Fenster gesprungen. Ich war aber körperlich wie gelähmt. Die Schwestern drückten mich ins Bett. Eine zog eine Spritze auf.

Sie waren aufmerksam geworden und sahen, wie mich mein ganzes

Elend übermannte. Ich weinte unermüdlich, schlug mit dem Kopf hin und her und wollte nur wissen, wo meine Familie sei. Sie versuchten mich zu beruhigen, aber vergeblich. Was ich fühlte, war unermesslich. Ich hatte in diesem Moment alles verloren, den Fußball, die Achtung und Anerkennung meiner Mitmenschen, vor allem jener, die ich liebte, Rouja, meiner Familie. Ich war wieder im Nichts der Bedeutungslosigkeit angekommen – dort, wo ich im Alter von acht Jahren in Deutschland begonnen hatte. Alle Träume und Ziele, für die ich in den vergangenen Jahrzehnten erfolgreich gekämpft hatte, waren durch die Schwäche einer einzigen Nacht zertrümmert worden. Ich war gescheitert, mein Leben erschien mir völlig sinnlos. Ich war wütend auf mich, dass ich nicht über die Folgen nachgedacht hatte. Das Ausmaß meines Tuns war mir in der Nacht überhaupt nie in den Sinn gekommen, ich war so darauf fixiert gewesen, endlich diesen Film zu stoppen, egal, mit welchen Mitteln. Ein Phänomen der Krankheit Depression, wie ich erst später erfahren sollte.

Als mich eine der Krankenschwestern zu trösten versuchte, schien mir das so billig. Ich schrie sie wütend an, sie behandle mich wie ein kleines Kind, und warf ihr vor, dass sie gar keine Ahnung habe, was ich verloren hätte. Sie aber blieb ganz ruhig und entgegnete mir, dass mich meine Familie lieben würde, mich nicht allein lassen und mich sicher bald besuchen würde. Ich hatte keine Hoffnung, dass mich noch irgendwer lieben würde, und versuchte kraftlos zu erklären, dass meine Familie die berechtigte Frage stellen würde, ob ich auch nur einen Moment mal an sie gedacht hätte, als ich diese schreckliche Tat begangen hatte, oder mir auch nur ein bisschen meiner Verantwortung bewusst gewesen wäre, was auf dem Spiel stehe. Ich versteckte mein Gesicht schluchzend im Kissen, unfähig weiterzusprechen. Ich war tatsächlich wie ein kleines Kind, ein Kind, das Schutz suchte und keinen fand. In diesem Moment war ich verzweifelt, dass mich meine Familie verstoßen würde und ich sie alle nie wieder sehen dürfte. Was war das für ein unbeschreibliches Gefühl, ein Gefühl der vollkommenen Leere – so fühlte es sich an, das Gewahrwerden meiner absoluten Niederlage. Du kannst nichts sagen. Nichts denken. Du bist umschlossen von einer kalten, unerbittlichen Leere. Vor einem Jahr noch der starke, entscheidungsfreudige Schiedsrichter und jetzt nur ein Häufchen Elend, verwundet und bandagiert in einem Krankenbett.

Wieder kam Wut gegen mich selbst hoch: Wenn ich schon so blöd gewesen war, mir das Leben nehmen zu wollen – warum hatte ich so völlig versagt, mein Ziel zu erreichen, um mir damit all das zu ersparen, was jetzt auf mich zukommen würde? War ich denn zu nichts mehr imstande? Was war ich doch unfähig und wie tief war ich durch mein Fehlverhalten gesunken! Obwohl ich körperlich völlig kraftlos war, spürte ich, mit welch ungeheurer Energie die Enttäuschung in mir wühlte, mit welchem Leichtsinn ich mich einfach so vom Platz gestellt hatte. Ich stand wie nackt in meiner ganzen Schwäche in der Öffentlichkeit, vor aller Augen hatte ich mich selbst entlarvt.

Und nun würde jeder in unserer Gesellschaft erfahren, welche Gefühle ich wirklich die ganze Zeit über vor mir und vor allen Menschen so unbedingt hatte verstecken wollen, nämlich wie sehr ich mich die letzten achtzehn Monate über verletzt und in meiner ganzen Persönlichkeit infrage gestellt gefühlt hatte. Wie verzweifelt ich bemüht gewesen war, das innere Gleichgewicht nicht vollends zu verlieren und das Bild, das ich von mir hatte und von dem ich wünschte, dass mich die ganze Gesellschaft so sehen würde, mit allen Mitteln bis zur völligen Erschöpfung aufrechtzuerhalten. Stark, selbstbewusst und erfolgreich. Rafati. FIFA-Schiedsrichter. Der erste Schiedsrichter der Bundesliga mit Migrationshintergrund. Eine Vorzeigekarriere. Einer von uns. Alle würden jetzt sehen, wie sehr ich mich an eine Rolle geklammert hatte, für die mir mit jedem Tag und jeder neuen seelischen Verletzung immer mehr Kraft entzogen worden war, sie überzeugend auszufüllen. Ich hatte alle enttäuscht, die mich gefördert hatten. Der ganze Betrug dieser Scheinwelt, vor allem an mir und meiner Seele, war auf einen Schlag zusammengebrochen. Das Spiel war aus.

Der Minutenzeiger der Klinikuhr sprang mit einem leisen »Klack« weiter und vermittelte mir in diesem Augenblick, dass mein Spiel Köln gegen Mainz zu Ende sein müsste. Abpfiff. Die Spieler und mein Team würden jetzt in die Kabinen eilen. Erschöpft, aber glücklich über ein gutes Spiel. So, wie es früher oft gewesen war. Ich aber lag hier, schaute erneut in den bodenlosen Abgrund einer vollkommenen Leere, fühlte den Schmerz der Scham, bis sich ein weiterer, furchtbarer Gedanke meiner bemächtigte: Wenn ich hier war, was war dann im Stadion passiert?

In meinem verwirrten Zustand fragte ich mich sogar kurz, ob die Beteiligten etwa noch auf mich warteten. Wer hatte mein Spiel übernommen? Ich würde nie wieder ein Bundesligaspiel pfeifen und dieses Glücksgefühl erleben, vor einer Kulisse von 60.000 Fußballfans ein Spiel zu leiten. Ich konnte diese Gedanken nicht mehr ertragen und weinte hemmungslos. Ich war wieder der kleine, verlassene Junge, der dem davonfahrenden Auto seines Vaters verzweifelt hinterherruft, ohne Chance, es aufzuhalten, und sehnte mich nach der Nähe von Menschen, die mich beachteten und mir ihre Zuneigung schenkten. Ich wollte nur Trost, nur einmal gestreichelt werden und Liebe erfahren.

...

Ich krächzte mit kraftloser Stimme, dass ich ein Telefon haben wollte, was man mir zunächst verweigerte. Mein Jammern und Flehen nahm kein Ende, die Ärzte sahen mir meine Hilflosigkeit an. Kurze Zeit später klingelte weiter hinten im Raum ein Telefon. Der Arzt nahm nach kurzem Läuten das Gespräch an, schaute mich nachdenklich an und hielt mir dann freundlich auffordernd den Hörer ans Ohr: »Ist für Sie!« »Hallo?« Mein Vater war dran und begann sofort zu weinen, als er meine Stimme hörte. Ich musste auch weinen, stammelte immer wieder Entschuldigungen für das, was ich angerichtet hatte, und bat um Verzeihung. Mein Vater machte mir keinen Vorwurf. Er wollte einzig und allein wissen, ob es mir wirklich gut gehe, ob ich verletzt sei – Hilfe brauche. Er war ganz nah bei mir. Wir weinten. Ich fragte nach Rouja. Mein Vater versuchte mich zu beruhigen, unterbrochen von seinem Schluchzen, und sagte, dass Rouja mit ihrer Mutter zusammen auf dem Weg zu mir in die Klinik sei.

Im Hintergrund hörte ich plötzlich das Durcheinander sehr vieler Stimmen, Rufe und Klingeltöne von Handys. Die Wohnung meines Vaters musste voll mit Menschen sein, die an unserem Schicksal Anteil nehmen wollten. Genauso war es. Freunde, Familienmitglieder, Menschen aus aller Welt, selbst aus dem Iran, hatten ihn aufgrund der laufenden Berichterstattung in allen Medien angerufen, Mails geschrieben oder ihn gleich persönlich aufgesucht, darunter auch zahlreiche Reporter. Die einen wollten meinem Vater Trost zusprechen und ihm in diesen für ihn schwierigsten Stunden seines Lebens beistehen. Die anderen versprachen sich Informationen über meinen gesundheitlichen Zustand und die Hintergründe meiner Tat. Sie alle wollten nur eines wissen: Warum? Am liebsten von mir persönlich.

Aber ich wollte meinen Vater für mich allein. Doch dafür blieb kein Raum. Ich hörte im Hintergrund, wie einer der Journalisten versuchte, das Gespräch von meinem weinenden Vater zu übernehmen, um mit mir ein Interview zu führen. Sie machten eben ihren Job. Ich ließ den Hörer kraftlos sinken. Mir wurde noch einmal schlagartig klar, welches Aufsehen meine Tat erzeugt hatte.

Was ich zu diesem Zeitpunkt nicht wusste, war, dass die Journalisten bereits vor dem Telefonat mit meinem Vater ein Interview geführt hatten und dass der Anruf bei mir auf Initiative der Medien erfolgt war, die sozusagen »live« die ersten Worte des gescheiterten Selbstmörders Rafati in alle deutschen Haushalte liefern wollten. Das Interview erschien am nächsten Tag im Kölner Express:

»Das Rafati-Drama. Auch die Familie des Referees steht wie ganz Fußballdeutschland unter Schock. Alle fragen sich: Warum wollte Babak sich das Leben nehmen? Wir sprachen mit Djalal Rafati, dem Vater des Unparteiischen.

Wann haben Sie das letzte Mal mit Ihrem Sohn gesprochen?

Ich habe Freitagabend und Samstagmorgen noch mit ihm gesprochen. Als Vater bin ich fix und fertig.

Alle fragen sich, warum dies geschehen ist.

Am Freitag war er auf dem Weg nach Köln. Er hat mir gesagt, dass er das Spiel dort pfeifen wird. Das war alles. Samstagmorgen rief er dann an und sagte nur: Papa, es geht mir nicht so gut! Ich habe ihm geantwortet: Dann sag doch das Spiel ab. Er sagte: Ich werde mich nachher wieder melden. Dann hat er aufgelegt. Seine Freundin und deren Mutter haben mit mir auf den Anruf gewartet. Als er nicht kam, hat sie angefangen zu weinen.

Was ist dann passiert?

Die Polizei hat sich gemeldet. Rouja ist mit ihrer Mutter sofort ins Auto gestiegen und hat sich auf den Weg nach Köln in die Klinik gemacht.

Haben Sie eine Erklärung für das, was geschehen ist?

Nein! Mit seiner Freundin ist er seit vielen Jahren zusammen und glücklich. Sie macht alles für ihn und ist eine tolle Frau. Mit ihr kann das nichts zu tun haben.

Gab es Anzeichen für eine Erkrankung?
Von Depressionen oder Burn-out hat mein Sohn nie etwas erzählt. Wenn er das getan hätte, hätte ich reagiert.
Hat er schon einmal über den Schiri-Job geschimpft?
Er war sehr zufrieden. Ich bin selbst vor wenigen Tagen am linken Auge operiert worden und konnte deshalb nicht nach Köln fahren, daher bin ich froh, dass Sie mich informieren können. Ich kann nicht verstehen, warum Babak das getan hat.«

18:35 Uhr: Beim Reporter klingelt das Telefon.
Dessen Redaktion, die über den Besuch des Reporters informiert war, hatte inzwischen den Kontakt zur Klinik hergestellt. Das war der Moment, als es bei mir im Krankenzimmer geklingelt hatte. Der Reporter reicht meinem Vater den Hörer. Wir telefonieren. Ich weine in dem mit Ärzten und Pflegepersonal gefüllten Zimmer auf der Intensivstation der Klinik in Köln – mein Vater schluchzt in seiner von Dutzenden Menschen belagerten Wohnung in Hannover. Nach dem Gespräch geht das Interview weiter, mein Vater bedankt sich erleichtert beim Reporter:

»Vielen Dank, dass Sie mir einen Kontakt in die Klinik hergestellt haben, ich habe mit meinem Sohn gesprochen.
Was hat er zu Ihnen gesagt?
Er sagte nur: Papa, verzeih mir, was ich getan habe. Ich habe ihm gesagt: Natürlich, du musst dich jetzt erst einmal erholen.«

Und genau dieser einzige Satz war dann die Schlagzeile des Tages, nicht nur im Kölner Express, sondern in allen Zeitungen, im Radio, im Fernsehen, in sämtlichen Medien: »Rafati sagte zu seinem Vater: Papa, verzeih mir, was ich getan habe.«
Mein Vater gab auch der BILD-Zeitung ein Interview. Darin sagte mein Vater unter anderem Folgendes:

»Als Erstes hat er gesagt: Papa, ich liebe dich! Er hat sich bei mir entschuldigt, mich um Verzeihung gebeten. Ich habe ihm gesagt: Natürlich, mein Sohn. Ich bin so unendlich froh, dass es ihm wieder gut geht.
Haben Sie gefragt, warum er versucht hat, sich das Leben zu nehmen?
Nein. Ich kann jetzt nicht sagen, warum, weshalb, wieso das gesche-

hen ist. Es wäre falsch gewesen, ihn das zu fragen. Wir werden darüber sprechen, wenn er wieder in Hannover ist. Ich kenne die Spekulationen aus den Medien. Was wirklich geschah, muss er mir selbst erklären.«

Ich erzähle diese Geschichte nur, damit man im Folgenden meine an Verfolgungswahn grenzende Angst vor Medienvertretern versteht. Ich befürchtete ständig, sie würden auf jedem Baum, hinter jeder sich bewegenden Gardine oder in meinem Kleiderschrank auf der Jagd nach schlagzeilenträchtigen Bildern, O-Tönen – auf der Jagd nach mir sein.

Ich bin heute trotzdem noch froh, dass der Kölner Express die Idee mit diesem Telefonat hatte. Dass mein Vater mich nicht fallen ließ, war eine unglaubliche Beruhigung. Ich hatte bis zu diesem Morgen fast nie geweint in meinem Leben. Ich wunderte mich, woher all die Tränen kamen, die ich gar nicht aufhalten konnte, die einfach so aus mir herausströmten. Ich weinte nur noch. Unfähig, meine Tränenflüsse zu stoppen.

•••

Als Nächstes beschlich mich die Angst, wie Rouja reagieren würde, wenn sie mich in meinem Zustand sehen würde. Andererseits konnte ich es nicht erwarten, bis sie endlich bei mir war, denn ich brauchte sie in diesem Augenblick mehr denn je und ich spürte meine Liebe zu ihr in einer unglaublichen Intensität.

Rouja ist die Liebe meines Lebens, niemals hätte ich den Verlust ihrer Zuneigung verkraften können. Sie hat Augen, tief wie ein Meer, und ich kann stundenlang träumen darin. Sie macht mich ruhig, sie ist sanft in ihrer Sprache, weich in all ihren Bewegungen und hart darin, sich selbst Leistung abzufordern in allem, was sie tut, wenn sie sich für etwas entschieden hat. Und: Rouja war die erste Frau in meinem Leben, die meine Fußballleidenschaft uneingeschränkt teilte und mit mir zusammen darin aufging.

Kurz nachdem wir uns 2010 kennengelernt hatten, saßen wir an einem Sonntag bei mir zu Hause vor dem Flatscreen und schauten Fußball. Ich wollte prüfen, wie sie das aushielt. Der ultimative Belastungstest für das Leben mit Babak Rafati. Wir schauten das erste, das zweite und das dritte Spiel. Ich beobachtete sie immer verblüffter aus den Augenwinkeln. Sie war voll dabei. Kannte bald alle Spieler und fragte nach den

Regeln. Ich konnte es zunächst gar nicht fassen, dass sich eine Frau mit mir zusammen geduldig Fußballspiele anschaute, ohne jedes Anzeichen, genervt zu sein. Begeisterung für diesen Sport kann man nicht heucheln: Entweder es packt einen und man geht mit – oder man lässt es ganz schnell wieder bleiben. Als ich in die Küche ging, um einen Kaffee zu holen, musste ich mich kneifen, ob das alles wahr sein konnte: eine Frau, die sich für Fußball begeistert. Aber es war so. Rouja ging völlig darin auf. Bald rief sie mich regelmäßig nach meinen Spielen an, gab über Handy die Analysen und Kommentare der Reporter durch, die Bewertung der Zeitlupenaufnahmen bei kontroversen Entscheidungen und zusätzlich ihre eigene Meinung, die mir immer wieder ihr hohes Verständnis für den Spielverlauf und die dahinterstehende Taktik verriet. Rouja liebte Fußball. Und keineswegs nur deshalb liebte ich Rouja.

Unser Hintergrund und unsere Geschichte ähneln sich. Beide waren wir bemüht, hier in Deutschland unseren Platz und Anerkennung in der Gesellschaft zu finden. Als Rouja mit ihren Eltern 1999 nach Deutschland kam, war sie siebzehn und sprach kein Wort Deutsch. Sie hatte im Iran ihr Abitur gemacht – aber dieser Abschluss war in Deutschland nichts wert. Die deutschen Schulbehörden wollten ihr allenfalls zubilligen, die mittlere Reife nachzumachen. Rouja war empört und sagte, »Nein, das mache ich nicht«. Sie entschied sich für eine Sprachschule, die sie nach nur drei Monaten mit einem Zertifikat in Deutsch erfolgreich abschloss. Mit diesem Zertifikat durfte sie nach einigem Hin und Her auf das Gymnasium und ihr Abitur machen. Anschließend studierte sie International Business Management in England und schloss dieses mit einem MBA und zusätzlich mit einem Sprachdiplom in Business English und Spanisch mit der Note 1,3 ab.

Rouja beherrscht vier verschiedene Sprachen in Wort und Schrift, Deutsch, Persisch, Englisch, Spanisch und bekam gleich einen Job bei einem renommierten Frankfurter Unternehmen. Rouja war genauso leistungsorientiert und diszipliniert wie ich, auch sie wollte nach oben und allen beweisen, dass sie ihren Platz in dieser Gesellschaft verdient hat. Wir teilten die Ansicht, dass man besonders viel leisten muss, wenn man einen Migrationshintergrund hat, nach oben strebt und in diesem Land eine neue Heimat finden will. Diesen unbedingten Willen hatten wir beide. Und wir hatten Erfolg.

Weil Rouja selbst Karriere machte, verstand sie nur zu gut, was es für mich bedeutete, nach einem doppelten Job in der Bank und auf dem Fußballplatz völlig kaputt nach Hause zu kommen. Rouja arbeitete selbst sehr hart. Abends lagen wir uns oft müde in den Armen, unfähig, auch nur eine Pizza zu bestellen. Wir bauten uns dann immer gegenseitig auf, taten uns etwas Gutes, umsorgten und pflegten uns, einer war für den anderen da. Und noch heute ist es so, dass wir aus diesem Verständnis heraus sehr sorgsam miteinander umgehen und uns beide sagen: Egal, wie kaputt ich bin, das tue ich jetzt noch für meinen Partner. Es ist ein gegenseitiges Geben und Nehmen. Ein unbezahlbares und somit wertvolles Gut.

Die erste Zeit unserer Liebe konnte ich gar nicht glauben, was für ein Engel da in mein Leben getreten war, ich wartete immer darauf, dass es Krach geben würde wegen Fußball, so wie es immer irgendwann so weit gewesen war in meinen vorherigen Beziehungen. Aber es kam kein Krach. Ich dachte oft: »Mensch, das gibt's doch gar nicht, da gehst du jetzt drei, vier, fünf Tage zu Fußballspielen, kündigst obendrauf noch einen einwöchigen Lehrgang an – und nichts passiert? Keine Vorwürfe, keine krachenden Türen? Kein Ärger?« Rouja war viel zu selbstständig, als dass sie nichts mit ihrer knappen Freizeit anzufangen gewusst hätte. Mit Rouja hatte ich eine Frau an meiner Seite, die nicht etwa klagte: »Und wo bleibe ich?« Sondern da stand diese Frau und sagte: »Fußball, toll – ich mach dir noch schnell was zu essen – dann können wir noch in Ruhe die Sportschau schauen!« Ich musste mich wirklich oft kneifen, ob ich träume.

Ich habe bei ihr all die Dinge erfahren, die mir in meiner Kindheit und meiner ersten Ehe oft so sehr gefehlt hatten: absolute Zuneigung, Verständnis, die Bereitschaft, alles für mich zu tun – als Ehefrau und gleichberechtigte Partnerin da zu sein. Es gab kein Gegeneinander. Stattdessen entdeckten wir, wie ähnlich unsere Einstellungen zum Beruf und zum Leben waren. Rouja ist ein Mensch, der wie Rosenduft meine Seele weitete. Das war ein ganz anderes Leben und plötzlich spürte ich, dass es noch viel mehr gibt als nur Fußball. Mit einem Mal hatte ich wieder Lust, etwas gemeinsam zu unternehmen, abends auszugehen, zu reisen, einfach mit ihr unterwegs zu sein. Roujas Eltern sind Künstler, Kalligraf, Maler und Musiker. Der Vater war im Iran Dozent an der Universität und die Mutter Gymnasiallehrerin. Rouja und ihre Familie weckten in mir das Interesse für Kunst und Musik. Ich hatte plötzlich eine Partnerin, mit der ich neue Gesprächsthemen entdeckte, die fern vom Fußball lagen. Wir freuten uns auf jeden Tag, an dem wir zusammen sein konnten. Ich war völlig hin und weg von dieser Frau – und bin es heute noch.

...

Ich liebte sie über alles, aber würde sie mich noch lieben können, nach allem, was ich getan hatte? Zweifellos, dachte ich, hatte ich sie tief verletzt, weil ich ihre Hilfe nicht gesucht und sie in der Nacht nicht angerufen hatte, sondern meinen Vater. Ich würde ihr erklären können, wie sehr ich mich über meinen Zustand geschämt hatte, dass ich stark sein wollte und wie ich vergeblich stundenlang mit mir gerungen hatte, die Nacht doch noch heil zu überstehen. Aber würde sie mir verzeihen? Mich in ihre Arme schließen? Was war ich noch wert?

In diesem Bett der Intensivstation lag ein Mann, der sich bewusst war, dass er sein Leben zerstört hatte und einen aussichtslosen Kampf um die Wiederherstellung seines Rufs führen würde. Vermutlich ist es so, dass man erst ganz unten ankommen muss, um zu erkennen, dass sich das Alte nicht halten lässt und dass es nur zwei Möglichkeiten gibt: sich aufgeben oder wieder den Mut fassen, alles neu aufzubauen. Heute tritt alles, woran ich vor meiner Tat glaubte, hinter der bedingungslosen Liebe zu Rouja zurück: Karriere- und Statusdenken, der Kampf um Anerkennung, Geld, Macht, Ansehen. Früher hätte ich gesagt: Ich muss existieren, mein Auskommen, meinen Platz in der Gesellschaft finden – heute sage ich, egal was kommt, ich möchte bewusst leben und nie wieder in meinem Leben dem eigenen Schatten hinterherlaufen. Aber zu dieser Erkenntnis musste ich von jenem Tag des 19. November 2011 bis heute einen sehr langwierigen und schmerzhaften Weg zurücklegen.

Rouja würde in den folgenden Stunden, den folgenden Wochen und Monaten gar das ganze Leben durch mich sehr viel leiden und ertragen müssen. Sie hat so viel mitgemacht, dass ich sie heute, ein Jahr danach, oft lange anschaue und mich staunend frage, woher diese so anmutige und zerbrechlich wirkende Frau nur die Kraft genommen hat, meine Krankheit auszuhalten und mich zu retten. Ich sage mir dann oft, Mensch, das gibt es gar nicht, dass dich dieser Mensch so liebt. Dass sie mal mein Leben retten würde, hätte ich damals nie geahnt. Sie ist ein

Engel und hat mich in all ihrer Anmut mit nur einem Arm aus dem Grab zu sich emporgehoben, in das ich mich selbst gestürzt hatte.

Und auf genau diese Frau wartete ich jetzt sehnsüchtigst. Mein Leben, das fühlte ich, lag in ihrer Hand, ihre Zu- oder Ablehnung würde für mich entscheidend sein, wie es weiterging – ob ich es weitergehen lassen würde. Als Rouja mein Krankenzimmer betrat, hatte sie, völlig aufgewühlt von ihren Gefühlen, eine lange Reise hinter sich.

Im Kölner Express steht am nächsten Tag: »Um 19.20 Uhr kommt Rafatis Freundin zur Klinik. Eine Stunde später fährt seine Mutter mit drei weiteren Verwandten vor, um nach ihrem Sohn zu sehen. Rafatis Bruder Jafar nach dem Besuch: ›Es geht Babak den Umständen entsprechend.‹«

Als Rouja und meine Schwiegermutter endlich in Köln ankamen, sahen sie die vielen neugierigen Journalisten vor dem Eingang der Klinik. Sie versuchten Rouja abzulichten, was sie jedoch sofort ablehnte. Sie kämpfte sich durch die bedrohlich wirkende Schar der Journalisten durch. Was hätte sie in der Situation auch sagen sollen? Dass sie sich selbst keinen Reim machen konnte, was genau geschehen war? Die Schwestern brachten sie sofort zu mir auf die Station. Was sie fühlte, als sie mich in meinem Zustand sah, hat Rouja später folgendermaßen geschildert:

»Ich hatte an diesem Tag schon einiges durchlebt an Gefühlsaufwallungen – doch das Wiedersehen mit Babak stellte noch einmal alles in den Schatten: Es war der bisher traurigste Moment meines Lebens, denn seinen Gesichtsausdruck werde ich nie wieder vergessen. Er lag zusammengerollt unter der Bettdecke wie ein kleines Kind, das Gesicht halb im Kissen vergraben, mit einem Auge zur Tür blinzelnd. Als ich ins Zimmer kam, schlug er die Augen nieder und fing sofort an zu weinen, so sehr schämte er sich. Seine Hände und Arme waren bis hoch zur Schulter mit Verbänden umwickelt. In seinem schönen schwarzen Haar war getrocknetes Blut und unter den verklebten Strähnen sah ich überall verschorfte Schnittwunden. Er wirkte ausgemergelt, sein Gesicht wirkte spitz und war kalkweiß, statt der gesunden Bräune, die ihm sonst immer so etwas Weltmännisches gab. Das frühere Strahlen seiner Augen war in einer stumpfen Tiefe versunken und was darin noch an Leben sein mochte, wurde verschluckt von den trauerschwarzen Ringen um seine Augenhöhlen. Er sah einfach schrecklich aus, das war nicht der Mann, den ich am Vortag an der Tür umarmt und verabschiedet hatte. Ich hätte es nie für möglich gehalten, dass sich ein Mensch in so kurzer Zeit derartig verändern und um Jahre gealtert wirken kann. Da lag ein Greis, aus dem alles Leben gewichen war, und ich brauchte ein paar Schrecksekunden, um den Menschen, den ich so liebe, wiederzuentdecken. Ich hatte Babak bisher nie weinen sehen, vielleicht mal eine Träne der Rührung – dann aber mit einem ganz breiten Lächeln –, aber als er mich sah, schluchzte dieser Mensch so herzzerreißend seinen Kummer heraus, wie ich es noch nie erlebt hatte. Es war ein so erschütternder Anblick, der mich in meinem Innersten berührt hat. Ich sank neben ihm aufs Bett und habe ihn dann nur noch sanft gestreichelt und immer wieder versucht, ihn zu beruhigen. Ich habe nicht viel gesprochen, ich wollte einfach nur, dass er weiß, ich bin jetzt für ihn da und werde ihn bis zu meinem Lebensende nicht alleine lassen.«

Rouja drückte mich ganz fest an sich und wir weinten gemeinsam minutenlang. Wir sprachen wenig. Ich spürte die Erleichterung bei Rouja, weil sie endlich die Gewissheit hatte, dass ich lebte. Und ich war erleichtert, dass sie mich nicht verstoßen hatte, sondern mich einfach in den Arm nahm und drückte. Das war meine größte Angst, von ihr verstoßen zu werden, weil ich ihr nicht den Hauch einer Chance gelassen hatte, mir das Leben zu retten, und weil ich sie, wäre ich mit meinem Suizid erfolgreich gewesen, für alle Ewigkeiten ohne Antwort auf ein »Warum« zurückgelassen hätte. Ich kam mir klein und elend vor, so sehr schämte ich mich, so aufgelöst war ich, dass diese Frau mir trotzdem ihre Liebe zeigte. Immer wieder hielt sie mich fest und betete auf Persisch: »Lieber Gott, danke, dass Du ihn mir ein zweites Mal geschenkt hast.« Als sie meine Arme und meine Wunden am Kopf genauer sah, erschrak sie und drückte mich noch fester an sich. Sie weinte, weil sie fühlte, wie viel Verzweiflung ich durchlebt haben musste, um mir solche Verletzungen zuzufügen. Vorwurf hörte ich keinen einzigen. Wir hielten uns eine ganze Weile einfach nur in den Armen und weinten.

Ich fühlte mich geborgen und geliebt. Es war, als hätte ich plötzlich Schutz vor all dem, was mich noch erwarten würde. Für Rouja, so beschloss ich, würde ich alles auf mich nehmen, was noch kommen sollte. Wir sprachen nichts miteinander, fühlten uns nur. Es hätte uns beide zu viel Kraft gekostet, um alles zu erklären. Es wäre mir schlicht unmöglich gewesen. Ich hatte selbst keine Erklärungen für ein Warum. Wir mussten zunächst erst einmal die Wahrheit fühlen und uns darüber klar werden, dass etwas sehr Schwerwiegendes mit uns passiert war.

Unser Wiedersehen in der Klinik spiegelte alles wider: das Glück, dass ich überlebt hatte, und die Verzweiflung über das Unglück, das durch meine Tat über uns gekommen war. Das Einzige, was mir in diesen ersten schweren Stunden weiterhalf, am Leben zu bleiben, war, dass die Reaktionen meiner Frau so tröstend aufopferungsvoll waren und sie nur meine Anwesenheit spüren und mein Wohlbefinden wollte. Sie machte mir keine Vorwürfe und stellte ihre Empfindungen und Zweifel hintenan. Die Frage nach dem »Warum« fiel bis heute nicht.

Trotzdem schämte ich mich für meine Tat und empfand Schuldgefühle. Wie sollte eine junge Frau mit 29 Jahren das alles überstehen und verkraften? Was würden die kommenden Tage bringen? Würde sie die ganze Medienpräsenz mit der entsprechenden Berichterstattung schadlos über sich ergehen lassen und aushalten? Ich wusste zu diesem Zeitpunkt noch nichts von ihrer Begegnung mit der Kripo bei uns zu Hause. Heute kann ich von unermesslichem Glück sprechen, dass ihre Mutter die ganze Zeit bei ihr war, sonst wäre es für sie noch gefahrvoller gewesen, die Begegnung mit den Kripobeamten, die Fahrt ins Ungewisse nach Köln heil zu überstehen.

Meine Angst, dass Rouja mich verlassen würde, nach all dem, was ich ihr angetan hatte, erwies sich zu meinem großen Glück als unbegründet. Meine Annahme, eine Frau würde ihren Partner einfach zurücklassen, nur weil er Schwäche zeigte, war die zweite große Fehleinschätzung meines Lebens. Stattdessen entwickelte Rouja noch mehr Liebe und Nähe zu mir. Sie würde mir in den kommenden Monaten noch eindrucksvoll beweisen, wie tapfer und aufopferungsvoll sie ist, denn sie meisterte alle Prüfungen perfekt und zehnmal entschlossener als ich. Sie war tapfer und tröstete und verteidigte mich immer wieder und zeigte mir ihre uneingeschränkte Liebe und nie sah ich auch nur das kleinste Anzeichen von Vorwürfen. Bald stellte sich heraus, dass der »starke« Babak es war, der ihre Hilfe brauchte. Nicht umgekehrt.

■ ■ ■

Während wir in der Klinik versuchten, uns wiederzufinden, betrat am Ende dieses aufregenden Spieltages ein sichtlich bewegter Theo Zwanziger den Medienraum des Kölner Stadions und suchte nach den passenden Worten, um die Ereignisse des Tages zu ordnen. Alle Medienvertreter warteten gespannt darauf, was nun genau in der vorausgegangenen Nacht in diesem Hotelzimmer geschehen war und vor allem: warum ich es getan hatte. Zwanziger hatte damals bei der Trauerfeier für Robert Enke im Stadion seine Abschiedsrede ohne Manuskript, wie aus dem Stegreif gehalten. Auch hier zeigte Zwanziger, dem immer eine Wankelmütigkeit gegenüber den Medien und ein jedes Risiko minimierendes Lavieren nachgesagt wird, so viel Mitgefühl, dass ich den Wortlaut seiner Schilderung wörtlich wiedergeben möchte. Als Zeitdokument und weil ich heute ein Jahr danach mit meinem Buch aufzuarbeiten versuche, was genau geschehen ist, nachdem ich bewusstlos zusammengebrochen war, und weil ich mich erinnern will, wie viel Leid und Unverständnis ich auch bei anderen Menschen, zum Beispiel bei meinen drei Assistenten, ausgelöst habe, die mir durch ihr schnelles und überlegtes Eingreifen das Leben gerettet haben. Für mich besonders interessant war, dass keiner so klar wie Zwanziger schon an diesem Abend die Ursachen meiner Verzweiflungstat allein in den Anfeindungen und den Belastungen durch meine Tätigkeit als Schiedsrichter sah. Und dass er versprach, Konsequenzen folgen zu lassen. All die noch folgenden verletzenden Versuche einiger Personen, abzulenken und das »Warum?« meiner Tat im rein privaten Bereich zu verorten, hätten an diesem Abend mit dieser Erklärung eigentlich erledigt sein sollen.

Zwanziger sagte: »Es ist nicht so einfach zu beschreiben, wenn Sie hören, dass Menschen, die in diesem Spitzensport so eine wichtige Rolle haben, plötzlich in die Situation der Ausweglosigkeit kommen. Das heißt, du siehst keine Alternative mehr zum Leben. Das ist etwas ganz Schreckliches. Es ist nicht erklärbar. Ich denke, die wichtigste Nachricht ist, dass der Gesundheitszustand von Babak Rafati stabil ist. Die zweite Nachricht: Die drei Assistenten Patrick Ittrich, Holger Henschel und Frank Willenborg haben mit dieser Situation schwer zu schaffen. Ich habe mit den drei Assistenten gesprochen, die natürlich fix und fertig sind. Sie saßen am Vorabend noch mit ihm zusammen und haben nichts gemerkt«, begann der 66-jährige Zwanziger zunächst zögernd. »Sie hinterlassen aber einen stabilen Eindruck. Sie werden im Rahmen der polizeilichen Ermittlungen durch den Notfalldienst seelsorgerisch betreut. Was ist passiert, was haben wir erfahren? Ich bin gegen 13:45 Uhr von

Herbert Fandel telefonisch informiert worden, es ist etwas ganz Schreckliches passiert. Er ist soeben von Patrick Ittrich unterrichtet worden, dass man soeben Babak Rafati in seinem Zimmer aufgefunden hat. Ich habe also zwei Minuten, nachdem das Ereignis im Hotel entdeckt worden war, von diesem Umstand gewusst.

Es war so, dass mir die drei Assistenten geschildert haben, dass Babak beim Frühstück nicht erschienen sei. Das sei aber öfters so, das sei keine ungewöhnliche Situation. Um 13:30 Uhr wollten sie mit ihm zusammen die Spielleitung besprechen und die übliche Vorbereitung zu dem Spiel angehen.

Als er, weil er in der Regel immer pünktlich sei, zu diesem Zeitpunkt nicht da war, haben sie zunächst versucht, ihn auf seinem Zimmer telefonisch zu erreichen, was natürlich nicht gelang. Dann haben sie sich sofort nach oben begeben und fanden die Tür verschlossen. Man hat dann sofort und sehr schnell mit einem Helfer, einer Servicekraft, die Tür öffnen lassen. Was sie dann vorgefunden haben, haben sie mir geschildert. Ich würde Sie bitten, mir Einzelheiten zu ersparen. Richtig ist, dass er in der Badewanne lag und natürlich auch viel Blut zu sehen war.

Man hat, und deshalb gilt mein ganz, ganz großer Dank diesen Dreien, alles versucht, ihm zu helfen. Und ich glaube, jetzt, einige Stunden nach dem Vorfall, sagen zu können, dass, wenn die Prognose, er ist außer Lebensgefahr, sich als richtig erweist, Patrick Ittrich, Holger Henschel und Frank Willenborg der entscheidende Verdienst daran zukommt. Sie haben das Notwendige in dieser Situation gemacht, was man tun kann. Das wurde mir auch so von der Kriminalpolizei bestätigt.

Es war dann die Frage nach den Angehörigen zu stellen. Das hat sich nicht ganz leicht ermitteln lassen, weil seine Lebensgefährtin nicht erreichbar war. Das ist, Gott sei Dank, inzwischen gelungen, sodass ich auch sagen kann, dass sie inzwischen unterrichtet ist. Die Kriminalpolizei hat ja bereits entsprechende Erklärungen abgegeben. Nach dem, was ich vernommen habe, schließt man Fremdverschulden aus. Es sind Notizen gefunden worden, die natürlich noch ausgewertet werden müssen. Insofern müssen wir zunächst einmal hoffen, dass sich der Gesundheitszustand, das ist das Allerwichtigste, von Babak Rafati schnell stabilisiert, dass er wieder voll gesund wird. Und darauf hoffen, dass das, was ihn belastet hat und was zu dieser Ausweglosigkeit beigetragen hat – sonst macht man ja keinen Suizidversuch – transparent wird und man ihm helfen kann, ihm diese Sorgen zu nehmen. Das ist die Aufgabe aller, die sich um ihn kümmern. Ich habe den drei Schiedsrichtern des Teams von Babak Rafati natürlich zugesagt und angeboten, dass jede Unterstützung und Hilfe, die der DFB gewähren kann, gewährt werden wird. Das Ganze sind natürlich auch psychische Belastungen, mit denen sie umgehen müssen.

Es fragen sich natürlich immer die, wenn eine solche Situation passiert, die im engsten Umfeld sind, kommt es zu emotionalen Belastungen, wurde nichts bemerkt, warum ist das so? Aber ich glaube sagen zu dürfen, dass man da abwarten muss. Erst wenn wir den notwendigen Erkenntnisstand haben, können wir die richtigen Antworten darauf geben. Es ist immer ganz schwierig in einer solchen Situation, daran zu denken, dass ein relativ junger Mensch, er ist 41 Jahre alt, so eine Ausweglosigkeit vor sich sieht. Ich weiß da auch kaum eine Antwort drauf. Der Druck auf die Schiedsrichter, aus den unterschiedlichsten Gründen, ist ungeheuer hoch. Und überhaupt im Leistungssport ungeheuer hoch. Und wir es einfach nicht schaffen, ihn in eine richtige Balance zu bringen. Man darf sich nicht in eine Sache so stark hineinbewegen, dass man am Schluss in eine ausweglose Situation gerät. Aber dort zu spekulieren – das wäre nicht gut, das wäre auch nicht angemessen. Es gilt, darauf zu hoffen, dass er zurückkehren kann ins richtige Leben. Dass er wieder gesund wird. Und natürlich ist es Aufgabe des Polizeipräsidiums von Köln, die Umstände dieses Suizidversuchs näher aufzuklären. Ich habe in dieser Situation entschieden, mich selbst vor Ort zu informieren. Weil es so eine außergewöhnliche Sache ist, wenn du damit konfrontiert wirst, dass einer unserer Spitzenschiedsrichter sich das Leben nehmen will.«

Während Zwanzigers Pressekonferenz noch lief und viele Fragen gestellt wurden und noch mehr Fragen unbeantwortet blieben, verließ die Spurensicherung der Kölner Polizei den Tatort im Hyatt-Hotel durch den Lieferanteneingang, nachdem sie jedes Detail, jede Schnapsflasche auf dem Boden und jeden Blutfleck in meinem Hotelzimmer dokumentiert und es anschließend wie den Schauplatz eines Mordfalls versiegelt hatten. Die polizeilichen Ermittlungen im Fall des Selbstmordversuchs von Rafati standen kurz vor dem Ende. »Wir haben mehrere Hinweise auf einen Suizidversuch. Fremdverschulden kann nach wie vor ausgeschlossen werden«, fasste der Kölner Polizeisprecher Andre Faßbender die Ergebnisse zusammen. »Da es sich um keinen strafrechtlichen Aspekt handelt, ist der Fall aus polizeilicher Sicht erledigt. Es ist nun eine Angelegenheit der Mediziner.«

...

In der ersten Nacht nach meiner Tat schliefen Rouja und meine Schwiegermutter bei mir in der Klinik. Angesichts meiner immer noch labilen Situation hatten die Ärzte eine Ausnahme gemacht und noch zwei Zusatzbetten ins Zimmer stellen lassen, damit ich nicht allein wäre. Richtig geschlafen hat keiner von uns. Ich merkte, wie ich aus Albträumen hochschreckte und schrie. Ich weinte und schluchzte, völlig erschöpft von dem Geträumten. Rouja eilte dann zu mir, versuchte mich zu halten und zu trösten. Es war eine furchtbare Nacht und ich hatte nur einen Gedanken, so schnell es geht weg von hier, nach Hause. Ich wollte mich verstecken, nichts mehr sehen und hören von dem, was da draußen geschah und immer stärker zurück in meine Wahrnehmung drängte. Ich hatte Angst davor, was da noch alles auf mich zukommen würde.

Die Folgen meiner Tat und die mich sehr belastende Frage, was die Öffentlichkeit über mich denken würde, rückten in den Mittelpunkt meiner Gedanken. Ich hätte mich so gerne verschwinden lassen oder alles ungeschehen gemacht. Ich hatte Tagträume, dass in Wirklichkeit der Spieltag völlig normal verlaufen war, dass ich zu Hause auf dem Sofa nur eingeschlafen war und nur erwachen musste, damit alles wieder gut wäre. Aber so war es eben nicht. Der Ausweg, den mein Unterbewusstsein in der Krisennacht blitzartig als einzige Lösung meiner Probleme gesehen hatte, nämlich mein Leben auszulöschen, war zur gefährlichsten Sackgasse meines Lebens geworden, aus der ich alleine nicht wenden und wieder herausfinden könnte. Ich hatte immense Probleme, mich meiner neuen Situation zu stellen, meine Gedanken wanderten ständig zurück, ich wollte alles ungeschehen machen und in meine gewohnte Realität zurückkehren. Doch alle Brücken dorthin waren abgebrochen. Wenn ich am frühen Morgen tatsächlich in den Zug gestiegen und nach Hannover zurückgefahren wäre, mich krank gemeldet hätte, spätestens da wäre mir noch die Möglichkeit zu einem ehrenhaften Rücktritt aus dem Amt des Schiedsrichters geblieben. Diese letzte Möglichkeit einer Ehrenrettung hatte ich mir gründlich verbaut. Ich hatte nunmehr ein weit größeres Problem als vorher. Fandel hatte recht behalten. Ich war verbrannt, mein Ansehen ruiniert und unweigerlich überfielen mich immer wieder genau die zwanghaften Gedanken, die mich schon einmal an diese Schwelle geführt hatten.

Zu diesem Zeitpunkt wusste keiner von uns, was wirklich mit mir los war. Eine Krankheit wie Depression wäre uns nicht ansatzweise in den Sinn gekommen. Heute weiß ich, ich hätte sofort handeln müssen. Es war nicht nur eine Kurzschlusshandlung gewesen – meine Seele war grundlegend beschädigt und ich brauchte dringend Hilfe. Statt Hilfe zuzulassen, tat ich alles, um in meine alte Rolle zurückzufallen – die des starken, handlungsbereiten Babak Rafati. Was für ein Irrtum! Genau dieses Rollenverhalten hatte mich an den Abgrund geführt.

Roujas schützender Kokon zerplatzte wie eine Seifenblase, als plötzlich ein Arzt ins Zimmer kam und fragte, ob ich in der Lage sei, der Polizei ein paar Fragen zu beantworten. Wieso Polizei? Ich hatte doch nur mir selbst etwas angetan. Ich wurde noch ängstlicher, als zwei Zivilbeamte ins Zimmer traten, mir meine verräterischen Notizen der vergangenen Nacht zeigten und mich fragten, ob ich das geschrieben hätte. Ich erkannte in dem wirren Gekrakel gerade noch, dass es meine Schrift war, auch wenn diese sehr schwer kenntlich und unsauber war. Die bruchstückhaften, immer wieder abbrechenden Notizen waren ein einziger Wut- und Verzweiflungsschrei. Über mein Leben und die vielen verletzenden Worte, die ich als Schiedsrichter erfahren hatte. Das ist wirklich sehr privat, die letzten Nachrichten eines Menschen, der sterben will. Und ich werde nicht im Detail preisgeben, was genau auf diesen entdeckten, im Papierkorb entsorgten und weggespülten Notizen stand. Ich fühlte Scham heiß in mir aufsteigen, dass meine innersten Gedanken nun aller Öffentlichkeit zugänglich waren.

Nachdem die Beamten abgezogen waren, fing ich an zu zittern vor Angst, wurde regelrecht hysterisch, weil sich vor mir in einer Art Flashback die Szenen aus dem Hotelzimmer wieder abspielten. Mir ging immer wieder durch den Kopf, wie tief ich gefallen war, und ich fragte mich erneut, wieder und wieder, wie die Gesellschaft mich und mein Tun bewerten würde. Ich dachte, nie wieder würde ich auf die Straße gehen können, ein Feigling und instabiler Mensch wie ich, der sich sein Leben nehmen wollte, um vor seinen Problemen zu fliehen, würde von der Gesellschaft verachtet. Mein Platz in der Gesellschaft, den ich mir über so viele Jahre so mühevoll erobert hatte, war verloren. Ich verwünschte mich und fragte mich immer wieder, wieso ich es so weit hatte kommen lassen. Ich war, wie mir schien, zwar gestresst, aber doch eigentlich völlig normal zum Spiel gefahren. Ich hatte bis zu der Tat, noch den ganzen Abend, bevor ich aufs Zimmer ging, doch niemals geplant oder auch nur darüber nachgedacht, dass ich so etwas tun wollte, geschweige denn mir das Ausmaß an Folgen vorgestellt, die mein Verhalten auslösen würde. Nun war es geschehen und ich verstand nicht, was in dieser Nacht passiert war mit mir. Diese Frage würde mich die ganzen folgenden Monate während meiner Therapie noch beschäftigen, und wenn ich heute auch vieles klarer sehe, weil ich weiß, wie krank ich war, wird mir diese Nacht in diesem unheimlichen Zimmer trotzdem für immer ein Rätsel bleiben.

Genauso ein Rätsel blieb mir das Wiedersehen mit meiner Mutter, kurze Zeit, nachdem ich aufgewacht und Rouja gekommen war. Sie hatte sich auf den langen Weg nach Köln gemacht – sie wohnt mit ihrem Mann und ihren zwei Kindern aus der zweiten Ehe in der Nähe von Hannover – nachdem sie die Nachricht von meiner Tat gehört hatte, obwohl es so lange Jahre zwischen uns so wenig Liebe gegeben hatte und wir ein distanziertes Verhältnis hatten. Ich sah, wie sich die Tür öffnete und sie ihren Kopf in mein Zimmer hereinsteckte. Ich fühlte in diesem Moment keine Liebe. Sie öffnete weiter die Tür, um einzutreten, doch die Ärzte wehrten ab, weil sie meine Ablehnung bemerkten. Meine Mutter lächelte eingeschüchtert und sagte zu den Ärzten nur: »Ich habe seine Stimme gehört und weiß jetzt, dass er lebt!« Und dann verschwand sie wieder. Es war die Tragik dieses Moments, dass wir ihn nicht nutzen konnten, uns in den Arm zu nehmen und alle Erinnerungen, die uns trennten, einfach vergessen zu machen. Wir hatten uns wieder verpasst. Ich musste versuchen, auch meine Kindheit im weiteren Heilungsprozessverfahren nicht zu verdrängen, sondern zu verarbeiten, indem ich einfach akzeptierte, was ist, und nicht ständig nach dem »Warum« forschte.

■ ■ ■

Am nächsten Tag fühlte ich mich irgendwie gefestigt. Ich war zurück in einem trügerischen Modus des Machers, Typ starker Rafati, geschwächt noch, aber entschieden, alles aktiv anzugehen. Vor allem wollte ich so schnell wie möglich raus aus der Klink und heim nach Hannover, wo es mir angesichts der Flut von Medienberichten sicherer schien. Ich wollte abtauchen und mich unsichtbar machen, um aus dem Hintergrund zu ordnen, was jetzt in Scherben vor mir auf dem Boden lag. Dazu war ein psychologisches Gutachten notwendig, das meine Entlassung als unbedenklich darstellte.

Allein die Tatsache, dass sich ein Psychologe um mich kümmerte, erschien mir als Bedrohung. Was sollte das? Ich war doch kein Verrückter, dachte ich grimmig, sondern hatte gute Gründe für meine Tat, die ich energisch aufzuarbeiten gedachte. Gut, ich hatte wohl einen Blackout gehabt, der ganze Stress, die monatelange Schlaflosigkeit und der ungewohnte Alkohol in der letzten Nacht waren als Ursache plausibel. In jedem Fall gab es damit noch lange keinen Grund, mir eine psychische Erkrankung zu unterstellen. Ich war doch nicht krank und schon gar kein Fall für den Psychologen. Ich schilderte dem Psychologen ruhig und besonnen, dass ich wohl einen Blackout gehabt hatte und so etwas niemals wieder tun würde. Ich musste Wohlbefinden vortäuschen, damit ich glaubwürdig wirkte und entlassen würde. Ich nahm Haltung an, schaltete in den Konferenzmodus, wie ich ihn von Schiedsrichtertagungen und Sitzungen in der Sparkasse draufhatte, und war wieder ganz in der Rolle des smarten, überlegenen Babak, was Eindruck machte.

Der Psychologe wies mich auf die Konsequenzen hin, was es bedeuten würde, mich so frühzeitig zu entlassen, aber mit meiner Unterschrift bestätigte ich die, wie ich fand, überflüssige Belehrung und nahm das »Risiko« auf mich. Für mich war doch in diesem Moment das Wort »Risiko« gar nicht mehr relevant, nach all dem, was ich »riskiert« hatte, nämlich mein Leben. Für mich war nur die Frage von Bedeutung, was mich draußen erwarten würde. In der Klinik hatte ich mich in einem geschützten Raum befunden. Wie man mich trotz der fürchterlichen Geschehnisse »Laufen« ließ, bleibt mir noch heute ein Rätsel. Das Problem der Entlassung war nun, dass vor der Klinik immer noch oder schon wieder Journalisten warten würden, um mich abzufangen. Ich wollte von niemandem gesehen werden, geschweige denn von vielen Blitzlichtern geblendet oder Kameras belagert werden. Mithilfe der Chefärzte und der Krankenschwestern führte man uns zum Hinterausgang und schleuste uns unerkannt hinaus.

»Bundesliga-Schiedsrichter Babak Rafati hat das Krankenhaus in Köln nach seinem Selbstmordversuch am Samstag verlassen und ist wieder in seine Heimatstadt Hannover zurückgekehrt. Das bestätigte die Geschäftsführung des Hospitals dem Rundfunksender WDR 2. Im Krankenhaus sei das in solchen Fällen übliche psychologische Gutachten angefertigt und Rafati anschließend nach Hause entlassen worden, hieß es seitens der Kölner Klinik weiter.« Ich entkam den Medien nicht.

Ich dachte noch, ich wäre wieder frei. Die frische Luft, die Bäume, das natürliche Tageslicht ... Ich hatte das Gefühl, dass ich schon Jahre nicht mehr draußen gewesen war. So müssen entlassene Straftäter fühlen, wenn sich die Tore hinter ihnen schließen und sie nach Hause dürfen. Zum Abschied hatte der Psychologe Rouja ungläubig gefragt, ob ich ihm wohl etwas vorgespielt hätte, wie sie meinen wirklichen Zustand einschätzen würde und ob sie sich wirklich zutrauen würde und die Kraft hätte, mich gesund zu pflegen. Wir fuhren winkend ab. Wir wussten nicht, wie schnell wir wieder hier sein würden.

■ ■ ■

Es begann meine Irrfahrt durch Köln. Die Notärzte hatten mich nackt aus der Badewanne geborgen, meine ganzen Sachen lagen noch im Hotelzimmer, das von der Spurensicherung immer noch versiegelt war. Ich hatte noch nicht mal Schuhe an, sondern Stoffbadelatschen mit blauem Überzug aus Plastik und, soweit ich mich erinnere, einen Krankenkittel aus der Klinik. Ich sah aus wie ein Patient auf der Flucht vor der OP. Das Hotel hatte uns am Telefon gesagt, dass wir zunächst zur Polizei müssten, für die Genehmigung zum Siegelbruch, dort seien auch noch meine Brieftasche, das Handy und weitere persönliche Gegenstände abzuholen. Ein völlig normaler Vorgang. Meine Reaktion darauf aber zeigte, in welchem Zustand ich am Sonntag nach meiner Tat wirklich war: Ich bekam Panik. Jedes Auto, das länger hinter uns herfuhr, sah ich als Bedrohung an. Ich hatte mich auf der Rückbank versteckt, den Kopf tief unter den Seitenfenstern, damit mich keiner der zahlreichen Passanten an den Ampeln, an denen wir halten mussten, sehen und erkennen würde. Mein Bild war nach den vielen Medienberichten jedem Kind bekannt und überall sah ich Handykameras und Fotografen lauern. Ich lag hinten auf der Rückbank in meinen Klinikklamotten, hin und her geschleudert im

Kölner Straßenverkehr, den Rouja mit bemerkenswertem Talent meisterte, weil auch ihr klar war: Wir mussten hier weg.

Die ganze Situation hatte etwas Slapstickhaftes, aber mir war nicht zum Lachen zumute. Im Gegenteil. Irgendwie wusste ich nicht, wie meine Familie damit umgehen würde, mich in diesem Zustand zu sehen. Dieser Mensch, der doch immer so stark und krisenresistent gewesen war, lag plötzlich in einem lächerlichen weißen Kittel und Badelatschen auf der Rückbank eines Autos und musste sich wie ein Verbrecher verstecken. Was würden sie insgeheim tatsächlich von mir denken? Sie könnten mich als einen großen Feigling ansehen, der vor seinen Problemen davonlaufen wollte. Hier entstand – nur wenige Minuten nach meiner Entlassung aus der Klinik – ein weiterer meiner »Kicks«, in die ich mich hineinsteigerte. Misstrauen und Angst sind wie eine Säure, die dich zerfrisst. Ich sah überall nur das Negative. Sah Bedrohungen, wo keine waren. Meine Gedanken hatten mich wieder eingeholt und mein Kopfkino funktionierte wieder hervorragend. Meine Angst und mein Misstrauen, was andere denken würden, wurden immer heftiger. Ich wusste immer noch nicht, wie krank ich wirklich war.

Wir fuhren vor dem Polizeirevier vor. Als wir ankamen, bat ich Rouja, meinen Ausweis und die anderen persönlichen Dinge abzuholen. Ich wollte in meinem Zustand nicht aus dem Auto und spähte die ganze Zeit, ob sich jemand unserem Parkplatz näherte. Rouja kam auffällig schnell in Begleitung von zwei Polizisten zurück, die mir mitteilten, dass ich persönlich auf das Revier kommen und den Empfang bestätigen müsse. In Krankenhauskittel und Badelatschen auf ein Polizeirevier, das ist schon für gesunde Menschen eine Prüfung – für mich war es die schiere Folter. Später bekam ich im Polizeirevier ein paar Schuhe zum Anziehen. Mein Aufzug war nicht dazu geeignet, auch nur einen Schritt auf die Straße zu setzen. Ich wehrte mich und widersprach. Vergeblich. Jeder kann sich denken, wie ernst Beamte einen Mann nehmen, den sie eben noch liegend auf der Rückbank seines Autos versteckt in einem Krankenhauskittel und Badelatschen angetroffen haben. Mir blieb nichts anderes übrig. Ich befolgte die Anweisungen der Kripobeamten. Ich musste auch noch allein in die erste Etage. Rouja und meine Schwiegermutter sollten unten auf mich warten. Eine panische Angst überkam mich, wie ein Schwerverbrecher begleitet von zwei Polizisten den Flur entlangzugehen. Die ganze Situation hatte etwas Surreales. Es war ein Spießrutenlauf. Ich hatte den Impuls, mich loszureißen und zu fliehen. Ich zwang mich mit aller Kraft zur Ruhe, denn ich wollte ausgerechnet hier auf einem Polizeirevier in meinem Aufzug nicht noch weiter auffallen. Ich machte mir Mut, nach ein paar Formalitäten sei alles erledigt und ich könnte gehen. So war es aber nicht.

In der Schreibstube angekommen, blickte der erste Polizist kaum hoch und sagte kühl, dass die Zuschauer am Vortag auf mich gewartet hätten, er aber zum Glück nicht dabei gewesen wäre. Ich rätselte nicht lange, wie seine Begrüßung gemeint gewesen war, ob es Bedauern oder Verachtung war, es gab nur eine Antwort. Mir wurde klar, dass ich es hier vielleicht mit einem Anhänger des 1. FC Köln zu tun hatte, ein Fan, der meine Bundesligakarriere nicht nur aus der Zeitung kannte – und jetzt stand ich in Klinikkleidchen und Badelatschen statt in meinem frisch gebügelten Trikot vor ihm. Während ich wartete, spürte ich immer wieder die Blicke auf mir. Und gleich kam der nächste Schwinger.

Aus dem, was der Beamte weiter sagte, erfuhr ich – ganz beiläufig – erst die ganze Wahrheit: dass nicht nur ich ausgefallen war – sondern das gesamte Spiel komplett abgesagt worden war. 50.000 Fans, die vergeblich angereist waren. Die beiden Mannschaften, die Kamerateams ... Wegen mir. Ich weiß noch, wie unter mir der Boden zu schwanken begann, so fassungslos war ich. Ich übersah jetzt zum ersten Mal, welches Beben meine Tat in der Bundesliga verursacht haben musste. »Oh Gott, was hast du angerichtet?« Ich hatte nicht nur das Ansehen der Schiedsrichter in der Öffentlichkeit geschädigt, ich hatte millionenfach die Vorfreude auf ein Fußballwochenende zerstört. Und: Eine Spielabsage durch den Ausfall eines Schiedsrichters hatte es in der Geschichte der Bundesliga noch nie gegeben. Das hatte plötzlich eine viel gewaltigere Dimension als die persönliche Tragödie eines gescheiterten Selbstmordversuchs. Ich bekam rasende Herzschmerzen. Die Beamten mussten mich verachten, so, wie ich da vor ihnen stand. Alle mussten mich verachten. Ganz Deutschland musste mich verachten. Vor Scham versank ich in den Boden. In diesem Moment wurde ich ins Vernehmungszimmer gebracht.

Als man mich in diesen kleinen Raum mit den zwei gegenüberliegenden Holzschreibtischen setzte, befanden sich dort drei weitere Personen. Eine von ihnen schien mir ein Psychologe zu sein, aber ich weiß es bis heute nicht. Anstatt wie versprochen mir meinen Ausweis auszuhändigen, fand ich mich plötzlich in einem Verhör wieder und die Beamten fragten mich bis ins kleinste Detail aus, was am Vorabend in meinem Hotelzimmer passiert war. War jemand in meinem Zimmer gewesen? Warum waren Blutflecken nicht nur im Bad, sondern auch auf dem Bett? Ob es mein Blut gewesen sei? Ob ich wirklich sicher sei, dass niemand in mein Zimmer eingedrungen war? Ob ich mich bedroht gefühlt habe? Über eineinhalb Stunden ging das. Ich war in meinem verstörten Zustand irritiert, weil ich nicht verstand, was diese Fragen sollten, denn ich hatte doch niemandem etwas getan, sondern lediglich mich irgendwie selbst bestrafen wollen, als hilflose Reaktion auf das, was mich in den letzten Monaten verletzt hatte. Warum wurde ich hier wie ein Schwerverbrecher behandelt und ausgefragt und warum wurden meine Aussagen immer wieder bezweifelt und Fragen wiederholt? Ich verstand nicht, worauf die Fragen der Beamten abzielten und was sie bezweckten. Ich spürte, dass ungeheure Spekulationen und Mutmaßungen über meine Motive im Gange sein mussten, die mit der Wirklichkeit nichts zu tun hatten.

Die Beamten zeigten mir als Nächstes einige meiner Notizzettel, die ich während der Tat hektisch geschrieben hatte. Ich verheimlichte, dass ich ein paar dieser Notizen in der Toilette heruntergespült und andere Blätter sogar draußen vor dem Hotel entsorgt hatte. Ich betete innerlich, dass keiner sie jemals finden würde. Es war das Intimste, was ich je in meinem Leben zu Papier gebracht hatte. Oder hatten die Beamten etwa schon alles gefunden? Meine Panik nahm immer mehr zu. Die Zettel waren wie ein Zeitfenster in die gestrige Nacht und das Grauen in diesem Hotelzimmer sog mich an wie ein Staubsauger die Stubenfliege. Das war für mich zu viel des Guten, denn es kam mir vor, als würde sich alles augenblicklich noch einmal ereignen. Die Situation überforderte mich völlig. Es war alles zu viel: die Erinnerung, meine Schuld- und Schamgefühle, der Aufzug, in dem ich vor den Beamten um Haltung bemüht saß, der Schock über die Nachricht von der Spielabsage, die Angst vor möglichen Konsequenzen ... Ich konnte und wollte in diesem Moment, so unmittelbar nach dem Geschehen, mit wildfremden Polizisten nicht über die Ereignisse der Nacht sprechen, nicht mal bei Rouja war mir das möglich gewesen.

Ich kontrollierte mich und versuchte, ruhig und sachlich zu antworten. Pokerface. Nach außen: voll in meiner alten Rolle. Nach innen: völliges Chaos. Ich dachte, dass ich in meiner Unsicherheit trotzdem ruhig wirkte. Doch bei einem Beamten fiel mir auf, dass er mich immer intensiver und mit immer größeren Fragezeichen im Gesicht musterte, als wollte er verstehen, was wirklich in meinem Kopf vorging. Wenn er das erkannt hätte, wären die Beamten in der nächsten Sekunde mit mir zurück ins Krankenhaus gefahren. Ich war kurz davor, die Kontrolle zu verlieren.

Nach 90 Minuten Vernehmung, die anscheinend alle Ermittlungen der Polizei bestätigten, die zu meiner Entlastung beitrugen, sagte mir eine Polizeibeamtin im Vorzimmer, dass der DFB-Präsident, Herr Theo Zwanziger, bereits gestern in der Polizeidirektion gewesen sei und sich große Sorgen mache, was mit mir geschehen sei, sodass ich ihn am besten zeitnah anrufen solle. Das war bestimmt gut gemeint. Aber ich war nun völlig außer mir, denn ich hatte noch nicht einmal wieder richtig Vertrauen in meine eigene Person gefasst, ich stand wie auf schwankenden Balken in einem Meer aus Problemen, und da sollte ich jetzt mal so eben den DFB-Präsidenten anrufen? Was überhaupt hatte Zwanziger in der Polizeistation zu suchen? Welche Antworten hatte er gesucht? War das der Grund für die vielen befremdlichen Fragen gewesen? Hatte er mir irgendetwas vorzuwerfen? Bestand irgendein Verdacht gegen mich, der hier nicht offen ausgesprochen wurde? Was hatte er zu Protokoll gegeben? Warum hatte er die Polizeistation besucht, wenn er was zu fragen hatte – und warum war er nicht zu mir ins Krankenhaus gekommen, wenn es etwas Dringendes zu klären gab? Ich hätte ihm die Antwort bzw. die Bestätigung seiner Informationen mitteilen können. Warum war überhaupt niemand zu mir gekommen, fiel mir plötzlich auf? Woher sollte ich das Vertrauen nehmen, ausgerechnet jetzt diesen Menschen anzurufen, mit dem ich noch nie in meinem Leben persönlich gesprochen hatte – selbst als ich Schiedsrichter der FIFA wurde? Ich fühlte mich beleidigt wegen dieser so empfundenen Taktlosigkeit, zumal ich in diesem Moment ganz andere Probleme hatte, wo ich doch gerade erfahren hatte, dass wegen mir ein ganzes Bundesligaspiel abgesagt worden war.

Ich muss grußlos nach draußen gegangen sein. Meine Schritte wurden immer schwerer und langsamer. Eine unglaubliche Last schien sich auf mich zu senken, als ich durch den Flur zum Auto hinunterschlich, mich vor den Überwachungskameras am Eingang mit gesenktem Haupt wegduckte und mich wieder auf der Rückbank meines Autos versteckte.

Überall konnten Handykameras lauern, die mich in meiner zerstörten Erscheinung an die Medien ausliefern würden. Ich sah mich auf riesigen Fotos auf allen Titelblättern der großen Boulevardzeitungen, ungewaschen, in Krankenhauskittel und Badelatschen und blutrote Schlagzeilen wie: »So sieht er ohne Trikot aus, Babak Rafati, der erste Schiedsrichter, der ein Bundesligaspiel versenkt hat.«

Entsprechend panisch und hektisch schilderte ich Rouja das Verhör, dass man mich ins Gefängnis stecken würde, irgendetwas gegen mich im Gang sei, dass man mich in etwas Unüberschaubares hineinzuziehen versuche, was sich mir aus den vielen Fragen der Beamten erschlossen hätte. Ich hatte Angst. Wir hatten schon so viel über uns ergehen lassen müssen, warum kam jetzt diese Sache auch noch hinzu? Ich saß hinten im Auto, völlig aufgelöst, und schnappte schluchzend nach Luft, um überhaupt sprechen zu können. Ich konnte das alles nicht mehr ertragen und schrie lautstark wie ein Geisteskranker meine Verzweiflung heraus und weinte dabei hemmungslos. Rouja und meine Schwiegermutter konnten gar nicht begreifen, was auf dem Revier mit mir geschehen war.

Jeder kann sich vorstellen, welche Wirkung mein Verhalten auf die beiden einzigen Menschen gehabt haben muss, die mir in dieser Stunde noch beistanden. Ich war voller Selbstzweifel, wie es weitergehen würde, ob ich noch die Kraft finden würde, das alles durchzustehen. Auf meiner Rückbank in meinem Krankenhauskittel wurde mir mein ganzes Elend bewusst und ich sagte plötzlich ganz ruhig aus dem Bauch heraus, dass ich mich am liebsten umbringen würde, um dieses Schauspiel um meine Person nicht miterleben zu müssen. Ich selbst war erschrocken, in dem Augenblick, wo mir dieser Satz über die Lippen gerutscht war. In der Nacht hatte ich in einer Art emotionalem Ausnahmezustand gehandelt – das hier hatte eine neue Qualität. Der Wunsch, mich umzubringen, war jetzt ein Ergebnis von rationalen Abwägungen, welche Chancen mir noch blieben, ein würdevolles Leben zu führen. Wir brachen alle in Tränen aus. Auch die beiden Frauen hatten verstanden, worum es ging. Wir waren zudem alle am Limit nach den Belastungen der vergangenen Stunden, es waren keine Reserven mehr da, noch größeres Leid zu ertragen, so schien uns. Aber es gab noch Steigerungen, wie wir bald erfahren sollten.

...

Rouja fuhr uns mit dem Auto Richtung Hotel, und die Szenen, die sich dabei im Auto abspielten, waren erstickend und schockierend. Meine Schwiegermutter bekam angesichts meiner Tobsuchts- und Verzweiflungsschübe plötzlich keine Luft mehr. Sie flehte mich an, endlich einzuhalten mit meiner Raserei und meine Gesundheit nicht noch mehr zu zerstören. Ihr war als Erster klar, dass in der Nacht etwas zum Ausbruch gekommen war, das mich zu vernichten drohte. Ich stritt alles ab. Ich unterstellte ihr, dass sie gar nicht einschätzen könne, was meine Tat noch für Konsequenzen haben würde. Rouja bat mich, ruhig zu werden, was mich völlig in Wallung brachte. Vor dem Hotel angekommen muss unser Auto ein gespenstisches Bild abgegeben haben. Zwei Frauen und ein Mann, die sich im Wageninneren heftig anschreien, dabei vor Wut oder aus Verzweiflung mit der Faust gegen die Wagenfenster klopfen, sich die Haare raufen, hemmungslos heulen, sich umarmen und dann nur noch hyperventilierend durchs halb geöffnete Seitenfenster nach Luft schnappen.

Draußen war es glücklicherweise bereits dunkel, sodass mich die Passanten nicht erkennen konnten. Ich hatte trotzdem sehr stark das Gefühl, dass unser aufsehenerregender Auftritt gnadenlos beobachtet wurde. Mein Zustand spitzte sich deshalb zu. Immer wenn Rouja aussteigen wollte, um meine Sachen aus dem Hotel zu holen, rastete ich aus, weil ich nicht wollte, dass sie den Autoschlüssel mitnahm. Ich weiß nicht warum, aber ich wollte den Autoschlüssel bei mir haben. Rouja weigerte sich, ihn mir auszuhändigen. Nachdem ich Selbstmordabsichten geäußert hatte und aufgrund meines immer seltsameren Verhaltens traute sie sich nicht einmal, das Fenster offen zu lassen. Ich wiederum hatte Angst, dass sie mich über die Zentralverriegelung im Auto einsperren würde. Der Gedanke, eingesperrt zu werden, weitete sich nach dem Verhör auf dem Polizeirevier zu einem ernsten Problem aus. Ich tobte. Ich sah den besorgten Gesichtern von Rouja und meiner Schwiegermutter an, dass ich ihnen mehr und mehr Angst machte. Als meine Schwiegermutter, die jetzt neben mir auf dem Rücksitz saß, einen Erstickungsanfall bekam, wurde ich kurz vernünftig, weil ich erkannte, was ich mit meinen panikartigen Attacken anrichten würde. Sie ist herzkrank und ich musste doch darauf Rücksicht nehmen. Mit viel Feingefühl und gutem Zureden gelang es den beiden schließlich, mich wieder runterzubringen. Rouja sagte, dass wir alles gemeinsam schaffen könnten, wenn wir nur vernünftig vorgehen und zusammenhalten würden.

Ich hatte komischerweise vor diesem Hotel überhaupt keine negativen Erinnerungen an die Nacht. Ich hatte gar keine Erinnerungen an die Nacht. Ich vergaß sogar, den Papierkorb an der Hoteleinfahrt nach meinen Zetteln abzusuchen, die ich hier zehn Meter von meinem Auto entfernt deponiert hatte. Ich war bereits in meiner nächsten Gedankenschleife, mich beschäftigte mit wachsender Unruhe, was die Gesellschaft über mich und meine Tat denken würde. Was war mit Schiedsrichter Rafati los, warum wollte er sich das Leben nehmen? Was wollte die Polizei von ihm? Was Zwanziger? Der Kopf kam einfach nicht zur Ruhe. Wieder begann sich der Mix aus Wut, Schuldvorwürfen, Versagensängsten, Minderwertigkeitsgefühlen und einer erbarmungslosen Verzweiflung in mir zu drehen. Und immer deutlicher drängte sich ein Vorwurf in den Vordergrund: Warum hatte ich versagt, mir das Leben zu nehmen? Wollte ich wirklich sterben? War es nicht so, dass ich im Unterbewusstsein leben wollte und die Gewalt gegen mich einzig und allein das Ziel hatte, diesen Film endlich abzuschalten, den Countdown der blauen Uhr endlich zu stoppen und Ruhe im Kopf zu bekommen? Ich hatte die Tat doch vorher nicht geplant, sondern war plötzlich in diesen Zeittunnel gefallen, aus dem ich nahezu willenlos zur letzten Eskalationsstufe geschleudert worden war. Und zum zweiten Mal kam mir der Gedanke, es beim nächsten Mal zu planen und richtig zu machen. Der Weg zurück in ein normales Leben war versperrt. Meine Schuld- und Schamgefühle waren bodenlos. Ich sah mich um und dachte ganz klar nach, wie ich es beim nächsten Mal erfolgreich beenden könnte.

Rouja war inzwischen in Begleitung einer Polizistin – mit dem Autoschlüssel – im Hotel verschwunden, um meine Sachen zu holen. Als sie zurückkam und mich im Wagen sah, musste sie hilflos weinen. Ich dachte, sie würde sich meiner schämen. Aber es war ihr grenzenloses Mitgefühl für mich, was ich in meinem aufschäumenden Misstrauen nicht mehr erkannte. Sie schwieg immer noch, als sie sich die Tränen trocknete, was mein Misstrauen noch verstärkte. Ein paar Monate später sagte sie mir, dass der Anblick der Badewanne mit dem vielen Blut, der von mir abgelegte Talisman auf dem Badewannenrand und das Chaos im Hotelzimmer ihr nie wieder aus ihrem Gedächtnis gehen würden. Das alles zu sehen und sich vorzustellen, dass die liebste Person sich so etwas hatte antun wollen und sie nicht da gewesen war, um mir beizustehen oder zu helfen und die Tat zu verhindern, macht sie heute noch traurig.

Ebenso erst Wochen später erfuhr ich von meinem Anwalt, dass die vielen Fragen der Polizei darauf abzielten zu klären, ob ein Fremdverschulden vorlag. Mein Selbstmordversuch so kurz vor einem wichtigen Bundesligaspiel warf natürlich Fragen auf. Ich hätte ein Opfer der Wettmafia gewesen sein können. Das Opfer einer Erpressung. Und anderes mehr. Auch wohl ein Grund, warum der DFB-Präsident ins Präsidium gefahren war. Die Polizei hatte also nur zu meinem Schutz ihre Ermittlungen aufgenommen und damit ihren Job gewissenhaft ausgeführt. Auch der Vorschlag der Beamtin, den DFB-Präsidenten Zwanziger anzurufen, war alles andere als eine Taktlosigkeit mir gegenüber, sondern von ernstem Bemühen geprägt, mich in meiner Situation irgendwie zu unterstützen. In meiner panischen Verzweiflung war ich damals nicht in der Lage, das zu erkennen. Später erfuhr ich auch, dass der DFB-Präsident auch meinen Vater angerufen hatte, um sein Mitgefühl auszudrücken, was ich an dieser Stelle voller Respekt und Anerkennung hervorheben möchte. Das hätte ich mir eigentlich auch von Fandel und Krug gewünscht, die sich für ihr menschenverachtendes Verhalten mir gegenüber bei einem Vater, der fast sein Ein und Alles verloren hätte, hätten entschuldigen können. Aber ich habe mich getäuscht und sich täuschen bringt nur Ent-täuschung!

Als wir schon auf dem Weg Richtung Hannover waren, überfiel mich wieder der Gedanke, was die ganze Welt denken würde, und ich katapultierte mich erneut in meine Ekstase der Verzweiflung. Ein gesunder Mensch kann sich nur schwer vorstellen, wie einen der Schmerz, eine existenzielle Handlung nicht rückgängig machen zu können, regelrecht in Raserei gegen sich selbst versetzen kann. Ich war nicht gesund. Ich schrie plötzlich im Auto los, riss an der Autotür und wollte mich aus dem Auto werfen. Doch meine Schwiegermutter fiel mir in den Arm, klammerte sich an mich, riss mich zurück, während Rouja das Auto mit einer Vollbremsung zum Stehen brachte. Meine Frau wandte sich zu mir um und sagte mit einem Blick, den ich seither nie wieder gesehen habe, dass sie so nicht in der Lage sei, Auto zu fahren, und nicht riskieren wolle, dass ich auf der Autobahn plötzlich Derartiges tue. Sie weigerte sich weiterzufahren. Beide schlugen mir vor, zurück nach Köln in die Klinik zu fahren. Ich tobte, schrie und wütete, denn ich wollte nur nach Hause und raus aus dieser verdammten Stadt.

Trotz meines Widerstands wendete Rouja den Wagen und fuhr mich zurück an den Ort, von dem ich zu entkommen versucht hatte. Ich hasste sie dafür in diesem Moment, mit jeder Faser, ich war innerlich am Toben, denn ich fühlte mich verraten und ausgesetzt. Warum wollten ausgerechnet meine Liebsten mir nicht helfen und das tun, was ich wollte? Ich sah sie plötzlich wie Fremde an, genauso misstrauisch wie die Ärzte in der Klinik, wie die Polizisten im Verhörraum. Sie waren nicht mehr vertrauenswürdig. Mein Blickfeld verengte sich wieder wie in jener Nacht, ich verlor jede Kontrolle über eine sachliche Wahrnehmung.

Als wir auf dem Parkplatz der Klinik ankamen, hatte ich das Gefühl, dass alle Menschen dieser Welt auf diesem Parkplatz auf mich warteten, um mich zur Rede zu stellen. Ich war wie gelähmt und zugleich leer und einfach enttäuscht. Ich weigerte mich auszusteigen. Ich versuchte es bei Rouja mit Argumenten: Was sollten die Klinikärzte denken, hatte ich doch noch am Vormittag einen super Auftritt hingelegt und überzeugend dargestellt, dass ich lediglich einem stressbedingten Blackout zum Opfer gefallen war und ich so etwas Schlimmes nie wieder tun würde. Tatsache war: Ich hatte genau das inzwischen zweimal angekündigt. Ich wusste, würde ich jetzt in die Klinik gehen, würde sie mich diesmal nicht wieder so einfach entkommen lassen. Mein Gesichtsfeld verengte sich weiter. Ich krallte mich in die Rückbank. Die Türen standen offen, zum Aussteigen bereit. Bei empfindlicher Novemberkälte. Mich fror nicht nur äußerlich.

Es dauerte über eine Stunde, bis meine Familie mich überzeugt hatte, dass es besser für uns alle wäre, vor allem für mich, wenn ich mich ärztlich betreuen lassen würde. Rouja sagte klipp und klar, dass sie nicht mehr länger bereit sei, mein Leben zu riskieren. An sich selbst dachte sie dabei am allerwenigsten. Ich musste ein Einsehen haben. Während wir zusammen zur Aufnahme der Klinik gingen, sah ich meine Familie voller Hass an, denn sie hatten mich verraten und sie würden mich vermutlich nun ganz alleine meinem Schicksal überlassen. Das waren meine Gefühle damals. Ich kam mir vor wie ein Verurteilter, der zur Hinrichtung geführt wird. Die Ärzte zeigten sich sehr bestürzt über Roujas Schilderungen und gaben mir starke Beruhigungstabletten. Meine Aufregung verschwand unter einem warmen, flauschigen Teppich.

...

Nach der ersten Untersuchung wurde ich sofort in eine Klinik für Psychiatrie verlegt, eine geschlossene Anstalt mit verriegelten Panzerglastüren und Zimmertüren ohne Türknauf und Klinke. War man erst drinnen, kam man nur schwer wieder heraus. Jetzt war ich wirklich gefangen und hatte mit diesem Schritt, das spürte ich, die nächste Stufe meiner Zertrümmerung erreicht, ohne zu wissen, wie viele noch folgen würden.

Es war Sonntagabend. Normalerweise würde ich jetzt zu Hause auf dem Sofa liegen, ausruhen, Kaffee trinken und per Videomitschnitt die anderen Bundesligabegegnungen des Wochenendes analysieren. Hier gab es Blechkannen mit Hagebuttentee und ich war umgeben von Menschen, die in den unterschiedlichsten Stadien geistiger Verwirrung atypisches Verhalten zeigten. Mir sind Szenen im Gedächtnis wie im Film »Einer flog übers Kuckucksnest« – und hier sollte ich gesund werden? Bei der Einlieferung hatte ich alle Gegenstände abgeben müssen, die spitz, scharf oder geeignet waren, sich aufzuschneiden oder zu strangulieren. Die Patienten, die hier waren, galten als gefährdet, sich etwas antun zu wollen, oder auch als gewaltbereit.

Man wird in eine psychiatrische Klinik eingeliefert, um einen möglichen Heilungsprozess in Gang zu setzen. Tatsächlich wird man aber noch viel kränker, weil einen die Umgebung noch weiter runterzieht. So war es zumindest bei mir. Ich dachte drei Dinge. Erstens: »Ich bin doch nicht irre!« Zweitens: »Hier gehörst du nicht hin!« Drittens: »Holt mich hier raus!« Wie tief war ich abgestürzt, dass ich in einer Psychiatrie eingesperrt wurde? Ich bat die Ärzte, dass meine Frau bei mir bleiben dürfe, da ich sonst »durchdrehen« würde. Sie machten eine Ausnahme und brachten uns in einem Zimmer unter, das ein Fenster zum Aufenthaltsraum des Pflegepersonals hatte. So konnte uns jeder sehen und bei Bedarf sofort eingreifen. Meine Schwiegermutter hatte ein Zimmer in einem Hotel in der Nähe gebucht. Am Abend gab es Hagebuttentee und Essen, an das ich mich nicht erinnere – nur an das stumpfe Kinderbesteck aus buntem Plastik, das ich ungläubig anstarrte.

Auch hier fühlte ich mich schnell wieder verfolgt. Das Pflegepersonal erkannte mich oder war vorab informiert, kombinierte ich, denn sonst hätten mich nicht alle so ungläubig und betroffen von oben bis unten angeschaut. Ich fühlte mich erkannt und zur Schau gestellt wie ein Tier, was meine Scham vergrößerte. Wenn ich nicht diese vielen Medikamente zur Beruhigung bekommen hätte, hätte ich in diesem Moment für nichts garantieren können. Andererseits arbeitete mein Verstand noch so klar, dass ich wusste, es würde nur einen Weg nach draußen geben: nämlich den, einen möglichst vernünftigen Eindruck bei den Psychologen zu hinterlassen und nicht weiter aufzufallen. Ich durfte die Verdachtsmomente, die zu meinem Zwangsaufenthalt in dieser Psychiatrie geführt hatten, nicht auch noch bestätigen. Das Ziel war, immer Vernunft und Gelassenheit auszustrahlen, damit ich möglichst schnell diese Einrichtung wieder verlassen konnte. Ich war wieder voll in meiner Paraderolle, die ich schon die ganzen zurückliegenden Monate innerlich nicht mehr überzeugend ausgefüllt hatte – jetzt war ich auch noch krank, unter Beobachtung nach einem Suizidversuch, fühlte mich schwächer denn je und musste erneut den starken Mann spielen, um hier herauszukommen.

Und ich musste schnell weg, denn meine Irritationen nahmen zu. Beim Abendessen kam plötzlich ein Patient ohne anzuklopfen in mein Zimmer, der sonst nur apathisch auf dem Flurboden kauerte und mit seinem Kriegsspielzeug hantierte. Er forderte mich wie selbstverständlich auf, ich solle doch eine Partie Tischfußball mit ihm spielen. Ausgerechnet Tischfußball, ich, der gestern noch ein Bundesligaspiel gepfiffen hätte. Wie würden die Pfleger meinen Geisteszustand einschätzen, wenn ich einen Tag danach mit diesem Patienten kickern würde? Und was, wenn er verlieren würde? Überhaupt: Was wusste dieser Patient über mich? Hatte sich meine Identität jetzt auch unter den Patienten herumgesprochen? Reichte es nicht schon, dass mich das Pflegepersonal dauernd anstarrte? Ich war sehr erschöpft und die starken Tabletten trugen ihren Teil dazu bei, dass ich sehr müde wurde und in den Armen meiner Frau bald in einen oberflächlichen Schlaf versank.

Am nächsten Morgen hatte ich einen Vorstellungstermin bei einer Psychologin. Er dauerte über zwei Stunden. Sie musste mich nur anstupsen und alles brach aus mir heraus. Ich redete wie ein Wasserfall, ohne Sinn und Verstand, ohne größere Zusammenhänge. Ich fühlte mich in einen endlosen Film versetzt, in dem ich immer wieder all die verletzenden Worte über mich ergehen lassen musste, in dem ich die für mich entwürdigenden Situationen immer wieder durchlitt. Ich weinte die ganze Zeit und wir sprachen über meine sehr schwierige Zeit, all die daraus resultierenden Probleme. Es war so viel, dass ich kein Ende fand.

Schließlich setzte die Ärztin meinem schier endlosen Monolog ein Ende, indem sie eine starke Depression diagnostizierte. Ich realisierte erst gar nicht, dass ich damit gemeint war. Ich krank? Ich wollte es gar nicht wahrhaben und sah meine Probleme in einem ganz anderen Bereich, nämlich in den vielen Ungerechtigkeiten, die mir widerfahren waren, in den Zurücksetzungen und dem Infragestellen meiner ganzen Persönlichkeit, der permanenten Angst, dass andere in der Gesellschaft schlecht von mir denken würden. Das waren meine Kernprobleme, für die ich keine Lösung hatte. Die Psychologin ließ sich nicht abbringen. Ich sei schwer krank und würde die nächsten Tage zu meinem Schutz und zur ärztlichen Beobachtung in der Klinik bleiben müssen. Ich war unter Verschluss.

■ ■ ■

In den ersten Stunden unserer Flucht waren wir völlig mit uns selbst und meinen Zusammenbrüchen beschäftigt gewesen, die umso schlimmer wurden, je mehr Details ich über die Nacht und ihre Folgen erfuhr. Ich hatte erst auf der Polizeistation erfahren, dass wegen mir das ganze Spiel ausgefallen war. Als ich zum ersten Mal wieder in meinem Klinikzimmer saß, durch Beschäftigungslosigkeit zur Ruhe förmlich gezwungen, stellte sich für mich zunehmend deutlicher die Frage, was draußen los war, wie über mich berichtet wurde. Ich hatte keine Zeitungen gelesen, keine Mails, kein Fernsehen, kein Radio. Wir waren völlig abgeschnitten von dem, was um uns herum geschah – obwohl wir eigentlich im Mittelpunkt der ganzen Berichterstattung standen. In dieser seltsamen Ruhe, die plötzlich um mich war, klammerte ich mich an die vage Hoffnung, dass mein Fall vielleicht doch nur als Randnotiz eines tragischen Zwischenfalls am Bundesligaspieltag in die Zeitungen gekommen war und meine Tat bald wieder von größeren Ereignissen überlagert und vergessen sein würde. Je geringer das Aufsehen, dachte ich, desto weniger würde ich zu reparieren haben, wenn ich aus der Klinik entlassen würde. Vielleicht war alles gar nicht so schlimm, wie ich mir die ganze Zeit einredete? Ein Ausrutscher, nicht der Rede wert und in wenigen Wochen vergessen. Selbst eine Depression sah ich nicht als begründet, doch ich war seelisch tiefer gefallen und verletzt, als ich nur denken konnte.

Voller Hoffnung bat ich meine Frau, alle Zeitungen zu besorgen. Was ich dort allein in den Schlagzeilenüberschriften las, überstieg meine schlimmsten Befürchtungen um das Tausendfache. Mein Zustand verschlimmerte sich enorm. Die Mischung aus Selbstvorwürfen, Wut, Schuldzuweisungen – und am Ende dieser sich im Kreis drehenden Rasereien immer wieder das abgrundtiefe Gefühl der Scham – begann sich zunehmend zu einer zähen Masse zu verdichten, in der ich zu erstarren drohte.

Wir hielten uns jetzt zwei Tage in der Psychiatrie auf, wie in einer Art Zwischenlager. Die Frage war nunmehr, wie es mit mir weitergehen sollte. Die Ärzte legten großen Wert darauf, dass ich nach Hannover verlegt würde. Ich wollte aber nicht »verlegt« werden in eine andere Klinik, sondern natürlich nach Hause. Aber die Psychologin lehnte das ab, weil sie meine Entlassung nicht verantworten wollte. Somit wurde eine Klinik in Hannover kontaktiert und der Termin für meine Einweisung festgelegt. Wer in die Psychiatrie kommt nach einem Selbstmordversuch, verliert einen Teil seiner Selbstbestimmung. Das war für mich am schwersten zu ertragen. Ich ging nicht mehr freiwillig zu einem Arzt – sondern ich wurde »eingewiesen«. Ich fuhr nicht mehr selbst zu einem Arzt – sondern ich wurde in einem Krankenwagen »verlegt«. Ich war nicht zu überzeugen, aber natürlich hatten die Ärzte recht! Nachdem ich versucht hatte, mich durch den Sprung aus dem fahrenden Auto meiner quälenden Schuldgefühle doch noch zu entziehen, war selbst Rouja nicht mehr zu überzeugen, mich in unserem Auto nach Hannover zu fahren.

Ich hatte einen roten Reiter auf meiner Krankenmappe, wo draufstand: »Achtung, suizidgefährdet!«, sodass ich am nächsten Morgen angeschnallt auf einer Krankentrage in einem Krankentransporter nach Hannover »verlegt« und in die nächste Klinik »eingewiesen« wurde. Festgeschnallt wie ein Reisekoffer sah ich während der drei Stunden Fahrt nur durch einen Spalt über den Milchglasscheiben viel Himmel und Wolken stoisch vorüberziehen, zerhackt von Autobahnbrücken und Überlandleitungen und den Kondensstreifen der Flugzeuge, die all die Karrieretypen, zu denen ich bis vorgestern auch gehört hatte, zu ihren unaufschiebbaren Terminen und Konferenzen brachten.

Ich dachte an meine Erfolge, die vielen Menschen, denen ich begegnet war, meine kleinen Jetset zu den Hauptstädten Europas, die Anerkennung, die mir während meines Aufstiegs von allen Seiten plötzlich wie von selbst zuzuwachsen schien. Es war eine so spannende, fast wie in einem Rausch dahinfliegende Zeit gewesen. War dieses Leben schon zu Ende? Sollte das wirklich alles gewesen sein? Was sollte jetzt noch kommen außer einem ewigen Spießrutenlauf, der mich für die Lächerlichkeit meines Tuns ewig abstrafen würde? Ich hatte viel Zeit, in diesen drei Stunden nachzudenken. Ich dachte an die vielen Anfeindungen und Niederträchtigkeiten der vergangenen Monate, ich hörte die Schmähgesänge der Fankurve, ich erinnerte mich an den Schmerz der Überraschung, nicht mehr als FIFA-Schiedsrichter nominiert zu werden, die vielen anderen Zurücksetzungen und ich hörte Herbert Fandel wieder und wieder diesen verhängnisvollen Satz sagen: »Dieser Sport verbrennt Menschen!« Ich wollte nicht mehr sein, einfach verschwinden, mich wegschleichen und mich all dem nicht weiter stellen müssen. Und so dachte ich an Flucht, als wir in der Klinik in Hannover ankamen.

Die weißen Pfleger rammten die Flügeltüren krachend in die Arretierung des Krankenwagens und zogen mich auf meiner Liege wie ein fertig gebackenes Stück Brot aus dem Wagen. Ich prüfte die Gurte, mit denen ich festgeschnallt war. Zu fest. Einfach abhauen und verschwinden. Aber wohin? Egal wo, sie würden mich holen, da war ich sicher. Ich war auffällig geworden. Hatte dem Psychologen in Köln die Show vom starken Mann geliefert – um anschließend auszuflippen. Alles stand in meiner Akte, die wie eine Art psychischer Schufa-Eintrag zusammen mit meiner Person weitergereicht wurde. Jeder Psychologe würde mir zukünftig misstrauen, wenn ich sagen würde, ich bin okay, ich bin wieder voll da. Wenn man erst mal in dieser Spur ist und seine Glaubwürdigkeit verloren hat, gibt es kein Entkommen aus dem ärztlichen Getriebe. Ich hatte Angst, man würde mich nach einer gescheiterten Fluchtaktion endgültig zu dem erklären, was ich überhaupt nicht war: Ich war nicht verrückt. Und weil ich das eben nicht war, verabschiedete ich mich gleich wieder von diesen absurden Gedanken. Wenn ich entkommen wollte, musste ich vorne raus, ganz offiziell, mit Abschlussgutachten und gestempelten Entlassungspapieren und Handschlag des Chefarztes – der einzige Weg, diesem Zwangssystem zu entkommen. Und so fügte ich mich in mein Schicksal, als ich erneut in einer geschlossenen Station unter Verschluss kam.

Dass ich fliehen, mich vor den Medien verstecken könnte, war eine schöne Illusion. Ich wurde sie nicht los, wo ich auch hinfuhr – sie waren schon da. Wie ich später erfuhr, hatten Reporter bereits im Vorfeld bei der Klinikleitung nachgefragt, wann endlich mit meinem Erscheinen zu rechnen sei. Die Aufnahme in der geschlossenen Abteilung sollte somit auch eine Schutzfunktion haben. Ich wurde unter einem Pseudonym eingeschrieben, um eine Identifizierung zu erschweren, vor allem damit Pflegepersonal und Patienten mich nicht als Babak Rafati ansprechen würden. Eine Art psychedelischer Künstlername also, der mich fortan auf meiner Kliniktournee begleiten sollte.

Dieser Zwang, mich verstecken zu müssen, bedeutete, dass ich jetzt doppelt unfrei war: eingesperrt und mit dem Zwang, meine wahre Identität im Zweifelsfall sogar abzuleugnen. Ich kam mir vor wie ein Agent, der eingesperrt in einem russischen Gulag seine neue Legende auswendig lernen soll. Ich entwickelte einen regelrechten Verfolgungswahn, der sich in den kommenden Wochen noch verstärken sollte. War das etwa mein neues Leben? Mich immer verstecken? Mich verleugnen? Tarnen und täuschen? Warum? Ich hatte doch niemandem etwas angetan. All die Gewalt, die ich erfahren hatte und nicht verarbeitet werden konnte, hatte ich allein gegen mich selbst gerichtet – gegen niemanden sonst. Das war mein ganzes Vergehen, für das ich jetzt büßen musste.

Bevor ich erneut unter Verschluss kam, musste ich vor einer Art Tribunal, bestehend aus einer Reihe von sechs ärztlichen Mitarbeitern, Rechenschaft ablegen, was mich zu meiner schrecklichen Tat bewogen hatte. Bevor meine Karriere als Schiedsrichter verglüht war, hatte ich nicht einmal Rouja, also dem Menschen, der mir am allernächsten stand, von meinen seelischen Problemen erzählen können. Bei diesem Einweisungsgespräch für die Klinikaufnahme sollte ich nun sechs wildfremde Männer und Frauen mit Nickelbrillen in ihren asketisch dreinblickenden Gesichtern, gekleidet in weiße Kittel, mit Kugelschreibern im Revers, in die finsteren Abgründe meiner Seele blicken lassen. Einfach so.

Einerseits fühlte ich mich zurückversetzt in die Verhörsituation auf dem Polizeirevier in Köln, was mich empörte und meinen Widerstand erklärte – andererseits hatte ich im Gespräch mit der Psychologin in der Kölner Psychiatrie erlebt, dass es guttat, die aufgestauten Gefühle einfach mal rauszulassen und über das Erlebte zu reden. Wenn du redest, musst du formulieren, um zu formulieren, musst du nachdenken, klare Gedanken fassen, Verwirrtes auflösen und ordnen, neu zusammenfügen – im wahrsten Sinne begreifen. Durch das Nachdenken gewinnst du Distanz und schaust plötzlich auf viele Gefühlslabyrinthe drauf – statt dass du darin gefangen bist. Du beginnst dich zu lösen. Zu befreien. Aber den genauen Mechanismus des Redens, den Frauen instinktiv so viel besser verstehen als Männer – was ich heute als Wertschätzung und vorbildlich verstehe – habe ich erst viel später verstanden.

Ich wollte vor diesem Tribunal den Dreck, der in mir brodelte, trotz meiner Abneigung irgendwie loswerden, vielleicht sogar, weil die sechs Kittelträger so kalt und anonym abstrahlten wie die weiße Wand hinter ihnen. Und so goss ich alles in vollen Kübeln auf die Resopaltische vor ihnen, alles, was meine Seele in den vergangenen achtzehn Monaten vergiftet hatte. Ich öffnete mich wie ein Geysir und versuchte, alles abfließen zu lassen, um meinen Innendruck endlich zu verringern. Nachdem die Befragung schon über eine Stunde angedauert hatte, wollte sich das Fachpersonal intern beraten, obwohl mir schien, dass ich noch längst nicht fertig war. Von den Ärzten aus dieser Runde ist mir kein Gesicht in Erinnerung geblieben, nur Schattenrisse vor einer weißen Wand. Ich wollte Hilfe und ich bekam keine. Da war nichts Warmes. Ich war ein Objekt, ein zappelnder Käfer in Rückenlage, den es zu betrachten galt.

Während die Ärzte über mich sprachen, führte mich ein Pfleger zu einem Zimmer, das mich die nächsten Wochen aufnehmen sollte. Auf dem Weg dorthin sah ich alles, was ich brauchte, um meinen Entschluss zu festigen. Ich wollte hier ganz schnell wieder raus. In dieser Station waren hauptsächlich sehr junge Menschen, die wahrscheinlich seit ihrer Geburt seelisch krank und zum Teil auch körperlich extrem behindert waren. Ich dachte, vermutlich hatten sie nie auf einem Fußballplatz das Gefühl von Freiheit erlebt, das du fühlst, wenn du mit dem Ball am Gegner vorbeidribbelst und ein Tor schießt. Manche wussten vielleicht gar nicht, was »draußen« und »Fußballplatz« bedeutet, so lange schienen einige von ihnen hier aufgrund ihres lethargischen Verhaltens schon einzusitzen. Ich fühlte unendliches Mitleid. Man muss verstehen, ich hatte so etwas noch nie vorher in meinem Leben so hautnah erlebt. Und noch nie war mir etwas so nahegegangen, sowohl seelisch als auch körperlich.

Ich sah einen jungen Mann, der mit verzerrtem Gesicht von Dämonen und Terroristen erzählte, die überall in diesem Raum anwesend seien. Da, genau neben dir. Du kannst danach greifen … Da … Ein junger Mann ging ferngesteuert wie ein Roboter über den Gang und ich sah an seinen starren Augen, dass er unter großem Medikamenteneinfluss stehen musste. Würde ich auch bald so herumlaufen? Die Umgebung löste einen Schock und neue Ängste in mir aus, zusätzlich zu denen, die ich noch gar nicht aufgearbeitet hatte. Ich spürte als zusätzliche Last, hier würde ich niemals gesund, sondern selbst irre werden. Ich sah mich eingeriegelt in dieser seltsamen Welt aus Mutanten und Weißkitteln, sediert von starken Beruhigungspillen langsam in einem Meer aus Schwachsinn versinken, ich spürte, wie meine Hände wie die eines Ertrinkenden langsam aus Roujas Händen glitten und ich unrettbar in der Tiefe versank. Ich empfand einerseits starkes Mitleid mit diesen Menschen, aber auch mit mir, dass es so weit mit mir gekommen war, und andererseits starken Ekel, der sich aus der Angst speiste, nicht so werden zu wollen wie sie. Das kann man nicht beschreiben. Als ich mit meiner Familie ohne das Tribunal alleine sprechen konnte, sagte ich verschwörerisch flüsternd, dass ich es hier keine einzige Sekunde länger aushalten könne, dass ich an dieser Umgebung seelisch ersticken würde, wenn sie mich nicht auf der Stelle mitnehmen sollten.

Nachdem sich das Tribunal abschließend beraten hatte, baten sie mich und meine Familie, nochmals in den kleinen Raum zu kommen, um mir mitzuteilen, dass ich stark depressiv sei und in der Klinik zwecks Behandlung bleiben müsse. Dieses Urteil kam wenig überraschend nach über einer Stunde seelischer Offenbarung und einer weiteren Stunde Beratung. Ich widersprach, allein schon deshalb, weil ich gesehen hatte, was mich hier erwarten würde. Ich wiederholte, was ich schon am Ende der vorangegangenen Stunde erzählt hatte, dass ich zwar stark angeschlagen, aber keineswegs depressiv sei, und auch nicht stationär in der geschlossenen Psychiatrie behandelt werden müsse. Ich sei in den vergangenen 18 Monaten von allen nur denkbaren Seiten einem enormen Stress ausgesetzt gewesen, der mich in diesen Zustand gebracht hätte. Ich sei persönlich verletzt worden, verachtet und man habe mir alle grundlegenden Werte wie Respekt, Menschenwürde, Akzeptanz verweigert. Allein das hätte mich in diese Situation katapultiert. Aber depressiv krank, das habe nichts mit mir zu tun.

Wieder sah ich nur diese sechs schweigenden Schatten vor einer weißen Wand. Ich spürte, hier würde ich keine Hilfe erwarten können. Und bald würde auch ich so herumlaufen wie der Robotermann und der Dämonenjäger auf dem Flur, eingesperrt meinem seelischen Tod entgegendämmernd. »Nein, ich will das nicht – bitte lasst mich doch endlich mal alle in Ruhe!«, wollte ich am liebsten laut schreien.

Ich schaute Hilfe suchend in Roujas Richtung. Ich war einfach zu naiv. Das wurde mir schlagartig klar. Ich hatte mich geöffnet, weil ich Hilfe erwartet hatte. Und hatte durch die Abgründe, die sich in meinen Schilderungen auftaten, nur Entsetzen ausgelöst. Die schiere Masse an Problemen, die ich zu kartografieren hatte, das musste einfach auch einem nicht psychologisch ausgebildeten Menschen sofort klar sein, war nicht in einem Nachmittagsgespräch aufzulösen. Die Zerrüttung meines Ichs ging viel tiefer, als ich es mir damals jemals hätte ausmalen können. Und nachdem ich meine Leiden so lückenlos dargeboten hatte, hätte ich niemals erwarten dürfen, die Klinik noch am gleichen Tag verlassen zu dürfen.

Ich blickte in die Gesichter der Weißkittel, in Roujas Gesicht und das meiner Schwiegermutter und mir wurde klar, was für einen Fehler ich durch meine Offenheit gemacht hatte. Meine Familie stimmte dem Ärztepersonal zu, mich in der Klinik zu behalten, was ich nicht glauben wollte. Ich widersprach. Ich flehte. Ich weinte. Ich drohte, was mein nächster Fehler war. Das Ärztetribunal teilte mir mit, dass ich vernünftig sein und freiwillig dem Aufenthalt zustimmen sollte. Andernfalls müsste ein Stadtbeamter angerufen werden, um die weitere Vorgehensweise abzustimmen. Bei fehlender Kooperation würde am Ende eine Vormundschaft bestellt. Nach dem Verlust der Freiheit drohte mir noch zusätzlich die vollständige Entmündigung. Es sei doch alles zu meinem eigenen Wohl, hörte ich und fing langsam an zu zweifeln, wer hier wirklich irre sei. Ich wollte nicht unter eine amtliche Betreuung fallen, denn ich wusste aus meinem Beruf als Bankkaufmann, was eine solche Entmündigung bedeuten würde. Ich wäre nicht mehr geschäftsfähig, keine Kontovollmacht, keine Kreditkarte, Führerscheinentzug, vertragsunfähig – der gesellschaftliche Status eines Kleinkindes. So tief war ich gefallen. Es wäre der nächste, der endgültige Tritt aus dieser Gesellschaft gewesen.

Ich war völlig außer mir. Mir drohten Beruhigungsmittel und eine Zukunft als Roboter im »Zombieland«. Rouja musste mich erst ein paar Minuten beruhigen, dann bat sie das Tribunal darum, mit mir und ihrer Mutter unter sechs Augen sprechen zu dürfen. Kaum waren die Ärzte draußen, flehte ich sie unter unendlichen Tränen an, mir zu helfen, mich vor diesen Ärzten zu retten, denn ich wollte auf keinen Fall in dieser Klinik bleiben. Rouja sagte mir, dass sie sich nicht zutrauen würde, mich in meinem Zustand von einem erneuten Suizid abzuhalten. Sie hatte nach meinem versuchten Sprung aus dem Auto das Vertrauen in meine Urteilsfähigkeit über meinen Zustand verloren. Sie wollte mich nicht loswerden – sie wollte mich mithilfe der Ärzte vor mir schützen. Das musste ich akzeptieren. Ich sah ein, dass ich keine Chance hatte, ihr Vertrauen kurzfristig genug zurückzugewinnen.

Wir teilten dem Ärzteteam mit, dass ich nur unter der Voraussetzung, dass Rouja bei mir bleiben dürfe, mit einer stationären Behandlung einverstanden sei. Das Tribunal lehnte ab. Sie hatten die Macht. Über allem schwebte die Drohung, mich zu entmündigen. Und gegen das Urteil von sechs Ärzten war ich machtlos. So wurde ich ein Ding, eine Sache, ein Aktenvorgang – beraubt jeder Freiheit zur Selbstbestimmung. In diese Ärzte hatte ich kein Vertrauen – aber ebenso hatte ich keine Alternative, die ich hätte wählen können. Auf dem Spielfeld blieben auf einen Pfiff von mir alle stehen. Ein Schiedsrichter leitet das Spiel, er hat die Macht zu strafen und er allein wacht über die Einhaltung der Regeln. In der Bank bewegte ich kleine Vermögen mit meinen Entscheidungen. Hier hatte ich auf einmal gar nichts mehr zu sagen und bekam Beruhigungstabletten.

Ich hatte aufgegeben, wieder war es Rouja, die insistierte. Zum Glück konnten wir uns mit dem Ärzteteam einigen, sodass mich meine Frau täglich von 9 bis 20 Uhr besuchen und begleiten durfte. Nur übernachten durfte sie nicht bei mir. Ein Kompromiss, mit dem ich mich aber arrangieren konnte.

...

Was mir von der Klinik ewig in Erinnerung bleiben wird – neben diesem Tribunal – ist die Glastür am Eingang. Transparent, mit Blick in die Freiheit – aber splitterfestes Panzerglas, ohne Klinke und Knauf, zu öffnen nur über einen Summer, zu dem allein die Pflegekräfte Zugang hatten. Etwas zu sehen und doch nicht erreichen zu können – und sei es etwas so scheinbar Abstraktes wie »Freiheit« – ist für einen Menschen, der gewohnt ist, niemandem Rechenschaft abzulegen, wohin er gehen will, und das plötzlich alles nicht mehr darf, sehr dramatisch. Der Abschied von Rouja war jeden Abend ein Drama. Wenn sie mich verließ, stand ich weinend hinter der Glastür ohne Türknauf, die für mich die Endstation Sehnsucht auf dem Weg nach draußen war. Rouja ging und ich blieb drinnen. Manchmal drehte sie sich um und winkte zaghaft, was sie bald bleiben ließ, um meinen Anblick nicht die Nacht über mit nach Hause zu nehmen und meine Leiden nicht noch weiter unnötig zu vergrößern und weil sie selbst auch weinen musste. Sie ging. Und ich war eingesperrt. Wenn es einen Ausweg aus diesem Loch gab, dann war es die Liebe von Rouja.

Ich blieb die Ewigkeit von drei Tagen auf dieser Station, sah täglich den Roboter beim Moonwalk auf dem Flur, sah Menschen sich rhythmisch die Stirn gegen die Glastür blutig schlagen, vermutlich weil sie resigniert hatten nach zahllosen vergeblichen Versuchen, nach draußen zu entfliehen. Ich konnte die muskulösen Pfleger in ihren Kitteln bald nicht mehr von den Insassen unterscheiden und ich fraß diese Pillen, die mich zunehmend dumpf machten im Kopf, aber nicht heilten. Die Medikamente, die ich bekam, wurden unter Kontrolle verabreicht, sodass ich keine Chance hatte, sie zu entsorgen. Ich sah täglich, was aus mir werden würde, wenn man mich noch länger zwingen würde, hier zu bleiben. Ich würde bald mit einer imaginären Trillerpfeife im Gang stehen und bei der Essensausgabe den Spielfluss am Leben halten, Vordränglern mit hochgestrecktem Arm die Gelbe und Pillenverweigerern die Rote Karte zeigen.

Das waren meine realen Ängste, die mich bis heute verfolgen, selbst wenn ich heute darüber leichter sprechen kann und die Menschen in diesen Einrichtungen, Patienten wie Ärzte und Pflegepersonal, mit anderen Augen sehe – bei mir hat dieser Klinikaufenthalt ein Trauma hinterlassen. Meine Situation war durchaus kritisch. Jeden von uns trennt nur das millimeterdünne Papier einer amtlichen Entmündigung von diesem Schicksal. Es ist eine der prägenden Erfahrungen meines Klinkaufenthalts, wie schnell wir unser Selbst und unsere Freiheit verlieren können, wenn wir zur falschen Zeit am falschen Ort und in die falschen Hände geraten.

Ich ging in den Widerstand, denn ich wollte hier raus. Jeder Patient bekam einen Wochenplan mit Therapiestunden und Gruppensitzungen. Aber ich weigerte mich, daran teilzunehmen. Ich war nicht in der Lage, beim Frühstück zu helfen oder an der täglichen Besprechung teilzunehmen, ich weigerte mich, von meinen Problemen zu erzählen, und ich wollte keine Fingerübungen ausführen in der Ergotherapie. Ich wollte nicht stricken lernen, ich war Hochleistungssportler, gewohnt, jeden Muskel und jede Bewegung meines Körpers zu beherrschen, und hätte bei einer Flucht jeden dieser bulligen Pfleger locker stehen lassen. Ich wollte auch nicht an den Ausflügen teilnehmen, zu groß erschien mir die Gefahr, draußen erkannt zu werden. Ich sah das Foto bildhaft vor mir: Rafati Arm in Arm mit dem Robotermann und einem Pfleger und die Überschrift dazu: »Irre – Rafati in der Klapse!« Nein, ich weigerte mich dazuzugehören. Ich weigerte mich, in dieser Gemeinschaft aufzugehen. Ich war im Widerstand. Es war zu keinem Zeitpunkt Verachtung dieser Menschen, ich spürte tiefes Mitleid – viel stärker war mein Schock über die Verhältnisse, in denen ich mich wiederfand, und die höllische Angst, so zu werden wie sie.

Meine Krankheit hatte begonnen, Roujas bisheriges Leben komplett zu verändern. Wegen ihrer täglichen Klinikbesuche hatte sie inzwischen mit ihrem Arbeitgeber vereinbart, dass sie ihren Vertrag auf unbestimmte Zeit ruhen ließ, bis eine Besserung in meinem Zustand eingetreten wäre. Ihr Chef hatte Verständnis für unsere Situation. Rouja wollte unbedingt in meiner Nähe sein, denn sie war dauernd in Angst, dass ich erneut einen Suizidversuch unternehmen würde. Ich war 24 Stunden am Tag unter Bewachung. Selbst beim Gang zur Toilette durfte ich nicht mal die Toilettentür abschließen. Nachts, wenn mich Rouja verlassen hatte, kam bis zum nächsten Morgen immer wieder eine Aufsicht vorbei und wachte neben meinem Bett, damit ich mir nichts antun würde, so labil wurde mein Zustand eingeschätzt.

Ich fühlte Scham, wie stark ich mit meiner Geschichte in Roujas Leben eingriff und wie unverhältnismäßig ich sie mit meiner Angst belastete. Wenn ich mich nicht beherrschte und es zuließ, überflutete mich das Gefühl, versagt zu haben. Ich konnte das alles nicht mehr ertragen und immer wieder kamen mir abenteuerliche Gedanken in den Sinn, wie ich mich von all dem befreien könnte. Ich sah dabei überhaupt nicht die Mühen und Sorgen meiner Familie, die ihr Leben ebenfalls vollständig nach mir ausgerichtet hatte und nur an mein Wohl dachte, ich dachte nicht an all die Menschen, die mich pflegten und mir nur Gutes wollten – ich war nur mit mir selbst und meinen Verwundungen beschäftigt, zu mehr reichte meine Kraft nicht mehr. Wenn ich aus meinem Inneren gedanklich noch herauskam, dann nur, um mich zusätzlich mit den quälenden Gedanken zu belasten, was die Gesellschaft, meine Schiedsrichterkollegen, meine Arbeitskollegen über mich denken und was die Medien über mich berichten würden. Es erstickte mich beinahe.

Mein Zustand verbesserte sich in den folgenden Tagen nicht. Die Liturgie der psychiatrischen Klinik lähmte mich mehr und mehr. Der monotone Rhythmus eines Kliniktages ist auf Dauer stärker, weil er die Neigung des Menschen zur Bequemlichkeit und Abstumpfung fördert – vor allem wenn man sich weigert, an irgendeiner Form der Therapie teilzunehmen, so wie ich und die Minuten eines vor Kurzem noch viel beschäftigten Terminstrategen eine unglaubliche Dehnung erfahren. Was Zeit ist, erfährt man am besten wieder, wenn man eingekerkert und zum Nichtstun verdammt ist, im Gefängnis oder so wie ich in dieser Klinik.

Durch die immer wiederkehrende Routine des Klinikalltags wirst du ein Teil ihrer Gemeinschaft, es saugt dich ein, je länger du dort bist. Du kannst dich nicht dagegen anstemmen. Ich musste hier raus, und zwar schnell. Ich beriet mich mit Rouja. Wir telefonierten mit meinem Vater und versuchten über seine weitreichenden Kontakte endlich einen Arzt zu finden, der mich nicht nur zwischenlagern – sondern heilen könnte. Auf Empfehlung fanden wir in Hannover einen Psychologen, der mich ambulant behandeln würde. Ich könnte zu Hause schlafen, in meinem Bett, in meiner vertrauten Umgebung und wäre endlich draußen – diesmal auf der richtigen Seite der Glastür dieser für mich so furchtbar abgeschlossenen Anstalt.

Wir diskutierten lange mit der Ärzteleitung der Klinik, und nach einer telefonischen Bestätigung, dass der Psychologe zu einer ambulanten Behandlung bereit sei, durfte ich diesen Ort nach gefühlten 30 Jahren, die nur drei Tage in meinem Leben darstellten, endlich verlassen. Ich weiß noch wie heute, wie die knauflose Glastür mit einem schweren »Plong« hinter mir ins Schloss fiel. Als ich ging, sah ich im Flur hinter mir noch einmal alle meine Leidensgefährten, die keine Chance haben würden, diese Glasschranke jemals zu überschreiten. Ich schwor mir, dass ich diesen Platz nie wieder in meinem Leben freiwillig ansteuern würde. Ich war draußen. Aber nur vorläufig.

Ich verließ die Klinik mit dem Bewusstsein, dass ich es schaffen würde. Allein die Tatsache, diesen Albtraum endlich hinter mir gelassen zu haben, verschaffte mir einen zaghaften, seit Tagen nicht gekannten Auftrieb. Ich würde wieder zu meiner alten Form zurückfinden, ich glitt förmlich wieder in meine alte Rolle, ich fantasierte mich in eine Euphorie der Stärke.

Der Termin am nächsten Tag beim Psychologen war nicht nur ernüchternd, er war vernichtend. Es begann wieder mit einem Gespräch über meine innere Befindlichkeit, für das ich seit dem Tribunal eine solche Routine entwickelt hatte, dass ich in kürzester Zeit die wesentlichen Punkte zur Sprache gebracht hatte. War ich der Meinung, dass ich durch Erkenntnis der Problemstruktur auch den Status der Beherrschbarkeit meiner Probleme erreicht hatte, löste meine Offenheit mitsamt der überwältigenden Detailfülle der Geschichte meiner Verletzungen auch bei diesem Arzt wieder große Besorgnis aus. Ich hätte das Ergebnis ahnen können.

Ich bekam die Diagnose Depression. Zum dritten Mal. Kannte ich schon. Lehnte ich ab. Ich war nicht krank. Ich war verletzt. Der kluge Psychologe aber wusste, dass mein Problem für eine ambulante Behandlung in seinen Räumen zu gewaltig sein würde, und zeigte mir mehrere Möglichkeiten auf, wie ich die Depression behandeln könnte. Er stellte mir einen Überweisungsschein für eine bestimmte Klinik aus, den ich beim Weggehen zerriss. Das genau hatte ich hinter mir und nie wieder würde ich freiwillig in eine Klinik gehen, mit Glastüren, die nur durch Pfleger und einen Summer zu öffnen sind. Ich ging nicht zur Klinik. Und auch nie wieder zu diesem Psychologen. Ich wollte all dem entgehen und dachte, ich könnte alles allein schaffen. Wie sehr ich mich und mein Leben in Gefahr bringen würde, erlebte ich auf der nächsten Station dieser Odyssee, die jetzt schon eine Woche währte.

...

Es war gut, dass ich die Klinik verlassen hatte – und es war schlecht, dass ich jetzt völlig ungeschützt der Öffentlichkeit ausgesetzt war. Ich war nicht mehr abgeschirmt. Immer wieder hörten wir auch über die Nachbarn, dass fremde Leute, wahrscheinlich Journalisten, bei uns geklingelt und aus den Nachbargärten Fotos von unserem Haus gemacht hätten. Schon bald nach meiner Tat hatten wir aufgehört, die vielen Anfragen zu beantworten oder die unzähligen Mails, die uns jeden Tag überfluteten. Auf Anrufe mit Rufnummernunterdrückung oder einer unbekannten Nummer reagierten wir gar nicht und warteten, was die Ansage auf dem

Anrufbeantworter über den Anrufer verraten würde. Bald antwortete ich auf nichts mehr, die Schwerkraft meiner Depression zog mich nach innen und machte alles, was draußen vorging, zu einer Belastung. Ich weiß nicht, wie viele Menschen ich durch dieses Schweigen verletzt habe, aber ich konnte damals einfach nicht mehr. Meine ganze Umgebung erinnerte mich an mein früheres Leben und war eine stete Mahnung, dass etwas gewaltig schiefgelaufen war. Wenn ich gedacht hatte, ich könnte jetzt ganz einfach in den alten Kokon meines Wohlfühllebens zurückschlüpfen und da weitermachen, wo ich aufgehört hatte, als wäre nichts passiert, dann war das ein großer, lebensbedrohlicher Irrtum.

Als ich sechs Tage nach meiner Tat meine Wohnungstür aufschloss, kam der Zusammenbruch und ich war nicht in der Lage, den Fluss der Tränen aufzuhalten. Alles in meiner Wohnung war noch so, wie ich es verlassen hatte – aber es war das Gefühl, wie ein Archäologe in eine Art Pharaonengrab vorzudringen und das vergangene Leben eines Menschen zu erforschen, der vor Tausenden von Jahren gestorben war. Ich sah meine Ansichtskarten, die ich Rouja von den Auslandsreisen geschickt hatte, im Bad die über 40 Parfümflakons aus den Duty-free-Läden fast aller europäischen Flughäfen, von denen ich geflogen war, meinen Anzug für die Bank, der mir zu groß geworden schien für meinen ausgemergelten Körper. Meine ganze Erfolgsgeschichte vor meinem traumatischen Absturz spielte sich in Sekundenbruchteilen vor mir ab und jetzt kam ich zurück als Verlierer in eine fremd gewordene Wohnung. Die Fassungslosigkeit über das, was ich mir angetan hatte, raubte mir alle Kraft und wie in einer Art Ohnmacht sank ich auf der Couch zusammen und schlief einfach ein, es war alles zu viel gewesen. Als ich hochschreckte, hatte ich wieder die Illusion, ich sei nur in einer Art Tagtraum den Ereignissen ausgeliefert gewesen, alles sei gut und nichts sei geschehen. Aber ich war nur im Auge des Zyklons mit seiner trügerischen Windstille angekommen. Die Wirklichkeit holte mich schnell wieder ein und wenige Stunden später brach der Sturm erneut los.

Ich hörte nicht auf, meine Mails zu lesen und die vielen SMS, die mir geschickt worden waren, ich durchforstete die Zeitungen nach Berichten über mich, schaute Sportnachrichten und merkte, dass sich da immer mehr über mir zusammenbraute. Die Spekulationen über die Motive meines Suizidversuchs hatten wie wild zu wuchern begonnen. Die Zeitungen überschlugen sich mit immer neuen Theorien. War ich erpresst worden oder Opfer eines Gewaltverbrechens geworden? Warum hatte die Spurensicherung das Hotel durchsucht? Ich las Schlagzeilen wie: »Drama um Schiedsrichter, Suizidversuch: Rafati lag blutend in Badewanne.« Nach dem Motto: Was war wirklich in der Badewanne in Hotelzimmer 445 geschehen?

Jedes blutige Detail wurde in den Berichten ausgebreitet, und schuld daran war auch die Pressekonferenz von Theo Zwanziger, der zwar die Bitte ausgesprochen hatte »Ersparen Sie mir Details«, fast im gleichen Atemzug aber nicht mit einer detaillierten Schilderung der Ereignisse im Hotelzimmer gegeizt hatte: »Richtig ist, dass er in der Badewanne lag und natürlich auch viel Blut zu sehen war.« Mit dieser Aussage lieferte er eine Steilvorlage für die Medienöffentlichkeit, die sich nun mit Inbrunst auf mein Privat- und Berufsleben warf, um dort irgendwo ein entlarvendes Indiz oder gar kriminelle Hintergründe für meine unverzeihliche Tat ans Licht zu zerren. Sämtliche DFB-Skandale der vergangenen Monate wurden als mögliches Motiv meiner Tat herangezogen. Meine Person stand im Mittelpunkt von Vermutungen über eine neuerliche Einflussnahme der Wettmafia im deutschen Fußball, angeblich nicht beglichene Steuerschulden, Ärger in meinem ausgeübten Beruf in der Bank – sogar bis hin zur Alkoholsucht.

Was mich am meisten entsetzte: Die Berichterstattung und die Debatten in den Medien und Internetforen verlagerten sich von der Diskussion um den Leistungsdruck in der Bundesliga komplett weg in meinen privaten Bereich. Kurze Zeit später erschienen Schlagzeilen, die meinen Gerechtigkeitssinn vollends entfachten, in denen es hieß, die Motive würden in einer Krise meiner Beziehung zu Rouja begründet liegen. Zudem waren Informationen über den Inhalt meiner höchst privaten Notizen aus der Nacht über interessierte Kreise an die Öffentlichkeit gelangt.

Schon am Montag hatte die Kölnische Rundschau unter Berufung auf einen hochrangigen Ermittler der Kölner Polizei angedeutet, allein private Probleme seien der Auslöser für meine Tat gewesen. Der Beamte bezog sich dem Bericht zufolge auf die Notizzettel, die in meinem Hotelzimmer gefunden worden waren. »Es geht nicht um Überforderung im Fußball.« Diese kleine Meldung wurde in den folgenden Tagen von fast allen Zeitungen gierig aufgegriffen und ganze Trupps von Reportern begannen zu recherchieren. So las ich zum Beispiel in der BILD folgende Schlagzeile: »Notizen aus Hotelzimmer ausgewertet. Rafati: Selbstmordversuch aus privaten Gründen. Mit dem Fußball hat das Drama um Babak Rafati (41) offenbar nichts zu tun! Tagelang war spekuliert worden, warum sich der Bundesliga-Schiedsrichter das Leben nehmen wollte. Jetzt ist klar: Es sind private und persönliche Gründe, die den Ausschlag gaben. Das erfuhr BILD von den Kölner Ermittlern. Mit dem Sport habe der Suizidversuch nichts zu tun. Dies ergab die Auswertung der persönlichen Notizen, die in dem Zimmer des Kölner Hyatt-Hotels gefunden wurden, in dem Rafati mit aufgeschnittenen Pulsadern gefunden wurde.«

Ich war empört, denn wenn irgendetwas in meiner kollabierten Welt noch intakt war, dann die Liebe zwischen mir und Rouja, die Beziehung zu meiner Familie und meinen Freunden und mein Job in der Bank. Wenn mich dieses Netz nicht aufgefangen hätte – alles wäre anders gelaufen und ich würde hier nicht stehen. Ich war verletzt und verzweifelt, weil diese Falschmeldungen neue Rechtfertigungszwänge und Missverständnisse über mich in Gang setzen würden. Warum ließ man mich nicht in Ruhe? Warum diese völlig unwahre Berichterstattung? Wollte mir jemand bewusst schaden? Versuchte jemand, mit gezielten Gerüchten von seiner eigenen Schuld und den tatsächlichen Gründen abzulenken? Oder war es schlicht nur die Suche der Journalisten nach einer Erklärung für etwas, was mir selbst ja unbegreiflich erschien?

Das Gerücht, allein private Gründe seien mein Motiv gewesen, zog weiter Bahn um Bahn und war für mich allein nicht mehr aus der Welt zu schaffen. Es wurde zusätzlich dankend instrumentalisiert, um gegen Theo Zwanziger Front zu machen, der bereits in seiner Pressekonferenz am Abend der Spielabsage vom »ungeheuren Druck« auf mich als Schiedsrichter gesprochen hatte. Kritiker merkten nun an, Zwanziger hätte äußerst voreilig den Medien und der Bundesliga die Schuld zugewiesen – anstatt abzuwarten, was die tatsächlichen Motive seien. Ich las Zeitungskommentare wie diesen: »In einem ganz anderen Licht erscheint der Selbstmordversuch von Babak Rafati, wenn man Informationen aus sogenannten gut informierten Kreisen Glauben schenken darf. Denn dann war es nicht übermenschlicher Druck durch seine Schiedsrichtertätigkeit, sondern ein schwerwiegendes privates Problem, das den 41-Jährigen zu seiner Verzweiflungstat trieb. Sollte sich das durch die in nächster Zeit zu erwartende Aussage Rafatis bestätigen, müsste Theo Zwanziger so einiges erklären.« Nein das musste er nicht, denn bei seiner ursprünglichen Erklärung dürfte er von meinen, dem DFB nicht verborgen gebliebenen, Problemen mit Fandel gewusst haben. Und er hatte unmittelbar vorher Informationen von den drei Lebensrettern bekommen, denen der unmenschliche Umgang der Schiedsrichterkommission mit mir nicht entgangen sein durfte. Somit musste auch er sich diesen Druck erst einmal von der Seele reden.

...

Einer der sehr wenigen meiner ehemaligen Kollegen, der auch in dieser Situation mal wieder ausreichend Rückgrat bewies, um offen zu widersprechen, war Carsten Kadach. In seiner 18-jährigen Karriere beim DFB stand der Suderburger bei 29 Champions-League-Partien, 27 DFB-Pokal-Spielen, neun WM-Qualifikationspartien und 194 Bundesligaspielen als Schiedsrichterassistent an der Linie. Außerdem nahm er an der EM-Endrunde 2008 in Österreich und der Schweiz teil. Kadach war ein Meister der Linie, mit seinen flinken Augen brachte er selbst Spieler wie Ronaldo zur Verzweiflung und jeder war scharf darauf, Kadach als Assistenten zu haben. Ich war als vierter Offizieller dabei, als Kadach seine internationale Karriere in einem Euro-League-Spiel in Belgrad aus Altersgründen beenden musste. Wir gehörten demselben Schiedsrichter-Landesverband an. Wir waren mehr als Sportsfreunde und er kannte alle Zusammenhänge im System Schiedsrichter. Kadach war auch langjähriger Weggefährte von Herbert Fandel, der über ihn sagte: »Carsten gehört als Assistent zur Weltspitze, es gibt nicht viele mit dieser Qualität.« Carsten Kadach wurde von uns allen wegen seiner Statur auch »Balu der Bär« genannt. Und – Kadach war, wie er selbst von sich sagte, ein Mann der klaren Worte.

Es war also nicht irgendjemand, der da den Mund aufmachte. Am Spieltag 19.11.2011 hatte er die Drittligapartie zwischen Werder Bremen II und VfR Aalen (0:4) beobachtet, als er per SMS von den dramatischen Ereignissen in Köln erfuhr. In einem Zeitungsinterview sagte Kadach: »Ich war den Tränen nahe.« Vor allem sportliche Gründe wie die Relegation von der Liste der deutschen FIFA-Schiedsrichter hätten an Rafatis Nervenkostüm gezerrt, war Kadach überzeugt. »Ich weiß, dass er ein hochsensibler Mensch ist mit arabischem Blut. Er hat versucht, diese Dinge wegzulächeln und zu kaschieren. Ich bin aber der festen Überzeugung, dass die Streichung ihn innerlich tief erschüttert hat.«

In einer SMS machte mich ein Schiedsrichter auf folgenden Kommentar aufmerksam, den ein anonymer, aber äußerst engagierter Schreiber unter dem vielsagenden Pseudonym »Mein Name ist Hase« mit vielen Ausrufezeichen zu Kadachs Aussagen gepostet hatte: »Wenn das stimmt, was jetzt die BILD-Zeitung erfahren haben will, bewegt sich Herr Kadach mit seinen Äußerungen aber auf ganz dünnem Eis!!! Ehrlich gesagt glaube ich der BILD (in diesem Fall) mehr als Herrn Kadach. Laut BILD liegen die Gründe des Suizid-Versuchs nicht im sportlichen, sondern ausschließlich im persönlichen Bereich. Herr Zwanziger, DANN entbinden Sie nach diesem Interview Herrn Kadach endlich von allen Ämtern im DFB bzw. in den Landes- und/oder Kreisverbänden – auf Lebenszeit!« Ich frage mich heute noch, wer dieser Schreiber »Mein Name ist Hase« war und wie nahe er der Schiedsrichterkommission stand.

Diejenigen, die von Anfang an genau Bescheid hätten wissen können, welche Sorgen und Motive mich letztlich fast in den Tod getrieben hatten, waren Theo Zwanziger, die DFB-Oberen, die Schiedsrichterkommission – und fast alle meine Schiedsrichterkollegen. Ich führte insbesondere nach den Spielen Nürnberg – Mönchengladbach (15.01.2011), Hertha BSC Berlin – Fortuna Düsseldorf (23.01.2011), HSV – Mainz (06.03.2011), Bayern München – Mönchengladbach (07.08.2011) und Dortmund – Augsburg (01.10.2011) mehrmals Telefonate, die im Schnitt 60 bis 90 Minuten dauerten, mit hochrangigen weiteren Mitgliedern der Schiedsrichterkommission und äußerte mich sehr deutlich über Fandels und Krugs Umgangsweise mit meiner Person und meinen angegriffenen psychischen Zustand. Nicht nur ich suchte eine Aussprache – manchmal wurde ich unterwegs angerufen und musste mit dem Auto am Straßenrand stoppen, um mich nicht strafbar zu machen. Dort stand ich dann mit Warnblinkanlage und telefonierte über eine Stunde, während die Fensterscheiben meines Autos beschlugen. Es waren sehr, sehr offene Gespräche, ich hatte nichts mehr zu verbergen – aber mein vielleicht zu schwacher Hilferuf wurde also solcher nicht in seiner Dringlichkeit verstanden. Was meine Gesprächspartner mit diesen Informationen gemacht haben, weiß ich nicht – sie haben es mir nie gesagt. Herbert Fandel und Hellmut Krug dürften über ihre Zuträger über alles Wesentliche informiert gewesen sein. Diese hohen Herren beim DFB hätten zumindest ahnen können, wie ihre Umgangsweise auf mich wirkt und wozu sie im Extremfall führen könnte – aber sie haben es nicht ernst genug genommen, um ihre Haltung zu ändern. In jedem gut geführten deutschen Unternehmen hätte es ein Mediationsgespräch gegeben. Nicht in der deutschen Schiedsrichterkommission.

Viele wussten dem Grunde nach Bescheid. Sonst hätten DFB-Präsident Theo Zwanziger und DFL-Chef Reinhard Rauball sich am Abend der Spielabsage wohl kaum derartig prononciert geäußert. Während Zwanziger von »ungeheurem Druck auf unsere Schiedsrichter« sprach, warb Rauball für ein »Überdenken« der allgemeinen Einstellung gegenüber den Unparteiischen. Zwanziger hatte wohl gleich nach seinem Eintreffen in Köln mit meinen unter Schock stehenden Assistenten Patrick Ittrich, Holger Henschel und Frank Willenborg gesprochen, die ihm sicher erzählt hatten, unter welch starkem Druck ich in den vergangenen Wochen gelitten hatte, dass von meiner gewohnten Herzlichkeit und Lebensfreude am Schluss nur noch so wenig zu erkennen gewesen war, dass sie mich sogar gefragt hatten, wie ich das nur aushalten würde und ob ich etwa suizidgefährdet sei. Sie müssen Zwanziger ihr Herz ausgeschüttet haben, weil alles, was in den vergangenen Monaten geschehen war – gewissermaßen eine Katastrophe mit Ansage –, Fragen nach Verantwortlichkeiten im System Schiedsrichter aufwerfen würde. Meine Assistenten werden ihm vermutlich erzählt haben, wie sehr ich unter dem öffentlichen Medienecho litt, von den Schikanen, denen ich mich durch Fandel und Krug ausgesetzt fühlte, meinen Zurücksetzungen, meiner Wut über die ungerechte Behandlung, der fehlenden Unterstützung durch meine Vorgesetzten und der verzweifelten Angst bei jedem Spiel, Entscheidungen im Graubereich zu treffen, die gegen mich ausgelegt werden könnten. Und schließlich war das »Rafati-Bashing« in den Fanforen nach dem Nürnbergspiel Chefsache bei Zwanziger, wie Fandel mir nach dem Spiel Koblenz gegen Kaiserslautern berichtete. Zudem musste der DFB-Boss mit der Kölner Polizei gesprochen haben, um auszuschließen, dass ein krimineller Hintergrund der Tat bestand. Welchen anderen Grund sonst hätte sein Besuch im Polizeipräsidium haben sollen, von dem mir die Polizistin berichtet hatte?

Spätestens am Abend also mussten alle Verantwortlichen im DFB zumindest geahnt haben, über dass es die Führungsprobleme im System

Schiedsrichter, das von mir als solches empfundene »Bossing« von Fandel und Krug, ihre Verschärfung des Konkurrenzdrucks, die damit zunehmende psychische Belastung bei den meisten Schiedsrichtern, vor allem bei mir, waren, die zu meiner Entscheidung geführt hatten. Zwanziger hatte sich an dem Abend gar nicht weit aus dem Fenster gelehnt mit der Vermutung, der Leistungsdruck sei bei der Tat entscheidend gewesen – er wusste vermutlich genau Bescheid und hatte in seiner ersten, unverstellten Reaktion schlicht die Wahrheit gesagt. Daher entlaste ich an dieser Stelle Herrn Zwanziger vor den Medienvertretern, die ihm vorwarfen, vorschnell über meine Motive zu berichten.

Bei Fandel war dagegen nicht nur für mich das Bestreben sichtbar, die Ursache für den Druck auf die Schiedsrichter von der Schiedsrichterkommission wegzulenken. In einem Interview der BILD-Zeitung forderte er: »Schluss mit der Jagd auf unsere Schiris«, in dem er die Trainer, Spieler und Manager der Klubs stark für ihren Umgang mit den Referees kritisierte. Fandel sagte: »Ich kenne keinen Personenkreis, der höherem Druck ausgesetzt ist als Bundesligaschiedsrichter. Das ist in den letzten Monaten noch viel extremer geworden. Ein Schiedsrichter ist eine Führungskraft, trägt während eines Spiels immense Verantwortung. Der Umgang der Öffentlichkeit mit ihm steht dazu aber häufig in krassem Gegensatz. Hinzu kommt das respektlose Verhalten einiger Trainer, Manager und Spieler. Wenn Beteiligte nach Abpfiff wutentbrannt vor Kameras laufen und Schiedsrichter attackieren, entsteht eine schlimme Außenwirkung. Manche sind sich ihrer Vorbildfunktion überhaupt nicht bewusst! Denn dadurch verlieren auch die Fans die Nerven und Schiedsrichter kommen sich wie Gejagte vor. Damit muss endlich Schluss sein!« Diese Kritik an den Vereinen und den Medien griff er wieder auf, als er Anfang 2013 im Kicker zu »Mehr Respekt für Schiedsrichter« aufrief. Dass Fandel selbst ein sehr großer Teil des Problems, wenn nicht das Problem war, weil er zusammen mit Krug den von ihm kritisierten Druck der Öffentlichkeit häufig genug ungebremst an seine Schiedsrichter weiterleitete, anstatt ihn abzufangen, sich vor sie zu stellen und sie gemäß seiner Fürsorgepflichten als Vorgesetzter zu betreuen, darüber sprach Fandel nicht.

Wie ernst dem DFB der Handlungsbedarf erschien, sieht man daran, dass die von Herbert Fandel geleitete Schiedsrichterkommission als erste Maßnahme nach den dramatischen Ereignissen die Einführung einer regelmäßigen psychologischen Betreuung für die Unparteiischen erwog. Für mich kam dieses Eintreten Fandels für die Nöte seiner Schiedsrichter jedenfalls entschieden zu spät. Ich weiß bis heute nicht, ob der Grund für sein plötzliches Engagement ehrliches Einsehen nach dem Schock über meine Tat war oder, wie schon oft erlebt, nur ein Kalkül in Richtung Medien, um von sich selbst abzulenken. Ich will das nicht bewerten. Ich jedenfalls habe von meinem einstigen Freund, Förderer und für mich verantwortlichen Schiedsrichterobmann in keiner dieser Funktionen einen persönlich an mich direkt gerichteten Genesungswunsch oder die Bitte um eine Aussprache erhalten, die mir Antworten auf diese Fragen hätte geben können. Obwohl Fandel später immer wieder sagte: »Der Mensch steht im Mittelpunkt!« Mich kann er jedenfalls nicht als Menschen gemeint haben, denn selbst Wagner und Fröhlich, seine Kommissionsmitglieder, sagten mir häufiger, dass Fandel, zumindest zum damaligen Zeitpunkt, nicht vorrangig den Menschen im Einzelnen sah, sondern nur die Schiedsrichter in Gänze. Schade, dass Fandel und Krug nicht so menschlich wie Wagner und Fröhlich dachten und denken!

...

Die vielen Interviewanfragen auf meinem Handy, auf meiner Mailbox, manchmal auch an meiner Haustür versetzten mich immer mehr in eine Art Schizophrenie, ich fühlte mich verfolgt. Die Idee, nach Hause in meine Wohnung nach Hannover zu fahren, um ungestört alles aufzuarbeiten, war ein Aberwitz. Mein Zuhause schien wie aus Glas, hatte keine Wände, kein Dach und keine Türen mehr, als würde ich in einer großen Puppenstube leben und alles, was ich tat und sagte, wäre offen einsehbar, für jeden zu begutachten, kommentierbar, umgehend Thema der Medien, weiterverwertbar und für viele leider auch mit einem durch Schadenfreude und Gehässigkeit gespeisten Unterhaltungswert. Ich hatte keine schützende Hülle mehr, um meiner Seele Zeit für ihre Heilung zu geben. Ich erschrak, wie tief die Berichterstattung in mein Privatleben eingriff. Ich versank vor Scham. Das Verrückte an meiner Situation: Diese psychiatrische Klinik, in die ich eingesperrt gewesen war und der ich hatte entfliehen wollen, schien den einzigen Schutz zu bieten vor einer Berichterstattung, die mein ganzes bisheriges Leben platt walzte.

Das Schlimme an den vielen Gerüchten und falschen Verdächtigungen in den Fanforen und Medien war: Sie setzten sich fest wie Hundekot unterm Stollenschuh. Ich steigerte mich in die Vorstellung hinein, dass ich am Ende im Gefängnis landen könnte, mindestens für ein weiteres Mal in den Verhörräumen eines Polizeireviers, ohne zu wissen, was mir zur Last gelegt wurde. Für einen gesunden Menschen ist das nicht zu verstehen. Die Suchmaschinen des Internets sind wesenlose Roboter, die auch nach Jahrzehnten jeden Dreck wieder hochgoogeln. Sie suchen nicht nach Wahrheit, sondern mit mathematischer Kälte allein nach Begriffen, die nicht nach Gut oder Böse bewerten – sondern nur danach, welchen Auftrag die Suchanfrage gestellt hat. Einerseits ist dieses gigantische Archiv ein ungeheurer Schatz an Wissen, für den Betroffenen kann es jedoch Zerstörung bedeuten, weil dieses Archiv nie vergisst. Bis in die fernste Zukunft wird alles abrufbar bleiben, selbst wenn es sich längst als Lüge, üble Nachrede, Mobbing oder einfach nur als Irrtum erwiesen hat. Du hast keine Chance, dich gegen diese Unzahl von Falschmeldungen zu wehren – es sei denn, du versuchst dieses Feuer sofort auszutreten, bevor es zu lodern beginnt. Ich hätte fast zu lange gezögert. Aber dann traf ich eine Entscheidung.

Ich schaltete einen Anwalt ein. Ich wusste nicht, was noch alles über mich hereinbrechen würde, und ich brauchte Ruhe, um mich mit meiner Krankheit auseinanderzusetzen. Zwei Tage später rief mein Anwalt zurück. Als Ergebnis seiner Nachforschungen habe sich ein Polizeikommissar bei ihm gemeldet und sich dafür entschuldigt, dass einer seiner Vorgesetzten voreilig falsche und somit irritierende Informationen über meine privaten Notizzettel an die Medien weitergegeben hätte. Dem läge ein Missverständnis zugrunde. Der Beamte hatte auf eine entsprechende Reporterfrage lediglich geantwortet, dass auf den gefundenen Zetteln nichts zum Thema Fußball stehen würde – konnte es auch nicht, weil ich diese Unterlagen im Papierkorb vor dem Hotel entsorgt oder im Klo runtergespült hatte. Im Umkehrschluss hatte der Reporter kombiniert, wenn vom Sport nichts draufsteht, dann ist auch kein Sport drin als Motiv – also: nur Privates. Eine gleich lautende öffentliche Entschuldigung der Kölner Polizei hätte sehr viel zu einer Klarstellung beitragen können. Anscheinend war das der Polizeipressestelle dann aber doch zu unangenehm oder es schien ihr einfach zu unbedeutend, sodass die gegenüber meinem Anwalt abgegebene Erklärung nicht den Weg in den großen Presseverteiler der Kölner Polizei fand.

Um Rouja zu schützen und den ganzen Gerüchten ein Ende zu bereiten, was aber vorrangig mein Gewissen beruhigen sollte, formulierten wir eine Mitteilung, die mein Anwalt in meinem Namen an die gesamten Medienvertreter herausgeben sollte – mein großer Fehler dabei war, dass ich nicht sofort nach meiner Tat für Klarheit gesorgt hatte. Aber wie sollte ich das auch in meinem Zustand? Die Gegendarstellung, die ich schon viel früher hätte veröffentlichen lassen sollen, hatte folgenden Wortlaut:

»*Auf ausdrücklichen Wunsch und im Namen von Babak Rafati nimmt der von ihm beauftragte Rechtsanwalt Dr. Sven Menke wie folgt Stellung: In Teilen der Öffentlichkeit ist aufgrund verschiedener Spekulationen der Eindruck entstanden, dass private Gründe bzw. familiäre Probleme die Ursache für den Suizidversuch von Babak Rafati gewesen sein könnten. Es ist ein dringendes Anliegen von Herrn Rafati, diesen falschen Eindruck zu korrigieren. Gemeinsam mit seiner Lebensgefährtin und seiner Familie hat er sich dazu entschlossen, die Öffentlichkeit über die tatsächlichen Beweggründe zu informieren. Von den behandelnden Ärzten wurde bei Herrn Rafati in den vergangenen Tagen eine Depressions-Erkrankung diagnostiziert. Die damit einhergehenden Symptome traten nach seiner persönlichen Einschätzung vor etwa eineinhalb Jahren das erste Mal auf und haben sich seither in ihrer Intensität immer weiter verstärkt. Im persönlichen Empfinden von Herrn Rafati wurde vor allem ein wachsender Leistungsdruck für ihn als Schiedsrichter und der damit verbundene mediale Druck in Kombination mit der ständigen Angst, Fehler zu machen, zu einer immer größeren Belastung. Eine Belastung, die irgendwann selbst Alltagsprobleme unlösbar erscheinen ließ und der er sich am Ende nicht mehr gewachsen fühlte. Herr Rafati hat sich dafür entschieden, offen mit der Krankheit umzugehen und sich ihr zu stellen. Er hat sich in fachärztliche Behandlung begeben, um die Ursachen therapieren zu lassen. Wie lange dies dauern wird, ist derzeit nicht absehbar. Babak Rafati wünscht sich, am Ende dieser Therapie in sein normales Leben zurückkehren zu können, auch als Schiedsrichter. Und er bittet darum, ihm die Ruhe und Zeit zu geben, die er jetzt für seinen Genesungsprozess benötigt.*«

Meine öffentliche Erklärung wurde im DFB ausgesprochen positiv aufgenommen. »Es ist ein wichtiger und richtiger Schritt von Babak Rafati, sich dieser Krankheit zu stellen und professionelle Hilfe in Anspruch zu nehmen«, wird DFB-Präsident Dr. Theo Zwanziger in einer

DFB-Pressemitteilung zitiert. »Wir wünschen ihm jetzt viel Ruhe und Kraft für seine Genesung und werden ihn mit all unseren Möglichkeiten unterstützen.« Ein persönliches Schreiben Zwanzigers, in dem er sich nach meinem Wohlbefinden erkundigt, habe ich nie erhalten. Ich frage mich heute noch, warum der DFB immer nur über Pressemeldungen und Zeitungsinterviews mit mir kommunizierte.

In allen wichtigen Medien war vorher schon folgende Meldung des Sport-Informations-Dienstes erschienen: »Für den Selbstmordversuch von Fußballschiedsrichter Babak Rafati scheidet eine Verstrickung des 41-Jährigen in Geschäfte der Wettmafia als Motiv ebenso aus wie ein Zusammenhang mit dem Steuerskandal um deutsche Referees. Dies zeichnet sich nach Recherchen des Sport-Informations-Dienstes (SID) ab. In Justizkreisen gibt es keine Indizien dafür, dass Rafati ›in irgendeiner Weise‹ mit einem Wettskandal zu tun habe. Sein Name sei bei Ermittlungen und Zeugenaussagen nirgendwo aufgetaucht. Der Name Rafati steht, so gut informierte Kreise, auch nicht auf der Liste der vom Steuerskandal betroffenen Referees. Die Fahnder haben insgesamt 70 aktive und ehemalige Unparteiische des DFB ins Visier genommen. Angeblich sollen manche der Beschuldigten Einnahmen von mehr als 100.000 Euro an den Finanzbehörden vorbeigeschleust haben, vor allem für die Leitung internationaler Spiele. Die polizeilichen Ermittlungen im Fall des Selbstmordversuchs von Rafati stehen kurz vor dem Ende.«

In den Zeitungen wurde es nach diesen beiden eindeutigen Erklärungen glücklicherweise ruhiger. Ich konnte mich endlich auf die Heilung meiner Krankheit konzentrieren.

■ ■ ■

Die Verbreitung dieser Falschmeldungen und Gerüchte hatte bereits Schaden angerichtet. Ein Teil meiner Familie und Bekannten hatte sich von mir zurückgezogen und ich verlor einige Freunde, die ich wegen meiner beruflichen Doppelbelastung nur noch sehr selten gesehen hatte und die deshalb auch meine innere Gefühlswelt und Probleme nicht kannten. Sie dachten sicherlich, wenn in so vielen Berichten das Gleiche steht, muss doch irgendetwas Wahres dran sein! Sie wandten sich von mir ab, als ich sie gebraucht hätte, weil sie den Medienberichten Glauben schenkten, ohne mir auch später die Chance zu geben, ihnen die wahren

Hintergründe zu erklären. Ich hatte während meiner Erkrankung auch nicht die Kraft, auf alle Menschen wieder zuzugehen und mich zu erklären. Natürlich muss man auch die Reaktion solcher Familienmitglieder und Freunde hinterfragen, fragen, ob sie es wert sind, dass man ihrer Liebe nachtrauert.

Ein Mitglied der Schiedsrichterkommission, Lutz Wagner, mailte mir einige Zeit später: »Jetzt den Weg zu deinen alten Freunden und Kollegen zu suchen, ist sicher zunächst einmal belastend, tut aber sicher auch sehr gut. Ich bewundere deine Feinfühligkeit und Sensibilität. Nimm dies nicht nur als Belastung, sondern auch als Geschenk. So lässt sich vieles sehr viel intensiver und auch wunderbarer erleben. In puncto Belastung lass dir nur so viel sagen, manchmal empfindest du etwas als schlecht oder negativ, was Unbeteiligte oder nicht direkt Beteiligte gar nicht so wahrnehmen. So wirst du auch keinesfalls so negativ gesehen, wie du es vielleicht denkst. Ich persönlich habe eine sehr hohe Meinung von dir. Zum andern siehst du jetzt klar, wo deine Freunde sind und wo die Gleichgültigen stehen. Die Chance, alles zu ordnen und Prioritäten zu setzen, hast du nun, ergreif sie.«

Diese Aussagen kann ich nur voll und ganz bestätigen, denn meine Lehre aus den ganzen Geschehnissen ist, dass uns Feindschaft, Konkurrenzdruck, Neid und schlechtes Nachreden nicht weiterbringen. Ich bin nach allem, was ich durchlitten habe durch meine Tat, jedenfalls von dem Wunsch beseelt, mich mit allen Teilen meines Lebens wieder zu versöhnen – die guten wie die schlechten Erinnerungen in mein neues Leben zu integrieren.

Aber nicht nur dieser Schiedsrichterkollege stand mir in dieser schweren Zeit mit tröstenden Worten zur Seite. Gerade von Menschen, die mir nicht sehr nahe standen und von denen ich nicht unbedingt Unterstützung erwartet hätte, schickten mir ein Zeichen ihrer Freundschaft.

Wenige Tage nach meiner Tat brachte mir Rouja drei Briefe an mein Klinikbett, wie sie in der Form unterschiedlicher nicht sein konnten. In der Wirkung aber waren sie gleich. Sie schenkten mir Wärme und machten mir Mut, wofür ich unendlich dankbar bin.

Der erste Brief kam in einem riesigen Umschlag mit 65 Prozent Altpapieranteil, in Form der BILD-Zeitung, Post von Wagner, von Franz Josef Wagner, einem der edelsten Fußballfans Deutschlands, der mir in seiner Kolumne schrieb:

»Lieber Schiedsrichter Babak Rafati, die gute Nachricht: Sie leben. Alles andere ist unwichtig. Um alles andere müssen sich Fans, Journalisten und der DFB kümmern. Die Frage, die wir uns stellen müssen, ist, ob die Bundesliga menschenschädlich ist. Der Nationaltorwart Enke warf sich vor den Zug, der Erfolgstrainer Rangnick fühlt sich ausgebrannt. Ein Bayern-Star zündet sein Haus an und kommt in die Psychiatrie. Und jetzt, am Samstag, schlitzen Sie sich, Schiedsrichter Rafati, vor dem Bundesligaspiel Köln – Mainz die Pulsadern auf. In Ihrem Zimmer im Hyatt-Hotel, in der Badewanne. Die Verbindung zu den verschiedenen Katastrophen ist der Fußball. Wer ein Tor schießt, ist ein Gott. Wer danebenschießt, ein Idiot. Wer Abseits pfeift, ist ein Arsch. Wer einen Elfmeter nicht pfeift, ist ein Doppel-Arsch. In Zeitlupe werden die Fehlentscheidungen der Schiedsrichter immer und immer wieder wiederholt. In der Bundesliga erfahren wir gerade das Ende der Legende der starken Männer. Sie sind schwach, sie haben eine Seele, sie werden krank. Sie haben zwar Muskeln, sie laufen 90 Minuten. Aber ihre Seele läuft nicht immer mit. Der Torwart, der Trainer, der Schiedsrichter. Wenn die Bundesliga ein Spiel auf Leben und Tod ist, dann will ich sie nicht mehr sehen. Herzlichst, F. J. Wagner.«

Der zweite Brief war ganz schmal, aus feinem elfenbeinfarbenem Papier, mit einer Münchner Privatadresse, knapp und zackig. Ich las: »Sehr geehrter Herr Rafati, ich wünsche baldige Genesung! Es ist im Leben nur wichtig, einmal mehr aufzustehen, als hinzufallen. Mit herzlichen Grüßen, Bastian Schweinsteiger.« Unsere Begegnungen auch auf dem Spielfeld waren wie dieser Brief, menschlich und immer von gegenseitigem Respekt geprägt – Schweini und ich haben noch eine Abmachung laufen … eine lustige Anekdote von vielen aus meinen diversen Bundesligapartien.

Auch der dritte Brief kam gleich am Montag nach meiner Tat und war überschrieben mit »Gute Besserung!« Ich las weiter: »Nach der erschütternden Nachricht vom vergangenen Sonnabend und den Stunden großer Anteilnahme und Sorge um Sie habe ich heute mit Erleichterung erfahren, dass Sie das Krankenhaus bereits wieder verlassen konnten. Ich wünsche Ihnen auf diesem Wege, auch im Namen meiner Vorstandskollegen, gute Besserung und den Zuspruch Ihrer Familie und guter Freunde. Ich bin sicher, dass Sie sich in der nächsten Zeit viele Fragen stellen und vielleicht nicht alle beantworten können. Dabei hilft es, im

Gespräch zu bleiben, sich mit anderen auszutauschen, die Ihre Situation, ob im Profifußball oder im Privaten, einschätzen können. Ich stehe Ihnen dafür jederzeit zur Verfügung und bitte Sie, keine Scheu zu haben, von diesem Angebot Gebrauch zu machen. Sie wissen, dass Sie sich auf Ihre Sparkasse auch in dieser Situation verlassen können. Ihr Walter Kleine.« Dieser Brief kam nicht von meinem Schiedsrichterobmann, sondern von meinem zweiten wichtigen Chef, dem Vorstandsvorsitzenden der Sparkasse Hannover.

Alle drei Briefe haben für mich in diesem kahlen Klinikzimmer viel Zuspruch bedeutet, ich habe sie bis heute aufbewahrt, als Motivation, nie den Mut zu verlieren. Wie auch die Vielzahl anderer Grüße, die ich während meiner Krankheit bekommen habe – und teilweise erst Monate später ohne zu weinen lesen konnte. Es waren Briefe von Kollegen, Freunden, wichtigen Menschen der Bundesliga, sogar eine Rote Karte »gegen alle, die dir übel wollen« war dabei, Post von völlig fremden Menschen von vielen Flecken der Erde, die an meinem Schicksal Anteil nahmen.

Die verletzendsten Schmährufe kamen vor meiner Tat aus dem Internet von der Anti-Rafati-Seite, die Menschen eingerichtet hatten, um ihrem abgrundtiefen Hass eine Plattform zu geben und Gleichgesinnte zu sammeln, die mich mit Wörtern und Kommentaren belegten, die viele Beobachter auch in den Medien nur noch als menschenverachtend bezeichneten. Als Reaktion darauf gründeten Melanie Nickolmann und ihre Familie die Pro-Babak-Rafati-Fanpage »Wir brechen eine Lanze für Babak Rafati«, auf der jeder seine Grüße und Genesungswünsche an mich posten und über das Geschehen diskutieren konnte. Während ich in der Klinik lag, stellten mir die Nickolmanns aus den Einträgen ein dickes Buch in DIN A 4 Format mit ca.150 Seiten mit vielen mutmachenden Zuschriften, schönen Fotos und Blogeinträgen zusammen, fremde Menschen, die mir Zuspruch schenkten und mir ihre Anteilnahme versicherten, was mich sehr bewegte.

All das waren sehr wichtige Zeichen für mich, dass ich nicht fallen gelassen wurde. Ich bin allen sehr, sehr dankbar, die an mich gedacht haben – und kann Menschen nur raten, schick deinen Zuspruch los, er tut Gutes – auch wenn eine Antwort manchmal erst viel später kommen wird. Die Briefe und Grüße waren so wichtig. Sie haben mir viel Kraft gegeben. Ich habe im April 2012 Melanie Nickolmann gebeten, in

meinem Namen sich bei all diesen wunderbaren Menschen herzlich zu bedanken, was sie dann auch tat und jeder in Facebook nachlesen kann.
Und da war natürlich noch Rouja, die Frau, die ich über alles liebte. Ich hatte mehr denn je Angst, dass sie mich verlassen könnte, nach all den Schlagzeilen und Gerüchten in den Medien, die ihr mehr oder weniger die Schuld an meinem Suizidversuch gaben. Aber als ich ihr von meinen Ängsten, meinen schlaflosen Nächten, meinen Albträumen erzählte, schaute sie mich mit einer unglaublichen Kraft an und sagte nur: »Hab keine Angst, Babak. Ich liebe dich und bin Gott dankbar, dass du lebst. Mehr will ich nicht!«

■ ■ ■

Die Vorgänge in den Medien und die ständige Ungewissheit über meine Zukunft hatten ungeheuer viel Kraft gekostet. Zudem traute ich mich nicht mehr vor die Tür – aus Scham war ich sowieso völlig außerstande, jemanden zu besuchen oder mich besuchen zu lassen. Ich war nur darauf bedacht, keinen weiteren Anlass für neue Schlagzeilen zu liefern. Tagsüber hatte ich im Haus die Jalousien heruntergelassen, damit mich niemand von draußen fotografieren konnte. Es war einfach nur gespenstisch. Twilight für Arme. Rouja merkte, dass ich fern davon war, wieder gesund zu werden. Voller Beunruhigung spürte sie immer weitere Anzeichen einer Verschärfung meines Zustandes.

Damit sie auch tagsüber bei mir sein konnte, ließ Rouja ihren Arbeitsvertrag weiter ein halbes Jahr ruhen. Denn ihre stete Sorge war, dass ich mir etwas antun würde, wenn ich zu lange alleine in der Wohnung wäre. Und ihr Misstrauen war berechtigt. Schon vor meinem versuchten Suizid hatte ich sie tagsüber, wenn meine Angstschübe kamen, immer wieder in der Arbeit angerufen. Ich sagte dann immer: »Rouja, mir geht's nicht gut, ich brauch dich jetzt, ich kann nicht alleine.« Sie ließ dann alles stehen und liegen, egal, ob gerade eine Konferenz oder wichtige Kundengespräche anstanden, und kam nach Hause. Ich brauchte sie in diesen Momenten und musste ihre Stimme hören, um zu verhindern, dass die Dunkelheit in meine Gedanken kam.

Auch jetzt merkte ich genau, wann es so weit war. Ich ging dann in unser Schlafzimmer. Ausgerechnet den Ort, wo ich am wenigsten schlafen konnte in dieser Zeit. Wir haben einen gefliesten Boden aus großen

Kacheln. Und genau diese Kacheln schritt ich während meiner Angstzustände stundenlang ab, auf und ab, vor und zurück, und ich zählte dabei jeden Schritt und jede Kachel: eins, zwei, drei, vier, fünf und links und eins und zwei und drei und vier und fünf, drehen und zurück und eins, zwei, drei, vier, fünf, rechts und tac, tac, tac, vier, fünf ... im Takt meiner Schritte und der sich ständig beschleunigenden Gedankenspirale aus Selbstanklagen und Vorwürfen. Es war, als würden meine Schritte den Takt zu einer Aufzählung aller Anklagepunkte geben: erstens, zweitens, drittens ... und je schneller ich ging, desto schneller kamen auch die zu den Anklagepunkten gehörenden Bildabfolgen. Dazu kam die Angst, gleich würden sie kommen und mich abholen, die Polizei und die Männer vom weißen Tribunal, die mich angrinsten: »Das haben wir doch gleich gewusst, dass wir uns wiedersehen!« Denn natürlich merkte ich, wie ich in den Irrsinn abzugleiten drohte, sodass ich wieder in der Klinik landen würde.

Dazu kam wie damals schon im Hotel der Faktor Zeit als Brandbeschleuniger, der meine Zustände mit fast hypnotischer Wirkung hochlodern ließ. Im Schlafzimmer haben wir eine digitale Uhr, die die Zeit mit einem Laserbeamer in übergroßen roten Ziffern an die Wand projizierte. Die Zeit stets im Auge zu behalten ist für einen Schiedsrichter elementar. Er darf nicht verschlafen vor dem Spiel, er muss die klar definierte Spieldauer einhalten und die Nachspielzeit registrieren. Zeitgefühl, die Zeit beherrschen, das ist drin in jedem guten Schiedsrichter, dass jede Sekunde zählt. Mein Spielfeld hier waren jetzt die Bodenfliesen. Tac. Tac. Tac. Zum Takt der Schritte und dem Takt der ablaufenden Sekunden flog ich wie durch eine Art Zeittunnel in den tranceartigen Zustand meiner letzten Stunden im Hotel, genau dort war ich wieder, in diesem unheimlichen Zimmer, dessen Sog mich damals so verängstigt hatte. War ich vielleicht nur gefangen in einer ewigen Zeitschleife, wie damals, wenn auf meinem alten Plattenspieler der Tonabnehmer hakte und die ewig gleiche Stelle wiederholte? Man musste ihm dann nur einen Schubs geben, damit es weiterging im Lied. War hier in meinem Schlafzimmer irgendwo der Anschluss, die geheime Fluchttür zurück in mein bisheriges Leben?

Dauernd sprach ich zu mir, beruhige dich, beruhige dich doch. Was genau das Gegenteil bewirkte. Ich hatte Angst auch vor meinen Nachbarn. Mein Verhalten musste auffällig sein, die seltsamen Geräusche aus der Wohnung, mein Schluchzen, meine Wutschreie, das stundenlange Gehen im Fünferrhythmus. Ich fühlte mich beobachtet, überwacht und kontrolliert. Ich sah immer wieder diesen Film, mich im Hotelzimmer, in meiner ganzen Verzweiflung – der Schmerz war stets am größten genau in der Situation, wo ich noch alles hätte verhindern können, vor dem Bahnhof, der wirklich letzten Möglichkeit, im wahrsten Sinne auszusteigen, auszusteigen aus dem Taxi, nach Hannover zu fahren, Schluss zu machen mit der Schiedsrichtertätigkeit und mein normales Leben fortzusetzen, ein Leben mit Rouja. Ich flehte in meinen Tagträumen um die Chance eines Neubeginns, die Chance, an dieser Stelle noch einmal neu ansetzen zu dürfen. Manchmal drehte ich diesen Film ab dieser Stelle weiter, manchmal mit Happy End als Schiedsrichter, wo ich nach einer fulminanten Leistung das Spielfeld verlasse, als strahlender Held, der es allen wieder gezeigt hat. Aber dann kippte die Stimmung und der Film lief mit einer zielstrebigen Unbarmherzigkeit seinem tatsächlichen Ende entgegen. Der Absturz in die Wirklichkeit war so heftig durch die unglaublich schmerzvolle Erkenntnis, dass diese beruhigende Fantasie nur ein Selbstbetrug gewesen war.

Dieses Wieder-und-wieder-durchleben-Müssen meiner Krise war mein größter Folterknecht. Wieder spürte ich all die Schmerzen und die Verzweiflung, die noch dadurch gesteigert wurde, dass ich die Ereignisse nicht aufhalten konnte – obwohl ich den Ausgang kannte. Jedes Mal war ich gezwungen mitanzusehen, wie ich der größten Katastrophe meines Lebens unaufhaltbar entgegenschritt. Im Takt meiner Schritte schienen sich die zeitlichen Grenzen im Zimmer aufzulösen, die Wände zu verschwinden, und dann war es wieder da, dieses Rufen, dem endlich ein Ende zu bereiten, diesen Film zu stoppen, dessen Ende ich mich immer schneller näherte. Irgendetwas riss mich dann immer aus meiner unheilvollen Trance, ein Hundegebell, der Paketbote, der klingelte, oder die Bohrmaschine der Nachbarwohnung – und ich bin all diesen Menschen unglaublich dankbar, denn auch sie waren ohne es zu wissen Lebensretter für mich. Nach diesen mir sehr nahegehenden Visualisierungen des Geschehens war ich meist völlig durchgeschwitzt, meine Kleidung klebte am Körper und trotz der stark geheizten Wohnung fror ich.

Ich war zwar endlich wieder zu Hause, aber ich konnte in meinem Bett nicht mehr schlafen. Auch nachts ging ich im Schlafzimmer ständig auf und ab auf meiner Kachelstrecke, beschienen vom roten Mond der

Digitaluhrzeit. Mein Kopfkino war jetzt 24 Stunden täglich am Laufen und ich belastete mich mit tausenden irrealen Gedanken. Dieser Zustand verlängerte sich von der Nacht in den Tag, vom Tag in die Nacht und bald war ich überhaupt nicht mehr zu beruhigen. Das dunkle Novemberwetter tat ein Übriges, um meinen Lebensmut immer weiter sinken zu lassen. Ich hatte Herzschmerzen. Saß bleich auf dem Sofa, um im nächsten Moment wieder meine Kachelstrecke abzulaufen. Ich weinte. Ich schrie. Rouja rief in ihrer Ratlosigkeit meinen Vater an, der wegen seiner schweren Augenoperation immer noch sehr ungern aus dem Haus ging. Trotzdem fuhr er die weite Strecke aus der Innenstadt zu uns, um mich durch seine Anwesenheit zu beruhigen und mich zu überreden, einen Arzt aufzusuchen.

Noch am gleichen Tag gingen wir zu meinem Hausarzt. Ich musste im überfüllten Wartezimmer Platz nehmen, und als ich versteckt hinter meiner Zeitung aufblickte, in der ich mein Foto und meine Geschichte fand, meinte ich zu sehen, wie die anderen Patienten mich über andere Zeitungen und Zeitschriften hinweg heimlich anstarrten, in denen ebenfalls mein Name und mein Foto und die ganzen Mutmaßungen über die Motive meiner Geschichte standen. Das war genau die Öffentlichkeit, die ich immer so gefürchtet hatte, hautnah, persönlich, von Angesicht zu Angesicht. Ich sprang auf und verließ den Raum. Draußen im Flur bekam ich so heftige Panikattacken, dass die Arzthelferin den Doktor holte. Ich verließ die Praxis, nachdem mir der Arzt eine Beruhigungsspritze gesetzt hatte. Nach dem Besuch beim Arzt weigerte ich mich, das Haus tagsüber zu verlassen.

Nur noch im Dunkeln war ich bereit zu einem Spaziergang, nicht einmal die Nachbarn sollten mich sehen. Als die Situation bei uns in der Wohnung wieder einmal sehr angespannt war, konnte mich Rouja überzeugen, einen kleinen Spaziergang zu unternehmen. Wegen der fortgeschrittenen Jahreszeit war es schon dunkel draußen, kaum einer würde mich erkennen, was mich nur wenig beruhigte – zusätzlich trug ich unter dem Mantel noch eine Kapuzenjacke und ich verbarg mein Gesicht darin wie Rocky vor dem schwierigsten Fight seines Lebens. Dann gingen wir durch unsere Straße hin und her, ich fühlte mich, als sei ich ein Gefängnisinsasse beim Hofgang.

Und tatsächlich, ich war gefangen. In meiner Wohnung und in meinen negativen Erinnerungsschlingen. Mein Zustand verschlimmerte sich. Die krankhaften Gedanken zeigten die ersten wahrnehmbaren Veränderungen und griffen meinen Körper an. Mein Zerfall war atemberaubend. Meine Familie sah das natürlich und versuchte mich schonend mit dem Gedanken vertraut zu machen, dass sie Angst um mein Leben hatte und die Verantwortung für mich nicht länger tragen konnte. Alle Familienmitglieder rieten mir, mich in professionelle und stationäre Hilfe zu begeben, damit mir geholfen werden konnte. Sie würden mich, sagten sie, auch bis ans Ende der Welt begleiten, wenn dies erforderlich wäre. Ich wollte aber nicht zurück in eine Klinik. Warum wollten sie mir das antun und über meine Wünsche und Gefühle so einfach hinweggehen? Damals verstand ich nicht, dass sie es nur gut meinten und mich nicht der erkennbaren Gefahr einer erneuten Selbsttötung aussetzen wollten.

Die Angst vor der Klinik, ja und auch die Angst vor mir und dem, was in mir geschah, ließ mein Leben sinnlos erscheinen. Die Angst schnürte mir im wahrsten Sinne des Wortes die Luft ab, sie blieb mir plötzlich immer wieder einfach weg. Ich, der dreimal die Woche 12.000 Meter Lauftraining absolviert und in jedem Bundesligaspiel eine Laufleistung von 10 bis 15 Kilometern erbracht hatte, ich, der fit und durchtrainiert gewesen war, musste plötzlich wie ein 70-Jähriger nach Luft schnappen, zweimal, dreimal hintereinander. Dabei gähnte ich unkontrollierbar, nicht entspannt, nicht weil ich durch meine Schlaflosigkeit übermüdet war – ich bekam einfach nicht mehr genügend Sauerstoff in meinen Blutkreislauf. Ich merkte ja selbst, dass ich nicht mehr in die Spur kam und dringend Hilfe brauchte. Ich versprach Rouja, mich zusammenzureißen, an mir zu arbeiten und einen anderen Psychologen zu suchen – aber für eine ambulante Therapie. Wir hatten einen Entschluss gefasst und sahen mit etwas mehr Hoffnung in die Zukunft.

...

Doch nur eine Nacht später wurde uns allen mit aller Härte klar, dass ich keine Zeit mehr zu verlieren hatte. Ich war wieder unter Strom, unterwegs auf meiner Kachelpiste. Ich machte mir wieder viele Gedanken und mein Gehirn drohte zu platzen, weil ich einfach keinen Ausweg fand aus all den Problemen, die mich wie eine Schrottpresse mit tonnenschwerem Druck zu einem Paket zusammenzupressen schienen. Was sollte ich tun? Wer oder was würde mir aus dieser hoffnungslosen Situation noch heraushelfen? Was sollte aus Rouja und mir werden? Ich fühlte mich verloren, ich ertrug das alles nicht mehr und wieder erschien mir ein rasches Ende als der alleinige Ausweg.

Ich wollte nicht mehr, ich hatte Rouja aus dem Schlaf gerissen und jetzt saß sie aufgelöst im Bett, weinte und versuchte mich zu beruhigen. Aber ich war nicht mehr zu beruhigen, jedes Geräusch löste andere Ängste in mir aus. Wenn ein Auto vorfuhr, wenn die Tür unten im Hausflur zuschlug, wenn Schritte durchs Treppenhaus hallten, dachte ich, dass man mich in die Klinik abholen wollte. Überall witterte ich Gefahren, fühlte mich bedroht und verletzlich – selbst meine Wohnung hatte ihre Schutzfunktion verloren. Ich war hin- und hergerissen zwischen Verzweiflung und Wut, ich war wütend auf mich, meine unsinnige Tat und die Menschen, von denen ich mich in diese ausweglos erscheinende Situation getrieben fühlte. Ich überlegte, welche Sünden ich nur begangen hatte, ob ich etwa selbst andere Menschen verletzt oder beleidigt hatte, dass ich jetzt auf Weisung eines höheren Strafgerichts unter solch höllischen Qualen büßen sollte. Worin lag meine Schuld an dieser Zertrümmerung? Immer wieder fragte ich Rouja, welches Bild sie von mir hätte. Ob ich ein so schlechter Mensch sei, dass ich das verdient hätte? Sie schüttelte nur weinend und wortlos mit ihrem Engelsgesicht den Kopf. Aber was dann? Ich musste einen Schuldigen finden für meinen Zustand, eine Erklärung – ich dachte nicht an Verzeihen. Die Kraft dafür hatte ich nicht mehr.

Diese ziellosen Grübeleien, meine Raserei gegen mich selbst, mein Weinen und Fluchen ging die ganze Nacht über, in der Rouja mich zu umarmen und zu trösten und zu beruhigen versuchte. Aber egal, was sie tat, was sie sagte – nichts davon kam noch in meinem Gehirn an. Ich war dabei abzudriften. Ich bin heute sicher, dass ich ohne sie wieder in den Zustand gefallen wäre, der mich ein paar Tage zuvor fast das Leben gekostet hatte. Rouja war mein letzter Anker, bevor mich der Sturm ganz davonreißen würde.

Inzwischen war durch mein lautes Jammern und wütendes Fluchen auch meine Schwiegermutter im Nebenzimmer aufgewacht. Als sie immer wieder darum bat, meinen Vater zu Hilfe zu rufen, sammelte ich panisch die Mobiltelefone meiner Frau und meiner Schwiegermutter ein. Ich drohte damit, dass ich auf Nimmerwiedersehen verschwinden würde, wenn sie mich in die Klinik schicken würden. Ich wollte auch meinen Vater nicht sehen und hören, der in seiner Hilflosigkeit viele gut gemeinte väterliche Ratschläge für mich hatte, die mir jedoch in meiner Situation nicht mehr weiterhalfen. Er sagte immer: »Das wird schon wieder!«, »Wir haben schon ganz anderes durchgestanden«, »Nimm es wie ein Mann, denk an Rouja!«. Diese ganzen falschen Beschwichtigungen funktionieren selten, in meinem kritischen Zustand erst recht nicht mehr. Die Situation spitzte sich zu und ich muss auf die beiden Frauen, die mich so umsorgten, zunehmend bedrohlicher gewirkt haben.

Ich erwachte urplötzlich aus meiner Trance, als ich bemerkte, dass meine Raserei bei meiner Schwiegermutter eine Herzattacke ausgelöst hatte. Sie verlangte verzweifelt nach bestimmten Tabletten, die sie aber nicht dabeihatte. Ich willigte ein, dass sie einen guten Bekannten anrief, der ihr mitten in der Nacht die Tabletten in einer Apotheke besorgen sollte. Bei dem Mann handelte es sich um Abbas, einen Taxiunternehmer, der freiwillig Nachtschichten in Hannover fuhr. Ich gab ihr das Handy zurück, denn zu Abbas hatte ich Vertrauen.

Abbas hatte ich drei Jahre zuvor auf dem Weg zum Flughafen zufällig kennengelernt, als ich noch der große, strahlende Fußballheld war. Es war eine Phase auf dem Höhepunkt meiner Karriere, als es mir noch sehr gut ging, sportlich und beruflich. Ich hatte es eilig und achtete beim Einsteigen nicht weiter auf den Taxifahrer, der mich zum Flughafen bringen sollte. Aber wie das so ist: Manchmal sitzen echte Überraschungen hinter dem Steuer und jeder sollte gut aufpassen, ob er nicht eine Möglichkeit verpasst, einen sehr interessanten Menschen kennenzulernen, wenn er z. B. in ein Taxi steigt.

Er fuhr los und sprach mich nach kurzem Blick in den Rückspiegel an. »Sie sind doch der Herr Rafati, der aus dem Fernsehen, der Schiedsrichter …« Und so begann unser Gespräch. Wie sich schnell herausstellte, war Abbas, wie er sich nannte, Iraner. Ein sehr gebildeter, feiner Mann, der vor vielen Jahren nach Deutschland gekommen war. Hier gehörte er plötzlich nicht mehr zur Oberschicht eines Landes, sondern saß hinter dem Lenkrad eines Taxis. Smalltalk war nicht sein Ding und so waren wir nach drei Sätzen beim Thema Respekt und achtungsvollem Miteinander in der Gesellschaft als Grundlage eines menschenwürdigen Lebens. Ein Thema mit fast prophetischem Inhalt im Hinblick auf das, was in meinem Leben noch alles passieren sollte. Ich kannte dieses Thema aus den Leitbildern und Handlungsmaximen für Bundesligaschiedsrichter, aber wie Abbas es darstellte, mit so viel Leben und Idealismus erfüllt, hatte ich das noch nie erfahren.

Abbas war belesen, wie ich es selten bei einem Menschen erlebt habe – wegen der oft langen Wartezeiten am Taxistand las und exzerpierte er hochwissenschaftliche Bücher, um die Zeit bis zum nächsten Kunden sinnvoll zu überbrücken. Sein besonderes Interesse galt der Psychologie und dem Krankheitsbild der Depression. Abbas muss wirklich alles gelesen haben.

Wir hatten den Flughafen viel früher erreicht als erwartet, ich spürte Bedauern, das interessante Gespräch hier beenden zu müssen. Beim Zahlen sagte Abbas: »Also, Sie sind ja wirklich ein toller Mensch, ich freue mich, Sie kennengelernt zu haben.« Ich war auch beeindruckt: »Ganz meinerseits.« Danach verloren wir uns lange Zeit aus den Augen, aber ich musste immer wieder an ihn denken.

Und wie der Zufall so spielt, traf ich den weisen Taxifahrer Abbas ein Jahr später wieder – bei meinen Schwiegereltern beim Teetrinken. Die drei waren befreundet, und als er bei ihnen zu Hause mein Foto sah, erzählte er die Geschichte, wie wir uns auf der Fahrt zum Flughafen kennengelernt hatten. So klein ist die Welt! Heute ist Abbas einer unserer besten Freunde. Am Tag meines Suizidversuchs hatte er Roujas Vater sofort angeboten, sie mit dem Taxi nach Köln zu fahren.

Abbas sollte sich in dieser Nacht als eine große Hilfe erweisen, denn nach über 30 Jahren Studium an der »Taxistand-Universität« hatte Abbas anscheinend alles über Depressionen gelesen, was er in Buchhandlungen und Bibliotheken auftreiben konnte. Er hatte sich förmlich vollgesogen mit Abhandlungen über Behandlungsmethoden und Behandlungsfehler und jetzt kam mitten in der Nacht mit dem Anruf meiner Schwiegermutter der Moment, sein gesammeltes Wissen anzuwenden.

Abbas wusste, dass der größte Behandlungsfehler bei Depressiven ist, sich nicht behandeln zu lassen. Immer wieder hatte er meine Familie gewarnt, sie sollten mich dringend behandeln lassen. Rouja hatte ihn über meinen Zustand immer auf dem Laufenden gehalten – und Abbas hatte immer wieder Tipps gegeben, wie man mir am besten helfen könne.

Abbas wusste sofort, was es bedeutete, wenn meine Schwiegermutter sehr früh am Morgen bei ihm anrief. Nach ihrem Anruf dauerte es keine fünf Minuten, bis vier Krankenwagen und die Polizei bei uns zu Hause vorfuhren. Morgens gegen 7 Uhr mit Blaulicht und Tatütata. Ich rätselte, wer sie alarmiert haben könnte. Ich hatte doch meiner Schwiegermutter genau zugehört, damit sie nichts Falsches sagen konnte am Telefon? Ich weiß nicht mehr, wie viele Polizisten und Sanitäter in unsere Wohnung stürmten, vermutlich dachten sie, ich hätte wieder versucht, mir das Leben zu nehmen. Meine schlimmsten Ängste wurden wahr. Sie wollten mich in die Klinik mitnehmen. Sehr eingeschüchtert und hilflos klammerte ich mich im Schlafzimmer am Kleiderschrank fest und sah die in gespensterhaft kreisendes Blaulicht getauchten Retter in meinem Rücken. Nein, ich wollte keinen Schritt nach draußen setzen. Nein, ich wollte nicht in die Klinik mitgehen. Meine Augenwimpern zitterten, so nervlich angespannt war ich. Ich war dabei, völlig durchzudrehen.

Abbas hatte wirklich ganze Arbeit geleistet und musste über seinen Taxifunk wohl einen gewaltigen Hilferuf gesendet haben. Angesichts der Übermacht gab ich auf. Ich wollte auch jedes weitere Aufsehen vermeiden. Die ganze Nachbarschaft musste ja bereits senkrecht im Bett stehen.

Mit sanftem Druck wurde ich zum Krankenwagen begleitet. Ich zog den Kopf tief unter meine Kapuze, weil ich sicher war, dass bei dem Aufgebot sicher auch schon Pressefotografen vor der Tür lauern würden. Ich saß nun in einem grell erleuchteten Krankenwagen, von jeder Seite einsehbar im besten Fotolicht, und wartete auf meinen Abtransport. Hinter den Vorhängen der Nachbarhäuser, die sich bewegten, hinter den Jalousien und Rollos, die angesichts des Spektakels leise hochgezogen wurden, mussten mich alle sehen. Ich saß wie ein Geisteskranker in dem Krankenwagen – und verhielt mich entsprechend. Ich schluchzte und weinte, warf die Arme über meinen Kopf, um mich vor dem zu schützen, was über mich hereinstürzte. Ich konnte die Vielzahl der auf mich einströmenden Gefühle nicht fassen. Warum nur? Warum ich? Warum hatte mich mein Glück verlassen? Warum ließen mich gerade jetzt selbst die letzten Menschen fallen, denen ich noch vertraut hatte? Verdammt, lieber Gott, bitte, was habe ich getan? Ich wollte sprechen, denn ich hatte doch so viel Leid zu beklagen, aber ich war so schockiert, dass ich kein Wort herausbekam. Meine unausgesprochenen Worte kreisten dafür immer weiter großen Pflastersteinen gleich durch mein Gehirn und zertrümmerten meinen Verstand. So stelle ich mir die Hölle vor, noch schlimmer kann man nicht fühlen und Schmerzen verspüren.

Als wir wieder in der Klinik mit der ausbruchssicheren Panzerglastür eintrafen, sagte mir das Personal wie zur Begrüßung, dass sie mit meiner Rückkehr schon gerechnet hätten. Wobei ich in einer Art Déjà-vue dachte, das hätte ich schon mal geträumt. Ich hatte mir doch geschworen, nie wieder an diesen Ort zurückzukehren. Und wem hatte ich das zu verdanken? Abbas, meine Familie und das Personal waren für mich in diesem Moment die schlimmsten Feinde und keiner konnte meine Wut ihnen gegenüber verstehen, denn alles, was sie wollten, war ja, mir zu helfen und das Schlimmste zu verhindern. Dann wirkten die schweren Beruhigungsmittel. Ich war ein Robotermann.

...

Am nächsten Tag stand in der BILD-Zeitung: »Polizeieinsatz bei Schiri Rafati«. Was für eine blamable Schlagzeile für mich! Nach der Erklärung, die mein Rechtsanwalt für mich abgegeben hatte, war in der Berichterstattung gerade ein bisschen Ruhe eingekehrt. Durch meine eigene Dummheit ging jetzt alles wieder von vorne los. Reporter riefen bei meinen Nachbarn, Schwiegereltern, meinem Vater an und bombardierten sie mit Fragen nach meinem Zustand. Mit der nächtlichen Polizeiaktion und den Schlagzeilen am folgenden Tag hatte sich die Demontage meines Ichs bis in mein direktes persönliches Umfeld ausgedehnt, um auch die letzte Schutzschicht zu zerstören, die mich umgab: meine Familie und meine Wohnung.

Mein Verhalten wurde entsprechend unruhig, sodass die Ärzte der Klinik erwogen, mir mein Smartphone wegzunehmen, damit ich keine für mich belastenden Informationen aus dem Internet abrufen konnte. Ich schrie und wehrte mich dagegen und schließlich verständigten wir uns darauf, dass ich mein Mobiltelefon nur in Ausnahmefällen und nur zum Telefonieren benutzte. Dass man mir wie einem kleinen Kind das Handy entziehen wollte, war für mich ein weiterer Schritt in die Entmündigung, die immer noch als ständige Bedrohung über mir schwebte. Mein Zimmernachbar in dieser geschlossenen Station war an sein Krankenbett gegurtet. Den Grund wusste ich nicht und wollte auch nicht danach fragen. Ich bekam nur mit, dass die Ärzte sein Mobiltelefon und seinen Laptop beschlagnahmt hatten und er immer wieder bettelte, alles zurückzubekommen. Würde ich auch bald so daliegen?

An einem Morgen saß ich mit anderen Patienten in einer Therapierunde und hörte zu, wie sie ihre Probleme austauschten, wobei ich aus Angst zitterte, gleich selbst dranzukommen, weil ich mich nicht hätte öffnen können und nichts sagen wollte. Als eine neue Patientin im mittleren Alter hereinkam, war es offensichtlich, dass sie eine körperliche Behinderung hatte, weil sie dabei spastisch zappelte. Ein anderer Patient, ein junger Mann im Alter von ca. 25 Jahren, lachte sie spöttisch aus und rief ihr johlend zu: »Ey, was hast du denn für ein Problem?«, sodass sie sofort aus Scham den Raum wieder verließ. Mein Gerechtigkeitssinn brach derart impulsiv durch, dass ich am liebsten aufstehen wollte, um diesen jungen Mann zu dieser Frau zu zerren, damit er sich für sein unverschämtes und respektloses Verhalten bei ihr entschuldigte. Ich spürte Gewaltbereitschaft, wie ich sie vorher nicht gekannt hatte. Aber ich dachte mir, dass ich in meiner heiklen Lage nicht gewalttätig handeln durfte, und kontrollierte mich. Nach einem Gewaltausbruch wäre ich womöglich genau wie mein Zimmernachbar ans Bett gekettet worden.

Ich bin ein Mensch, der mit offenen Armen und ohne Argwohn auf andere Menschen zugeht – und ich wünsche, hoffe und erwarte immer, dass man es umgekehrt genauso mit mir hält. Das ist eine Erwartungshaltung, die mit den Interessen und den Gegebenheiten in unserer Gesellschaft frontal kollidiert. Diese Gesellschaft ist auf Konkurrenz, Angst und Druckhierarchien aufgebaut. Nicht auf ein Miteinander und Verständnis und auf Teamspiel – selbst wenn das noch so oft gewünscht und gefordert wird. Menschen, die nicht mithalten können oder so wie ich durch vielerlei Umstände aus der Spur gekommen sind, werden ausgegrenzt.

Ich identifizierte mich mit der Frau, genau wie sie fühlte ich mich auch abgelehnt und verhöhnt – und das war es, was mich so wütend gemacht hatte. Ich verstand nicht, dass selbst in dieser Umgebung, wo alle mit ihrem Schicksal zu kämpfen hatten, so wenig Mitmenschlichkeit war und auf Menschen herumgehackt wurde, nur weil sie noch schwächer schienen als man selbst. Ich verließ den Raum. Zudem irritierte mich dieser Aggressionsschub. Ich kannte das nicht bei mir. Mehr und mehr verlor ich meine Sicherheit, Situationen richtig einzuschätzen.

Einmal, als ich Besuch hatte, riss der junge Roboterpatient ohne anzuklopfen meine Zimmertür auf und schrie, ob ich Miroslav Klose gesehen hätte. Ich war völlig perplex, er »marschierte« augenscheinlich unter medikamentösem Einfluss eine Runde in meinem Zimmer umher und ging wieder hinaus, ohne mich auch nur einmal angesehen zu haben. Aus der Tatsache, dass er gerade mich nach einem so berühmten Fußballspieler gefragt hatte, schloss ich, dass meine wahre Identität selbst unter den Patienten inzwischen bekannt war. Fortan fühlte ich mich überall beobachtet und hatte große Angst, fotografiert zu werden.

Ein anderes Mal beobachtete ich, wie eine sehr junge Rollstuhlfahrerin immer wieder heftig gegen die Glastür trat und dabei sehr vulgär mit dem Personal schimpfte. Sie wollte raus aus der Station wie ich. Mehrere Ärzte und Schwestern versuchten sie zu beruhigen, was ihnen nicht gelang. Auch diese Situation empfand ich als sehr belastend, weil ich Angst hatte, bald selbst so unrettbar gefangen zu sein, und weil sich mir immer deutlicher die Frage stellte, wie lange es dauern würde, bis ich selbst derartig gewalttätig endete.

Das Leben in einer geschlossenen Abteilung ist eine fremde Welt, an die ich mich nie gewöhnen werde. Es ist nie ruhig. In der Nacht hört man Schreie. Es liegt etwas Animalisches über der ganzen Szenerie und ständig hat man Angst, dass einen irgendetwas anfällt. Als Leistungssportler war ich gewohnt, genau zu kontrollieren, welche Nahrung ich zu mir nahm. Ich aß nichts, was ich nicht kannte. In der Klink musste ich essen, was der Speiseplan der Großküche vorsah. Das wäre noch zu verschmerzen gewesen, weil ich ohnehin kaum noch aß. Aber es ging viel weiter. Eine Patientin machte mir höllische Angst, indem sie mir laufend zuflüsterte, dass wir alle Versuchskaninchen der Pharmaindustrie seien, damit sie ihre Medikamente ausprobieren und neue Forschungsergebnisse präsentieren könnten. Ich bekam jeden Tag eine ganze Batterie von Pillen, alle sehr schön bunt, und ich sah diese von Plastik umhüllten Torpedos mit ihren unbekannten Wirkstoffen bald tatsächlich als Gefahr für mich an. War ich auch schon ein Versuchskaninchen? Was mich misstrauisch machte: Die Pillen wurden unter Aufsicht eingenommen, sich weigern war zwecklos.

Und so verlor ich Stück für Stück immer mehr von meiner Freiheit und von meinem Recht auf Selbstbestimmung. Ich wurde unruhig und wütend, hier eingesperrt zu sein – und mich dennoch kooperativ und unauffällig den Ärzten zeigen zu müssen. Aber mein Verhalten wurde immer gestörter. Jedes Mal, wenn ich Sirenen von Krankenwagen in der Klinik hörte, bekam ich Verfolgungswahn, denn dieser Sound war für mich mit sehr negativen Erinnerungen verbunden, als mich Notärzte und Polizei ohne Vorwarnung aus meiner Wohnung abgeholt hatten. Ich spürte, dass es nur eine Frage der Zeit wäre, bis mein Widerstand erlahmen und ich so enden würde wie meine Mitinsassen. Lieber Gott, warum war ich dermaßen unfähig gewesen, mich selbst hinzurichten? All das wäre mir erspart geblieben. Dieser Frage sollten bald konkrete Antworten folgen.

Dadurch, dass ich nach außen hin den gefassten, verständigen Herrn Rafati spielte, um entlassen zu werden, innerlich jedoch zunehmend von meinen Gefühlen zerrissen wurde, kam ich wieder unter immensen Leidensdruck. Nichts fällt schwerer, als zu lächeln, wenn man weinen muss. Es war derselbe Zustand wie in der Zeit meiner sportlichen Niederlagen und der Druckanrufe von Herbert Fandel. Immer häufiger verfiel ich in Planspiele, wie ich diesem Leben – diesmal perfekt – final entrinnen könnte, denn ich wollte das Ganze nicht länger ertragen. Ich merkte den Reiz dieser Gedanken und versuchte sie zu unterdrücken. Aber sie kamen trotzdem in den unmöglichsten Situationen einfach hoch. Ich hatte weniger Angst vor meinem Tod als vor einem neuen Fehlschlag, denn dann würden sie mich wohl für immer wegsperren.

Die arme Rouja musste das alles miterleben, denn sie war meine einzige Bezugsperson, der ich meine Todessehnsucht offen anvertrauen durfte. Sie hatte sehr viel Kraft und Durchhaltevermögen, kam jeden Morgen und ging abends wieder nach Hause, um sich zu sammeln und mich am nächsten Tag wieder mit aller Entschlossenheit zu bestärken, gemeinsam durchzuhalten. Ich weiß nicht, wie Rouja es geschafft hat, diese Zuversicht auszustrahlen. Im Inneren sah es bei ihr bestimmt ganz anders aus, denn die Situation ist unbestritten für Angehörige von Depressionskranken noch viel schlimmer als für den Betroffenen selbst. Die Familienangehörigen des Erkrankten stehen imaginär um ein brennendes Haus und müssen mit ansehen, wie der liebste Mensch in den Flammen zugrunde geht, weil sie nicht das geeignete Löschmittel finden. Es ist das Gefühl der Machtlosigkeit, den anderen nicht schützen zu können.

Ich weiß, dass Rouja oft verzweifelt war – vor allem deshalb, weil sie nicht wusste, wie sie mir helfen konnte. Aber sie war in dieser schwierigen Zeit immer für mich da und stellte unsere Beziehung nicht eine Sekunde infrage. Heute weiß ich, wie viel ich ihr verdanke, damals war ich dazu nicht in der Lage, so sehr war ich mit dem Chaos in meinen Gedanken beschäftigt. Und nicht nur ihr gegenüber verhielt ich mich oft feindselig und misstrauisch, sondern auch vielen anderen Menschen gegenüber, die mich, wie ich heute weiß, retten wollten – und zwar in erster Linie vor mir selbst. Ich habe wirklich im Feuer gestanden und dabei lichterloh gebrannt.

Mein einziges Ziel war, so schnell wie möglich wieder raus aus der Klinik zu kommen. Ich wollte weg, weil mir die Atmosphäre in der Klinik für meine persönliche Situation nicht angemessen schien. Die meisten Patienten waren so schwer krank, dass ein Gespräch nicht möglich war. Der wahre Grund aber war, dass ich in meinen Planspielen erkannt hatte, dass mein Vorhaben scheitern würde, wenn ich weiterhin unter ständiger Beobachtung durch das Pflegepersonal bliebe. Ich musste raus und in Ruhe einen günstigen Zeitpunkt, einen ruhigen Ort und eine »todsichere« Methode finden. Es war meine ständige Forderung, doch in den Gesprächen mit den Ärzten wurde ich immer wieder darauf hingewiesen, dass ich in meinem Zustand unter ärztlicher Betreuung bleiben müsse, weil das Risiko des Rückfalls immens groß sei.

Den Ärzten war klar, dass sie gegen meinen Willen nicht weiterkommen würden. Auch meine Schauspielerei zeigte Wirkung, die Ärzte gingen vermutlich von einer Besserung aus. Wir vereinbarten schließlich, dass ich in dieser Klinik zwar weiterhin in Behandlung bleiben, diese jedoch ambulant durchgeführt werden sollte. Ich musste schriftlich versichern, dass die Entlassung nur auf meinen ausdrücklichen Wunsch veranlasst worden sei und ich zweimal die Woche zu einem ambulanten Behandlungstermin beim Klinikpsychologen zu erscheinen hätte. Und wieder war ich draußen.

...

Bei der ambulanten Therapie war wie abzusehen kein Fortschritt erkennbar. In den Sitzungen, an denen auch Rouja teilnahm, musste ich permanent weinen. Reden über das, was mich belastete, konnte ich nicht, was weniger an dem Therapeuten lag, sondern an mir, da ich inzwischen niemandem in meiner gesamten Welt mehr vertraute. Wenn mein Anwalt anrief, hatte ich meine Zweifel, ob er mir die volle Wahrheit verschwieg, um mich nicht zu belasten. Wenn ich ein Formular unterschreiben sollte, vermutete ich eine arglistige Täuschung, die zu meiner Entmündigung führen würde. Selbst als mein bester Freund Arno anrief, unterstellte ich, dass er mit Rouja vereinbart hätte, mir nicht alles zu erzählen, was draußen vorging, denn ich war sehr labil und anfällig für jede neue Nachricht, die mich in meiner negativen Lebenseinstellung bestätigen würde.

Arno lernte ich mit 16 Jahren kennen, als ich Schiedsrichter wurde, damals war er es bereits seit einem Jahr. Wir fuhren oft gemeinsam im Team zu Spielen. Es war eine richtige Bolzplatz-Freundschaft, robust, ehrlich, belastungsstark, die uns später sogar das Gefühl gab, dass wir wie Brüder seien. Wir erzählten uns in totaler Offenheit alle Geschichten aus unserem Privatleben. Im Laufe der Zeit habe ich gelernt, wie wichtig es ist, einen wahren Freund zu haben und diese Freundschaft mehr zu schätzen als die vielen sinnlosen Bekanntschaften und berufsbedingten Zweckgemeinschaften, mit denen wir uns umgeben. Und jetzt war ich so weit, dass ich selbst meinem besten Freund, der heute noch wie ein Bruder für mich ist, plötzlich nicht mehr vertraute?

Meine Zusammenbrüche und Wutanfälle häuften sich. Bei den Terminen in der Klinikambulanz versuchte ich Haltung zu bewahren und die Ärzte zu täuschen. Ich war antriebslos, hatte keinen Appetit und verlor fast zwölf Kilo Gewicht. Meine Augenränder waren mittlerweile noch schwärzer und lagen noch tiefer. Im Brustbereich hatte ich starke Schmerzen, die Atemnot war stärker geworden und ich wollte immer nur im Dunkeln sein und selbst tagsüber das Bett nicht mehr verlassen.

Eines Tages wollten meine Frau und meine Schwiegermutter dem Therapeuten nach der Gesprächsstunde die Wahrheit sagen. Sie wollten von meinen Gefühlsausbrüchen zu Hause berichten, damit ich wieder in die Klinik zurückkehre, bis endgültig eine Besserung meiner Gesundheit eingetreten sein würde. Die Therapiesitzung war wieder sehr bedrückend gewesen. Ich spürte, wie Rouja und meine Schwiegermutter besorgte Blicke austauschten. Zu Hause würde ich wieder weinen und schreien und in einer weiteren schlaflosen Nacht bis zur Erschöpfung durch die Wohnung marschieren. Irgendwann, das war beiden klar, würde es passieren. Wir waren schon draußen, als sie sich entschlossen umdrehten und zurück ins Büro des Therapeuten wollten. Ich versuchte das mit allen Mitteln zu verhindern und versperrte mit Körpereinsatz die Tür, ich riss sogar die Hand meiner Schwiegermutter von der Klinke.

Wir hielten uns über eine Stunde auf dem Gang auf und stritten uns heftig. Wie ein eingesperrter Löwe im Käfig ging ich auf und ab und überwachte jede verdächtige Bewegung meiner Frau und meiner Schwiegermutter, damit sie nicht plötzlich doch in das Büro des Psychologen stürzen und mein Ende besiegeln würden. Meine Verhaltensweisen wurden immer verrückter, unberechenbarer und aggressiver.

Die beiden Frauen merkten, wie die Situation zu eskalieren drohte, und fuhren mich klugerweise wieder nach Hause. Aber war das noch mein Zuhause? Hatte sich meine Wohnung nicht bereits in eine geschlossene Abteilung verwandelt, der ich so sehr zu entkommen suchte? Ich hatte nunmehr seit Wochen nicht mehr richtig geschlafen, obwohl ich Antidepressiva und Schlaftabletten in großen Mengen verabreicht bekommen hatte. Ich war einerseits völlig erschöpft – doch zum endlosen Grübeln reichte die Kraft Tag und Nacht. Es war ein inneres Feuer, das mich zu verzehren schien. Meine Angstzustände speisten sich aus dem Gefühl, die Kontrolle über mein Leben und die Wahrnehmung meines Selbst verloren zu haben. Ich war nicht mehr der Chef auf dem Spielfeld, der gestaltet, wie ich das die ganzen Jahre zuvor von mir geglaubt hatte – die Dinge geschahen mit mir, ohne dass ich irgendwelchen Einfluss darauf zu haben schien.

Meine Familie und meine Freunde mussten in dieser Zeit einiges aushalten – und das Schlimmste war, ich merkte nicht einmal, wie ich mich veränderte. Jeden Tag rief ich abwechselnd meinen Freund Arno und meinen Anwalt Dr. Sven Menke an, um immer wieder die gleiche Schallplatte aufzulegen: Die Welt hat sich gegen mich verschworen, mein Ansehen ist ruiniert – ich werde verfolgt. Manchmal fuhren wir ohne Vorankündigung zu ihnen nach Hause. Ich musste reden. Einmal holten wir sie an einem Sonntagabend vom Abendessen aus dem Restaurant direkt zu uns ins Auto, um mit ihnen verschwörerisch geheimnisvolle Botschaften zu besprechen, die mich über Zeitungsmeldungen oder SMS erreicht hatten und die ich in meinen Angstzuständen nicht mehr zuordnen konnte. Ich entwarf Strategien, wie wir darauf zu reagieren hätten. Ich wiederholte dieses Prozedere mehrere Tage lang und trotzdem war ich mir sicher, dass sie mich alle nicht verstanden und ich der Einzige war, der den wahren Durchblick hatte. Ich glaubte ihren Beschwichtigungen nicht, die Dinge weniger ernst zu nehmen und mich endlich auf meine Genesung zu konzentrieren. Ich sah nur ihre beunruhigten

Blicke. Verdammt, war hier noch irgendjemand, der wie ich vernünftig dachte? Nein, ich war der Einzige, der alles verstand und richtig zuordnen konnte. Doch das war ein Trugschluss. Ich allein war es, der sich veränderte. Und ich bin meiner Familie und meinen Freunden heute dankbar, dass sie mich damals ertragen haben.

■■■

Es war in meiner Erinnerung ein sehr dunkler, verregneter Dezember. Die Erinnerung an die vielen Situationen, in denen ich mich ungerecht behandelt gefühlt hatte und in denen mir jede menschliche Wertschätzung verweigert und meine ganze Person als Mensch infrage gestellt worden war, erdrückte mich und nahm mir jegliche Kraft, am Leben bleiben zu wollen. Ich hatte keine Selbstliebe mehr und spürte krankheitsbedingt nur noch Wut auf Menschen, die ich subjektiv für meine Probleme verantwortlich machte. Abgelöst wurden diese Zustände von Zusammenbrüchen aus totalem Selbstmitleid und der Scham, versagt zu haben. Ich hatte gar keine Chance, mich meinen Problemen zu stellen. Sie erdrückten mich in ihrer schieren Masse einfach, weil ich fast über achtzehn Monate lang versucht hatte, ihnen keine Beachtung zu schenken, sie wegzudrücken. Jetzt war aus vielen kleinen Schneeflocken eine Lawine der Kränkung geworden, deren tosende Kälte mich einfach verschlang. Ich hielt mich selbst nicht mehr aus. Ich fühlte mich verfolgt, nicht mehr verstanden, von Verrat und Intrigen umgeben. Ich war der Geisterfahrer auf der Autobahn, der sich wunderte, warum alle gegen seine Richtung fuhren. Nur in meinen seltenen klaren Momenten erkannte ich, wie sehr sich mein scheinbar glückliches Leben innerhalb einer Nacht zu einem Albtraum entwickelt hatte. So konnte es nicht weitergehen. Ich brauchte Platz für mein Vorhaben. Und ich musste dafür allein sein. Ich musste mit Rouja über ihre Zukunft sprechen.

Eines Abends hatte mich Rouja zu einem Spaziergang überredet, damit ich wenigstens einmal am Tag aus meinem Gefängnis heraus an die frische Luft kam und mich bewegte. Den durchtrainierten Hochleistungssportler Rafati gab es nicht mehr, meine Kleidung schlotterte am Leib, immer wieder musste ich stehen bleiben und nach Luft schnappen, auch weil ich in meiner Aufregung das entspannte, tiefe Atmen vergaß. Ich hatte mich tief in meiner Rocky-Kapuzenjacke vermummt, damit mich in meiner Heimatstadt keiner auf der Straße entlarven und fotografieren könnte. Wir müssen ein seltsames Paar abgegeben haben. Ein gebeugter Kapuzenmann diskutierte, gestikulierte, lamentierte und weinte zusammen mit einer sehr schönen Frau völlig selbstvergessen mitten auf der Straße.

Ich sagte zu Rouja, dass ich hier in Hannover am liebsten alles aufgeben würde, um auszuwandern in ein Land, wo mich keiner kannte. Wie sehr ich mich danach sehnte, ein ganz normaler Mensch sein zu dürfen, ein Mensch, der mit seiner Frau durch die Straßen bummeln, einkaufen und essen gehen konnte, ohne dass ihn Menschen fotografieren, ansprechen oder abschätzig anschauen würden. Unbemerkt atmen! Ich sagte, dass ich keine Hoffnung mehr hätte, hier in Hannover in ein lebenswertes Leben zurückzufinden. Bei jedem kleinsten Anlass würden wieder Reporter vor der Tür stehen und in meinem Privatleben herumwühlen. Ich hatte die dunkle Seite der Macht der Medien kennengelernt und den Fluch, prominent zu sein, mit allen Fasern zu spüren bekommen. Ich war eine öffentliche Person. Ich würde den Rest meines Lebens als Ausstellungsstück hinter den großen Panoramafensterscheiben des Medienbusiness fristen müssen. Zu gut konnte ich mich an Zeitungsartikel erinnern, wo dem Schicksal ehemaliger Bundesligaprofis nachgespürt wurde, obwohl sie schon seit Jahrzehnten ausgeschieden waren: »Karriereende im Lottoladen«, »Alkohol, Autos, Sex und Kokain – wie ich meine Millionen durchbrachte« oder »Er wollte Geld und Essen für sein Trikot« oder »Wenn der Held im Tor am Leben scheitert«.

Wir stellten beide schnell fest, dass wir uns nicht so einfach von unserer lieb gewonnenen Heimat und vor allem von unseren Familien trennen könnten. Ich sagte zu Rouja, ich hielte diese unmenschlichen Qualen nicht mehr aus, und schlug ihr vor, dass sie mich verlassen solle, damit ich alles andere für mich alleine »erledigen« könne. Dass es besser sei, sie würde sich einen anderen Mann suchen, der gesund sei und mit dem sie nicht in einer abgedunkelten Wohnung leben müsse. Dass ich geduldig abwarten wolle, bis sie gefühlsmäßig genügend Abstand zu mir hätte, um es dann erst zu tun. Rouja starrte mich aus sehr wachen Augen ungläubig an.

Ich analysierte meine Situation wie die Spielzüge eines Fußballspiels. Dieser sich herauskristallisierende Entschluss gab mir zum ersten Mal seit Tagen mal wieder das Gefühl, selbst zu handeln und nicht hilflos herumgeworfen zu werden. In der Nacht im Hotel war mein Verstand nicht mehr beisammen gewesen und ich hatte aus einem Affekt gehandelt, weil ich die Kontrolle über mein Bewusstsein verloren hatte. Aber jetzt war es anders, ich war bei vollem Verstand und wollte gezielt vorgehen. Meine Taktik stand. Es war eine kalte Sachplanung, diese Projektstudie Selbstmord, die alle Eventualitäten einkalkulieren und jeden Zufall ausschließen sollte. Ja, ich wollte mir das Leben nehmen und dabei stand Rouja mir im Weg. Ich war dabei, mit kalter Zuversicht in eine Richtung zu gehen, in der sie keine Rolle mehr spielen durfte. Ich wollte ihr ersparen, mich eines Tages irgendwo überraschend aufzufinden. Ich war am kritischsten Punkt meiner Erkrankung angekommen, wie ich später erfahren würde.

Viele Menschen, die einen Suizid begehen, werden von ihrer Umgebung in den letzten Tagen davor als tief gelassen, ja heiter und entspannt erlebt. Die Angehörigen fühlen sich erleichtert, weil endlich eine Besserung in Sicht zu sein scheint. Aber es ist nur die Vorbereitung für den Abschluss. Der Depressionskranke will durch sein »positives« Verhalten erreichen, dass seine Umgebung ihn nicht mehr permanent ängstlich kontrolliert. Für seine Tat muss er allein sein und braucht Freiraum. Die Tat kommt dann umso überraschender und ist umso entsetzlicher für die Hinterbliebenen. Die Hochstimmung in den Tagen vor der Tat ist dabei keineswegs nur gespielt. Kein Mensch hat in diesem Zustand noch die Kraft, um überzeugend etwas vorzuspielen. Die Hochstimmung entsteht, weil der gefasste Entschluss eine große Erleichterung verschafft, weil alle Selbstzweifel mit einem Schlag verschwunden sind – der Entschluss hat dem Depressiven die Gestaltungshoheit über sein Leben zurückgegeben, er kann zum ersten Mal wieder selbstbestimmt handeln, so meint er, und wird nicht mehr nur von seinen Problemen, seiner Scham und seinem Selbsthass getrieben. Der Preis für die wiedererlangte Freiheit ist der Tod.

Und jetzt gab ich Rouja ganz selbstlos frei, sagte ihr, dass sie sich von mir trennen solle, um die Chance für ein neues Leben zu finden. Mein Ansinnen, das so selbstlos und edel daherkam, war in Wirklichkeit nichts anderes als pure Verzweiflung. Ich verachtete mich inzwischen so für diesen Zustand und mein Aussehen, dass ich es für Rouja für unzumutbar hielt, bei mir zu bleiben. Mein Selbstwertgefühl war auf null. Vielleicht liebte sie mich schon gar nicht mehr? Vielleicht war sie nur aus

Gewissenhaftigkeit und auf Rat der Ärzte bei mir geblieben, obwohl sie sich innerlich schon abgewendet hatte? Welche Frau sollte auch einen Mann lieben, der so tief gestürzt war und auch äußerlich nur noch ein Bild des Jammers abgab? Zudem entging mir nicht, wie sehr ich Rouja in mein Schattenreich mit hineinzog. Ich hatte kein Recht, sie weiter an mein Schicksal zu binden, und wollte sie freigeben, damit sie mit einem neuen Partner eine Zukunft finden konnte – eine Zukunft, die ich hinter mir hatte.

Ich markierte den Starken, aber ich war in diesem Moment so schwach wie niemals zuvor. Denn ich wusste zu genau, wenn Rouja tatsächlich ginge, war mein Leben erst Recht vorbei. Ich schien zum ersten Mal wieder alles ganz klar zu erfassen und merkte in meinem Zustand gar nicht, wie sehr ich Rouja mit meinem Gerede zutiefst verletzte, weil ich an ihrer Liebe zu zweifeln schien. Und nichts anderes tat ich in diesem Moment. Rouja, die mir gezeigt hatte, dass sie bereit war, alles für mich aufzugeben, ihre berufliche Karriere, ihre Promotion, ihr eigenes Leben, ihr Glück. Und als Dank für ihre Liebe, so empfand sie es, wollte ich sie nun verstoßen? Ihre einzige Antwort waren Tränen. Meine ganze aufgeblasene Stärke sackte in sich zusammen. Verstand sie nicht, was ich wollte?

Nachdem wir uns auf dieser dunklen Straße im Dezembernieselregen einigermaßen beruhigt hatten, wollten wir uns etwas zu essen besorgen. Mit kalter Präzision wiederholte ich mein Vorhaben. Wir würden uns trennen. Und wenn ich sehen würde, dass sie ihr altes Leben wieder aufgenommen hätte und ihre Gefühle sich einem neuen Partner zugewendet hätten, dann erst würde ich es tun. Es ist aus heutiger Sicht unfassbar, was ich Rouja da zumutete. Spätestens jetzt musste ihr klar sein, dass all die Versuche, meine Krankheit ambulant zu behandeln, gescheitert waren. Ich bemerkte, dass sie immer wieder Blickkontakt zu anderen Menschen aufnahm, um Aufmerksamkeit zu erwecken und Hilfe zu holen. Sie hatte keine Angst um sich – vielmehr um mich. Sie hatte kein Vertrauen mehr, dass ich nicht in der nächsten Minute etwas mit mir anstellen würde. Als ich ihr drohte, was ich in meinem Leben zuvor noch nie getan hatte, sofort ihre Hilfe suchenden Blicke einzustellen, und ich ihr sagte, dass ich lebend nie wieder in eine solche Klinik gehen würde, eskalierte die Situation. Rouja wurde mit einem Schlag ruhig und schaute mich mit tränenerfüllten Augen an. Dann kramte sie in ihrer Handtasche und legte bedächtig drei Packungen sehr starker Schlaftabletten der

Reihe nach auf den Tisch und sagte: »Babak, wenn du gehst, werde ich dich in den Tod begleiten. Denk immer daran, du gehst nicht noch einmal ohne mich!«

Dieser mit aller Entschiedenheit und trotz ihrer Tränen in einer sachlichen Kühle geäußerte Satz riss mich völlig aus meiner egoistischen Umlaufbahn. Ich war völlig perplex – in meiner krankhaften Wirklichkeitswahrnehmung und meinem Misstrauen hatte ich erwartet, dass sie einwilligen und gehen würde. Ich war überzeugt, dass mich niemand in meinem Zustand lieben könnte. Die Konsequenz, mit der sie auf meine Zumutung reagierte, erschütterte mich. Ich begriff plötzlich, was für ein Idiot ich war und dass ich auch eine große Verantwortung für Rouja zu übernehmen hatte. Und dass mich Rouja daraus nicht mehr entlassen würde mit ihrer Ankündigung »Wenn du gehst, gehe ich auch!«.

Was für ein Mensch war ich, dass ich ihr Leben so leichtfertig aufs Spiel setzen wollte? Was für ein wundervoller Mensch wiederum ist sie, dass sie mich trotzdem so lieben konnte? Rouja nutzte die Chance und rief nach der Rechnung. Sie redete nie wieder ein Wort über diesen Vorfall, was mich in der Auffassung bestärkte, wie tiefernst ich ihre Ansage zu nehmen hatte. Ihre menschliche Größe hatte mir gezeigt, wie klein ich geworden war.

...

In der Nacht zitterte ich stark und konnte wieder mal nicht schlafen. Das Grübeln setzte erneut ein. Ich weinte und durchlebte wieder die Momente im Hotel, in denen ich dem Tode doch schon so nahe gewesen war, und ich wütete gegen mich, dass ich versagt hatte. Ein anderer Teil in mir aber wollte noch leben und eine Zukunft für mich und Rouja finden. Verdammt, ich war depressiv, ich konnte das irgendwie nicht glauben! Aber es war so und ich trug eine große Mitschuld an meiner Krankheit. Warum hatte ich damals nicht auf mein Bauchgefühl gehört und mit dem Fußball freiwillig abgeschlossen? Warum hatte ich Fandel und Krug nicht einfach ins Gesicht gesagt, was ich von ihren Intrigen und ihrem Umgang mit Menschen hielt? Ich hatte stattdessen aus Geltungssucht alles auf die Karte Fußball gesetzt, meine Gesundheit ruiniert und mich in Lebensgefahr begeben – und war jetzt auch noch dabei, den Menschen zu zerstören, der mich noch am Leben hielt: Rouja.

Ich versuchte unbemerkt das Bett zu verlassen. Ich wollte irgendwie flüchten und alles beenden, meine quälenden Gedanken endlich abschalten, die mich fortwährend an einen Punkt brachten, den ich nicht mehr aushalten konnte. Rouja hörte mein Herumirren und redete beruhigend auf mich ein. Aber mein fremdes Ich hatte wieder die Kontrolle übernommen und ich sammelte alle Mobiltelefone ein, um zu verhindern, dass sie erneut die Klinik alarmierte und ich abgeholt würde.

Irgendwie ging auch diese Nacht vorüber. Am nächsten Morgen um sechs schaffte es Rouja, meinen Vater und Arno zu alarmieren, sodass beide sehr schnell bei uns zu Hause eintrafen. Sie nahmen mich in den Arm, sie redeten mir ernsthaft ins Gewissen, dass ich langsam zu einer Gefahr nicht nur für mich, sondern auch für meine Umgebung werden würde und dringend Hilfe bräuchte. Ich sei lebensgefährlich erkrankt und würde allein nicht wieder auf die Beine kommen, was sich alle so sehnlichst wünschen würden. Sie hatten so recht, sie verstanden mich so viel besser als ich mich selbst – ich aber empfand alles, was sie sagten, nur als feindselig. Es spielten sich bei uns an diesem dämmerigen Morgen sehr unschöne Szenen ab. Die Situation eskalierte. Wir weinten und schrien uns an und umarmten uns. Es war alles sehr schmerzvoll und ich spürte einfach nicht, dass es allein an mir lag, diesen Zustand zu ändern. Ich fühlte mich von meiner eigenen Familie verraten und verkauft. Mein Vater klagte plötzlich über hohen Druck in seinem Auge, das nach der Operation nur schwer heilte, und er musste sich mehrfach übergeben. Rouja weinte, Arno hielt das auch nicht mehr aus, sodass wir allesamt kurz davor waren, die Kontrolle zu verlieren.

Ich merkte, dass ich mich beruhigen musste, weil sonst in Kürze die Einsatzfahrzeuge vor der Tür stehen würden. Ich bat um Bedenkzeit und versuchte trotz meiner gravierenden Anfälle immer noch auf Zeit zu spielen. Ich durfte unter keinen Umständen zurück in die geschlossene Psychiatrie, mit ihren Robotermenschen und den Pflegern, die mich zwingen würden, Unmengen von Pillen einzuwerfen. Mein Vorhaben würde ich nur in Freiheit sorgsam planen und vollenden können. Doch die drei ließen nicht locker. Es war zu offensichtlich, dass ich in meinem ganz eigenen Endspiel stand, und sie wollten, dass ich die Partie gegen den Tod gewann. Sie ließen mir nur die Wahl, freiwillig mitzugehen oder mich unter Zwang abholen zu lassen.

Am Ende fuhren wir zum dritten Mal innerhalb von drei Wochen in die Klinik und wieder schloss sich die ausbruchssichere Glastür ohne Klinke hinter mir. Dieser dritte Anlauf hatte Folgen für mich, die meine Familie gar nicht absehen konnte. Ich galt nun als pathologischer Wiederholungstäter und wurde fortan scharf bewacht. Egal, wie oft ich behaupten würde, ich sei wieder gesund, niemand würde mir hier mehr Glauben schenken. Ich war verloren. Fühlte mich lebendig begraben unter einer Grabplatte, die aussah wie eine Glastür ohne Klinke.

Im Hintergrund aber bahnte sich Hilfe an. Meine Familie hatte aus der Gewissheit heraus, dass meine Depression kein vorüberziehendes Formtief war, eine fieberhafte Suche nach einer für mich passenden Klinik begonnen. Dort, wo ich war, würde ich mich einer Behandlung weiterhin widersetzen. Bei allen war angekommen, dass ich mich in der absoluten Todeszone befand und völlig abstürzen würde, wenn sie nicht einen Arzt finden würden, dem ich vertrauen und dessen Unterstützung ich annehmen würde. Auch die Ärzte der Klinik unterstützten uns und machten meiner Familie den Vorschlag, zwei renommierte Fachkliniken in Freiburg oder Lübeck aufzusuchen. Sie waren der Überzeugung, dass es mir guttun würde, eine räumliche Distanz zu meiner ganzen Umgebung zu bekommen – auch zu meinen nächsten Angehörigen.

Während Rouja mir in der Klinik beistand, telefonierten Arno und mein Vater zusammen mit meinem Rechtsanwalt Dr. Sven Menke den ganzen Tag über Kliniken durch, die man uns empfohlen hatte, um ein für mich maßgeschneidertes Therapieprogramm zu finden.

MEIN WEG AUS DER DEPRESSION

Die Lösung all meiner Probleme lag förmlich direkt vor meiner Haustür. Mein Anwalt hatte ohne mein Wissen mit dem DFB Kontakt aufgenommen und war auf ein Angebot Theo Zwanzigers zurückgekommen, uns mit den Erfahrungen des DFB bei unserer Suche nach einer Klinik zu unterstützen, was ich zuvor aus Stolz abgelehnt hatte. Ich war keine Ausnahme. Weltklassespieler wie Sebastian Deisler beendeten ihre Karriere, um ihr Leben zu retten und sich behandeln zu lassen, Torwart Markus Miller und Erfolgstrainer Ralf Rangnick nahmen sich eine Auszeit. Der FC-Bayern-Spieler Vinícius Rodrigues Borges, Breno genannt, zerstörte sein Leben, weil er sich nicht behandeln ließ, noch nicht einmal wusste, was mit ihm los war, als er aus einem Affekt heraus und in tiefster Verzweiflung in der Nacht zum 20. September 2011 seine Villa in München-Grünwald anzündete und zu drei Jahren Gefängnis verurteilt wurde. Und dann ist da natürlich die Erinnerung an den Ausnahmetorwart Robert Enke, der sich in meiner Heimatstadt in Sichtweite seines Hauses nach einer jahrelangen Depression das Leben nahm. Seine Frau Teresa gründete nach dem Suizid ihres Mannes die Robert-Enke-Stiftung, die Menschen mit Depressionen und Kindern mit Herzfehlern helfen will.

Hierhin vermittelte uns der DFB einen Kontakt. Auf der Homepage der Robert-Enke-Stiftung las ich: »Robert Enke hat das Leben geliebt. Als er einmal in Santa Cruz auf Teneriffa als Torwart arbeitete, ging er oft zum Hafen hinunter, setzte sich auf eine Treppe und sah still dem geschäftigen Treiben zu. Der reine Anblick des Lebens machte ihn glücklich. Als er sich am 10. November 2009 das Leben nahm, wurde vielen Menschen in den entferntesten Winkeln der Welt schlagartig klar, wie wenig wir doch von der Krankheit Depression verstehen: Oder wie konnte es sein, dass sich ein Mensch umbrachte, der so herzlich, so einfühlsam, so stark war; der das Leben doch so sehr liebte? Wie sehr und wie plötzlich mussten die düsteren Gedanken der Krankheit über ihn hergefallen sein.« Ich erschrak, wie genau diese Beschreibung auf mich passte, das war ich, genau derselbe Zustand. Fast auf den Tag genau zwei Jahre nach dem Suizid von Robert Enke brauchte ich dringend Hilfe – und endlich bekam ich sie.

Die Stiftung vermittelte uns an das Klinikum Wahrendorff in Sehnde, die größte Privatklinik Europas, nur wenige Kilometer von unserer Wohnung entfernt. Die Klinik war mir vorher schon mehrfach empfohlen worden – aber blind, wie ich war, hatte ich alles abgelehnt, was nach stationärer Behandlung in einer Klinik aussah. Der Chef der Klinik und zugleich Gesellschafter von Hannover 96, Dr. Matthias Wilkening, hatte meinen Aufenthalt befürwortet. Da mein Zustand inzwischen besorgniserregend war und in meiner Krankenakte sicher auch die Vermerke »Wiederholungstäter«, »stark suizidgefährdet« und wahrscheinlich auch »schwieriger Patient« standen, wurde ich ohne größere Wartezeit aufgenommen. Der Chefarzt der Klinik, Dr. Michael Hettich, hatte entschieden, sich meines Falles persönlich anzunehmen – als ein ausgewiesener Fachmann für das Krankheitsbild Depression bei Männern. Am 13. Dezember 2011, über drei Wochen nach meiner Tat, kam ich endlich da an, wo ich von Anfang an hingehört hätte: in eine Fachklinik mit einer Spezialtherapie für depressive Männer.

Das erste Treffen mit meinem Therapeuten Dr. Hettich war symptomatisch für meine innere Situation. Allein die Tatsache, dass ich über die Robert-Enke-Stiftung – wenn auch indirekt – wieder in Kontakt mit der Fußballwelt, dem DFB, Hannover 96 und ihren Vertretern kam, bewirkte, dass ich mich zusammenriss und wieder in meine alte Rolle als starker Rafati verfiel. Ich wollte ein gutes Bild abgeben und war nach außen wie ausgewechselt, wirkte stark und zuversichtlich. Aber ich lasse meinen Therapeuten Dr. Michael Hettich erzählen, wie er mich bei unserem ersten Zusammentreffen erlebt hat.

Patientenbericht Nr. 1, Babak Rafati, Dr. Hettich
Wir trafen uns zufällig auf dem Parkplatz vor der Klinik. Herr Rafati erkannte mich sofort als Chefarzt der Klinik und sprach mich direkt an. Er wirkte in keinster Weise depressiv auf mich, was mich sehr überraschte. Er war gepflegt gekleidet, seine Körperhaltung war aufrecht, seine Gestik und Mimik freundlich und lebhaft mit einem Lächeln. Bei einem so akuten Krankheitsbild, wie ich es aus seinen Krankenberichten lesen konnte, war das ungewöhnlich. Ich zeigte Herrn Rafati und seiner Lebensgefährtin die

Räumlichkeiten der Tagesklinik für Männer und beschrieb ihm unser achtsamkeitsbasiertes Therapiekonzept, das speziell auf die Symptomatik von depressiven Männern abgestimmt ist. Männer sind in der Depression weniger in der Stimmung niedergedrückt als eher gereizt, aggressiv gespannt und unruhig. Sie ziehen sich zurück und sprechen wenig über ihre Probleme, weshalb sich Männer immer noch 3 x häufiger als Frauen im Rahmen einer Depression das Leben nehmen. Zunächst dachte ich, dass eine tagesklinische Behandlung für Herrn Rafati völlig ausreichend sei, da er mir auf den ersten Blick ausreichend stabil erschien, um tagsüber an dem tagesklinischen Behandlungsprogramm teilzunehmen und die Nacht zu Hause zu verbringen. Als die Lebensgefährtin dann aber berichtete, dass ihr Partner nachts unter massiver innerer Unruhe, Ängsten und wiederkehrenden Suizidgedanken leide und sie sich nicht mehr zutraue, die Verantwortung für sein Leben zu übernehmen, war mir sofort klar, dass für Herrn Rafati nur eine vollstationäre Behandlung infrage käme. Wir setzten uns also in meinem Arztzimmer zu einem längeren Gespräch zusammen, in dem Herr Rafati nochmal ausführlich berichtete, wie es zum Suizidversuch gekommen war und was ihn derzeit belaste. Es wurde deutlich, dass er derzeit unter allen Symptomen einer schweren Depression litt, er keinen Ausweg aus seiner Situation sah, er weiterhin am liebsten seinem Leben ein Ende setzen wollte, dies seiner Lebensgefährtin jedoch nicht mehr antun wollte.

Ich klärte ihn und seine Lebensgefährtin über den Verlauf einer psychiatrischen Krankenhausbehandlung auf, dass er z. B. aufgrund seiner Suizidgedanken die Station nur in Begleitung verlassen dürfe und dass er zusätzlich zu den psychotherapeutischen Gesprächen von mir medikamentös behandelt werde. Hierauf konnte er sich einlassen, stellte aber auch Bedingungen. Er wollte an keinen Gruppentherapien teilnehmen, da er befürchtete, wenn er in einer Gruppe über seine Probleme sprechen würde, Informationen an die Presse weitergeleitet werden könnten. Des Weiteren konnte er sich eine stationäre Behandlung nur vorstellen, wenn seine Lebensgefährtin sich den ganzen Tag über bei ihm aufhalten dürfe und sie an allen therapeutischen Gesprächen teilnehme. Da bei Herrn Rafati Schuld- und Schamgefühle über seinen Suizidversuch und erhebliche Ängste vor Presseberichten bestanden, war mir schnell klar, dass Gruppentherapien für ihn zu Beginn der Behandlung eine Überforderung darstellen würden, sodass wir tägliche Einzelgespräche vereinbarten und er die Möglichkeit erhielt, sich ganz in sein Zimmer zurückziehen zu dürfen.

Kritisch bewertete ich zunächst den Wunsch von ihm, dass seine Lebensgefährtin den gesamten Tag bei ihm verbringen solle. Während einer psychiatrisch-psychotherapeutischen Behandlung ist es häufig günstig, Besuchszeiten von Angehörigen zu begrenzen, damit der Patient zur Ruhe kommt und sich auf das therapeutische Programm konzentrieren kann. Aufgrund meiner Erfahrungen mit dem persischen Kulturkreis wusste ich jedoch, dass es im Iran üblich ist, dass ein Familienmitglied im Krankenhaus rund um die Uhr von Familienangehörigen versorgt wird. Gleichzeitig sah ich, wie sehr die Lebensgefährtin eine beruhigende Wirkung auf Herrn Rafati hatte, und nachdem sie mir versichert hatte, dass es sie selbst nicht überfordern würde, den ganzen Tag bei ihrem Partner zu bleiben, willigte ich auch diesem Wunsch zu, um dem Patienten einen möglichst guten Behandlungsbeginn zu ermöglichen.

Genauso ungewöhnlich ist es, dass der Partner eines Patienten an jedem therapeutischen Gespräch teilnimmt. Aber auch hier zeigten sich gute Gründe, die es sinnvoll erscheinen ließen, dass die Partnerin von Herrn Rafati an jedem Einzelgespräch teilnahm. Herr Rafati hatte gegenüber seiner Lebensgefährtin absolutes Vertrauen und er benötigte ihre beruhigende Wirkung. Des Weiteren war die Lebensgefährtin durch den Suizidversuch ihres Partners selbst stark verunsichert und evtl. traumatisiert, sodass ich den Eindruck hatte, es könne auch für ihre Verarbeitung der Ereignisse hilfreich sein, wenn sie möglichst gut die Hintergründe für den Suizidversuch verstehe und sie möglichst genau die Einzelheiten des Suizidversuchs kenne. Des Weiteren ergaben sich keinerlei Hinweise darauf, dass die Beziehung zwischen den beiden ursächlich für die Depression oder den Suizidversuch sein könnte, was sich im weiteren Behandlungsverlauf auch so bestätigte. Ich führte also das erste Mal eine psychotherapeutische Behandlung durch, bei der bei jedem Gespräch auch die Partnerin anwesend war.

Nachdem wir alle Einzelheiten für den stationären Aufenthalt besprochen und festgelegt hatten, zeigte ich Herrn Rafati die Station und das Einzelzimmer, das er bekommen würde. Daraufhin verabschiedeten wir uns, da er sich mit seiner Familie beraten wollte, ob er sich bei mir im Klinikum Wahrendorff behandeln lassen wolle. Einen Tag später meldete sich Herr Rafati telefonisch bei mir, um sich im Klinikum Wahrendorff stationär aufnehmen zu lassen.

So ging ich zwei Wochen vor Weinachten 2011 ins Klinikum Wahrendorff in Sehnde, diesmal freiwillig und mit dem Willen, mich behandeln zu lassen. Ich war mittlerweile fast vier Wochen seit meinem Suizidversuch wie ein flüchtiger Schwerverbrecher herumgeirrt, gefühlsmäßig an der äußersten Belastungsgrenze – und in mancher Nacht auch weit darüber. Ich war jetzt eine tickende Zeitbombe, deren Zeitzünder auf Tod programmiert war und jede Minute hochgehen konnte. Die negativen Strukturen in meinem Denken begannen sich irreparabel zu verfestigen. Es war mir klar, dass ich nicht mehr viele Chancen bekommen würde, mein Leben zu retten.

Die Ärzte hatten mir unmissverständlich klargemacht, dass eine Depression umso schwieriger zu therapieren sei, je länger sie schon unbehandelt besteht. Die Ärzte konnten uns nicht sagen, ob mein Genesungsprozess Wochen, Monate oder gar Jahre dauern würde. Ein Gefängnisaufenthalt ist zeitlich festgelegt, ein Klinikaufenthalt allerdings wegen der heimtückischen Krankheit Depression ist zeitlos ... und diese Ungewissheit schmerzt zusätzlich ungemein. Wir wussten beide nicht, ob eine Rückkehr in ein normales Leben, in unsere Wohnung, unser persönliches Umfeld, unsere Berufe überhaupt noch möglich sein würde. Würden wir in der Gesellschaft jemals wieder Zutritt bekommen? An unsere Zukunft war nur mit vielen Fragezeichen zu denken – ich hatte einfach keine. Ich musste mich selbst erst mal suchen und wiederfinden und die Ärzte machten uns Mut, dass sich danach schon eine neue Zukunft für uns auftun würde.

Rouja hatte beschlossen, die Krise mit mir gemeinsam durchzustehen. Die Klinikleitung hatte uns ein Zimmer mit Balkon in der zweiten Etage eines ruhig gelegenen Seitenflügels zugewiesen. Allerdings war die Balkontür verriegelt und die Fenster konnten nur gekippt werden. Eine Vorsichtsmaßnahme zum Schutz der Patienten vor sich selbst, damit niemand in die Tiefe sprang. Für mich aber bedeutete es das Gefühl, eingesperrt zu sein, was starkes Unwohlsein auslöste. Rouja durfte den ganzen Tag von 8 Uhr morgens bis 23 Uhr abends bei mir sein, was eine absolute Ausnahme darstellte.

Die ersten Tage in Sehnde waren enttäuschend. Ich hatte irgendwie die Erwartung, alles würde sich jetzt von selbst ergeben. An den Gruppentherapien, den gemeinsamen Mahlzeiten wollte ich auch hier nicht teilnehmen, weil ich befürchtete, erkannt, angesprochen oder gar fotografiert zu werden und wieder in der Presse zu landen. Ein Lichtblick war, dass die Patienten ganz normal gekleidet waren und zumindest nach außen einen völlig normalen Eindruck bei mir hinterließen. Niemandem sah ich an, was für Verletzungen er in seiner Seele trug. Diese Angst war fort.

Rouja und ich gingen dreimal wöchentlich in die Psychotherapie bei Dr. Hettich und den Rest des Tages isolierten wir uns in unserem Zimmer. Mein Frühstück wurde auf das Zimmer gebracht. Das Mittagessen musste ich mir holen. Wenn ich zur Küche ging, fühlte ich mich von allen Patienten beobachtet und dachte, dass alle mit dem Zeigefinger auf mich zeigten. Ich strahlte Schwäche aus, ging gebeugt wie ein gebrechlicher alter Mann, guckte nur nach unten und ließ beim Gehen meine Füße über den Boden schleifen, wenn ich durch den Flur schlich.

Auf meinem Zimmer hatte ich viel Zeit zu grübeln. Ich existierte zwar, doch lebte ich ein Leben im Schattenreich. Abends wartete ich, bis alle gegessen hatten, und holte mir heimlich ein paar Reste auf mein Zimmer. Nur hier hatte ich ein Gefühl von Sicherheit und niemand würde mich ansprechen auf das, was geschehen war. Die Ärzte hatten mir empfohlen, im Park hinter der Klinik regelmäßig spazieren zu gehen und wenigstens einmal am Tag frische Luft zu schöpfen, jedoch traute ich mich nicht und verbarrikadierte mich auf meinem Zimmer. Zu groß war meine Angst vor den Papparazzi.

Welche Blüten meine Angst vor Entdeckung trieb, erschließt sich aus einem harmlosen Zwischenfall, der mich tagelang beunruhigen sollte. Ich saß mit Rouja in meinem Zimmer, als plötzlich ein Mitarbeiter der Klinik die Tür aufriss und sagte: »Die Polizei ist unten und sucht nach einem Herrn Babak Rafati!« Die Beamten wollten mit mir persönlich sprechen, ich sollte herunterkommen. Ich war wie gelähmt. Woher wusste der Pfleger meinen Namen? Was wollte die Polizei von mir? Und woher wussten die Polizisten, dass ich hier in der Klinik war? Ich war unter einem Pseudonym angemeldet, um meine Anonymität zu gewährleisten. Würde ich wieder zum Verhör auf die Wache abgeholt? Was war geschehen? Mein Besuch im Kölner Polizeipräsidium löst immer noch traumatische Erinnerungen bei mir aus. Ich sah, wie das gesamte Personal und die Patienten am Fenster standen und herunterschauten, und ich schämte mich dafür, dass ich mit dieser Peinlichkeit in den Mittelpunkt gerückt war. Ich bildete mir ein, dass nun jeder erfahren würde, wo ich mich aufhielt, und mich die Presse fortan belagern würde. Ich verdunkelte sofort das Zimmer und sah versteckt hinter der Gardine in jedem harmlosen Patienten im Park einen Paparazzi, der mich »abschießen« wollte.

Rouja übernahm den Fall und begab sich sofort nach unten zum Polizeifahrzeug, um alles Weitere zu klären. Sie kam hoch und winkte fröhlich mit einer Verwarnung. Fünfzehn Euro, weil sie in der Halteverbotszone für die Feuerwehr geparkt hatte. Unser Auto war auf mich zugelassen – daher hatten die Beamten nach einer Überprüfung des Fahrzeughalters nach mir gefragt. Rouja hatte die beiden Beamten gebeten, meinen Aufenthaltsort nicht zu verraten. Dankenswerterweise haben sich beide daran gehalten.

Patientenbericht Nr. 2, Babak Rafati, Dr. Hettich
Als Herr Rafati dann am 14.12.2012 zur stationären Aufnahme zu mir kam, führten wir zunächst ein ausführliches Aufnahmegespräch, in dem ich neben den aktuellen Beschwerden seine bisherige Krankheitsanamnese erfragte und mich über den bisherigen Behandlungsverlauf seit seinem Suizidversuch informierte. Dabei wurde deutlich, dass das bisher verordnete Antidepressivum zu keiner Befundbesserung geführt hatte, weshalb ich ihm zusätzlich zur bisherigen Medikation ein meines Erachtens stärker wirksames Antidepressivum verordnete. Ich klärte Herrn Rafati über die Wirkungen und Nebenwirkungen des Medikamentes auf und verdeutlichte ihm, dass wir in den nächsten Tagen die Dosis des Medikamentes kontinuierlich steigern würden, bis sich seine Symptomatik unter dem Medikament gebessert habe. Da die positive Wirkung der Antidepressiva erst nach 10–14 Tagen einsetzt, empfahl ich ihm aufgrund seiner massiven inneren Unruhe und Anspannung und den quälenden Suizidgedanken zusätzlich eine beruhigende Medikation und versprach ihm, diese sofort wieder zu reduzieren und abzusetzen, sobald seine depressiven Beschwerden abgeklungen seien. In der daraufhin durchgeführten körperlichen Untersuchung, den Labor- und Blutanalysen und einem EKG konnte eine organische Ursache für seine Depression ausgeschlossen werden. Die testpsychologische Untersuchung bestätigte die Diagnose der schweren Depression.

In den ersten Tagen der stationären Behandlung zog sich Herr Rafati mit seiner Partnerin den ganzen Tag in seinem Zimmer zurück. Auch das Essen nahm er die ersten Tage in seinem Zimmer ein. Jetzt erst zeigte sich mir die Schwere der Symptomatik mit ausgeprägten Schlafstörungen, Antriebslosigkeit, körperlicher Erschöpfung, Rückzug ins Bett, ständigem Grübeln und Sorgen, verbunden mit Selbstvorwürfen, Selbstabwertungen und massiven Schuldgefühlen gegenüber Kollegen und Familie aufgrund seines Suizidversuches. Er litt unter ausgeprägten Zukunftsängsten und wertete sein bisheriges Leben als völlig sinnlos und leer ab.

Dass ich meiner Heilung nicht länger passiv zuwarten durfte, sondern selbst aktiv etwas dafür tun musste, drang nur langsam in mein Bewusstsein. Ich wünschte mir nur, dass endlich diese ewigen, zermürbenden Grübeleien aufhörten. Ich bezweifelte allerdings, dass mich die verschiedenen Therapieinhalte verändern und mich von meinen schmerzvollen Gedanken erlösen könnten. Ich wartete auf Besserung – anstatt mich selbst aktiv darum zu bemühen. Folglich passierte nichts, meine depressiven Schübe dauerten an. Und meine Unzufriedenheit wuchs. Ich versuchte mich selbst zu motivieren, kleine Verbesserungen meines allgemeinen Zustandes festzustellen, offen zu sein für die Therapie, mir helfen zu lassen – aber ich schaffte es nicht.

Meine Familie und meine Freunde, alle redeten auf mich ein, dass wir doch endlich eine adäquate Klinik mit einem wie auf mich zugeschnittenen Therapieprogramm gefunden hätten, die zudem noch auf all meine individuellen Wünsche eingehe, die ich vorher so vehement eingefordert hätte. Sie ermahnten mich, dem Therapeuten eine Chance zu geben, ihm zu vertrauen, damit er mir helfen könne.

Es war Vorweihnachtszeit und die Ärzte boten uns an, die Klinik an den Wochenenden für eine Nacht zu verlassen und nach Hause zu fahren. Diese Regelung ist gängig und wird von den Krankenkassen nach Absprache mit den Therapeuten genehmigt. Der Patient soll bei einer länger dauernden Behandlung nicht den Kontakt zu seinem persönlichen Umfeld verlieren. Wir beschlossen, gleich das erste Wochenende zu nutzen. Für den Notfall bekam ich eine stärkere Ration an Medikamenten an die Hand, was sehr vorausschauend war, denn die Rückkehr in meine Wohnung bedeutete einen Rückfall in die alten Verhaltensmuster. Gleich am Abend nach meiner Rückkehr verabreichte ich mir die volle Zusatzration.

Beim Betreten der Wohnung bekam ich wie beim ersten Mal sofort Weinkrämpfe. Hatte ich mich bei der ersten Rückkehr noch gefreut, war es diesmal nur noch niederschmetternd, es war für mich wie der Besuch in der Wohnung eines frisch Verstorbenen. Sein Geruch hing noch in den Kleidern, alles sah aus wie zurückgelassen – aber alles Leben schien entwichen. Es war mein Leben. Aber der alte Babak Rafati war tot. In seiner Wohnung hatte ich nichts mehr zu suchen und war allenfalls noch Gast, so wertlos und verachtenswert fühlte ich mich.

An diesem Adventssonntag in meinem früheren Zuhause hielt ich mich nur im Bett auf und weinte den ganzen Tag im abgedunkelten Schlafzimmer vor mich hin. Einmal versuchte ich mich an unseren Esstisch zu setzen, aber ich hielt es keine fünf Minuten aus. An diesem Tisch hatten wir viele schöne Abende mit Freunden verbracht, wenn Rouja persische Gerichte kochte. Jetzt merkte ich, dass ich für dieses gesellschaftliche Leben nicht mehr geeignet war. Ich wusste nicht mehr, wer ich war – ich hatte nicht einmal eine Idee, wer oder was ich in Zukunft sein wollte. Ich hatte das Gefühl, nirgendwohin zu gehören. Ich versuchte mir immer eine Zukunft vorzustellen – aber ich sah keine. Ich könnte doch keinen Schritt mehr nach draußen in die Gesellschaft wagen, denn jeder würde mich erkennen und mich für einen Feigling halten, der vor der Verantwortung geflohen war und jämmerlich versagt hatte.

Sofort nach der Ankunft hatte ich an allen Fenstern die Jalousien herabgelassen, aus Angst, von einem lauernden Reporter »abgeschossen« zu werden. »Rafati wieder zu Hause – was kommt jetzt?« – diese Schlagzeile wollte ich mir unbedingt ersparen. Ich war wieder gefangen – diesmal nicht in der Klinik, sondern in meiner eigenen Wohnung. Mein Verfolgungswahn machte mich wahnsinnig. Überall witterte ich Verrat. Ich hatte sogar das Foto von Rouja aus der Klinik mitgenommen, das sie zu meiner Aufmunterung, wenn sie nicht da war, auf den Nachttisch gestellt hatte. Ich hatte die fixe Idee, dass irgendjemand vom Personal dieses Bild fotografieren und den Medien zuspielen könnte. Ich dachte nur noch in Schlagzeilen.

Ich war froh, als wir am nächsten Morgen in die Klinik zurückfuhren. Ich habe die Wohnung während der monatelangen Therapie nicht mehr betreten. Danach beschlossen wir, an den übrigen Wochenenden zu meinen Schwiegereltern zu fahren. Doch ich blieb im Niemandsland. Wenn ich dort war, wollte ich zurück in die Klinik – war ich in der Klinik, wollte ich zu meinen Schwiegereltern. Nirgendwo wollte ich bleiben, aber auch nirgendwo wollte ich hin, denn das Gefühl von Geborgenheit war mir an jedem Ort abhandengekommen.

Mit der Rückkehr in die Klinik kam jeden Abend die Angst, wenn Rouja mich wieder verlassen musste. Die einzige Rettung waren meine Tabletten, die mich wenigstens für eine Stunde abschalteten. Danach lag ich wieder wach, gepeinigt von meinen endlosen Vorwürfen. Wenn die Nachtwache in ihrem Zwei-Stunden-Rhythmus zu mir ins Zimmer sah, stellte ich mich schlafend, ich wollte nicht preisgeben, dass ich wach war, da ich befürchtete, dass die Dosierung der Schlaftabletten sonst erhöht würde. An meinem Bett gab es einen Notschalter, auf den man drücken konnte, wenn man Hilfe bräuchte. Wenn ich mich wie in Trance in ein sehr tiefes Loch aus Zweifeln und Vorwürfen gegrübelt hatte, dachte ich, wie froh ich doch wäre, wenn ich mit einem einfachen Knopfdruck auf den Notschalter mein Leben auslöschen könnte. In den ersten zwei Wochen kam dieser Gedanke jede Nacht. Wäre meine Familie mir nicht beigestanden, hätte ich mir meinen »Notschalter« gesucht, der in meinem Sinne funktionierte.

In meiner Krise an einem Tag sehr tiefer Niedergeschlagenheit gab es dann diesen, einen hellen Moment, in dem mir auf einen Schlag bewusst wurde, dass ich nicht länger zurückschauen durfte, sondern mich von allem Vergangenen lösen musste, um mich von meinen selbstquälerischen Gedanken zu befreien. Meine Wohnung war mir bereits fremd und so falsch wie eine Filmkulisse vorgekommen. Ich wollte alles Vergangene abstoßen, das Alte verbrennen, das zu nichts mehr tauglich war. Aufräumen. Dieser Prozess der Ablösung dauerte die folgenden Tage. Ich begann mich zu häuten, mich aus diesem engen Korsett von Erinnerungen herauszuschälen und meinem bisherigen Sein Lebewohl zu sagen. Vielleicht ist es manchmal so, dass man zerstören muss, um Platz zu finden für einen Neubeginn – ich wollte die Leinen kappen, die mein Schiff am Auslaufen hinderten. Das war eine Entscheidung aus dem Bauch heraus – oder besser: eine Entscheidung aus Verzweiflung. Zunächst musste ich Ballast abwerfen. Eines Tages sagte ich zu meiner Frau, dass sie alles kündigen solle, meinen Handyvertrag, die vielen Sportzeitschriften und Illustrierten, mein Abo beim Sportsender Sky, den Fitnessclub. Alles. Ich hatte mich aus der Gesellschaft katapultiert und jetzt sollte alles Überflüssige weg, was mich daran erinnern würde. Ich brach den Kontakt nach draußen Stück für Stück ab.

Die Klinik wurde mein neues Zuhause. Bald hatte ich so viel Kleidung in meinem Zimmerschrank angesammelt, als wollte ich ein Leben lang dort verbringen – und im selben Augenblick fragte ich mich, was für ein Leben das denn sein sollte und wie lange ich das aushalten würde. Ich wusste nicht, wohin mit mir, wollte nicht leben und konnte nicht sterben. Wenn ich abends meine Medikation bekam, wartete ich schon wie ein Süchtiger darauf, um durch die Dosierung betäubt wenigstens für eine Stunde in einen bewusstlosen Zustand abzugleiten. Erholsamer Schlaf war das nicht. Ich knipste mich aus. Anschließend war ich die ganze Nacht wieder wach und mein Kopfkino versetzte mich in eine Trance. Schlaflosigkeit ist eine unglaubliche Folter. Wie oft wünschte ich mir, einzuschlafen und vielleicht in einen schönen Traum zu entfliehen.

Ich fieberte jetzt nicht mehr dem nächsten Fußballspiel, sondern dem Besuch von Rouja entgegen, die mich allein durch ihre Anwesenheit von meinen kreisenden Gedanken ablenkte und mir ein wenig Linderung verschaffte. Morgens wartete ich wie ein treuer Hund an der Tür und freute mich, wenn ich endlich ihre Schritte hörte. Im Einerlei des Kliniklalltages hatte ich schnell den Klang der Schritte verschiedener Menschen zu unterscheiden gelernt. Die Beschäftigungslosigkeit schärft die Sinne oder schläfert sie ein. Ich war immer wach, stand ständig unter einer immensen Spannung. Roujas Ankunft war jedes Mal eine Erlösung von der Angst, dass sie mich verlassen hätte. Mit ihrer Willenskraft strahlte sie Zuversicht, Wärme und Geborgenheit aus und machte mir Mut. Dabei sah ich in unbewachten Momenten, wie sehr sie damit zu kämpfen hatte, mich so leiden zu sehen. Ich drückte sie panikartig an mich, wenn sie kam, und ich weinte und klammerte mich hemmungslos wie ein Kind an sie, wenn sie ging. Rouja war der Unterschied zwischen Tag und Nacht. Meine Sonne gegen den Mond der Notbeleuchtung im Zimmer meiner schlaflosen Nächte.

Patientenbericht Nr. 3, Babak Rafati, Dr. Hettich
In den psychotherapeutischen Einzelgesprächen stand zunächst die biografische Arbeit im Vordergrund. Dabei wurde deutlich, dass Herr Rafati als Kind durch die Trennung seiner Eltern, den Wechsel zwischen deutschem und iranischem Kulturkreis, das starke Engagement des Vaters als Dolmetscher in der persischen Gemeinde in Hannover einerseits eine starke Bindung zu den Eltern entwickelt hatte, er andererseits seine dama-

lige Welt aber auch als unsicher und wechselhaft erlebt und er sich darin alleine und vernachlässigt gefühlt hatte. Vor diesem biografischen Hintergrund konnten mit Herrn Rafati Lebenseinstellungen und Grundannahmen herausgearbeitet werden, die er sich damals als Kind angeeignet hatte, im Sinne von den bestmöglichen »Überlebensstrategien« in seinem damaligen familiären Umfeld. So wurde es ihm wichtig, innere Sicherheit zu finden durch Selbstständigkeit, Eigeninitiative, äußere Anerkennung und einen ausgeprägten Gerechtigkeitssinn. Schon als Kind hatte er gelernt, sich selbst zu strukturieren und zu kontrollieren und über Leistung äußere Anerkennung zu gewinnen. Früh hatte er sich im Fußball engagiert und sich für das Schiedsrichtersein entschieden. Dabei ist die Funktion des Schiedsrichters auf dem Fußballfeld so sinnbildlich für seine Rolle als Kind in seiner damaligen familiären Konstellation. So wie ein Schiedsrichter die Eigendynamik eines Fußballspiels zu strukturieren versucht und dabei für Ordnung und Gerechtigkeit sorgt, hatte Herr Rafati bereits als Kind versucht, Ordnung, Verlässlichkeit und eine gewisse Regelhaftigkeit in seiner Familie herzustellen, was ihn sicherlich damals als Kind überforderte, verunsicherte und dazu führte, dass er noch heute versucht, Sicherheit durch Regeln und deren Einhaltung zu finden.

Zunächst war Herr Rafati aufgrund der Schwere seiner depressiven Symptomatik diesen biografischen Zusammenhängen nicht zugänglich, weshalb wir die wichtigsten Erkenntnisse auf einer Flipchart sammelten, damit er zu einem späteren Zeitpunkt, wenn es ihm besser ginge, darüber selbst reflektieren konnte. Für mich als Therapeut war es jedoch äußerst wichtig, möglichst gut die biografischen Zusammenhänge zu verstehen, um ein Verständnis dafür zu bekommen, weshalb die aktuellen Belastungen für ihn so belastend waren, dass er nur noch im Suizid einen Ausweg daraus sah. Erst nach der biografischen Arbeit und meinen nun gewonnenen Kenntnissen über die Persönlichkeitsstruktur von Herrn Rafati war es möglich, einen Plan für die weitere psychotherapeutische Behandlung aufzustellen.

Dabei stand zunächst im Vordergrund die Vermittlung von Strategien, wie er günstiger mit dem ständigen Grübeln und Sorgen umgehen könnte. Des Weiteren war es mir wichtig, immer wieder mit Herrn Rafati detailliert über den Suizidversuch und seine Auslöser zu sprechen, damit der Suizidversuch kein von der Persönlichkeit abgespaltenes Ereignis bliebe, sondern Teil seiner Biografie würde und die mit dem Suizidversuch ver-

bundenen starken Gefühle von Verzweiflung, Angst, Ausweglosigkeit und Schuld gelindert würden. Erst nach einer Besserung der depressiven Symptomatik sollten Lebenseinstellungen und Grundannahmen von Herrn Rafati wie sein starker Wunsch nach Anerkennung, sein Gerechtigkeitssinn und seine überhöhten Leistungsansprüche an sich selbst erarbeitet und modifiziert werden, um damit einen Rückfall in die Depression zu vermeiden und ihn für zukünftige Belastungen zu stärken.

Dreimal wöchentlich saßen Rouja und ich gemeinsam bei Chefarzt Dr. Hettich, ein feingliedriger und sehr offen wirkender Mensch mit wachen Augen, der mir auf eine fast unerträgliche Art immer ausgeglichen und interessiert an allem erschien, was meine Person und meine Probleme betraf. Bald ging mir auf, dass dieses Interesse ehrliche, mitfühlende Anteilnahme an meinem Schicksal war. Obwohl er seine Patienten noch nie zusammen mit dem Ehepartner therapiert hatte, begrüßte er die Anwesenheit von Rouja sehr, denn die Ärzte wissen heute, dass eine über die Hintergründe der Depression aufgeklärte Bezugsperson die Rückfallquote des Erkrankten deutlich senkt und für einen günstigeren Heilungsverlauf sorgen kann. Denn fehlende Informationen über das Krankheitsbild einer Depression könnten Missverständnisse auslösen. So ist eine Depression, durchaus nicht unheilbar, schon gar nicht ansteckend und – wie tatsächlich manche meinen – ganz sicher kein Zeichen einer Charakterschwäche eines Menschen. Und: Jeden kann es treffen. In jedem Alter. Und jederzeit. Und vor allem: Je früher behandelt wird – desto besser. Das waren für mich damals ganz wichtige Informationen.

Ich fühlte mich bei Dr. Hettich von Anfang an eingebunden als ein gleichberechtigter und respektierter Partner, obgleich meine Probleme nicht beschönigt wurden. Er versuchte mir eine realistische Einschätzung meines Zustandes zu vermitteln. Ich sollte zunächst an meiner Einstellung arbeiten, mich gegen die Krankheit zu sträuben – ich sollte einen Weg finden, sie anzunehmen und in mein Leben zu integrieren. Dr. Hettich versuchte meine Gedanken immer positiv und in eine für mich noch völlig offene, damit jedoch auch gestaltbare Zukunft zu lenken. Es käme immer eine neue Chance im Leben, man müsse nur vier Eigenschaften mitbringen, um diese Chance zu entdecken: Liebe zu sich selbst, Geduld, Geduld und Geduld. Genau die aber fehlte mir. Aber Dr. Hettich hatte Geduld. Er favorisierte eine sehr leicht verständliche

Sprache und vermied dabei bewusst medizinische Fachausdrücke, die man als Laie nicht verstehen konnte. Ich hatte zunächst trotzdem das Gefühl, dass alles, was er mir ins eine Ohr sagte, aus dem anderen Ohr wieder abwanderte, ohne in meinem Kopf irgendwelche Spuren zu hinterlassen. Bei seinen Ausführungen zu meinem Zustand dachte ich in den ersten zwei Wochen nur, dass er mich wie alle anderen Menschen ohnehin nicht verstehen würde. In meiner verengten Gedankenwelt hielt ich mich für den Einzigen, der den vollen Überblick hatte, und das verschaffte mir in meiner ganzen Instabilität eine Überlegenheit, die ich auszuspielen versuchte.

Jedoch stellte ich mit der Zeit überrascht fest, dass seine Erklärungen und Vorschläge zu einer Verhaltensänderung meinen Verstand zeitversetzt erreichten und ich etwa zwei Wochen später plötzlich alles abrufen konnte, wenn ich in eine Stresssituation kam. Dann hörte ich plötzlich seine Worte. Wenn ich seine Übungen zur Abwehr meiner negativen Gedanken noch Tage zuvor als unglaubwürdig oder schlimmer noch als Unsinn abgetan hatte, erkannte ich jetzt, dass sie durchaus funktionierten. Mein Unterbewusstsein hatte weit vor mir alles als richtig und hilfreich erkannt, abgespeichert und stellte es jetzt wieder meinem Verstand zur Verfügung, der anscheinend langsam wieder begann, seine Arbeit aufzunehmen.

Wir besprachen meine Medikation, die sich aus Antidepressiva und Schlaftabletten sowie Tabletten gegen Schizophrenie zusammensetzte. Tabletten lehnte ich zunächst kategorisch ab, mir ging die Patientin aus der ersten Klinik nicht aus dem Kopf, die immer wieder behauptet hatte, wir wären Versuchskaninchen der Pharmaindustrie. Die medikamentöse Unterstützung ist jedoch ein wichtiger Bestandteil der Therapie, wie Dr. Hettich erklärte. Eine psychische Belastung kann das Zusammenspiel der Moleküle und Botenstoffe an den Nervenverbindungen unseres Gehirns völlig aus dem Gleichgewicht bringen. Gut dosiert können entsprechende Medikamente den Gehirnstoffwechsel wieder harmonisieren. Eine Heilung völlig ohne Medikamente war in meinem Zustand nicht mehr möglich. Notgedrungen ließ ich mich überzeugen. Ich musste zunächst hohe Dosen einnehmen. Ich durfte nicht mehr selbst Auto fahren. Die Medikamente machen müde und verringern die Reaktionsfähigkeit. Ich bekam die Medikamente morgens, mittags und abends und lebte die nächsten Wochen wie hinter einer Milchglasscheibe. Diese

Medikamente nahm ich auch nach der Entlassung aus der Klinik weiter ein, insgesamt zehn Monate lang.

Patientenbericht Nr. 4, Babak Rafati, Dr. Hettich
Die verordneten Medikamente erlebte er zunächst als wenig hilfreich, sodass er jeder Dosissteigerung skeptisch bis ablehnend gegenüberstand. Hier zeigte sich Herrn Rafatis starkes Kontrollbedürfnis und sein Wunsch, alles im Griff haben zu wollen, weshalb es ihm schwerfiel, sich auf einen ihm noch nicht vertrauten Arzt und auf ein unbekanntes Medikament einzulassen, das in irgendeiner Art und Weise die Psyche verändern sollte. Erst nachdem ich ihm die Wirkungsweise der Antidepressiva vermittelt und ihm klargemacht hatte, dass ich seit zehn Jahren erfolgreich depressive Menschen behandle und er mir deshalb voll und ganz vertrauen solle, konnte er sich auf die medikamentöse Einstellung einlassen. Erst durch die Kombination aus medikamentöser Behandlung, körperlicher Aktivierung, Achtsamkeitsübungen, Vermittlung psychotherapeutischer Strategien und dem zunehmenden Abbau von Vermeidungsverhalten kam es zu einer kontinuierlichen Besserung der Depression.

Erst jetzt wurde es möglich, über Auslöser für die Depression zu sprechen. Es wurde deutlich, dass die öffentlichen Bloßstellungen, insbesondere der fehlende interne Rückhalt, die Angst vor erneuten Fehlern als Schiedsrichter sowie die als ungerecht erlebte Behandlung durch andere ihn im Kern seiner Persönlichkeit verletzt hatten. Dabei hilft es für die Psychotherapie nicht, die Schuld bei anderen zu suchen, denn ändern kann man nicht die anderen, sondern nur seine eigenen Einstellungen. Daher war es im therapeutischen Prozess für Herrn Rafati wichtig zu erkennen, wie sehr er sich durch seine hohen Leistungsansprüche mit Leitsätzen wie »Ich muss immer perfekt sein«, »Ich darf keine Fehler machen« selbst unter Druck gesetzt hatte und daher Fehler, wie sie jedem Schiedsrichter unterlaufen, für ihn inakzeptabel waren und damit zum Verlust der Anerkennung für sich selbst geführt hatten. Auch ist es für einen Menschen, der die Einstellung hat, dass die Welt gerecht zu sein hat, besonders verletzend, wenn er ungerecht behandelt wird. Auch der Verlust von Ansehen und Anerkennung ist nur für den belastend, der sie für wichtig hält. Besonders schmerzlich war es für Herrn Rafati, der ein hohes Bedürfnis nach Kontrolle hat, miterleben zu müssen, wie man öffentlich bloßgestellt wird, ohne etwas dagegen unternehmen zu können.

Während der Therapie wandte Dr. Hettich ein sogenanntes »metakognitives Konzept« an, das dem Patienten helfen soll, alle geistig-mentalen Vorgänge, ihre Inhalte und Ursachen zu erkennen und ihrer gewahr zu werden. Denken – so wie ich in meinen Erinnerungsschleifen – wird als ein durch Außenreize wie Stress sehr störanfälliger Prozess angesehen. Metakognition soll dem Patienten kurz gefasst helfen, wieder Herr über seine Gedanken zu werden, um ihnen nicht hilflos ausgeliefert zu sein. Es ist das »Wissen über das eigene Wissen« – und beschreibt eigentlich einen Selbstfindungsprozess, bei dem der Patient sehr stark eingebunden ist und unter Anleitung selbst nach dem richtigen Weg für seine Heilung suchen muss.

Dr. Hettich sagte ganz klar, dass er mir meine Probleme nicht nehmen könne, sondern mir helfen wolle, damit umgehen zu können. Das Ziel war »loszulassen«, zu akzeptieren und mit enormen Belastungen leben zu können – ohne sie gleich beseitigen zu müssen. Man stürmt nicht mehr mit dem Kopf gegen die Wand – sondern umgeht das Hindernis über einen Umweg, den aber jeder für sich selbst finden muss. Durch diese aktive Beteiligung übernimmt der Patient zunehmend Verantwortung für seine Heilung, Fortschritte nimmt er dadurch viel deutlicher wahr, was zu seiner Motivation beiträgt, den angefangenen Prozess fortzuführen, anstatt – wie bei mir mehrfach geschehen – ihn resigniert abzubrechen.

Zu den Zielen der Therapie gehört auch die vom Arzt unterstützte Entwicklung einer neuen Lebensperspektive. In diesem Prozess der Heilung würde ich mein ganzes bisheriges Leben umkrempeln müssen, um einen Neuanfang zu setzen und die Ursachen meiner Krankheit zu beseitigen. Das geht nicht, ohne das Geschehene zu akzeptieren und die Bereitschaft für aktive Veränderungen, um den schädigenden Missstand zu beseitigen. Jeder weiß, wie schwer das Durchhalten selbst gesunden Menschen fällt, die sich am Neujahrsmorgen mit guten Vorsätzen schwören, mit dem Rauchen aufzuhören, weniger zu trinken, mehr Sport zu machen und endlich abzunehmen. Bei mir war die Aufgabenstellung weitaus anspruchsvoller: Ich sollte mein ganzes Leben komplett neu erfinden.

Die kleinen Erfolge, die ich bald wahrnahm, machten mir Mut. Nach zwei Wochen Zögern vertraute ich Dr. Hettich und schüttete mein Herz erbarmungslos aus, machte mich frei von allem, was mich belastete. Es waren sehr aufwühlende Sitzungen, in denen ich manchmal vor Erschöpfung und Tränen nicht mehr sprechen konnte. Eines der größten Probleme bei Männern, die eine Depression haben, war damit endlich aus dem Weg geräumt: die Unfähigkeit zu reden, sich einzugestehen, dass man krank ist und Hilfe annehmen muss, um wieder gesund zu werden. Männer begeben sich bei einer Depression auf einen jahrelangen Weg des Martyriums. Bis zu sieben Jahre dauert es im Schnitt, bis sich Männer einem Arzt anvertrauen und sich behandeln lassen.

Die Ahnungslosigkeit über die Volkskrankheit Depression ist unglaublich groß. Am Anfang stehen immer unverarbeitete Belastungen im Beruf und Privatleben, Mobbing, Arbeitslosigkeit, Scheidung, generelle Verlustsituationen oder der Tod eines geliebten Menschen. Symptome sind Nervosität, unerklärliche körperliche Ausfallerscheinungen, Schmerzen, Lähmungen, Ohrensausen wie bei einem Hörsturz, Stimmungsschwankungen und bei Männern oft ein Hang zu Aggressivität und Alkoholismus. Das Tückische ist, dass sich das Gehirn die pathologischen Erregungsmuster einer Angsterkrankung immer tiefer einprägt, je länger die Störung nicht behandelt wird. Die Krankheit drückt ihren schrecklichen Stempel in Gehirn und Nerven und verschaltet negative Strukturen zu neuen Datenbahnen, die nur schwer wieder aufzulösen sind. Der Kranke erlebt eine negative Situation nach der anderen, bis er nicht mehr in der Lage ist, die ihn quälenden Spannungen abzubauen. Im chronischen Verlauf einer Depression steigt das Risiko für einen Suizid dramatisch an.

Dabei ließen sich die meisten Beschwerden gerade im Anfangsstadium noch am ehesten behandeln und heilen. Am besten nach einem explosiven Ausbruch, wie ich ihn hatte. 50 bis 80 Prozent aller Betroffenen aber, vor allem Männer, streiten in dieser so wichtigen ersten Phase energisch ab, dass sie schwer krank sind. Die Scham, zum »Seelenklempner« zu gehen und sich als depressiv zu outen, ist über einen langen Zeitraum größer als der Leidensdruck. Sie verlängern damit nur ihr Leiden und gefährden auch ihre Angehörigen, die massive Ängste erleben wegen der Veränderungen, die im Kranken vor sich gehen, vor allem auch unter dessen Misstrauen und wachsendem Gefühl, alle gegen sich zu haben, leiden. Viele Familien versuchen das befremdliche Verhalten ihres depressiven Angehörigen zu überspielen und die Fassade der Normalität aufrechtzuerhalten. Der Stress wird umso größer, je mehr sich die Angst potenziert, dass die Tarnung auffliegt. So ziehen sich die Leiden oft über Jahre hin. Wertvolle Lebenszeit geht verloren.

Als mir Dr. Hettich diese Facetten der Krankheit Depression schilderte, dachte ich, er hätte einfach meine Krankenakte vorgelesen. Auf mich traf das alles zu. Hatte ich nicht am meisten darunter gelitten, dass ich in der Rolle des »starken Rafati« immer größere Versagensängste hatte, weil mir die Kraft ausging, dieses Schauspiel gegen meine innere Stimme weiter durchzuhalten? Hatte ich meine Stimmungsschwankungen nicht stets weggewischt, genauso wie die Warnung meiner Schiedsrichterkollegen, sie hätten das Gefühl, ich sei suizidgefährdet? Dr. Hettich fragte mich, was ich ihm denn gesagt hätte, wenn er mir vor einem Jahr empfohlen hätte, eine Therapie zu machen. Ich antwortete, ich hätte steif und fest behauptet, dass ich kerngesund sei und dass er sich alleine hinsetzen könne.

Ich sah, wie sehr ich in einem aussichtslosen Kampf gelitten hatte, es tat mir weh, dass ich so lange gegen die Erkenntnis angerannt war, dass ich Hilfe brauchte. Ich hatte mich immer für stark und unangreifbar gehalten. Mein beruflicher und sportlicher Erfolg hatten mich dem trügerischen Glauben überlassen, das würde immer so sein. Ich dachte in meiner grandiosen Selbstüberschätzung, ich würde mein Leben beherrschen und die Welt sich nach mir richten. Wir sind aber nicht vollkommen. Das Starke und das Schwache ist in gleichen Teilen in uns, mal überwiegt das eine, mal das andere. Wahre Vollkommenheit ist da, wo wir auch unsere Schwächen akzeptieren und sie mit unseren Stärken im Gleichgewicht halten. Mit meinem bisherigen Lebensmodell, jede Schwäche zu leugnen, von mir abzuspalten und nur Stärke und Erfolg zum Maßstab aller Dinge zu machen, war ich tragisch gescheitert.

Es war der nächste Schritt in meinen langen Gesprächen mit Dr. Hettich, meine Schwächen als Teil von mir zu akzeptieren und in mein neues Leben zu integrieren.

▪ ▪ ▪

Jedes Mal, wenn ich mit Rouja das Behandlungszimmer von Dr. Hettich betrat, fragte er mich, was mich aktuell beschäftige und bedrücke. Diese Vorgehensweise empfand ich als angenehm und vertrauenswürdig, denn es war kein starres Programm, bei dem der Therapeut jede Sitzung stur nach Plan ablaufen lässt. Er verstand es sehr geschickt, mir den Eindruck zu vermitteln, dass ich meinen Gedanken freien Lauf lassen konnte. Durch seine sehr stark ausgeprägte Empathie sah ich in seinem Gesicht auf der einen Hälfte ein zustimmendes Lächeln und auf der anderen Hälfte eine tröstende Traurigkeit, sodass es mir leichtfiel, ihm das, was mich wirklich beschäftigte, offen darzulegen. Auf seinem Gesicht spiegelten sich die Gefühle wider, die von mir verbal ausgedrückt wurden.

Einmal hatte er mir eine grafische Darstellung meiner Gefühlskurve in der Depression gezeigt, die in Wellen nach oben und unten verläuft. Ich sollte mir bewusst sein, dass im Krankheitsverlauf die Stimmung ständig wechselt und wie Aprilwetter sehr unberechenbar sein kann. Gefühle kennen keine Regeln, sondern entstehen und vergehen durch viele Faktoren. Vor allem aber durch Menschen, denen wir im Laufe des Tages begegnen. Es geht nicht darum, unsere Gefühle zu unterdrücken – sondern darum, ihre Ursachen ohne Vorurteile zu erkennen und sie ohne Wertung zuzulassen. Es ist, wie wenn man in einer Sommerwiese liegt und die Wolken über sich vorüberziehen lässt – wir sehen sie kommen und gehen, aber wir greifen nicht danach, versuchen nicht, sie zu halten. Sie kommen, sie sind einfach da – und sie vergehen wieder.

Im metakognitiven Behandlungskonzept geht es darum, die Gefühle, die uns bewegen, sichtbar zu machen. Um meine Ängste zu verstehen, hatte Dr. Hettich eines Morgens auf einer Flipchart meine gesamten negativen Gedanken notiert, die mich jede Nacht in Ketten legten. Wir gingen alles gemeinsam durch und ergänzten. Dann bat er mich, meine Stärken und Schwächen zu nennen. In meinem Zustand fiel es mir schwer, auch nur ansatzweise Stärken zu definieren, denn ich sah nur Schwächen. Ich hatte doch in der Gesellschaft total versagt, somit war aus meinem Blickwinkel das Glas komplett leer. Dr. Hettich brachte mich mit seinen geschickten Fragen und Denkanreizen dazu, auch mal die andere Seite zu sehen, von der aus das Glas halb voll ist. Er fragte mich, wie sich das anfühlen würde – und natürlich war dieses Gefühl sehr angenehm, obwohl sich an meiner Lage objektiv nichts geändert hatte.

In einer Depression übernimmt negatives Fühlen und Denken bald alle Bereiche des menschlichen Seins, während ein kleiner Perspektivenwechsel Wunder wirken kann. Darum ging es in der Therapie, es ging darum, aus den eingefahrenen Negativspuren herauszukommen. Dr. Hettich machte mir Mut. Meine alten Stärken, die früher so im Vordergrund gestanden hatten, seien mir nicht abhandengekommen, sondern sie seien gegenwärtig nur verschüttet und sie seien sehr wichtige Ressourcen, die nach der Heilung dieser heimtückischen Krankheit wieder spielend abgerufen werden könnten. Meine Persönlichkeit sei zwar verletzt und brauche Hilfe, aber sie sei nicht zerstört.

Ich erinnerte mich wieder an meine Herzlichkeit, meine Freude am Leben, meinen Humor, meinen Gerechtigkeitssinn, meine Hilfsbereitschaft, meine Sensibilität, meine Sehnsucht nach Gemeinschaft und Harmonie, meine Vertrauensseligkeit, meine Offenheit allen Menschen gegenüber, die mir oft genug als Naivität ausgelegt worden war. All das strich Dr. Hettich aber als meine großen Stärken hervor. Ich dagegen sah darin eine Ursache für mein Versagen, hatte doch niemand »da draußen« diese angeblichen Stärken des Menschen Rafati geachtet, sondern als Schwäche ausgelegt und genutzt, um mich ins Abseits zu stellen. Ich sah doch, welcher Wert in der Konkurrenzgesellschaft solchen Eigenschaften zugemessen wurde. In den Augen der Öffentlichkeit musste ich doch versagt haben, weil ich am Konkurrenzdruck gescheitert war und mich allem durch Suizid zu entziehen versucht hatte, ohne dabei an meine Lieben zu denken. Und jetzt sollte ich meine Schwächen plötzlich toll finden? Ausgerechnet Rafati, der in den Stadien für die Unerbittlichkeit seiner Entscheidungen berüchtigt war. Und schon war ich wieder in der alten Spur und dachte immer nur, dass andere schlecht von mir denken würden.

■■■

Mit der Zeit nahm Dr. Hettich mich immer häufiger mit auf seine »Was-wäre-wenn-Ausflüge«, bei denen man nach Herzenslust träumen durfte. Er verstand es, mich in kurzer Zeit für diese gedanklichen Ausflüge zu begeistern. Es begann immer damit, dass er mich aufforderte, an etwas zu denken, was mich erfreuen würde. Mir fiel spontan unser Urlaub in Dubai im vergangenen Jahr ein, als ich Rouja auf der Dachterrasse des Hotels einen Heiratsantrag gemacht hatte – mit zwei Colaverschlüssen als Verlobungsringen. Die Colaverschlüsse, sagte ich stolz, würde Rouja heute noch aufbewahren, die Erinnerung an diesen Abend sei für sie wertvoller als jedes Gold. Dr. Hettich hatte meiner Schilderung begeistert zugehört. Er fragte mich anschließend, wie ich mich nunmehr fühle. »Einfach nur gut!«, antwortete ich verblüfft.

Dr. Hettich hatte mich mit dieser Zeitreise geschickt für drei Minuten aus meiner dunklen Welt herausgerissen und meine Erinnerungen an eine hoffnungsvollere, zukunftsprächtigere Welt freigelegt. In diesem Moment sah ich neben mir auch Rouja endlich wieder mit glücklichen Gefühlen, das war die Frau, die ich liebte, und tiefe, warme Erinnerungen füllten mich aus. Ich hatte einen Eingang zu meinem verschütteten Herz wiederentdeckt. Da waren plötzlich wieder zwei Menschen und nicht nur einer, um den sich alles drehte. Was Gedanken bewirken können, unfassbar! Es fühlte sich verdammt gut an und ich wollte mehr von diesem Gefühl. Ich merkte mir diesen Trick für kleine Fluchten.

Nach jeder Therapiestunde bekam ich eine Hausaufgabe zum Weiterdenken, wie ein Hund einen Knochen zum Knabbern. Das Ziel war, meine selbstzerstörerische Beschäftigung mit den negativen Gedanken in andere Bahnen zu lenken. Ich sollte üben, mich mit meinen Stressfaktoren rational und nicht nur emotional auseinanderzusetzen. Immer wenn ich schlimme Gedanken bekam, sollte ich sie mir bewusst machen, dabei nichts beschönigen oder in seiner Bedeutung herunterspielen, sondern mich im Umgang mit meiner Situation vertraut machen. Rauslassen, visualisieren – im wahrsten Sinne begreifbar machen.

Wenn man einmal genau in sich hineinhört, stellt man fest, dass wir mit einem permanenten Hintergrundrauschen unendlich vieler Gedanken leben – nicht denken können wir praktisch nicht. Die oft banalen Gedankenketten lenken uns ab, wenn wir krank sind, können sie zerstörerische Kräfte entfalten. Dr. Hettich zeigte mir aber einen Trick, wie ich meinem negativen Gedankengeplapper einfach den Saft abdrehen konnte, wenn ich wieder in meine Wiederholungsschlaufe geraten würde. Ich sollte mir all meine negativen Gedanken als unsympathische Wesen vorstellen, die in meinem Wohnzimmer herumlümmeln. Ich sollte meinen Gedanken ganz freundlich sagen, dass ich sie bereits ausreichend kennen würde und dass sie mein imaginäres »Wohnzimmer« umgehend verlassen sollten. Miese Gäste einfach rausschmeißen.

Diese Gedankenreisen machten mir langsam Spaß. Und der Trick, abstrakte Gedanken als Bilder in eine veränderte Umgebung zu stellen, klappte bei mir ausgezeichnet.

In meiner Zeit als Schiedsrichter war ich viel geflogen und Dr. Hettich regte an, ich solle mir vorstellen, ich würde durch eine schwarze Gewitterfront fliegen, mit meinen negativen Gedanken als Wolken. Im

Flugzeug würde alles durchrucken. Das Anschnallzeichen würde aufleuchten. Sauerstoffmasken könnten herausfallen – aber plötzlich würde wieder die Sonne durch die Kabinenfenster fallen und den Blick auf einen freien, blauen Himmel und die Alpenketten unter mir freigeben. Das Unwetter wäre vorüber. Ich sollte mich an diesem Anblick erfreuen und die Gewitterfront als etwas Vorübergehendes ansehen. Darin liege die Kunst, nicht abzustürzen.

Ein anderes Mal gab er mir die Hausaufgabe, statt 24 Stunden am Tag zu grübeln, fünf Stunden strikt lösungsorientiert zu denken, meine negativen Gedanken aufzuschreiben und ihr Gegenteil. Ich erwiderte ihm, dass das eine recht lange Zeit sei, woraufhin er mir vorschlug, zumindest 3 mal 30 Minuten diesen Vorgang durchzuführen. Dr. Hettich war mein Trainer, der meine Konzentrationsfähigkeit mit Wohlwollen und Interesse immer weiter verbesserte. Ich erlebte aber genau mit dieser Übung einen Rückschlag, wie ich meinte.

Nachdem ich mich in meinem Zimmer das erste Mal durch diese 30-Minuten-Übung gequält hatte und das Ganze eine Stunde später wiederholte, bemerkte ich, dass ich dabei war, dieselben Gedanken aufzuschreiben. Beim dritten Durchgang wiederholte sich das Ganze. Ich meinte, dass es keinen Sinn ergeben würde, dreimal dieselben Gedanken zu dokumentieren. Es kam nichts Neues dazu und ich konnte es nicht mehr sehen. Ich kannte diesen ganzen Mist allmählich zur Genüge und war der Übung überdrüssig. Und genau das war der Sinn der Übung. Ich hatte schriftlich dokumentiert, wie sehr ich mich dauernd im Kreis drehte, mich wiederholte und wie langweilig ich das eigentlich fand, weil es mich nicht weiterbrachte. Es gibt nichts Langweiligeres, als im Kreis zu fahren. Meine Gedanken-Formel-1 hatte jede Spannung verloren, weil es für mich nichts zu gewinnen gab. Ab jetzt würde ich versuchen, mich abzuwenden, wann immer dieses Rennen wieder starten wollte. Ich wollte nicht mehr mitfahren. Die Hausaufgaben sollten mich immun machen gegen dieses ständige Nachdenken und Grübeln. Und tatsächlich stellten sich bald die ersten Erfolge ein, ich konnte meine Gedankenspirale immer ein paar Drehungen früher abbrechen.

Die entscheidende Frage war, warum mich die ewig gleichen Fragen so beschäftigten. Dr. Hettich bat mich bei der nächsten Aufgabe herauszufinden, ob meine negativen Gedanken einen verborgenen Sinn hätten, den ich noch zu erschließen hätte. Nur wenn ich alle Quellen kennen würde, könnte ich den Gedankenfluss endgültig zum Versiegen bringen. Allein die Aufgabenstellung brachte mich dazu, meine Grübeleien zu betrachten – statt mittendrin zu stecken.

Nein, die ewige Wiederholung meiner negativen Gedanken machte keinen Sinn. Dies fand ich durch diese logische Herangehensweise heraus. Zudem ärgerte ich mich plötzlich über mich selbst, denn ich hatte durch die Grübelei ständig meine gesamte Energie aufgebraucht, anstatt diese für schöne, zweckmäßige und vor allem neue Ziele einzusetzen. Ich machte weiter Fortschritte. Mein Selbstbewusstsein wurde stärker.

■ ■ ■

Würde ich bald wieder unter die Leute gehen können, mich ohne Furcht und Schamgefühle in der Öffentlichkeit zeigen können? Dr. Hettichs Vorschlag, für die nächste Übung in Hannover einen Stadtbummel mit Rouja zu unternehmen, erschien mir zu gewagt. Mich hätte jeder dort erkannt und viele Fragen gestellt. Dafür fühlte ich mich noch nicht stark genug. Als Kompromissaufgabe vereinbarten wir, in eine Stadt zu fahren, die weit entfernt von Hannover war, sodass ich nicht erkannt würde und mich nicht zu schämen bräuchte. Wir fuhren nach Goslar, eine Stadt, die Rouja zufällig ausgewählt hatte. Ich ging mit ihr durch die Gassen der Altstadt mit ihren vielen Fachwerkhäusern, von deren Schönheit ich kaum etwas sah, weil ich die Kapuze so tief wie möglich ins Gesicht gezogen hatte. Keiner erkannte mich, keiner sprach mich an. Ich jubilierte innerlich. Die Spannung fiel langsam von mir ab.

Rouja zog mich in ein Kaufhaus, um noch etwas zu besorgen. Dort war es so heiß, dass mir Vermummten der Schweiß übers Gesicht lief. Mit der Kapuze musste ich in den Überwachungskameras auch auffallen, ich sah aus, als wäre ich ein Kassenräuber aus der Bronx. Schweren Herzens zog ich die Kapuze runter. Und genau in dieser Sekunde stand plötzlich ein junger Mann vor mir, der mich sichtlich erfreut mit meinem Vornamen ansprach: »Babak, Mensch, geht es dir wieder besser?« Ich schämte mich doppelt für die Situation, weil mir weder Gesicht noch Name des jungen Mannes erinnerlich war, ich aber sofort erkannt und angesprochen worden war, kaum dass ich den Schutz meiner Tarnung aufgegeben hatte. Um genau das zu vermeiden, waren wir den langen Weg von Hannover nach Goslar gefahren. Ich muss wohl sehr nervös auf ihn gewirkt haben. Er sagte, dass er auch Schiedsrichter sei, auf Amateurebene, und bei einem Lehrgang meinen Vortrag gehört habe, an den er sich sehr wohl erinnere. Ich verabschiedete mich sehr hastig und wollte nur in mein Bett in die Klinik.

Diese Begegnung war eine furchtbare Erfahrung, die mich um Tage zurückwarf. Schon wieder begannen die Grübeleien: Was würde der junge Mann über das Zusammentreffen berichten? Wie würde er meinen Anblick schildern? Welche Spekulationen würde das auslösen, wenn ich plötzlich in Goslar auftauchte, wo doch alle Welt annahm, ich sei in klinischer Behandlung. Und schon sah ich die Schlagzeilen: »Rafati – ein Simulant? In Goslar auf Shoppingtour.« Ich hatte Angst, dass die Zeitungen wieder unwahre Dinge über mich schreiben würden. Immer wenn in der Zeitung stand, dass es mir besser gehen würde, ging es mir komischerweise augenblicklich sehr viel schlechter. Heute kann ich selbst darüber lachen, ein Lachen aber, das mir im Halse stecken bleibt, denn damals lösten selbst kleinste Ereignisse wie dieses nächtelang unzählige Ängste in mir aus – daraus folgend die Sehnsucht zu sterben. Das waren aber eben die Gefühlskurven meiner Depression, in denen ich hin und her geschleudert wurde. Mein Flugzeug war noch immer in der Gewitterfront – aber über den Wolken musste der Himmel schon viel blauer sein.

Als nächste Hausaufgabe sollte ich alle für mich kritischen Orte auflisten und sie nach einer Art »Hitparade des Schreckens« sortieren. Neben dem Anstoßkreis war für mich die ultimative Krisenzone der Hauptbahnhof in Hannover, ein Ort, an dem ich mich nie wieder in meinem Leben aufhalten wollte. Hier war die Hauptfiliale meines Arbeitsgebers, viele Kollegen und auch Fußballfans, Passanten, die mich immer wieder erkannten und wegen Autogrammen oder Fotos ansprachen, und ich hätte so gut wie keine Chance gehabt, unerkannt zu bleiben. Somit war dieser Bereich auf der Skala der unangenehmen Orte mit 100 Punkten an der Spitze. Keine zehn Pferde würden mich dorthin bringen. Doch mein Therapeut sagte lächelnd, dass wir am Ende der Therapie genau dort unseren Abschlusstest absolvieren würden – einen Spaziergang rund um den Kröpcke am Hauptbahnhof. Ich dachte, das wäre ein Scherz, aber es sollte wirklich am letzten Tag so kommen.

■ ■ ■

Wir hatten beschlossen, die Silvesternacht bei meinen Schwiegereltern zu verbringen. Als wir am 31. Dezember dort eintrafen, war ich gerade wieder in einem seelischen Tiefdruckgebiet und ich konnte mich an den fröhlichen Vorbereitungen für den Silvesterabend nicht beteiligen. Der anstehende Jahreswechsel bedeutete für mich nicht den Aufbruch in eine neue Zukunft – sondern lähmende Rückschau in ein Jahr, das meinen Untergang eingeleitet hatte. Meine Wut gegen die Menschen, die ich verantwortlich machte für meinen Zustand, hatte ich aufgebraucht. Ich versank wie die Titanic in einem kalten Meer aus Selbstvorwürfen, Scham und Resignation und ich zog alle mit in die Tiefe, die sich auf diesen schönen Abend gefreut hatten. Ich verfluchte das vergangene Jahr mit allem, was ich erlebt hatte, und weigerte mich angstvoll, das neue zu begrüßen. Wir gingen um 23 Uhr, noch vor dem Neujahrsbeginn, ins Bett. Ich wollte diesen Jahreswechsel mit einer meiner inzwischen geliebten Schlafpillen einfach auslöschen. Ich klammerte mich gedanklich an die Vision, dass ich am Tag nach der Silvesternacht im Licht einer goldenen Sonne aufwachen und das neue Jahr die ersehnte Veränderung in mein Leben bringen würde. Somit war die Erwartungshaltung an diesem 1. Januar 2012 sehr hoch gesteckt. Und das konnte nur scheitern.

Der erste Morgen des neuen Jahres war genauso grau, kalt, windig und verregnet wie die Nacht des vergangenen Jahres. Wie immer hatte ich wenig geschlafen und der Neujahrsmorgen begann wie jeder andere Tag zuvor. Das Ganze erschien mir wie ein neuer Trick einer unbekannten Macht, um meine ganzen Hoffnungen und die Sehnsucht nach einer Änderung in meinem Leben zu verhöhnen.

Ich lag in meinem ganzen Elend, fürchtete mich davor, dass alles so weitergehen werde wie gehabt, und starrte an die Wand auf den mumifizierten Körper einer zerdrückten Mücke. Der Punkt faszinierte mich, er war der Fixpunkt in meinem Gedankenkarussell, das sich um immer neue Vorwürfe, Gefühle der Scham, Schübe von Verzweiflung und Resignation drehte, bis ich nur noch bunte Lichtblitze sah. Das hier war mein persönliches Neujahrsfeuerwerk. Immer schneller drehte ich mich der Auflösung entgegen, einer Art Kernschmelze in meinem Kopf. Bis eine innere Warnsirene mich aus dem Starren wegriss. Ich hörte eindringlich die Stimme von Dr. Hettich, der mir immer gesagt hatte: »Sie dürfen weinen, toben, schreien – das alles ist angemessen und ungefährlich, es ist sogar gut, ihre Gefühle herauszulassen. Aber starren Sie nie, hören Sie, nie auf einen Punkt, lassen Sie das niemals zu.« Ich hatte diese Warnung nicht vergessen, denn im Kölner Hotelzimmer hatte die blaue Digitaluhr mich magisch angezogen, bis ich nicht mehr wusste, was ich tat. Panikartig wurde mir bewusst, wie intensiv ich auf die Wand starrte, und versuchte krampfhaft meinen Blick zu lösen. Es kostete mich all meine Kraft.

Prost Neujahr! So also begann das Jahr 2012, auf das ich so viel Hoffnung gesetzt hatte. Ich wusste zwar inzwischen, dass eine Depression in Wellenbewegungen verläuft, dass Rückschläge ganz normal sind, ich dachte an das Bild von Dr. Hettich, nach dem man mit seinem Lebensflugzeug ab und zu auch durch Gewitterwolken fliegen muss, bevor die Sonne wieder scheint – aber all das war mir im Moment kein Trost mehr. Ich hatte Angst, dass mein Flugzeug in diesem nicht enden wollenden Unwetter abstürzen würde! Ich war deprimiert, weil sich die ganzen Anstrengungen der vergangenen zwei Wochen anscheinend als nutzlos erwiesen hatten. Von einem Neuanfang, einer Linderung gar, die Mut machen würde, war bis auf einzelne Momente wenig zu spüren. Ich war wieder da, wo ich vor dem Beginn der Therapie gestanden hatte – zumindest empfand ich es so.

Meine Familie spürte natürlich meine Panik – und wurde selbst panisch. Dennoch versuchten sie mich aufzumuntern, mir Ratschläge zu geben – Ratschläge, die ich nicht hören wollte. Im Chor und von allen Seiten prasselten die üblichen Trosthymnen auf mich ein: »Die Probleme sind es nicht wert, sich kaputtzumachen!« oder »Denk nicht an andere, sondern denk an dich selbst und an deine Gesundheit«. Von all diesen – wirklich gut und liebevoll gemeinten – Stärkungsversuchen blieb bei mir vor allem folgender Zuspruch besonders gut hängen: »Mach dich doch bitte nicht verrückt, das Leben ist so schön!« Ich war aber wieder so weit, verrückt zu werden, und fand das Leben überhaupt nicht schön an diesem 1. Januar, der nur das fortsetzte, was ich mit dem vergangenen Jahr hinter mir zu lassen gehofft hatte.

Am Abend fuhren wir zurück in die Klinik. Ich weiß noch, wie ich ganz still auf meinem Bett saß, nachdem Rouja gegangen war. Ich las noch einmal die SMS, die mir damals der Schiedsrichterkollege als Motivation geschickt hatte: «Denke nicht an HF (Herbert Fandel) und HK (Hellmut Krug), auch die kann man überleben, an sich selbst glauben. Viel Erfolg.« Ich dachte in dieser Nacht nur an Herbert Fandel und Hellmut Krug und mir rollten die Tränen über das Gesicht. Ja, ich hatte überlebt – aber was war aus mir geworden?

...

Doch schon der nächste Tag sollte eine kleine positive Wende bringen. Nachdem ich im Therapiegespräch mit Dr. Hettich mein Silvester geschildert hatte und meiner Angst Ausdruck gab, dass ich die Geduld aller Beteiligten nun aufgebraucht und ihrer Liebe nicht mehr wert sei, dass ich überhaupt nichts mehr wert sei und nun alles verloren hätte, begleitete mich Rouja zurück auf mein Zimmer. Ich war völlig am Boden. Ich hatte die große Sorge, dass sich auch meine Lieben langsam nicht mehr gedulden könnten und mich aufgaben. Ich brauchte eine Pause. Ich stand wie gelähmt mitten im eiskalten Treppenhaus und wir schauten auf die meterhohe Beleuchtungsinstallation in der Klinikeinfahrt, die wie eine Distel aussah, deren Blüte aus Dutzenden orangefarbenen Alarmleuchten zusammengesetzt war. Wir schwiegen und starrten hilflos nur auf die blinkende Distel. Dann nahm mich Rouja in ihre Arme. Sie sagte: »Babak, dass du da bist und lebst, ist für mich das Wichtigste auf der ganzen Welt – und wenn es noch Jahre dauert, bis du wieder gesund bist – ich werde bei dir bleiben und diesen Weg mit dir zusammen gehen!« Sie würde mich lieben, so wie ich bin, mit all meiner Menschlichkeit, meiner Verletzlichkeit und nicht etwa wegen gesellschaftlichem Ansehen, Ruhm, Geld oder Macht. Sie erinnerte mich an den Abend unserer Verlobung in Dubai, an die Colaringe aus Blech und das Versprechen, das wir uns gegeben hatten. Das seien für sie die Momente im Leben, die wichtig sind. Kein Gold der Welt könne das aufwiegen.

Ich kann nicht beschreiben, welche Gefühlswelten sich in dieser Sekunde wieder für mich auftaten. Allein schon um dieser Frau meine Dankbarkeit zu zeigen, würde ich alles tun, um meinen Gesundungsprozess zu fördern. Mein Druck und meine Schamgefühle reduzierten sich in den kommenden Wochen immer weiter. Ich beschloss, mich von solchen Zwischentiefs nie wieder so existenziell bedrohen zu lassen. Mein Flugzeug flog weiter.

Patientenbericht Nr. 5, Babak Rafati, Dr. Hettich

In den ersten Wochen der stationären Behandlung kam es nur zu wenig Veränderung der depressiven Symptomatik. Herr Rafati erkannte zunehmend, dass der Rückzug in sein Zimmer nicht hilfreich war. Ihm wurde deutlich, dass der Rückzug und das Sich-Verstecken ihm nur kurzfristig Sicherheit boten, er langfristig aber immer unsicherer wurde und er sich gar nichts mehr zutraute. In der Einzeltherapie erhielt er von mir wesentliche Informationen über die Funktion von Grübeln und Sorgen. So berichtete ich ihm, dass auch gesunde Menschen zu 80 % negative Gedanken haben, dass unser Verstand eine »Denkmaschine« ist, die permanent Gedanken produziert – meist negative. Im Laufe der Evolution sind sozusagen die Optimisten ausgestorben, da nur die Menschen überlebt haben, die möglichst gut Gefahren vorausgesehen und über Probleme gegrübelt haben und sich daher besser schützen konnten und bessere Lösungen für ihre Probleme gefunden haben. Zum Lösen von emotionalen Problemen ist jedoch unser Verstand höchst ungeeignet, was man schon daran erkennt, dass man über ein Problem tagelang grübeln kann, ohne dass man eine gute Lösung für sich findet. Von daher vermittelte ich Herrn Rafati gedankliche »Entschärfungsstrategien«, um sich von den negativen Gedanken, die sein Verstand derzeit produzierte, etwas distanzieren zu können. So empfahl ich ihm z. B., wenn er denkt »Ich bin nichts wert«, sich zu sagen »Mein Verstand sagt, ich sei nichts wert«. Eine andere Möglichkeit wäre, sich solche negativen Gedanken mit der Stimme einer lustigen Zeichentrickfigur vorzustellen oder sie zu einer bekannten Melodie zu singen. Als hilfreich erlebte es Herr Rafati, sich seine Gedanken wie Blätter auf einem Fluss oder Wolken am Himmel vorzustellen, die kommen und gehen und auf die man keinen Einfluss hat.

Andere sich immer wieder aufdrängende Gedanken, wie z. B. »Ich bin zu 90 % selbst schuld an dem Suizidversuch«, versuchten wir mit Pro-Contra-Listen, also Argumenten für und gegen diese Annahme zu entschärfen. So konnte er seine Schuldgefühle etwas reduzieren, nachdem ihm durch die Pro-Contra-Liste deutlich geworden war, dass er während des Suizidversuches unter einer schweren Krankheit, nämlich einer Depression litt, er sich in einer subjektiv ausweglosen Situation befand und er aufgrund seiner massiven negativen Gefühle die Steuerungsfähigkeit über sich verloren hatte.

Eine weitere Technik, die wir einsetzten, um das Grübeln zu reduzieren, war, die Gedanken zu Ende zu denken. So war ein ständiger Gedanke von

Herrn Rafati »Was denken die anderen?«. Es ist wichtig, so eine Frage zu beantworten und den Gedanken zu Ende zu führen, um damit die Katastrophenbefürchtungen, die dahinterstehen, deutlich zu machen. Hinter dem Gedanken »Was denken die anderen?« stand nämlich in letzter Konsequenz die Befürchtung, dass er nie mehr wieder auf die Straße gehen könne, ohne dass alle Menschen ihn erkennen und sich sagen würden, dass er ein absoluter Versager sei, und er sich deswegen für immer zu Hause verstecken müsse. Erst wenn man diesen gedanklichen »Supergau« explizit ausspricht, erkennt man, wie überzogen und unrealistisch eine solche Befürchtung ist, die der Verstand da produziert hat, wodurch man sich besser von solchen katastrophisierenden Gedanken distanzieren kann.

Zunehmend häufiger verließ Herr Rafati sein Zimmer auf der Station, nahm Kontakt mit den Mitpatienten auf, aß mit ihnen zusammen und er unternahm Ausflüge mit seiner Lebensgefährtin. Dies führte zwar weiterhin regelmäßig zu ausgeprägten Ängsten mit der Befürchtung, von allen beobachtet und erkannt zu werden, mit der Zeit nahmen diese Ängste jedoch ab. Nach meinem Hinweis, dass körperliche Betätigung ebenso gut Depressionen bessern könne wie Antidepressiva, erklärte er sich bereit, mit unserem Sporttherapeuten Hr. Marcel Wendt tägliche Laufeinheiten zu absolvieren. Zusätzlich lernte Herr Rafati bei einer Co-Therapeutin Achtsamkeits- und Wahrnehmungsübungen, wobei er lernte, dass, wenn er seine Aufmerksamkeit auf seine Atmung oder etwas Äußeres richtet, er weniger grübelt oder sich sorgt.

Nach zwei Wochen Klinikaufenthalt bekam ich zusätzlich zu den Gesprächen mit Dr. Hettich eine Bewegungstherapie »aufgedrückt«, weil, wie der Sporttherapeut sagte, es wissenschaftlich erwiesen sei, dass Sport und Bewegung für die Heilung förderlich seien. Mir schien das nicht ganz schlüssig, schließlich war ich durch einen Beruf so krank geworden, in dem Sport, Bewegung und absolute Fitness im Vordergrund stehen und tägliches Bewegungstraining Pflicht ist. Ich erinnerte mich plötzlich, wie mich mein Körper Stück für Stück im Stich gelassen hatte, je mehr die psychischen Belastungen zunahmen. Ich erinnerte mich, wie beim Lauftraining regelrechte Lähmungen aufgetreten waren, die mich abrupt zum Stehen brachten – und genau diese Lähmungen auch meine Angst ausgelöst hatten, vielleicht mitten in einem Bundesligaspiel auszufallen. Ich sehnte mich nach meiner körperlichen Fitness zurück. Wie schön das Gefühl war, beim Laufen völlig im Einklang von Bewegung und Atmung aufzugehen, kam in dieser Sekunde wieder – ich hatte völlig vergessen, wie viel mir das die ganzen Jahre seit meiner Jugend bedeutet hatte: mich bewegen zu können und im Laufen Freiheit zu finden.

Am nächsten Morgen traf ich auf meinen Lauftherapeuten Marcel Wendt, ein Handballer, der in der dritthöchsten Liga spielte und somit körperlich topfit war. Es war eine unglaubliche Schinderei, wieder in Bewegung zu kommen, den rasselnden Atem zu bändigen, das Brennen der Lunge auszuhalten, die Krämpfe in den Waden und vor allem wieder in die alten, harmonischen Bewegungsabläufe zurückzufinden. Irgendetwas in meinem Kopf hatte den Kippschalter auf »Stopp« umgelegt. Wenn der Kopf nicht will, funktionieren die Beine auch nicht richtig. Meine Motorik spielte völlig verrückt. Ich konnte nicht mehr laufen und schon nach den ersten hundert Metern war klar, ich würde wieder völlig von vorne beginnen müssen – meine Kondition und körperliche Konstitution spiegelten die Ereignisse in meiner Seele. Ich war auf null. Dazu kam die Angst, die Leute würden sich nach einem schnaufenden, von Seitenstichen geplagten, die Hände vor Schmerzen in die Hüften stemmenden Mann umblicken, der da so erbarmungswürdig dahinstolperte, und in mir den einst spurtschnellen Bundesligaschiedsrichter Rafati erkennen. »Rafati – nun pfeift er auf dem letzten Loch!« – mein Leben in Schlagzeilen. Es half nur ein Trainingsoutfit mit einer Megakapuze.

Wie mir Marcel Wendt erklärte, kam es gar nicht so sehr auf die Geschwindigkeit, die Dauer oder die Entfernung des Laufes an – sondern zunächst ging es nur darum, in seinen Laufrhythmus zurückzufinden, in seinen Körper hineinzuhorchen, störende Gedanken abzuschalten und Seele und Körper wieder in Einklang zu bringen. Nach kurzer Zeit joggten wir dreimal die Woche jeweils 45 Minuten und ich bemerkte, wie es mir nach und nach half, mich nicht nur körperlich, sondern auch seelisch besser zu fühlen und mich »frei« zu laufen.

Ich schuldete Marcel Wendt meinen vollen Einsatz, weil er extra seine Mittagspause opferte, um mit mir ein Einzeltraining zu absolvieren. Die weiteren Laufeinheiten beflügelten mich immer mehr, denn ich lief nunmehr für meine Gesundheit, für mich selbst und war keinem Zwang und Druck ausgesetzt. Nach den ersten Wochen meiner Erkrankung, in denen ich mich kaum nach draußen gewagt hatte, erlebte ich jetzt in der Bewegung die Kraft der Natur. Ich spürte die reine, frische Luft, die meine von der ewigen Heizungsluft vertrockneten Nasenschleimhäute befeuchtete, sodass ich zum ersten Mal wieder die ganzen Duftabenteuer wahrnahm, die ein Wald mit seinen Tannenschonungen, den Moosböden und Dickichten zu bieten hat. Ich spürte wieder die unterschiedlichen Witterungen auf meiner Haut, Wind, Regen, Sonne, Schnee, und versuchte im Laufen alles bewusst in mir aufzunehmen, förmlich einzuatmen, ohne dabei in die sonst üblichen Grübeleien zu verfallen. Wenn ich laufen konnte, war ich wieder ganz bei mir. Ich entdeckte Dinge, die in mir die Lust und Neugier weckten, eine andere Seite des Lebens für mich zu entdecken. Einfach zu sein, um zu sein – und nicht tun, um zu sein.

Der 2. Januar 2012, an dem wir die erste Laufeinheit absolvierten, war für mich ein historischer Tag. Nachdem ich die Silvesternacht in tiefer Depression verschlafen hatte und am ersten Tag des Jahres in einer tiefen Depression erwacht war, spürte ich nun, dass ich mit dem Lauftraining etwas gefunden hatte, das mir einen Schub nach vorne geben könnte. Der erste Lauf war wirklich eine Quälerei, der Kopf schmerzte und ich war völlig durchgeschwitzt.

Mein Trainer schaute mich am Ende der Strecke aufmunternd an und sagte, immerhin seien wir heute unsere Jahresbestleistung gelaufen. Am zweiten Januar, mittags um zwölf. Aber das Mittel der Selbstironie ist gar nicht mal so schlecht in derartigen Lebensphasen, denn zum zweiten Mal in diesem Jahr erreichte ich meine weitere Jahresbestleistung: im Lachen! Ich konnte mich nicht mehr erinnern, wann ich das letzte Mal so herzlich und spontan gelacht hatte.

■ ■ ■

Depression ist wie sterben bei lebendigem Leibe. Die Krankheit greift massiv nach dem Bewusstsein, das wir von uns selbst haben, dann gehen unsere Gefühle. Zunächst werden wir von unserem Mitgefühl für andere Menschen verlassen, der sicheren Einschätzung, was sie uns wert sind – dann drehen wir uns nur noch um uns selbst und unsere Probleme, was uns die ganze Umwelt als feindschaftlich erleben lässt – wir verlieren unsere Mitte, es verschwindet die Liebe zu uns selbst, unsere Selbstachtung und unser Selbstwertgefühl – und am Ende jedes Gefühl für unseren Körper. Wir erkalten und erstarren wie ein Lavastrom nach einer heftigen Eruption negativer Gefühle, der eigene Körper wird als etwas Fremdes angesehen, wir spüren uns kaum noch.

Das Körpergefühl zurückzuerobern ist ein wichtiger Schritt im Heilungsplan. Die Therapie setzt am Ende der Erkaltung an und arbeitet sich zum Anfang wieder durch: Körpergefühl, Selbstwahrnehmung, Selbstachtung und Selbstbewusstsein – und dann: die Liebe für andere Menschen, die Liebe zum Leben!

Ich bekam fast jeden Tag Massagen – Streicheleinheiten für den Körper. Das kannte ich natürlich auch aus meiner Zeit als Hochleistungssportler. Früher hatte ich die Zeit während der Massagebehandlungen aber nicht zur Entspannung genutzt, sondern Handyanrufe entgegengenommen, meinen Terminkalender sortiert und To-do-Listen ergänzt, um jede Minute zu nutzen. Man nimmt nicht den Augenblick wahr, sondern ist gedanklich schon ganz woanders. Diese Massage wirkt rein mechanisch. Nicht auf die Seele.

Die Massagen in der Klinik hatten eine ganz andere Dimension: Es ging um Körperwahrnehmung, die Konzentration auf den Augenblick, das Abschalten aller Grübeleien – das Anschalten aller Sinne. Man soll nicht denken, urteilen, werten, ablehnen – sondern ohne jede Absicht einfach nur aufnehmen und erfahren, im gegenwärtigen Moment verbleibend. Nicht die Zukunft mit seinen Träumen und Erwartungen durchstreifen, nicht der Vergangenheit nachtrauern mit ihren Ereignissen. Einfach sein – hier und jetzt. Dadurch, dass alle Aufmerksamkeit auf die unmittelbare Wahrnehmung des Erlebens gerichtet wird, vermeidet man Leiden, das durch Wertungen, Vorurteile und Emotionen gespeist wird. Man gerät in eine tiefe Konzentration, die einen alle Probleme vergessen lässt. Die Folge ist Entspannung und eine wohlige Wärme im Körper, die durch die Massage und die Rotlichtlampen noch verstärkt wird. Diese tiefe Entspannung macht weise. Für eine halbe Stunde wird die Seele zum Buddha, den kein Leid auf dieser Welt, keine Wut und keine Gewalt mehr verletzen kann.

Das waren für mich noch nie da gewesene Erfahrungen. Und ich kann jedem Menschen nur aus vollem Herzen raten, diese Art der geführten Entspannung einmal zu versuchen. Sie werden Dinge im Leben ganz anders, nämlich bewusst und wunderbar erleben.

■ ■ ■

Mitte Januar ging es mir viel besser, ich war auf meiner Gefühlskurve im positiven Bereich, und schon überlegten wir mit Dr. Hettich, wann ich die Klinik verlassen könnte, um nur noch ambulant behandelt zu werden. Doch genau jetzt passierte etwas, das mich in meinem Genesungsprozess weit zurückwarf und mich in einen desolaten Zustand wie am Anfang meiner Therapie versetzte.

Ich hatte mich einer routinemäßigen EKG-Untersuchung unterzogen. Dr. Hettich bat uns zwei Tage später zu einem Gespräch. Die Auswertung der Ultraschallaufzeichnungen hätten mehrere Auffälligkeiten ergeben, unter anderem, dass mein Herz unnatürlich vergrößert wirke. Er schilderte uns sehr einfühlsam, dass der Verdacht bestehe, dass ich einen Herzinfarkt gehabt hätte. Rouja brach weinend zusammen, denn mit diesem Rückschlag hatte sie nach der ganzen Freude über meine aufsteigende Gefühlskurve absolut nicht gerechnet.

Mir fiel wieder ein, wie ich nach dem Anruf Fandels auf dem Flughafen plötzlich nicht mehr hatte laufen können und mir schwarz vor Augen geworden war, ich dachte an die Unfähigkeit, danach mein Lauftraining in der gewohnten Härte wieder aufzunehmen, meine Ängste, mitten im Spiel wieder diese Lähmungen und Krämpfe zu haben. Ich schreckte auf bei dem Gedanken an meine Atemnot, wie sehr ich nach Luft schnappen musste bei der ständigen Aufregung. Ich erinnerte mich, wie ich in den ganzen Wochen immer wieder einen dumpfen Druck hinter dem Brustbein und ein Ziehen im linken Arm gespürt hatte, wenn ich wieder meinen Angstzuständen verfallen war. Ich erinnerte mich an unseren Stützpunkt sechs Wochen vor meinem Suizidversuch, als unsere Physiotherapeutin, Christel Arbini, die schon viele Jahre beim DFB und der Nationalmannschaft ist, mich fragte, ob ich verletzt sei, da ich beim Leistungstest »unrund« lief. Ich war aber nicht verletzt, physisch jedenfalls nicht. Sollte ich jetzt zusätzlich zu meiner seelischen Erkrankung durch die Umstände meiner Schiedsrichterarbeit während der vergangenen achtzehn Monate auch noch einen körperlichen Schaden davongetragen haben? So viel hatte ich in den vergangenen Wochen durchmachen müssen. Das Herz ist der Sitz der Seele. Und plötzlich war die alte Angst wieder da.

Ich musste ins Krankenhaus. Die erste Nacht dort war sehr traurig, ich spürte erneut meinen Lebensmut schwinden. Mein Kopfkino begann wieder zu laufen. Wieder endlose Grübeleien, warum das alles nur über mich gekommen war. Mein Schamgefühl und die Angst vor der Zukunft. Ich dachte an Rouja und unsere Liebe. Auch ging mir durch den Kopf, dass ich wohl niemals Vater werden und Kinder haben wollte, denn ich würde mich vor meinem eigenen Kind schämen, weil ich ihm niemals erklären könnte, wie es zu den schrecklichen Ereignissen gekommen war und warum ich so versagt hatte, diese Lebenskrise zu lösen. Womöglich würden meine Kinder wegen ihres Vaters in der Öffentlichkeit sogar gehänselt? Es war zu viel. Vielleicht, dachte ich plötzlich, war dieser Rückschlag ja nur ein Härtetest von oben für meine Willenskraft, ein Test, wie ihn sich Dr. Hettich niemals hätte ausdenken können? Vielleicht sollte ich mir in meinem Zustand der Angst noch einmal ernsthaft vor Augen führen, was ich mir und anderen mit all meinen negativen Gedanken in den letzten eineinhalb Jahren angetan hatte? Ich empfand diese »Prüfung« mit einem Mal auch als einen Auftrag, einen Neuanfang mit völlig veränderten Lebenszielen zu starten. In diesem Augenblick schaltete ich zum ersten Mal mein Kopfkino aus eigenem Willen einfach wieder ab. Ich würde mit Rouja alles in Ruhe besprechen, wenn ich hier wieder raus wäre.

Am nächsten Morgen warteten wir sehnsüchtig auf meinen Befund, doch wir mussten uns noch bis zum Nachmittag gedulden. Der Verdacht auf Herzinfarkt wurde dann zum Glück entkräftet, es gab aber auch ein paar Befunde, die weitere Aufmerksamkeit verlangten. Es wurde deutlich, dass die Krise auch an meinem Körper nicht spurlos vorübergegangen war, und noch heute gehe ich regelmäßig zur Kontrolluntersuchung.

...

Dr. Hettich hatte mir nach zwei Wochen deutlich zu machen versucht, dass auch weitere Maßnahmen der Therapie förderlich wären, damit ich schneller aus meinem schwarzen Loch herauskäme. Er schlug mir vor, dass ich mit leichten Achtsamkeitsübungen beginnen solle, um Körper und Seele in Einklang zu bringen.

Rouja war bei diesen Übungen immer mit dabei und eines Morgens saßen wir bei einer Therapeutin und begannen mit einer Achtsamkeitsübung, die uns einerseits das Bewusstsein für unsere Atmung geben und andererseits durch die Konzentration auf den Prozess des Atmens jeden negativen Gedanken ausblenden sollte. Die Atmung ist der wichtigste

Teil des menschlichen Lebenswillens: Wir können Wochen überleben, ohne etwas zu essen, ein paar Tage, ohne etwas zu trinken – aber nur wenige Minuten, ohne zu atmen. Atmen ist Leben, ein und aus, Leben ist Atmung. Das ist der Rhythmus, der uns unbewusst am Leben erhält. Ohne Sauerstoff würde auch der zweite Taktgeber des Lebens, unser Herz, binnen weniger Minuten aufhören zu schlagen. Ich war mit solchen Gedanken vorher nie intensiv in Kontakt gekommen. Ich war Fußballspieler, dann Schiedsrichter, ich hatte zu laufen – und wenn ich mal schneller außer Atem kam, dann wurde mehr trainiert. Dass der Atem auch über die Qualität meines Lebens bestimmt, die Einheit zwischen Körper, Geist und Seele herstellt, hatte ich vorher so noch nie gesehen.

Rouja war gespannt auf diese Übung. Die vergangenen Wochen hatten auch sie extrem beansprucht, durch meine immer wieder geäußerten Gedanken, mein Leben zu beenden, war sie Tag und Nacht in ständiger Alarmbereitschaft, und während ich in meinem Zimmer sinnlos grübelte, konnte sie zu Hause nicht schlafen, weil sie wusste, dass ich das tat – und weil sie wiederum nicht wusste, ob ich mir etwas antat. Ich bin sicher, dass sie in dieser Zeit auch oft am Leben verzweifelte, obwohl ich von ihr nie ein Wort des Vorwurfs oder überhaupt irgendetwas zu diesem Thema hörte. So hatte ich die Hoffnung, dass uns beiden die Übungen ein bisschen Linderung verschaffen würden.

Wir mussten die Augen schließen und sollten uns für zehn Minuten allein auf unsere Atmung konzentrieren. Bewusst einatmen, nicht flach und falsch, wie wir das den ganzen Tag über tun – sondern tief aus dem Bauch heraus die Lungen mit Luft aufpumpen, dabei die Schulter nach oben ziehen und den Kopf leicht nach hinten legen, um der Lunge möglichst viel Raum zur Entfaltung zu geben. Ein und aus. Vor dem Ausatmen sollten wir kurz die Luft anhalten und dann langsam und gleichmäßig aus uns herausströmen lassen – und den Prozess aufs Neue beginnen. Ein und aus. Währenddessen gab die Therapeutin uns unterstützende Anweisungen, wie wir diesen Prozess auch in der Wahrnehmung vertiefen könnten.

Nichts ist schwerer, als sich zehn Minuten nur auf seine Atmung zu konzentrieren, auf das Strömen der Luft, die plötzlich wie ein klarer Gebirgsbach durch unsere Lunge, die Adern, den ganzen Körper zu fließen scheint, und auf die Gefühle, die tiefe Atmung in unserem Körper freisetzt. Alles auf einmal wahrzunehmen, was in eben dieser Sekunde um uns herum passiert, ist eine große Anstrengung. Natürlich wollen die Gedanken sich der Konzentration immer wieder entziehen, sie brechen wie Wildpferde nach links und nach rechts aus und sind nur mit einer großen Willensanstrengung zu zähmen. Grübeln ist doch viel leichter und schöner, gaukeln sie uns vor. Und genau darum geht es: den ewig in uns fließenden Strom der Gedanken in die Schranken zu verweisen und im Kopf für Stille und Entspannung zu sorgen, damit die Seele endlich wieder die Chance bekommt, sich nach dem in der Depression erlittenen ziellosen Feuerwerk an Kurzschlüssen wieder zu erholen. Die Gedanken werden auf die Wahrnehmung im Hier und Jetzt, in der nächsten Umgebung reduziert, kein Wühlen in der Vergangenheit, keine Ängste vor der Zukunft – nur lauschen, wahrnehmen im Fluss des eigenen Atems, ohne dabei zu beurteilen und zu bewerten, und einfach akzeptieren, dass es so ist und es gut ist, dass es so ist.

In anderen Übungseinheiten wird ein sogenannter Bodyscan durchgeführt. Dabei legen sich die Patienten rücklings auf den Fußboden und »durchwandern« unter Anleitung der Therapeutin gedanklich ihren Körper. Das geht in etwa so: »Wählen Sie eine bequeme Haltung und konzentrieren Sie sich ganz auf die Übung, die wir gemeinsam erleben werden. Spüren Sie in sich hinein und fühlen Sie, wie sich eine wunderbare Ruhe in Ihrem Körper ausbreitet. Alles andere ist unwichtig. Konzentrieren Sie sich innerlich ganz auf diese Ruhe, genießen Sie diese Ruhe, während Sie langsam die Augen schließen …« Dann fordert die Therapeutin auf, in Gedanken im Körper zielgerichtet zu »wandern«, von den Armen bis in die Zehenspitzen. Dabei geht es darum, die abschweifenden Gedanken zu fokussieren und sich möglichst auf sein Körpergefühl zu konzentrieren, analog der Atemübung. Sich nicht ablenken lassen, sich auf das Wesentliche des Moments konzentrieren – das weckt ganz neue Energien. Rouja schlief bei dieser Übung sofort ein und ich hatte bei ihr lange nicht mehr ein so entspanntes, glückliches Gesicht gesehen.

Auf meinen heutigen Alltag hat diese Therapie einen großen Einfluss, denn ich habe gelernt, alles bewusst wahrzunehmen, ohne dabei zu bewerten und alles Empfinden zu hinterfragen. Es ist so, wie es ist, und es ist gut, dass es so ist, wurde mir dabei gelernt.

Später führten wir den Bodyscan und die Atemübungen auch in der freien Natur eines nahe gelegenen Waldes durch. Dass ich in den ersten

Sitzungen zur Achtsamkeit häufiger dachte, was dieser Unsinn soll, kann ich an dieser Stelle leider nicht verheimlichen. Natürlich, dachte ich, weiß ich doch wohl am besten, was Atmung ist, liebe Freunde. Ein Hochleistungssportler ist zwangsläufig Experte für Atmung, weil er weiß, dass der Muskel Sauerstoff braucht, um hochtourig laufen zu können. Der Körper ist seine Maschine, die Leistung bringen muss, wenn ein Spurt von der Mittellinie zum Strafraum in der anderen Spielhälfte notwendig wird. Ich kann in einem Bundesligaspiel doch nicht meditieren, den Anstoßkreis oder den Strafstoßpunkt nicht plötzlich mit einem Ommmm unter dem Blickwinkel des Yin und Yang und seiner Elemente betrachten! Der große Rafati fühlte sich völlig fehl am Platz. Auch in der Sparkasse hatte ich niemals jemanden so selbstvergessen atmen – oder so tief wie Rouja schlafen gesehen. Was war nur los? Was sollte das?

Meine Gedanken waren, dass ich vor ein paar Wochen noch im Dortmunder Stadion vor 50.000 Zuschauern und einem Millionenpublikum vor dem Fernseher meinen Mann hatte stehen dürfen und jetzt plötzlich im Wald stand und irgendwelche unsinnigen Konzentrationsübungen für den Geist und die Seele durchführen musste. Bei der nächsten Übungsrunde im Wald stand ich wie Rumpelstilzchen auf einer bemoosten Lichtung und dachte – genau – »Ach, wie gut, dass niemand weiß, dass ich Babak Rafati heiß«. Ich war nur mit der Frage beschäftigt, ob mich einer der anderen Spaziergänger erkennen würde. Noch nie in den ganzen Wochen, in denen ich auf der Flucht vor den Medien und der Öffentlichkeit war, hatte ich mein Gesicht so tief in meiner Rockykapuze vergraben. Es war mir abgrundtief peinlich. Ich dachte, ich glaub, ich steh im Wald – und tatsächlich stand ich da, ungeschützt mitten in Mutter Natur, mein Yin und Yang ein- und ausschnaufend. Was für ein Abstieg! Was hatte ich mir nur angetan?

Mit dieser Übung sollten wir lernen, bei voller Konzentration aufs Geschehen aus der Natur neue Energiereserven und positive Gedanken zu tanken – und beim Ausatmen all die negativen Gedanken, eben alles, was uns beschwerte, auszuatmen, aus uns herauszulassen. Ein und aus. Das Gute und Schöne einatmen – die negativen Bilder und Erinnerungen aus und von uns weg in den winterlichen Wald hauchen. Wenn man sich genau und nur darauf konzentriert, kommt man in einen bestimmten Rhythmus, der viele frische Sauerstoff tut sein Übriges. Und irgendwann machte es »Klick«. Ohne dass ich es sofort merkte, hatte ich plötzlich meinen Atem wiedergefunden, der mich all die Jahre wie ein treuer Knecht begleitet hatte – und den ich dann durch all meine Gedankenlosigkeit, den Stress und die Zertrümmerung verloren hatte. Das war es. Ich atmete tief und klar, ohne an etwas anderes zu denken als an diese unglaublich beruhigende Musik des Atems. Ich schnappte nicht mehr hektisch nach Luft, ich musste nicht mehr gähnen. Ich nahm jedes Luftmolekül, seine Temperatur, seine Feuchte wahr, ließ die Luft wie warmen Regen durch meinen Körper perlen. In den Tannenkronen hörte ich das Rauschen des Windes und ich genoss mit jeder Faser meines Körpers all die Düfte des Waldes und die Sinfonie seiner Geräusche. Ich atmete Leben ein. Ich war in einem Moment wieder bei mir, so, wie ich es all die Jahre gewesen war, bis ich mich verloren hatte. Ich war wieder eins. Der Spiegel meines Selbstbildes, der in Millionen Teile zerborsten war in jener Nacht im Kölner Hotel, zeigte mir wieder ein Bild, das ich kannte. Das war ich.

Patientenbericht Nr. 6, Babak Rafati, Dr. Hettich
Zunehmend gelang es ihm in der Therapie, neue Werte für sein Leben zu entwickeln. So entschied er sich, dass ihm weiterhin Ansehen und Anerkennung wichtig sein sollten, für ihn aber in Zukunft familiäre Bindungen und persönliche Beziehungen im Vordergrund stehen sollten. Beruflich wollte er in Zukunft unabhängig sein, um mehr Zeit mit den Menschen verbringen zu können, die er liebte. Er plante, aktiv zu sein und Herausforderungen zu suchen, ohne die anderen Werte in seinem Leben darüber zu vergessen. Und Gerechtigkeit sollte ihm weiter wichtig sein, wohl wissend, dass es sich dabei mehr um eine Richtung handelt, in die man gehen kann, als um ein Ziel, das absolut erreicht werden muss. Nachdem sich Herr Rafati bewusst gemacht hatte, wie sehr ihn die alten Grundannahmen unter Druck gesetzt hatten und wie entlastet er sich sein neues Leben mit den neuen Werten vorstellte, begann er aktiv, sein Leben umzustellen. Er widmete sich zunehmend seiner Familie, seiner Lebensgefährtin und erlebte die gemeinsam verbrachte Zeit bewusst und mit Dankbarkeit. Das Schiedsrichtersein hatte für ihn keine Bedeutung mehr, stattdessen suchte er sich als neue Herausforderung, andere Menschen in seinem persönlichen Umfeld über Depressionen aufzuklären, damit diese sich schneller in Behandlung begeben würden.

Die Therapiegespräche mit Dr. Hettich entwickelten sich unterdessen immer mehr zum Highlight in meinem Klinikalltag. Er war für mich mehr Mentor und Trainer als Arzt. Er forderte und förderte mich – aber immer aus einer großen Anteilnahme heraus mit einem nicht nachlassenden Interesse an mir als Mensch. Unser Verhältnis schien mir gleichberechtigt, er behandelte mich nie von oben herab – und doch hätten wir beide es nie zugelassen, unser Verhältnis als Freundschaft zu bezeichnen, dafür war der gegenseitige Respekt viel zu hoch. Durch unsere Gespräche lernte ich so langsam, mich auf mich selbst zu konzentrieren, meine Stärken und meine Schwächen zu analysieren und mich weniger darum zu kümmern, was andere von mir denken mochten. Die seit meiner frühesten Jugend eingeimpfte Parole, dass ich mir meinen Platz in der Gesellschaft und Anerkennung erkämpfen müsste, steckte noch tief in mir drin. Ich hatte mein Leben lang Angst, unwissentlich einen Fehler zu machen, für den mich andere ausgrenzen würden. Ich hatte nicht gelernt, den Spieß umzudrehen, wie ein mir bekannter Vorstandsvorsitzender, den ich mal fragte, wie er es schaffen würde, so selbstsicher und eloquent ohne Manuskript und völlig unaufgeregt Vorträge zu halten. Er lachte und sagte: »Herr Rafati, ganz einfach: Ich stelle mir immer vor, dass meine Zuhörer alle nackt sind!« – sodass also nicht er sich zu schämen brauchte, sondern die Menschen im Publikum. Manchmal müssen wir nur die Sichtweise ändern, damit wir uns nicht selbst klein und abhängig machen und uns durch die Angst vor Scham von anderen Menschen manipulieren lassen. Keine schlechte Strategie, wie ich finde.

Die Welt zu ertragen würde leichter für mich, wenn ich zukünftig wieder selbstbestimmt und nicht abhängig von anderen meine Schritte setzen könnte, so, wie ich es vor meiner Zertrümmerung eigentlich auch getan hatte. Das Hinterfragen, das Misstrauen, diese maßlose Angst, Fehler zu machen und dafür verurteilt zu werden, hatte erst mit den Querelen mit meinen Schiedsrichterobleuten und den Verunglimpfungen durch die Fans und die Medien eingesetzt. Die für mich entscheidende und sehr einfache Frage würde zukünftig lauten: Will ich mein Leben leben – oder ein fremdes Leben, wie andere es mir vorschreiben? Will ich mich wohlfühlen oder handle ich nur danach, was andere in der Gesellschaft mir zubilligen? Ich habe heute gelernt: Wichtig ist zu sein, um zu sein – und nicht zu tun, um zu sein, also nicht auf Biegen und Brechen gesellschaftskonform zu handeln, sich fremden Vorgaben zu beugen, sondern ausschließlich auf das Wohlbefinden der Seele und des Geistes zu schauen.

Nachdem Dr. Hettich zufrieden festgestellt hatte, dass ich zunehmend offener wurde und meine Probleme rationaler anging, legte er die nächste Stufe der Herausforderungen fest. Nichts hatte mich ja so mit jeder Faser meines Körpers beschäftigt wie Fußball – und durch nichts war ich so abgestürzt. Alles, was auch nur im Entferntesten mit Fußball zu tun hatte, machte mir Angst. Ich hatte bisher immer sofort weggeschaltet, wenn ich irgendwo beim Zappen zufällig Spieler über den Rasen laufen sah. Nicht einmal die Ford-Werbung im Fernsehen konnte ich damals ertragen, weil der Spot mit der Hymne der Champions-League-Spiele unterlegt war. Und genau an dieses gewaltige Angstpotenzial sollte ich jetzt ran. Es war auch ganz klar, dass wir diesen dicken Brocken Fußball erst einige Wochen nach Beginn der Therapie angingen. Klar war aber auch, dass ich ohne Verarbeitung meines Fußballtraumas in großer Gefahr wäre, einen Rückfall zu erleiden. Aber eines Morgens war es so weit.

Dr. Hettich ist kein großer Fußballkenner und so war ich erstaunt, als er mich fragte, welche Chancen ich denn zum Auftakt der Rückrunde Borussia Mönchengladbach gegen Bayern München einräumen würde. Als Hausaufgabe sollte ich mir das Spiel anschauen und ihm berichten. Vielleicht war Dr. Hettich doch ein größerer Fußballfan, als ich bisher angenommen hatte, denn genau das Hinspiel dieser Begegnung hatte ich in der Vorrunde gerade mal fünf Monate zuvor geleitet. Damals, am 7. August 2011, drei Monate vor meinem Suizidversuch, war ich schon nicht mehr ich selbst, total verunsichert, tief verletzt – und voller Misstrauen. Es war das Auftaktspiel zum Saisonbeginn – das traditionell von den formbesten Schiedsrichtern gepfiffen wurde. Das erste Spiel hat immer einen hohen Aufmerksamkeitswert und trotz meiner fehlenden Spielsouveränität, die Fandel mehrfach kritisiert hatte, hatte er mich ausgerechnet hier eingesetzt. Ich weiß noch, wie ich die ganze Fahrt zum Spiel und in den Tagen davor gegrübelt hatte, wie ich das bewerten sollte. Als Chance oder, so weit war ich in meinem Misstrauen, als Falle, um mich bei einem Fehler auch als FIFA-Schiedsrichter endgültig ins Abseits zu schieben – beflügelt von den Protesten in den Medien und Fanforen?

Damals begann die Krankheit schon immer stärker in mir zu fressen. Mit meinem Obmann konnte ich nicht mehr vertrauensvoll sprechen.

Meine Isolierung innerlich wie außen war rasant im Fortschreiten. In diesem Zustand der beginnenden Zerrüttung lief ich in der ausverkauften Allianz Arena vor 69.000 Zuschauern mit den beiden Mannschaften zum Mittelanstoß. Das Spiel verloren die Bayern damals 0:1 nach einem Tor in der 62. Minute durch Igor De Camargo – dem ich nur zwölf Minuten später, in der 74. Minute, nach einem Foul die Gelbe Karte zeigte. Rot war damals nicht dabei. Das Spiel war für mich gut verlaufen, es gab keine Diskussionen, selbst der Kicker gab mir die Note 1,5 – was damals nur oberflächlich für Erleichterung sorgte, denn meine Grübeleien verstärkten sich Ende August, als Herbert Fandel mich anrief, um mir mitzuteilen, dass meine Karriere als FIFA-Schiedsrichter beendet sei. Jahrzehnte schienen mir seither vergangen.

Und jetzt wieder Gladbach gegen Bayern, die Überraschungsmannschaft der Saison beim Rückrundenstart, auf dem Sprung in die Champions League. Eine große Herausforderung, denn ich würde seit meinem schrecklichen Unfall das erste Mal wieder Fußball schauen. Ich hatte Befürchtungen, ich könne – nur getrennt von einem millimeterdünnen Bildschirm – mich wieder ins Stadion versetzt fühlen, diesen Sound hören, die Aufregung abschütteln, mitlaufen ... pfeifen. Meine Fußballleidenschaft lag wie ein zusammengerollter Pitbull schlafend, weit weg und ganz tief in meinem Inneren. Würde das alles wieder zum Leben erwachen?

Aber es kam ganz anders. Ich schaltete den Flatscreen an – und war ein ganz einfacher Fernsehzuschauer. Früher hätte ich die Länge jedes Grashalms wahrgenommen, jeden Spielzug, jeden Abpfiff, jedes Foul, jedes Tor in Slowmotion wieder und wieder angesehen und wäre förmlich mit dem Bildschirm verschmolzen. Diesmal bemerkte ich eine ganz seltsame Distanz, der ich zunächst nicht traute. Bunte Punkte, die von rechts nach links einer unerklärlichen Idee hinterherlaufen. Es war so, wie wenn man manchmal um Mitternacht beim Zappen irgendwo auf ein fernes Ligaspiel zwischen den russischen Donkosaken und einer usbekischen Schülerauswahl trifft. Es interessierte mich nicht.

Ich verfolgte den Patzer von Neuer, der sonst ein Weltklassetorhüter und ein sympathischer Typ auf dem Platz ist, dessen katastrophaler Fehlpass das erste Tor durch Reuss und die 1:3 Niederlage der Bayern einläutete. Das hätte mich sonst aus dem Sessel gerissen. Egal. Trotz eines Gegentreffers durch Schweinsteiger in der 76. Minute rutschte Gladbach mit dieser Spielleistung in der Bundesligatabelle auf Platz zwei hinter den Rekordmeister. Ich sah das alles. Ich nahm das alles wahr. Aber es interessierte mich nicht. Rouja umso mehr, die mich zunehmend ungläubig anstarrte, die kaum glauben konnte, was sie sah: einen gelangweilten Rafati, der sich eher dazu zwingen musste, ein Fußballspiel anzuschauen. Nichts davon war gespielt. Es war aus. Für immer. Keine Gefühle, keine Wehmut, nicht mehr dazuzugehören. Irgendwie hatte ich es geschafft, meiner Fußballleidenschaft die Rote Karte zu zeigen. Ich hatte fertig.

■ ■ ■

Dann kamen meine letzten Tage nach acht Wochen in der Klinik. Es war ein Hochgefühl der Vorfreude. Ich hatte inzwischen das Gefühl, hier eher ein Besucher zu sein denn ein Patient. Nunmehr beobachtete ich andere Kranke, in welch schauerlichem Zustand sie in der Klinik ankamen und genauso wie ich in meinen ersten Tagen mit leeren Augen den Blick abwandten und gebeugt durch den Gang schlichen. So musste ich Wochen zuvor auch auf andere Menschen gewirkt haben. Meine Isolation hatte ich in der Therapie erfolgreich aufgebrochen. Mittlerweile ging ich jeden Tag in den Gemeinschaftsraum, um mit den anderen Patienten die Mahlzeiten einzunehmen. Es war Teil meines Belastungstrainings für die Rückkehr in die Gesellschaft, denn ich wollte spüren, wie es sich anfühlt, wieder unter Menschen zu gehen. In den ersten Wochen hatte ich kaum das Zimmer verlassen, immer in der Angst, erkannt zu werden. Zudem war ich nicht in der Lage, mit fremden Menschen ein Gespräch aufzunehmen. Jetzt war ich es, der das Gespräch suchte.

Ja, ich hatte das Gefühl, dass ich meine psychische Stabilität nach und nach zurückerlangt und dass in meiner Seele ein Neuordnungsprozess stattgefunden hatte. Dr. Hettich hatte mich aber immer wieder warnend darauf hingewiesen, dass die Gefühlskurve bei dieser Krankheit starken Schwankungen ausgesetzt ist. Deshalb sollte man nicht zu euphorisch auf diese Anfangserfolge reagieren und immer mit Rückschlägen rechnen – sich aber immer bewusst sein, dass nach einem vorübergehenden Tief auch wieder ein Hoch folgt.

Ich entschied mich nach Absprache mit der Familie und Dr. Hettich, den Klinikaufenthalt freiwillig um ein paar Tage zu verlängern, damit mein seelischer Akku absolut aufgeladen war, wenn ich wieder in meiner alten Umgebung bestehen müsste. Ich wollte unter allen Umständen einen Rückfall vermeiden, hatte ich das doch selbst dreimal in der vorigen Klinik erlebt und auch während der vergangenen Wochen immer wieder von Patienten geschildert bekommen, denen Ähnliches wiederfahren war. Ich wollte mir sicher sein – auch wenn wir nicht mehr abwarten konnten endlich zusammen den Abend zu beenden und Arm in Arm im gemeinsamen Bett einzuschlafen.

Es war nicht mehr der Rafati der letzten Wochen und Monate, sondern der, der mir morgens ohne Ringe unter den Augen, mit einer guten Gesichtsfarbe ernst, aber aus klaren Augen entgegenblickte. Der »Zombie«, der mich im Kölner Hotel zu Tode erschreckt hatte, war erledigt. Ich konnte wieder in den Spiegel schauen, ohne meine ganze Angst und Verzweiflung in einem eisgrauen Gesicht lesen zu müssen. Mein Gang war wieder aufrecht und meine Körperspannung wieder da, ich hatte mein altes Körpergefühl der Stärke zurückerhalten. Dieser Eindruck, dass ich wieder der Alte war, wurde mir von vielen Leuten, die mich nach längerer Zeit wiedersahen, erfreut bestätigt. Doch der Eindruck war falsch – ich war nicht mehr der Alte. Der alte Babak war krank geworden, weil er sich für unkaputtbar hielt und über lange Zeit nicht merkte, wie er sich völlig verausgabte, den falschen Zielen hinterherlief und schließlich sein Ich verlor. Dieser Babak war ein Teil von mir und meiner Lebensgeschichte – aber der Teil, den ich für das Leben, wie ich es plante, nicht mehr so häufig sehen wollte.

Dr. Hettich kündigte an, er wolle als Abschluss meines Klinikaufenthaltes einen sehr anspruchsvollen Test unternehmen. Gespannt kam ich in sein Büro. Dort schlug er einen Bogen auf seiner Flipchart auf, den ich zu gut kannte. Es war die »Hitparade der Orte des Schreckens«, die ich mit ihm am Anfang der Therapie ausgearbeitet hatte. Der Hauptbahnhof und der Kröpcke. Ich hatte diesen Platz deshalb als meine »No-Go-Area« an Platz eins der Liste gesetzt, weil ich wegen der Nähe zu meinem Arbeitsplatz in der Bankzentrale der Sparkasse und den vielen Fußballfans keine Chance gehabt hätte, auch nur zehn Meter unerkannt über den Platz zu gehen. Der Kröpcke in der Nähe des Hauptbahnhofs ist der zentrale Platz Hannovers, umrahmt von Kaufhäusern, an der Kreuzung von Georgstraße, Karmarschstraße, Bahnhofstraße und Rathenaustraße. Der Kröpcke ist der beliebteste Treffpunkt in der großräumigen Fußgängerzone: Hier befindet sich das nach der Besitzerfamilie benannte »Cafehaus am Kröpcke« und die berühmte Kröpcke-Uhr, ein Wahrzeichen Hannovers. Unter dem Kröpcke befindet sich auch noch die größte Station der Stadtbahn Hannover. Im Sommer sieht man hier die schönsten Mädchen der Stadt – und tausende Fußballfans, wenn es bei Hannover 96 ein Fußballfest zu feiern gibt. Wenn es also irgendwo in Deutschland damals einen Platz gab, auf dem ich aus Scham und Angst vor Entdeckung gestorben wäre – außer dem Mittelanstoß in einer ausverkauften Arena –, dann war das der Kröpcke.

Dr. Hettich blickte mich an und sagte: »Herr Rafati, Freitag 13 Uhr, Treffpunkt Kröpcke!« Der zweite Teil der Aufgabe war, dass ich mich dort für zehn Minuten mitten in die Menschenmassen unter der Kröpcke-Uhr stellen sollte, ohne Kapuze, Sonnenbrille und sonstige Mittel der Tarnung, also nicht Rocky, sondern als Rafati, sodass alle Menschen mich sehen und vielleicht auch einige ansprechen würden. Der dritte Teil bestand darin, nicht den Blick abzuwenden, wenn mich Menschen mit dem »Den-kenne-ich-doch?«-Blick taxierten, sondern sogar den Blickkontakt völlig fremder Menschen zum Beispiel auf der Rolltreppe im Kröpcke-Center zu suchen. Ich sollte lernen, nicht defensiv-ängstlich zu sein – sondern offen und vor allem offensiv, also mutig aufzutreten. Dr. Hettich untersagte mir, mich irgendwie durch die Menge zu lavieren, unauffällig bleiben zu wollen und wegzuschleichen. Ich sollte auffallen, sogar mit Blicken provozieren, um meine und die Reaktionen der Passanten zu testen.

So stand ich am Freitag um 13 Uhr unter dem Kröpcke und wartete, was mit mir geschehen würde, ähnlich wie Bruce Willis im Blockbuster »Stirb langsam – jetzt erst recht«. In diesem Film droht ein Polizist damit, eine Schule in die Luft zu jagen, sollte McClane seine Rätsel nicht lösen können. Seine erste Aufgabe führt ihn ins Ghetto von Harlem, wo er sich als Sandwichmann mit einem Schild mit der Aufschrift »I hate niggers« präsentieren soll. Was naturgegeben für Reaktionen sorgt. Ich war gespannt, wie man auf mich reagieren würde. Ich hoffte, dass Dr. Hettich irgendwie in meiner Nähe war. Man wusste nie, schließlich sollte ich die Aufgabe ja selbst lösen. Und das wollte ich auch. Wenn ich hier bestehen würde, ohne in Panik zu geraten, dann hätte ich die Prüfung bestanden und wäre erlöst und bereit für die neue Freiheit, die ich mir sehnlichst gewünscht und so unendlich vermisst habe.

Es passierte – nichts! Der einzige Mensch, der mich erkannte und mich ansprach, war Dr. Hettich als er mich gut gelaunt fragte, was ich davon halten würde, wenn wir noch gemeinsam bei der Sparkassenfiliale am Raschplatz vorbeigehen würden, da musste ich allerdings passen. Die Vorstellung, schon jetzt auf meine Arbeitskollegen zu treffen, schien mir dann doch ein bisschen zu viel des Guten. Es herrschte um diese Zeit ein reger Betrieb, da viele Feierabend hatten, und außerdem belastete mich, dass ich noch krankgeschrieben war und jetzt plötzlich auf der Straße gesehen würde. So ganz frei war ich halt doch noch nicht davon, was andere Menschen von mir denken würden. Dr. Hettich beruhigte mich sogleich, dass es kein Zeichen von Schwäche sei oder meiner Krankheit, sondern als ein Zeichen für Anstand völlig nachvollziehbar – er hätte sich in ähnlicher Situation auch so verhalten. Somit beschlossen wir, noch ein wenig durch die Stadt zu spazieren, und damit hatte ich meinen »Gesellschafts-TÜV«, wie ich es bezeichnen möchte, erfolgreich bestanden.

Patientenbericht Nr. 7, Babak Rafati, Dr. Hettich
In der Einzeltherapie erarbeiteten wir eine sogenannte Angsthierarchie mit einer Skala von 0 bis 100 %, wobei 0 % keiner Angst entsprach und 100 % maximale Angst bedeutete. Während er den Kontakt mit Mitpatienten nur wenig fürchtete, löste der Gedanke, sich im Zentrum Hannovers aufhalten zu müssen, geradezu Panik aus, so sehr hatte er Angst vor den negativen Bewertungen durch andere Menschen. Als ich mich am letzten Tag der stationären Behandlung mit Herrn Rafati zu einer Angstexposition am Kröpke im Zentrum Hannovers traf und wir gemeinsam zur Mittagszeit durch die Bahnhofspassage gingen, hatte sich durch die Therapie die Angst- und Schamsymptomatik bereits so weit gebessert, dass es ihm nicht mehr wichtig war, was andere Menschen über ihn dachten, woraufhin er mich spontan zu einem Glas Champagner einlud, zur Feier der gelungenen Therapie. Am 07.02.2012 konnte Herr Rafati geheilt aus der stationären Behandlung entlassen werden.
Über ein halbes Jahr führten wir in größeren Abständen ambulante Nachsorgeuntersuchungen durch, ohne dass sich dabei Hinweise auf einen Rückfall in die depressive Symptomatik zeigten. Wir reduzierten daher schrittweise die antidepressive Medikation und konnten sie nach einem halben Jahr absetzen. Dass es zu einer so nachhaltigen Besserung der De-

pression gekommen war, ist meines Erachtens darauf zurückzuführen, dass Herr Rafati seine Lebenseinstellungen, die ihn unter Druck gesetzt hatten, korrigieren konnte und sein Leben neu entdeckten Werten entsprechend ausrichtete. Er hatte gelernt, achtsam wahrzunehmen, was für ihn wirklich wichtig ist.

An meinem letzten Tag war ich natürlich glücklich, die Klinik endlich verlassen zu dürfen, aber gleichzeitig auch voller Wehmut, denn meine Frau und ich hatten das Personal dermaßen ins Herz geschlossen, dass auch Tränen flossen. Wir wurden von allen in den Arm genommen und wir mochten uns gar nicht wieder loslassen.

An diesem Ort war mir das Leben zurückgeschenkt worden oder besser, man hatte mich in allem gefördert und motiviert, dass ich es mir selbst zurückerobern konnte. Immer war ich respektvoll und voller Verständnis behandelt worden, egal, wie schwierig mein Zustand gerade war. Und so war es wie ein Abschied von Gefährten, mit denen man die Hindernisse und Prüfungen eines großen und lebensgefährlichen Abenteuers gemeinsam bestanden hat. Marcel, mein Lauftherapeut und zugleich sportlicher Leiter der Klinik, schenkte mir zum Abschied ein gerahmtes Foto von uns beiden, das er nach einem Training mal spontan mit dem Handy geknipst hatte. Ich lache auf dem Foto und strahle eine tiefe Zufriedenheit aus. Marcel meinte, dieses Foto habe ihn nach seiner langjährigen Tätigkeit ungeheuer motiviert, Menschen durch Bewegung und Sport helfen zu können. Es sei ein tolles Gefühl, einen zuvor so kranken und in der Anfangsphase hoffnungslosen Menschen nunmehr mit einem so entspannten Lächeln entlassen zu dürfen. Das Foto steht bei mir auf dem Schreibtisch und ich schaue es jeden Tag gerne an, weil daraus eine aufrichtige Freundschaft entstanden ist.

ZURÜCK INS LEBEN

Dr. Hettich hatte uns vorgeschlagen, für die erste Zeit nach der Entlassung aus der Klinik einen Urlaub im Land »Weitweitweg« zu buchen, damit wir uns beide in einer völlig entspannenden Umgebung in Ruhe erholen und Abstand zu den Geschehnissen der Vormonate gewinnen konnten. Wir entschieden uns deshalb für die andere Seite der Weltkugel, Asien, und flogen für drei Wochen nach Malaysia. Wir waren nicht nur den tief hängenden Winterwolken Hannovers entkommen, sondern auch einer unglücklichen Zeit, die uns zunehmend unwirklich fern und nur noch als Albtraum erschien. Gestartet waren wir in Hamburg durch schwarze Gewitterwolken hindurch. Zu gerne ließen wir all das Erlebte weit unter uns, zogen immer schneller und höher davon. Als wir wieder aufwachten, sahen wir den Sonnenaufgang über dem Indischen Ozean. Wir waren diesem unglaublich schönen Licht eine lange Nacht entgegengeflogen und wir breiteten unsere Arme aus, als die ersten Sonnenstrahlen in einem satten Orange durch unsere Kabinenfenster fielen. Sofort dachte ich an Dr. Hettich und seine Übung, sich von schlechten Gedanken und üblen Stimmungen nicht herunterziehen zu lassen und sich einfach vorzustellen, wie man mit einem Flugzeug durch eine Gewitterfront fliegen muss: Es ruckelt und blitzt, aber irgendwann kommt immer wieder blauer Himmel und strahlender Sonnenschein – irgendwo auf der Welt scheint immer die Sonne.

Es war, als würden wir in ein völlig neues Leben eintauchen. Schon als wir am Reiseziel angekommen durch den Flughafen gingen, überkam mich ein so starkes Gefühl von Freiheit, dass ich vor Glück fast hätte schreien und zugleich weinen wollen. Ich sah nur Amerikaner, Japaner und hauptsächlich Einheimische – niemand würde mich hier erkennen, geschweige denn wissen, wer ich war. Wir verbrachten in Malaysia eine wunderschöne Zeit, ohne Internet, ohne Handy, ohne deutsches Fernsehen und vor allem ohne Zeitungen. Wir waren nur für uns da. Zunächst war noch das alte Misstrauen da, wenn ich aus dem Hotelzimmer ging, schaute ich wie in der Klinik zunächst den Gang nach rechts und nach links und verließ das Zimmer erst, wenn ich keinen Menschen sah. Aber das hatte sich schon am zweiten Tag gegeben. Ich begann, mich langsam ins Leben zurückzutasten und dann förmlich loszuspurten, mit hocherhobenen Armen wie ein Hundertmeterläufer auf der Ziellinie. Ich war wieder frei. Rouja und ich waren endlich wieder frei.

...

Bevor wir in den Urlaub fuhren, hatte ich meine Kündigung an die Sparkasse Hannover geschickt, weil ich anderen nicht zur Last fallen wollte und weil ich Angst hatte, das man vielleicht aus Mitleid zu mir halten würde.

Ich war jetzt seit fast drei Monaten krankgeschrieben und hatte Angst vor einer Rückkehr, weil ich die Reaktionen meiner Kollegen nicht einschätzen konnte. Als wir nach drei Wochen Mitte März 2012 aus dem Urlaub zurückkamen, hatte ich die Antwort auf meine Fragen im Briefkasten. Wieder schrieb mir der Vorstandsvorsitzende Walter Kleine, im Namen des Vorstands und meiner Kollegen in der Bank einen Brief, in dem stand: «Nicht nur wir persönlich im Vorstand, sondern alle hier in der Sparkasse, Ihre Kolleginnen und Kollegen haben mit Ihnen empfunden und empfinden mit Ihnen. Wir alle wünschen uns, dass Sie in die Sparkasse zurückkehren.» Mein Arbeitgeber bot mir an, mein Arbeitsverhältnis ruhen zu lassen, ich sollte mir alle Zeit nehmen, meine Kündigung zu überdenken bis sich mein Gesundungsprozess so stabilisiert hätte, dass ich über das Angebot, weiter in der Sparkasse zu arbeiten in Ruhe entscheiden könnte. »Wir wünschen Ihnen alles Gute für Ihre seelische Genesung und würden uns sehr freuen, Sie als geschätzten Kollegen wieder begrüßen zu können.« Ich habe diesen Brief mehrfach ungläubig durchgelesen und mich gefragt, wie viele solcher Arbeitgeber und Kollegen es wirklich noch gibt in Deutschland? Ich wusste, ich würde wieder eine Heimat finden, wenn ich sie hier in Hannover suchen würde. Und ich bin unendlich dankbar dafür. Ich hatte zum zweiten Mal eine hohe Wertschätzung erfahren als Mensch und als Angestellter und nicht erneute Ablehnung. Hier sagten mir andere Menschen, Babak, komm wieder zurück in unsere Gemeinschaft, du bist willkommen. Meine Kollegen von der Sparkasse hatten mich also nicht fallengelassen.

Für jemanden, der wie ich so brutal aus seinem gewohnten Leben heraus geschleudert worden war ist so eine große menschliche Geste eine Wohltat, wie ich sie ganz selten erlebt habe. Einem kranken Menschen Sicherheit und solchen Zuspruch zu schenken hat wirklich eine Vorbildfunktion in unserer Gesellschaft, die immer häufiger, wie es scheint, nur durch Konkurrenz und Kostenminimierung geprägt ist und darüber vergisst, das wir in einer Gemeinschaft leben, in der auch die Schwachen, Alten, Kranken und auch Kinder ihren sicheren Platz finden sollen. Ich werde mir noch ein bisschen den Luxus Zeit nehmen – Zeit, die mir durch die Ereignisse der vergangenen Monate gestohlen wurde. Ich will ein bisschen davon zurückhaben für mich und Rouja. Ich weiß aber, wo mein berufliches Zuhause ist.

...

Nach unserer Rückkehr begannen Rouja und ich zielstrebig, unser Leben neu auszurichten und bewusst zu leben. Dazu gehörte auch die Trennung von all dem, was noch belastend an mir hing. Die Presse hatte immer wieder bei meinem Anwalt nachgefragt, wie es mit meiner Schiri-Karriere weitergehen würde. Herbert Fandel hatte zwar – per Interviews in den Medien, nie zu mir persönlich – mitteilen lassen, dass mir der Weg zurück in die Bundesliga offenstünde. Selbst Hellmut Krug hatte anlässlich der Halbzeittagung der Unparteiischen im Januar 2012 in Mainz ergänzt: »Wir geben ihm alle Zeit, die er braucht.« Doch nicht nur aus den vielen Mails meiner ehemaligen Schiri-Kollegen glaubte ich zu wissen, was wirklich davon zu halten war. Für mich waren es Krokodilstränen. Schon im März 2012 las ich dann auch im Sportteil einer Zeitung, dass ein Comeback für mich recht unwahrscheinlich sei, denn wie aus Kreisen nicht genannter DFB-Verantwortlicher zu erfahren gewesen sei, sei das Risiko zu groß, dass ich unter dem hohen Druck der Bundesliga einen Rückfall erleiden könnte. Trotz so großer Fürsorge haben genau diese Verantwortlichen niemals mit mir persönlich über meine Zukunft gesprochen. Auch der Wunsch nach einem solchen Gespräch hat mich nie erreicht. Ich habe auf ein Zeichen der Versöhnung von ihnen gewartet, darauf gehofft. Eine menschliche Geste hätte mir gereicht und meiner Psyche zugleich geholfen. Aber es kam nichts. An eine Rückkehr in die Fußballarena habe ich nicht mehr ernsthaft gedacht. Ich war inzwischen zu klug geworden, um anzunehmen, dass es der richtige Weg wäre, nachdem ich den Eindruck gewonnen hatte, wie virtuos Fandel und Krug, zeitweise sogar vierhändig, auf der Klaviatur der Intrigen und Indiskretionen spielten. Das System Schiedsrichter hatten die beiden inzwischen in ihrem Sinne erfolgreich »professionalisiert«. Im Sommer 2012 im Trainingslager Altensteig-Wart verkündete Fandel, dass der DFB seine 42 Schiedsrichter der ersten und zweiten Liga nunmehr zu Halbprofis machen wolle mit einem Grundgehalt von mindestens 15.000 und maximal 40.000 Euro pro Saison. Zu diesem Bonus kommen pro Erstligaeinsatz 3800 Euro (2. Liga: 2000), die Assistenten bekommen 2000 (2. Liga: 1000) und der vierte Offizielle 1000 (2. Liga: 500). Für die deutschen Spitzenschiedsrichter ist damit ein Gesamteinkommen in Höhe von 200.000 Euro pro Spielzeit möglich. Fandel erklärte auf der Pressekonferenz: »Das ist ein wunderbares Signal, über das wir sehr froh sind!« Die Schiedsrichter sind damit endgültig Teil des Millionengeschäfts Fußball geworden, auch wenn ihre Bezahlung immer noch dürftig ist im Vergleich zu den Millionen-Gehältern vieler Fußballhelden. Doch das viele Geld weckt Begehrlichkeiten in einer Zunft, die unabhängig bleiben muss. Zukünftig wird sich jeder fragen, ob er einen derart gut bezahlten Job durch zu viel Eigenwilligkeit auf dem Spielfeld – zum Beispiel durch eine Rote Karte – riskiert. Und damit wiederum Ärger mit den Vereinen.

Früher gab es 72 Mark pro Spiel und die Schiris haben während der Zugfahrt Doppelkopf gespielt und sich auf ein tolles Fußballwochenende gefreut. Sie hatten einen unglaublich stark entwickelten Korpsgeist. Niemand wird sich diese Zeit zurückwünschen – oder eben gerade –, denn das waren die Kindertage des Fußballs. Die Zeit kerniger Typen wie Volker Roth ist heute endgültig vorüber. Man wird sehen, ob das zum Guten des Sports war.

Meine Zeit war auch abgelaufen. Ich wollte keine Rückkehr, die auf Mitleid basiert oder auf Druck von außen. Ich wollte nicht, dass man mich mit Samthandschuhen anfasste. Dazu bin ich zu stolz. Und ich wollte auch nicht zurück in eine krank machende Umgebung, in der Menschen so wenig zählen, sondern nur Konkurrenz, Leistungsdruck, Machtintrigen und Erfolg. Und somit fiel die endgültige Entscheidung zwar schweren Herzens – aber sehr entschlossen.

...

Am 17. April 2012 reichte ich meinen Rücktritt bei der Schiedsrichterkommission ein, obwohl ich noch knapp sechs Jahre aufgrund der Altersgrenze hätte pfeifen können. Ich habe in diesem Schreiben sehr emotional und in äußerst aufgewühlter Stimmung meine Verletzungen beschrieben, die Anfeindungen und Zurücksetzungen, wie ich sie durch meine Chefs erlebt hatte. Was ich Fandel und Krug geschrieben habe, steht in diesem Buch ausführlich beschrieben und jeder kann es lesen. Eine offizielle Antwort seitens der Schiedsrichterkommission gab es nicht. Deshalb veröffentliche ich nachfolgend die separaten Antworten von zweien ihrer prominentesten Mitglieder. Die persönlich und nachdenklich gehaltene Antwort von Herbert Fandel lässt Selbstkritik erkennen. Die Reaktion von Helmut Krug hingegen fällt deutlich nüchterner aus und war für mich erneut enttäuschend und verletzend.

Herbert Fandel schrieb:

Lieber Babak,
schön, etwas von Dir zu hören, auch wenn mich der Inhalt Deines Schreibens sehr nachdenklich macht.

Von Anfang an war es mein Bestreben, das Schiedsrichterwesen gerecht, menschlich und nachvollziehbar zu führen. Die ersten Monate und Jahre meiner neuen Tätigkeit waren auch für mich sehr belastend. Der mediale Sturm, der aus verschiedensten Gründen über uns hinwegfegte, bedeutete auch für mich als Vorsitzenden eine bis dahin nicht gekannte Belastung. Vielleicht fehlte in diesen schwierigen Zeiten von meiner Seite ein wenig die Sensibilität, um auf Einzelne und Einzelnes intensiv einzugehen. Das Gesamte im Griff zu behalten und das Schiedsrichterschiff auf stürmischer See auf Kurs zu halten war mein Ziel. Möglicherweise gab es in dieser Zeit viel zu viele Aufgabenstellungen, um allen und allem gerecht werden zu können.

Persönlich bedaure ich Deine Sichtweise sehr, da ich glaubte, zu Dir ein sehr vertrauensvolles und gutes Verhältnis zu haben. Es war nie meine Absicht, den Menschen oder die Persönlichkeit Babak Rafati in Zweifel zu ziehen, die Kommunikation hätte wohl anders laufen sollen.

Deine Sicht der Dinge akzeptiere ich und versuche sie nachzuvollziehen, auch wenn ich in einigen Punkten das Ganze anders sehe. Es würde viel zu weit führen, hier jedes einzelne Detail aufzuführen. Ich erkenne, dass der öffentliche Druck auf Deiner Person unbeschreiblich war für Dich und dass ein zusätzlicher »interner« Druck im Schiedsrichterwesen besser hätte kommuniziert werden müssen.

Der Leistungsgedanke kann an der Spitze des Fußballs niemals ignoriert werden, aber das Menschliche muss in diesem rauen Geschäft bewahrt werden. Ich glaube auch, genau diese menschliche Seite in mein Amt mit eingebracht zu haben. Dass mir dies in Deinem Fall offensichtlich nicht gelungen ist, macht mich traurig und nachdenklich. Die vielen Gespräche mit unseren Schiedsrichtern Tag für Tag und der herzliche Umgang miteinander zeigen mir, dass wir auf dem richtigen Weg sind.

Ich würde mich freuen, wenn unser Kontakt auch in Zukunft nicht abreißen würde, überlasse dies aber völlig Dir. Deine Zukunft und Deine Gesundheit stehen absolut im Vordergrund. Wenn Du es möchtest, bin ich jederzeit zu einem Gespräch bereit.

Herzliche Grüße
Herbert Fandel

Deutlich energischer antwortete Hellmut Krug noch am selben Abend:

Hallo Babak,

zunächst einmal möchte ich Dir sagen, dass ich mich gefreut habe, nach langer Zeit, in der Du Dich von der Öffentlichkeit abgeschottet hast, von Dir zu hören.

Leider sind die Inhalte Deines Briefes in vielerlei Hinsicht für mich schwer nachvollziehbar.

Natürlich möchte ich an dieser Stelle nicht auf Einzelheiten eingehen. Nur so viel: Nachdem im Mai 2010 die neue SR-Kommission unter Führung von Herbert Fandel angetreten ist, sind wir Tag und Nacht für JEDEN Schiedsrichter ansprechbar.

Auch Du hättest mich, wenn Du im Glauben warst, ich hätte ein Problem mit Dir – was de facto niemals der Fall war –, jederzeit anrufen können.

Angesprochen hast Du mich erst ein Jahr später, beim Sommerlehrgang des vergangenen Jahres in Altensteig. Spätestens nach diesem Gespräch hättest Du wissen müssen, dass Deine Annahme falsch war. Zum Ende unseres Gesprächs hattest Du mich gebeten, von mir alsbald beobachtet zu werden. In Köln ist es dann leider nicht mehr dazu gekommen. Und eine Bemerkung zu Herbert möchte ich an dieser Stelle nicht aussparen. Ich kann Dir versichern, dass gerade Herbert in unseren Besprechungen immer die Hand über Dich gehalten hat. Aber letzten Endes ist die Leistung ausschlaggebend. Hinzu kommt dann auch ein gewisser Druck von außen, dem wir alle unterworfen sind. Unabhängig ob am Ende noch Pech in Deinen Spielleitungen hinzukam, muss unter dem Strich ein Resümee gezogen werden. Unter Umständen steht dann eine Rückstufung an, über die sich handelnde Personen genauso wenig freuen wie der Betroffene selbst. Dass solche Entscheidungen immer zu den schwierigsten gehören, es sich damit niemand einfach macht, muss ich an dieser Stelle eigentlich kaum erwähnen.

Wir alle bedauern diese Entwicklung sehr und hoffen, dass Du Dich alsbald wieder besser fühlst und einem normalen Alltag nachgehen kannst.

Viele Grüße, mit besten Wünschen,

Hellmut

Für den, der nicht zwischen den Zeilen liest, klingt der Inhalt der Mails von Fandel und Krug nach einem großen Missverständnis zwischen Männern, die sich eigentlich gut verstanden, aber zu wenig miteinander gesprochen haben. Ich las die Mails als Beweis für meine damalige Vermutung, Fandel und Krug hätten dem Druck aus der Liga nachgegeben und mich geopfert, um selbst aus der Schusslinie zu geraten. Fandel spricht zweimal von der Belastung durch »den medialen Sturm«, der gleich in den ersten Monaten nach seinem Dienstantritt über ihn »hinwegfegte«. Und Krug von einem »gewissen Druck von außen, dem wir alle unterworfen sind.« Diesen Druck hatten beide an mich weitergegeben, um die Meute wieder zu beruhigen und jede Diskussion von sich abzulenken. Volker Roth – man kann von ihm halten was man will – war in seiner Funktion immer druckresistent und hat sich vor seine Schiedsrichter gestellt. Dieses Prinzip hatten Fandel und Krug aus Eigennutz kampflos fallengelassen. Damit war für mich alles klar. Ein Missverständnis aber bleibt am Schluss noch aufzuklären, dass der Mensch, wie Fandel schreibt und auffällig mehrfach in Interviews sagte, im System Schiedsrichter angeblich immer im Mittelpunkt stehe. Krug war in seiner knappen Mail sehr viel deutlicher: neben dem Druck von außen ist »... letzten Endes ist die Leistung ausschlaggebend.« Nicht der Mensch.

Zumindest gab es auch zwei andere Menschen, die in dieser Schiedsrichter-Kommission eine andere Sichtweise vertraten, die sich mit meiner Philosophie des respektvollen Umgangs teilweise deckt.

Lutz Michael Fröhlich schrieb mir u. a.: »Es gibt aber für alle Grund, die Geschehnisse zu reflektieren. Ich habe das getan und möchte das auch weiter tun, für mich, still und ohne weitere Einlassungen oder Kommentierungen dazu.

Lutz Wagner schrieb später in einem Brief u. a., dass ich ein sehr nachdenklicher, feinfühliger und liebenswerter Mensch bin und vieles in beeindruckender Weise überspielt habe. »Vielleicht bist Du kein typischer Schiedsrichter wie ihn gern manche Leute sehen wollen, dafür aber ein toller Mensch. Du bist ein echt klasse Typ.«

Nach diesem Mailwechsel wartete ich 37 lange Tage sehr gespannt, wie die Schiedsrichterkommission nun auch offiziell auf meinen Rücktritt reagieren würde, immerhin war ich 25 Jahre lang Schiedsrichter gewesen, davon 14 Jahre im DFB, und erhoffte mir wenigstens von offizieller Seite eine Würdigung meiner Arbeit und einen versöhnlichen Abschied. Es geht hier nicht um materielle Werte – sondern allein darum, ein Zeichen der Wertschätzung zu setzen, ein Zeichen, dass der DFB eine über Jahrzehnte geleistete Arbeit anerkennt. Nichts von alledem geschah.

Mein Rücktritt wurde am 24. Mai 2012, 37 Tage nach meinem Rücktritt vom DFB nachrichtlich bekannt gegeben, fünf weitere Tage später, am 29. Mai, die Namen der beiden neuen Aufsteiger. Für mich irritierend, dass ich erst offiziell Erwähnung fand, als man Folgendes bemerkte: Bei der Ankündigung der zwei Aufsteiger musste man erst die Akte Rafati aus der Schublade heraus kramen und den Rücktritt, der 37 Tage zurücklag, bekanntgeben, um die Neulinge fallabschließend präsentieren zu können. Der Einzige, der dann offiziell sein Bedauern ausdrückte, war DFB-Vizepräsident Karl Rothmund: »Babak Rafati hört als Schiedsrichter auf. Ich bedaure das, weil er ein herausragender Unparteiischer war und ein sympathischer Mensch ist. Aber ich kann es auch nachvollziehen.«

Dann wurde es still. Erst im Juli hörte ich wieder vom System Schiedsrichter. Man ersuchte mich über meinen Rechtsanwalt um die rasche Rückgabe meines Headsets, damit die nachrückenden Schiedsrichter damit arbeiten könnten. Mein Trikot, das Headset, meine Karten, meine Trillerpfeife – alles lag unverändert in meiner Sporttasche im hintersten Winkel meines Kellers, so, wie sie Rouja in Köln zu Beginn meiner Irrfahrt aus meinem unheimlichen Hotelzimmer geborgen hatte. Ich nahm die Teile wieder in die Hand, ich spürte wieder das Kribbeln, die Faszination – ich hörte den Jubel aus 60.000 Kehlen. Ich stand aber nicht in einem Stadion, sondern in meinem Keller, um etwas loszuwerden, das mir sehr wehtat. Es war der letzte Gruß aus meinem vergangenen Leben – und ein unmissverständliches Zeichen, dass ich nicht mehr dazugehörte. Man hatte mich endgültig ausgeschlossen.

...

Mein persönlicher Abschied vom System Schiedsrichter im Keller hatte mir noch einmal gezeigt, welche traumatischen Erinnerungen die Ereignisse hinterlassen hatten. Ich habe dieses Buch auch deshalb schreiben müssen, um das alles abschließen zu können. Was mir immer noch nicht ganz gelungen ist. Es war ein langer Weg, bis ich erkannte, wie sehr ich ärztliche Hilfe brauchte. Es wird noch ein langer Weg, bis ich wirklich mit allem so weit bin, dass Erinnern nicht mehr schmerzt und ich auch mir selbst wirklich alles verzeihen kann. Mein Verhältnis zu Psychologen, Polizeibeamten und psychiatrischen Kliniken hat sich nicht zuletzt dank der Hilfe von Dr. Hettich deutlich verbessert. Man wird es kaum glauben, aber heute, da ich wieder gesund bin, gehe ich gerne zurück in die Wahrendorff Klinik in Sehnde. Mein Lauftraining mit Marcel Wendt habe ich beibehalten, zweimal die Woche ziehen wir unsere Runden durch die Waldflächen rund um die Klinik – und heute liege ich deutlich unter meiner Jahresbestzeit vom 2. Januar 2012. Ich erreiche schon fast wieder meine Spitzenwerte aus meiner aktiven Schiedsrichterzeit. Ich habe mich auch entschlossen, kranke Menschen in dieser Klinik zu unterstützen, die noch ihren Weg bestreiten müssen, um wieder ins normale Leben zurückzukehren, so wie ich ihn gehen musste. Ich nehme an Fußballturnieren teil, gehe in die Fitnessräume, um mit anderen zu trainieren und ihnen durch mein Beispiel vielleicht Mut zu machen, dass es Heilung geben kann.

Für mich ist das ein Stück meiner neuen Lebensphilosophie: Sein, um zu sein, statt tun, um zu sein.

Im Juni 2012 habe ich mein Versprechen bei Rouja eingelöst und die Colaringe aus Blech durch zwei Eheringe aus Gold ersetzt. Die Blechringe werden wir behalten, als Erinnerung, dass manchmal die kleinen, einfachen Dinge wertvoller sind als jeder Ruhm und alles Gold dieser Erde.

Als die neue Bundesliga im August 2012 ihre 50. Jubiläumssaison eröffnete, war ich nicht mehr integriert in dieser Fußball-Faszination und somit nur noch ein Teil der Bundesliga-Geschichte. Die Bundesliga ist sich in Kooperation mit der Politik und Wirtschaft ihrer hohen gesellschaftlichen Verantwortung bewusst. Daher wurde eine gemeinsame Aktion der Initiative Integration ins Leben gerufen. Die Bundesliga rief alle auf «Geh Deinen Weg» und die Schirmherrin, Bundeskanzlerin Angela Merkel, ergänzte mit den Worten: »Du kannst es schaffen.«

Ich wäre noch heute sehr gerne ein Teil dieser phantastischen Bundesliga und somit beschloss ich zumindest ein Stück davon zu leben, indem ich mir vornahm: »Geh Deinen Weg, Du kannst es schaffen.«

■■■

Acht Monate habe ich mich seit meinem Selbstmordversuche von allen Gesprächspartnern ferngehalten, die mich an mein vorheriges Leben erinnert haben – weil mir alles noch zu nahe ging. Ich hatte viele Anfragen von diversen Medienanstalten, Anfragen, dieses tabuisierte Thema »Depression« und seine Ursachen in meinem Fall aufzugreifen. Doch ich bat um Verständnis, da ich nicht mehr im Fokus stehen und auch meine Privatsphäre schützen wollte. Außerdem wollte ich meiner Familie nicht zumuten, dass sie von diesem schrecklichen und hässlichen Szenario wieder eingeholt und die Vergangenheit wieder »belebt« wird.

In den vergangenen Monaten habe ich zunehmend erkannt, dass ich noch etwas aufarbeiten muss, dass ich die Erlebnisse nicht einfach wegsperren darf – sondern sie in mein Leben integrieren muss. Ich glaube, man bekommt keine zweite und oftmals bessere Chance für ein neues, harmonischeres Leben, wenn man nicht noch eine Aufgabe hat, die zu erledigen ist.

Außerdem wäre es für mich und meine Familie sehr hilfreich gewesen, wenn jemand ähnliche und persönliche Erfahrungen geschildert hätte, damit uns durch eine Vorwarnung ein derartig schreckliches Szenario evtl. nicht widerfahren wäre.

Auch haben viele hohe Persönlichkeiten, wie z. B. auch beim DFB, dazu aufgerufen, dass man die Geschehnisse aufarbeiten und diese transparent machen muss, damit zukünftig auch anderen Menschen geholfen und diese heimtückische Krankheit Depression bekämpft werden kann. Diesen öffentlichen Aufruf habe ich aufgegriffen. Herr Zwanziger sagte dazu auch in seiner Rede nach Robert Enkes Tod: »Ihr könnt unglaublich viel dazu tun, wenn ihr bereit seid, aufzustehen gegen Böses.« Daher habe ich mich mit meiner Familie entschieden nicht einfach wegzuschauen.

Ich will an meinem Beispiel zeigen, was wir anrichten können, wenn wir unsere Mitmenschen in ihrem Leid nicht ernst nehmen und sie aus Machtstreben an den Rand unserer menschlichen Gemeinschaft drängen. Ich will, dass es sich jeder gut überlegt, bevor er andere Menschen erniedrigt, sich über sie stellt – das gilt vor allem für unsere Berufswelt. Wo Effizienz und der Zwang zu funktionieren eine immer größere Rolle spielten. Ich will meine tiefe Depression schildern, weil ich anderen Menschen helfen will, sich aus so einer Zwangslage, wie ich sie erlebt habe, zu befreien, bevor es zu spät ist.

Persönliche Verletzungen, Öffentliche Diffamierungen, Selbstzweifel, panische Ängste, eine schreckliche innere Antriebslosigkeit, eine alles lähmende Resignation, Schuldgefühle, psychischer Verfolgungswahn bis hin zur emotionalen Falle der Ausweglosigkeit hatten mich in den Wahnsinn getrieben und mich sukzessive mit der Depression infiziert.

In unserer Schein-Gesellschaft habe ich Stärke demonstrieren wollen. Wenn ich frühzeitig auf meine körperlichen Warnsignale gehört hätte, wäre es viel einfacher gewesen loszulassen und nicht um jeden Preis gegen eine übermächtige Gegnerschaft anzukämpfen. Durch die beschriebenen Ereignisse fühlte ich mich verstoßen, gedemütigt und persönlich zutiefst verletzt. Ich hätte akzeptieren müssen, dass ich Schwächen und Grenzen habe und somit Fehler machen darf. Ich vernachlässigte, dass ich auch lieben, fühlen und leiden darf.

Ich möchte mich nie mehr von anderen Menschen in Frage stellen lassen, sonst erreiche ich wieder das gleiche furchtbare Stadium wie vor meinem Suizidversuch. Und ich will andere Menschen dazu aufrufen, sich von der Meinung anderer nicht abhängig zu machen, sondern zu seinem eigenen Ich mit all seinen Stärken und Schwächen zu stehen. Nicht die Gesellschaft darf uns unser Gesicht geben, da sie dann das aus uns macht, was wir glauben zu sein.

Und weil ich das alles so erlebt habe, möchte ich anderen Menschen meine Erfahrungen gerne weitergeben. Sie sollen sehen, dass diese Krankheit für jeden heilbar ist und es Hoffnung gibt. Ich möchte sie motivieren, dass sie das Leben, wie ich in meiner aussichtslosen Zeit, nicht als Bedrohung sehen, sondern wieder als ein Wunder unserer Natur entdecken. Das Leben gibt denen am meisten, die das Meiste aus dem machen, was ihnen das Lebens gibt!

Als ich diesen Satz verinnerlichte, habe ich mein wahres ICH mit all meinen Grenzen und Möglichkeiten gefunden.

Ich bin kein Philosoph. Meine Weisheiten schrieb mir das Leben, ich erhielt sie auf dem Fußballplatz, in einem Kölner Hotelzimmer, einer Kölner Polizeistation und drei psychiatrischen Kliniken. Also Erfahrung. Meine Erfahrung. Ich habe sie aufgeschrieben – weil sie eben Teil meines neuen Lebens sind.

Rouja und ich hatten während unseres Malaysia-Urlaubs – der nichts anderes war als ein weiterer, wichtiger Teil der Therapie – sehr viel Zeit für Überlegungen eingeräumt, mit welchen neuen Lebenszielen wir zurück nach Deutschland starten wollten. Das tropische Klima hatte sehr viel zu unserer inneren Ruhe beigetragen, wir waren in einen sanften Gleichmut verfallen und ein breites Lächeln zog sich durch unser Gesicht, wann immer wir uns ansahen. Nach all diesen positiven Erlebnissen beschlossen wir, uns nie wieder durch äußeren Druck von unseren neuen Lebenszielen abbringen zu lassen. Uns war klar geworden, wie die hohe Geschwindigkeit, die heute alle Geschäftsprozesse und damit alle beteiligten Menschen bestimmt, die Qualität des Umgangs von einem Miteinander in ein Gegeneinander wandelt. Das ist leider nicht nur ein Problem im Spitzenfußball – es ist ein gesamtgesellschaftliches Phänomen, das jeder schon beim Aufzug fahren erleben kann – Menschen, die aneinander vorbeischauen oder die Decke anstarren, anstatt sich freundlich zuzunicken und sich einen guten Tag zu wünschen.

Wir sind Gefangene dieser Konkurrenzgesellschaft, in der man immer häufiger hört: »Unterm Strich zähl nur ich!« Freundschaft im Beruf ist sehr selten geworden, ein hohes Maß an Kollegialität, wie ich es in meiner Sparkasse Hannover erfahren habe ist äußerst selten. Unser voriges Leben in Deutschland erschien uns plötzlich ausschließlich objektbesessen, materialistisch, konsum- und profitorientiert. Es muss alles immer schneller, höher und weiter gehen egal zu welchem Preis, wobei die Prinzipien der Fairness und Gerechtigkeit mit Füßen getreten werden. Ich habe mich für Menschlichkeit und Herzlichkeit entschieden, denn ich bin überzeugt, dass wir mit diesen Tugenden alle Sprachen der

Welt sprechen und der Mensch sich egal auf welchem Fleck der Erde mit seinem Gegenüber versteht. Und ich bin entschlossen, davon nie wieder abzurücken. Es gibt den Spruch: »Zeit ist Geld«. Ich habe mich für das Gegenteil entschieden. Meine neue Lebens-Philosophie heißt: »Zeit ist Leben«, weil ich nunmehr dem Leben eine größere Bedeutung beimesse als es in der Gesellschaft üblich ist. Wir hatten in Malaysia Menschen erlebt, die mit einem minimalen Bruchteil unseres Wohlstandes glücklich wären. Für viele würde schon regelmäßiges Essen, ein Dach über dem Kopf oder ein Kühlschrank Wohlstand bedeuten. In Deutschland ist für viele das größte Problem, sich im Supermarkt zwischen vierzig verschiedenen Joghurt-Sorten zu entscheiden. Und sie leben in all dem Überfluss hier trotzdem unglücklich. Oder genau deshalb? Wir waren entschlossen, uns in unseren materiellen Ansprüchen »downzugraden« und neue sinnerfülltere Lebensziele zu verfolgen, mehr im »Heute« zu leben als in der ständigen Jagd nach Anerkennung im Morgen. Ich werde mich nicht mehr über die gesellschaftliche Anerkennung definieren. Ich werde zukünftig allen Menschen aus dem Weg gehen, die meine Lebenssicht nicht teilen, dass wir nur in der Gemeinschaft mit anderen Menschen Erfüllung finden und unsere Probleme lösen werden – und dass wir nicht auf dieser Welt sind, um uns rücksichtslos nur für den eigenen Vorteil über alles und jeden hinwegzusetzen.

Ich habe gelernt, das wertzuschätzen, was ich habe und mich nicht darauf zu fokussieren, was ich nicht habe.

Ich habe mir vorgenommen, nicht mehr perfekt sein zu wollen – sondern zuerst mal menschlich sein zu dürfen, sich auch Fehler zuzugestehen und zwar als Chance, aus diesen zu lernen und sich weiter zu entwickeln. Sich nicht abhängig zu machen von anderen Menschen und deren wechselnden Meinungen bedeutet aber auch, seine eigenen hohen Ansprüche nicht gleichfalls bei anderen zu erwarten und einzufordern. Wertorientiertes, menschliches Handeln ist eine Vision, die zunächst nur wir selbst in unserem eigenen Umfeld aufbauen können. Wir stürzen in unlösbare Konflikte, wenn wir ebenso wertorientiertes Handeln von anderen Menschen erwarten. Ich erwarte in Zukunft nie wieder Dinge von anderen, die ich mir selbst abverlange, denn seine hohen Ansprüche auch von anderen zu erwarten, um dann enttäuscht zu werden, das kann zerstören, das hätte mich fast zerstört. Wenn man sich nicht täuscht, über das was von anderen Menschen zu erwarten ist, kann man auch nicht enttäuscht werden. Ich bin, was andere Menschen anbelangt, erwartungsfrei geworden und lasse mich aber gerne positiv überraschen. Ich werde aber auch nichts mehr in mich hineinfressen, weil ich erlebt habe, wie sehr Grübeln von innen her die Seele zerfrisst. Zukünftig will ich nur noch eine offene Kommunikation anwenden. Bemerkungen, die ich nicht verstehe oder die ich als Angriff empfinde, werde ich offen ansprechen und zwar bei dem, der sie gemacht hat und um Erläuterung bitten. Ich werde keine schlaflosen Nächte mehr mit Deutungen zergrübeln, wie jemand etwas gemeint haben könnte – ich werde ihn einfach fragen. Ich baue mir zukünftig Brücken statt Mauern.

Ich habe gelernt, dass mein Schicksal nicht nur durch die Ereignisse bestimmt wird, sondern vor allem durch die Bedeutung, die ich ihnen gebe.

Ein weiteres, wichtiges Moment: Erkenne dich selbst und hol dir Hilfe bevor es zu spät ist. Ich will offen Signale senden und mit Vertrauten offen über meine Probleme und Belastungen sprechen, anstatt alles in mich hineinzufressen, wie ich das 18 Monate gemacht habe. Dazu gehört auch Hilfe zu suchen und Hilfe anzunehmen. Ich hatte enorm große Angst vor der Diagnose »Depression« und jeglicher Form der Therapie, weil uns immer unterschwellig suggeriert wird, dass wir »Irre« sind, wenn wir zum Psychologen oder in schwierigen Fällen in die Psychiatrie müssen. Aber heute weiß ich, dass man davor überhaupt keine Angst haben muss und ich möchte jedem Mut machen, sich in einer Depression ärztlichen Beistand zu suchen, so schnell es geht. Alle Ärzte haben mir immer wieder bestätigt, dass die Krankheit eine sehr gute Erfolgsaussicht auf Heilung hat, je früher man sich behandeln lässt – desto besser. Ich behaupte sogar, dass jeder von uns ab und an eine Therapie brauchen kann. Für gesunde Menschen als gesundheitliche Vorbeugung, als eine Art Feedback, ob noch alles auf dem richtigen Weg ist, dann für Menschen im Anfangsstadium einer Depression, um weiteren Schäden präventiv entgegenzuwirken – und für bereits Erkrankte als unumgänglicher Weg, um eine Heilung herbeizuführen. Ich wollte meine Probleme immer alleine lösen und habe gegenüber allen, die mir hätten helfen können, meine Gefühle unterdrückt. Ich hätte mich früher niemals freiwillig in Therapie begeben, denn ich durfte doch niemals krank sein, so dachte ich. Das war ein fast tödlicher Fehler. Man muss über seinen Schatten springen und auf seine innere Stimme hören, denn im Unterbewusstsein passiert etwas Gewaltiges, wenn man genau hinhört. Und

Gefährliches, wenn man nicht hinhört. Übrigens kommt Depression aus dem lateinischen Verb *deprimo* = unterdrücken. Deswegen mein Wunsch: Lasst euch nicht unterdrücken.

Der Beginn einer Therapie ist wie eine Lebensversicherung. In diesem Prozess, in den vielen Gesprächen mit Dr. Hettich und während meiner langen Waldläufe habe ich mein eigenes ICH und mein Bewusstsein wieder entdeckt, dafür bin ich unendlich dankbar.

Vom ersten Tag an hatte ich mir Vorwürfe gemacht, warum gerade ich versucht habe, mir das Leben zu nehmen. In eine Depression zu fallen hat nichts damit zu tun, dass man kein intaktes Umfeld hat. Es kann jeden treffen. Auch mich, obwohl ich ein Leader-Typ bin, in der Schule sogar Schulsprecher, in der Mannschaft Kapitän war und immer sehr extrovertiert und kommunikativ war bzw. bin. Laut der Weltgesundheitsorganisation (WHO) wird die Krankheit Depression 2020 auf Platz 2 der Gesundheitsgefahren landen. Ich muss mich nicht entschuldigen und schämen, dass ich kein Übermensch bin. Meine Schuldgefühle bin ich heute endlich los, ich habe meine Tat in meine Biografie integriert, sie ist untrennbar ein Teil von mir. Ich habe gelernt, Selbstverantwortung zu übernehmen. Niemand ist für meine Tat schuldig, sondern ich bin allein verantwortlich für das Geschehene. Ich bin Unternehmer meines eigenen Schicksals. Ich vergleiche mich mit einem gut geführten Wirtschaftsunternehmen. Ich muss kontinuierlich wachsen, mich entwickeln, beständig und innovativ sein und dabei Strategien und Geschäftsmodelle ausarbeiten für meine bessere Zukunft. Ich vertraue zukünftig auf meine innere Stimme, vertraue auf meine Werte und Fähigkeiten. Das Leben gibt mir dann am meisten, wenn ich bereit bin das Meiste daraus zu machen, was mir das Leben gibt. Die Krankheit hat mir ein neues Leben geschenkt, ich bin der lebende Beweis dafür.

Ich darf weinen, denn dahinter steckt der psychische Druck der nicht ausgedrückten Gefühle. Und die müssen raus. Ich hätte das ruhig vor der Tat mal öfter tun sollen, einfach weinen. Männer dürfen weinen. Selbstbewusstsein bedeutet heute für mich, auch zu meinen Schwächen zu stehen, statt nur zu meinen Stärken. Mich dürften viele in unserer Gesellschaft deshalb vielleicht als einen schwachen Menschen ansehen, aber ich weiß nunmehr, dass ich stark mit Gefühlen bestückt bin und das ist bezaubernd. Menschen, die abgehärtet und vielleicht nicht so sensibel sind, werden entsprechend auch das Schöne im Leben nicht so intensiv empfinden können. Meine Selbstliebe, die ich dadurch zurück erlangt habe, bedeutet für mich die tiefe Überzeugung, dass mein Leben Sinn hat. Aus meinen Schwächen habe ich auch Stärken erkannt und habe zwar einen sportlichen Abstieg, in meinem wirklich bedeutsamen Leben jedoch einen Aufstieg erfahren. Diese Erfahrung gibt mir unheimliche Kraft für meinen weiteren Lebensweg. Das unechte Sein ist abgestorben und somit kann sich das neue Leben neu entfalten. In der Stadt haben mich neulich ein paar Jugendliche angesprochen, was denn an diesem Abend im Hotelzimmer los war. Ich habe gesagt, dass das Geschehene der Vergangenheit angehört und nur das Hier und Jetzt zählt, nämlich dass ich lebe. Dann haben sie einheitlich zugestimmt. Toll Jungs! Bei diesem Endspurt im Hotelzimmer habe ich das Wettrennen gegen den Tod zunächst einmal verloren, aber final das Leben gewonnen.

Ich habe gelernt mich selbst anzunehmen.

Was ich auch gelernt habe, meiner Familie und meinen Freunden den unendlich großen Wert beizumessen, den sie verdienen. Wir sind nur ein Schatten, der im Nichts wandelt, wenn wir ohne menschliche Bindungen in die völlige Vereinzelung abrutschen und zum Beispiel nur noch der Beruf und die Karriere für uns zählt. Wir werden verwundbar, weil der Ausgleich fehlt und wir nicht mehr auf zwei Beinen stehen, um das Gleichgewicht zu halten. Ich habe erkannt, dass sich mir der Sinn meines Lebens erst durch Familie und Freunde erschließt, in erfüllten, beruflich zweckfreien sozialen Beziehungen mit Menschen, die ich liebe und die mich lieben. Mir schenkt die menschliche Berührung sehr viel Vertrauen. Ich habe auch meine Verantwortung erkannt, dass ich mein Leben nicht einfach wegwerfen darf, weil ich für andere Menschen wertvoll bin, selbst wenn ich mich einmal nicht für wertvoll halte. Allein durch Liebe und Zuwendung von Menschen, die sich plötzlich als große Helfer erwiesen, obwohl ich sie teilweise vorher nie gesehen hatte, habe ich zurück ins Leben finden können. Ich habe gelernt, mehr zu sehen als nur mit den Augen. Der menschliche Blick und die kurze körperliche Berührung haben für mich eine höhere Aussagekraft als das menschliche Wort. Die Gefühle sind intelligenter als der Verstand und setzen sich früher oder später auch durch. Immer wenn ausschließlich das Denken mein Handeln beeinflusst hat und ich nicht auf meine Gefühle hören wollte, starb ein Stück Leben in mir. Wir müssen nicht einäugig sein, wir müssen einsichtig sein.

Ich habe gelernt, meine Ängste sofort anzunehmen und nicht mehr zu verbergen oder wegzuschieben, sondern bewusst damit umzugehen und sie zu verarbeiten.
Ich hätte früher auf die Bremse treten sollen statt immer weiter unkontrolliert Gas zu geben. Loslassen und frei werden .... Ich habe mich von falschen, männlichen Idealen verabschiedet und von der weiblichen Schöpfung etwas sehr Wichtiges gelernt: nämlich meine Gefühle zu zeigen, zu weinen, zu lachen, zu schreien, zu singen und vor allem auch offen zu reden. Wir Männer könnten uns bei unseren Frauen einiges abschauen ....
Der Weg des Heilungsprozesses ist lang und beschwerlich, wenn man »danach« seine Lebensumstände nicht ändert. Man sollte rechtzeitig die Bereitschaft aufbringen eine grundlegende Änderung seines Lebens ins Auge zu fassen und sich von dem zu trennen, was einen erst krank gemacht hat. Das ist sicher der schwierigste Schritt, denn wie schwer verabschiedet man sich von Gewohnheiten und wie viel leichter fällt es, zurückzuschauen, statt nach vorne. Wenn ich aber nur in der Vergangenheit krame und in der Zukunft träume, versäume ich meine Gegenwart. Ich hätte nicht erst in Lebensgefahr kommen müssen, nein meine Lebenseinstellung hätte ich rechtzeitig verändern sollen. Deswegen ist es besser, gleich heute anzufangen und uns von all dem zu trennen, was uns belastet. Wir verlieren vielleicht etwas – aber wir werden Neues finden, das uns vielleicht glücklicher macht. Das Festhalten an einem uns zerstörenden Umfeld erfordert sehr viel mehr Energie und Kraft als loszulassen und die frei werdenden Energien positiv in ein neues Leben umzulenken. Ich habe immer gedacht ich wäre gelähmt, aber Lähmung bedeutet letztendlich nur, dass nichts weitergeht und ich keine Entscheidung treffen will. Ich habe mich auf verlorener See treiben lassen, statt selbst die Ruder zu übernehmen und meinem Leben eine neue Richtung zu geben. Ich dachte auch, ich hätte meine gesamten Ressourcen verloren, dem ist aber nicht so, vielmehr sind diese temporär verschüttet und ich habe sie wiedergefunden. Wenn ich vorher zu dieser Einsicht gekommen wäre, hätte ich viel früher und leichteren Herzens meinen Beruf als Schiedsrichter aufgegeben und wäre nicht in diese Todesfalle getappt.
Ich habe das zugegebenermaßen auch nicht gleich am Anfang begriffen – aber zumindest später in der Krankheit eine zweite Chance für ein neues Lebens gesehen. Das geschah erst in der fünften Woche nach mei-

ner Tat, nur kurz, für Minuten, dann immer länger. Ich konnte mein Schicksal annehmen und mich nach vorne wenden. Ich glaube, diese kurzen Lichtblicke haben meinen Heilungsprozess beschleunigt. Dabei habe ich mir immer versucht einzureden, dass ich nicht untergehe, denn meine Ideale bleiben mir erhalten. Selbstliebe, Selbstverwirklichung und Selbstfindungsprozess.

Ich habe gelernt, dass Verzicht und Loslassen keine Niederlage bedeuten, sondern dass sich neue Möglichkeiten öffnen, die man vorher nicht gesehen hat.

Und ich will mehr über Achtsamkeit erfahren und lernen, mein eigenes Ich mit all meinen Fehlern zu akzeptieren, Schwächen und Grenzen nicht zu verdrängen, sondern zu verinnerlichen und angemessen zu verarbeiten. Dazu gehört auch rechtzeitiger Verzicht, wenn ich fühle, dass etwas mehr Schaden anrichtet als es meiner Seele Nutzen bringt: Bernhard Dietz, ein ehemaliger Kapitän der Nationalmannschaft in den 70er Jahren, der mehr als 500 Bundesligaspiele absolviert hat, erzählte mir mal, dass er keine Lust mehr auf das Profigeschäft hätte. Er hat einfach aufgehört, auf viel Geld verzichtet und sich voller Freude nur noch auf die Jugendarbeit konzentriert. Ich habe das damals nicht verstanden. Heute gehört Bernhard Dietz zu meinen neuen Helden. Ich habe gelernt auch mal über meine eigenen Dummheiten zu lachen, mich nicht immer so schrecklich ernst zu nehmen – denn die Selbstironie ist auch ein Zeichen von Souveränität und Gelassenheit der Seelenwelt. Nicht dauernd zu bewerten, sondern auch mal zu sagen, es ist so wie es ist und es ist gut, dass es so ist. Wer gelassen ist, hat die höchste Stufe des Menschseins und der Weisheit erreicht. Davon bin ich noch weit entfernt – aber ich erlebe große Freude, diesen Weg anzustreben, endlich Gelassenheit und Frieden zu finden, anderen Menschen zu helfen und mir helfen zu lassen, wenn ich Hilfe brauche.

Nun stehe ich aufrichtig zu meinen Grenzen in der Gesellschaft und leite aus meinen früher gefühlten Schwächen genauso verborgene Stärken ab, die ich mit vollem Bewusstsein genieße und erlebe. Mein Grundsatz lautet somit nicht »Zeit ist Geld«, vielmehr »Zeit ist Leben«. »Sein um zu sein, statt tun um zu sein«, ist eine sehr schöne Lebensweisheit.

Meine Scham nach meinem Suizidversuch habe ich nicht verdrängt, sondern verarbeitet und ihr die erforderliche Akzeptanz geschenkt. Ich habe diesen in meine Biografie integriert, da ich nun eine Lebenserfahrung besitze, die Menschen sonst erst in sehr hohem Alter erfahren, wenn sie viele Hürden gemeistert haben und Schicksalsschläge notgedrungen in ihrem Leben erleiden mussten.

Ich bin geheilt und zurück im Leben. Ein Leben, das ich jeden Tag umarme – eben weil ich so nahe am Tod gewesen bin. Ich kann daher sagen, dass der Tod seinen Schrecken verloren hat – und das Leben das ist, was mich so unendlich fasziniert und mit Liebe erfüllt, dass ich heute sagen kann:

Ich pfeife auf den Tod!

DANKSAGUNG

In all meinem Unglück habe ich auch großes Glück gehabt, weil mir Menschen beistanden, die mich gehalten und mich aufgefangen haben. Mir fehlte damals die Kraft, mich bei allen zu bedanken. Und es war auch die Scham, die mich hinderte, mich über die ehrliche Anteilnahme einfach zu freuen. Ich möchte daher nochmals allen danken, die bei mir waren, an mich gedacht haben, die mir geschrieben oder ein Zeichen ihres Mitgefühls geschickt haben. – Menschen, die mir ihre Nähe geschenkt haben, in einer Zeit, als ich mich völlig alleingelassen gefühlt habe. Ich danke euch allen! Rouja meiner Frau, meinem Vater Djalal und meinen Schwiegereltern Farideh und Abulquasem, unseren Freunden, insbesondere Schila und Abbas, vor allem Arno, der wie ein Bruder für mich ist, meinen Sparkassen-Kollegen und dem gesamten Vorstand der Sparkasse Hannover, insbesondere Herrn Walter Kleine, meinen Förderern auf dem Weg in die Schiedsrichter-Spitze, insbesondere Volker Roth und Rudi Pohler und dem DFB insgesamt, meinem Anwalt Dr. Sven Menke, meinen Schiedsrichterfreunden, die mir fast alle eine Nachricht geschickt haben, den vielen Fußballern und Vereinsvorständen der Bundesligen, meinen Freunden von Hannover 96 – Danke Mirko! Danke – stellvertretend für viele auch an Andreas Rettig und Götz Bender von der DFL, Sportreportern wie Torsten Kunde (Sky) oder Thomas Herrmann (LigaTotal und Sport1), dem Kösel-Verlag, insbesondere Uwe Globisch, Susanne Klumpp und Stefan Linde, die mich nicht nur professionell und sehr einfühlsam betreut und beraten haben, sondern auch sehr herzlich mit mir im Umgang waren. Ganz besonders danken möchte ich meinen drei Lebensrettern. Holger Henschel, Patrick Ittrich und Frank Willenborg. Ich danke Dr. Michael Hettich und seinem gesamten Team im Klinikum Wahrendorff in Sehnde, meinem zweiten Geburtsort und dem Chef der Klinik, Dr. Matthias Wilkening. Ich danke Melanie Nickolmann und ihrer Familie, die mit ihrer Facebookseite ein Zeichen setzten, dass bei der Mehrheit aller Fans das Herz auf der richtigen Seite schlägt: für Menschlichkeit und sportliche Fairness. Und daher gilt mein Dank ganz besonders allen deutschen Fussballfans, die mir trotz aller auch berechtigter Kritik Mut zugesprochen und wundervolle Briefe und Mails geschickt haben. Lasst uns Fußball, diese fantastische Sportart, als das begreifen, was es sein soll: ein Fest der Sinne und der Freude, ein Fest der Begeisterung, das Millionen Menschen verbindet. Ich danke Euch/Ihnen herzlich dafür, für einfach alles, was ich an Gutem erfahren durfte und ich verneige mich voller Anerkennung vor dieser aufrichtigen Wertschätzung und Mitmenschlichkeit. Denn das war es, was mir so gefehlt hatte, sodass ich krank geworden war und somit in dieser Welt nicht mehr leben wollte. Ich lebe – und dafür habt alle lieben Dank!

ANHANG

Checkliste für Angehörige und Depressive
(zusammengestellt von Dr. Hettich)

RISIKOFAKTOREN UND AUSLÖSER:

Depressionen werden meist durch konkrete Lebenssituationen, sogenannte »Live-Events« ausgelöst. Dabei müssen es nicht immer negative Lebensereignisse sein, die zu Depressionen führen. So weiß man z. B., dass bei Männern auch Heiraten und Kinder bekommen das Risiko für eine Depression erhöhen. Man kann also sagen, immer wenn es zu einer Lebensveränderung kommt, die einen Anpassungsprozess erfordert, besteht die Gefahr, an einer Depression zu erkranken. Dies umso mehr, wenn in der Familie Depressionen bekannt sind oder man selbst schon einmal unter einer Depression gelitten hat. Meist sind es aber doch die negativen Erlebnisse, die einen so erschüttern, dass man mit einer Depression reagiert. Am häufigsten handelt es sich dabei um Verluste. Das kann der Verlust eines geliebten Menschen, Verlust des Arbeitsplatzes, aber auch der Verlust von Anerkennung oder sozialem Status sein. Häufig kommt es auch in der Folge körperlicher Erkrankungen zu einer depressiven Entwicklung, insbesondere wenn aus ihr körperliche Einschränkungen resultieren, mit denen man dann leben muss. Dann gehen wichtige Lebensziele verloren und vielleicht weiß man nicht mehr, für was es sich zu leben lohnt.

Bei Männern sind häufig »Gratifikationskrisen« Auslöser von Depressionen. Wenn die erwartete Gehaltserhöhung oder Beförderung ausbleibt, fühlen wir uns häufig derart gekränkt und enttäuscht, dass sich bei uns eine Verbitterung einstellt, die zur Depression führen kann.

Aber auch ständige Überforderung, sei es im Job, beim Hobby oder durch familiäre Belastungen, kann über ein Burnout-Syndrom in eine Depression münden. Neben diesen eher akuten Ereignissen können auch chronische Konflikte, wie z. B. Partnerschaftsprobleme, aus denen man keinen Ausweg mehr sieht, zur Depression führen.

WIE ES LOSGEHT. ERSTE ANZEICHEN:

Depressionen können recht plötzlich auftreten. Manche Patienten berichten, dass sie von einem auf den anderen Tag morgens aufwachten und spürten, dass sich etwas in ihnen verändert hatte. Sie fühlten sich plötzlich müde, erschöpft, hatten keine Lust mehr und sahen die Welt um sich herum nur noch schwarz. Meist entwickelt sich eine Depression jedoch eher schleichend und es zeigen sich erste Vorboten, die zuerst von den Angehörigen, gar nicht so sehr von den Betroffenen selbst, wahrgenommen werden. Man redet weniger, liegt vielleicht länger im Bett als gewohnt und fängt an, sich über Dinge Sorgen zu machen, über die man früher gar nicht nachgedacht hat. Man ist häufiger müde und erschöpft und vielleicht verspürt man eine innere Unruhe oder diffuse Angst, die man nicht zuordnen kann. Es fällt einem schwer, sich aufzuraffen, und man empfindet immer seltener das Gefühl von Freude, auch wenn man etwas Angenehmes getan hat. Zu Beginn treten diese Veränderungen vielleicht nur für Stunden oder wenige Tage auf und gerne redet man sich ein, dass man nur urlaubsreif sei oder sich mal richtig ausschlafen müsse. Gefährlich wird es, wenn man versucht, diese ersten Anzeichen für eine Depression im Alkohol zu ertränken. Denn Alkohol selbst führt zu Depressionen und kann in einer Abhängigkeit enden.

AB WANN HABE ICH EINE DEPRESSION?

Es ist nicht schwer herauszufinden, ob man unter einer Depression leidet. Die Weltgesundheitsorganisation hat dafür klare Kriterien definiert. Zu den Hauptkriterien gehören:
1. Niedergedrückte oder gereizte Stimmung,
2. Interessenverlust und Freudlosigkeit,
3. verminderter Antrieb oder schnelle Ermüdbarkeit.

Zu den Zusatzkriterien zählen:
1. Verminderter Selbstwert,
2. Schuldgefühle und Selbstvorwürfe,
3. Suizidgedanken,
4. Konzentrationsstörungen,

5. Unruhe,
6. Schlafstörungen,
7. Appetitverlust.

Leiden Sie unter zwei Hauptkriterien und zwei Zusatzsymptomen, gelten Sie nach der Klassifikation der Weltgesundheitsorganisation schon als leicht depressiv und damit als behandlungsbedürftig.

Um abschätzen zu können, wie es um Ihr seelisches Befinden steht, hat die Weltgesundheitsorganisation folgenden Test entwickelt:

SELBSTTEST: DER WHO-5-FRAGEBOGEN ZUM WOHLBEFINDEN						
In den letzten beiden Wochen ...	die ganze Zeit (5 Pt.)	meistens (4 Pt.)	mehr als die Hälfte der Zeit (3 Pt.)	weniger als die Hälfte der Zeit (2 Pt.)	ab und zu (1 Pt.)	zu keinem Zeitpunkt (0 Pt.)
war ich froh und guter Laune	☐	☐	☐	☐	☐	☐
habe ich mich ruhig und entspannt gefühlt	☐	☐	☐	☐	☐	☐
habe ich mich aktiv und voller Energie gefühlt	☐	☐	☐	☐	☐	☐
habe ich mich beim Aufwachen frisch und ausgeruht gefühlt	☐	☐	☐	☐	☐	☐
war mein Alltag voller Dinge, die mich interessieren	☐	☐	☐	☐	☐	☐

Kreuzen Sie an und zählen Sie die Punkte zusammen.

Bei einem Gesamtwert von weniger als 13 Punkten sollte Ihr Arzt eine Depression in Erwägung ziehen und dies durch einen Abgleich mit den Diagnosekriterien klären.

WAS TUN?

Nehmen Sie die ersten Symptome einer Depression nicht auf die leichte Schulter und hören Sie auf das, was Ihnen Ihre Angehörigen sagen. Die nehmen nämlich häufig viel früher als man selbst wahr, dass man sich verändert hat. Sie müssen nicht stark sein und es alleine schaffen, sondern gehen Sie zum Arzt und lassen Sie sich behandeln. Bei einer Blinddarmentzündung würden Sie auch nicht auf die Idee kommen, sie selbst auskurieren zu wollen. Der erste Ansprechpartner ist in der Regel immer der Hausarzt. Hausärzte sind mittlerweile sensibilisiert für das Thema Depressionen und können erste Behandlungsschritte einleiten. Vielleicht ist es sinnvoll, Sie für einige Zeit aus dem Arbeitsalltag herauszunehmen oder vielleicht ein mildes Antidepressivum zu verschreiben. Die Hausärzte können auch sehr gut einschätzen, ob evtl. ein Facharzt für Psychiatrie die Behandlung übernehmen sollte oder gar ein stationärer Klinikaufenthalt notwendig ist. Bei folgenden Adressen können Sie sich zunächst im Internet oder auch telefonisch über Depressionen informieren:

- www.kompetenz-depression.de
- www.buendnis-depression.de
- www.dajeb.de
- www.telefonseelsorge.de
  Telefon 0800 / 111 0 111 oder 0800 / 11 0 222

Die gute Nachricht ist, dass Depressionen gut zu behandeln sind. Meist verlaufen Depressionen in Episoden von mehreren Monaten, die durch eine adäquate Behandlung deutlich abgekürzt werden können. Insbesondere dann, wenn Sie früh professionelle Hilfe in Anspruch nehmen, besteht die Aussicht auf eine schnelle Besserung. Wenn es Ihnen wie Babak Rafati gelingt, im Laufe der Therapie Ihre Lebenseinstellung zu verändern, wenn Sie lernen, auf Ihre Probleme und Belastungen »zu pfeifen« und Ihren eigenen Weg zu gehen, haben Sie eine gute Chance, die Depression auf Dauer zu überwinden.

Auswege aus der Depression

F. Kamer/J.P. Kummer
DEPRESSION! WIE HELFEN?
Das Buch für Angehörige
ISBN 978-3-466-30937-5

Dr. med. M. Spitzbart
ERSCHÖPFUNG UND DEPRESSION
Wenn die Hormone verrücktspielen
ISBN 978-3-466-30953-5

H.P. Unger/C. Kleinschmidt
BEVOR DER JOB KRANK MACHT
Wie uns die heutige Arbeitswelt
in die seelische Erschöpfung
treibt – und was man dagegen
tun kann
ISBN 978-3-466-30733-3

Holger Reiners
WAS AUS DER DEPRESSION
HILFT
Das Leben akzeptieren,
Verantwortung übernehmen,
Schritte wagen
ISBN 978-3-466-30861-3

Neue Kraft schöpfen

Psychologie & Modernes Leben

Sarah Silverton
DAS PRAXISBUCH DER
ACHTSAMKEIT
Wirksame Selbsthilfe bei Stress
ISBN 978-3-466-30967-2

Bertold Ulsamer
DIE GESTRESSTE SEELE
Neue Kraft bei Burnout und
Erschöpfung
ISBN 978-3-466-30958-0

Jens Baum
WIE'S WEITERGEHT, WENN
NICHTS MEHR GEHT
Strategien in schwierigen Zeiten
ISBN 978-3-466-30571-1

Ralf Bihlmaier
DIE LÖSUNG
Mit der Kraft der Gedanken
in ein neues Leben
ISBN 978-3-466-30944-3

www.koesel.de Sachbücher & Ratgeber